日本神話論

大和岩雄

大和書房

日本神話論　目次

序章

『記』『紀』神話の二面性が示す問題点

第一章
虚像の皇祖神・日神の「天照大神」

第二章

『記』『紀』が無視する始原の男女神の神話

第三章

伊勢神宮の祭神「橦賢木厳之御魂天疎向津媛」

第四章
タカミムスビの祭祀と藤原・中臣氏

第五章
「皇祖」を冠した高皇産霊尊の諸問題

第六章
鹿島神宮の祭神武甕槌神の実相

第七章
「御諸山」といわれた日神祭祀の三輪山

第八章
雷神・丹塗矢神話に秘された実相

第九章
新視点から見た天の岩屋神話の実相

第十章

ウズメ・サルタ神話と伊勢の日神信仰

終　章

日本神話論で無視できない十の問題

日本神話論

序章

『記』『紀』神話の二面性が示す問題点

『記』『紀』の開闢神話の構成が示す問題点

日本神話を論じることは当然のことだが、『記』『紀』神話を論じることである。したがって序章で、まず『記』『紀』の神代の記事の冒頭の記事を取上げる。

原田敏明は「開闢神話の構成と神々の追加」と題する論考で、『記』『紀』の冒頭の神名の記事を示す。

この表を示して原田敏明は、『紀』の本文と一書に載る神名が、すべて『記』に載っている事実から、『記』は『紀』の「統一なく発生した種々の異伝のすべてを綜合して、一つの統一ある神話体系に構成したものと見ることができる」と書いている。また『紀』の本文・一書でもっとも多く登場するのが「国常立尊」なのに、『記』の冒頭の記事では、「『書紀』本文の主宰の神としての国常立尊が、

書紀本文			国常立尊 国狭槌尊 豊斟渟尊
第一書			国常立尊 国狭槌尊 豊国主尊
第二書		可美葦牙 彦舅尊	国常立尊 国狭槌尊
第三書		可美葦牙 彦舅尊	国底立尊
第四書			国常立尊 国狭槌尊
	天御中主尊 高皇産霊尊 神皇産霊尊		
第五書			国常立尊
第六書		天常立尊 可美葦牙 彦舅尊	
			国常立尊
古事記	天之御中主神 高御産巣日神 神産巣日神	宇麻志阿斯訶 備比古遅神 天之常立神	国之常立神 豊雲野神

そのもとの役目を失って、天常立神や天御中主神に、その地位を譲っている」と書く(1)。『紀』の本文と第一から第六の一書には、すべて「国常立尊」が記されており、第四の一書にのみ、『記』の冒頭に載る、「天御中主尊」「高皇産霊尊」「神産霊尊」が記されていることからも、『紀』より『記』の冒頭の記事が新しいと書く。この論文は、今から八十六年前の一九二八年に発表されているが、以後次第に時代は『古事記』を「聖書化」していったから、原田敏明は東京帝国大学の講師として、これ以上『記』の新しさを論証しなかったのは、原田は『古事記』の神代記は、『日本書紀』の神代紀を整理統合した記事ではないかと、見ていたからである。

『紀』が本文と一書の第一から第六まで、分散して書いている神々を、単に『記』も載せているのではない。『記』は『紀』が本文や一書に分散して記している神々を、「三」「五」「七」の中国思想の「聖数」に整理して載せている。

まず、天御中主神・高御産巣日神・神産巣日神の三神を記す。

次に、宇摩志阿斯訶備比古遅神《うましあしかびひこぢ》と天之常立神を記し、「五柱の神は別天つ神」と書く。

更に、国之常立神と豊雲野神の二神を加えて七神にして、この神々は「身を隠した」と書く。

この三・五・七の数は、現在の「七・五・三」の祭事に見られる中国伝来の聖数で、この聖数観は、わが国には奈良時代後期に入っており、序文の書く和銅五年（七一二）は早過ぎる。さらに問題なのは、この三・五・七の中国思想を受入れた『記』の冒頭の神名は、すべて『紀』に載る神名であって、『記』独自の神名は一例もない。更にその神名を『記』は整理・統一して示していることである。この事実を『記』『紀』神話を論じる時、確認しておかないと、日本神話の真の実像は見えてこないことを、まず述べておく。

この三・五・七の関係は、原田敏明作成の表で、三つに分けて『古事記』の神名を記していることに関連している。この三つの分類は『記』の記述にしたがって、原田敏明が分類したのだが、『紀』にはこのような分類はない。原田の表が示す『紀』の分類は、原田が『記』の神名に合わせて、『紀』の神名を分類しているに過ぎないのであり、『記』は『紀』を見て神名を整理し、新しく受入れた三・五・七の聖数を用いて、神々を分類している。三は天御中主神・高御産巣日神・神産巣日神、五はこの三神に宇麻志阿斯珂備比古遅神と天之常立神を加えた数、七はこの五神に国之常立神と豊雲野神を加えての七神である。

原田敏明はアメノミナカヌシからトヨクムヌまでの『古事記』の神名と、『日本書紀』の神名とを比較検討しているが、梅沢伊勢三は四十三年前に発表した「記紀始祖神伝説考」で次頁の表を示す[2]。次頁の梅沢論文の表は、原田論文がトヨクムヌまでの『記』『紀』の神名を載せているのに対し、アメノカガミ以降の神々も掲載し、『記』は『紀』の神名をすべて載せているが、『記』独自の神名は一例も載せていないこと、さらに『紀』が不統一に載せている神名を整理して載せているから、次頁の表を示して左のように書く。
一、『古事記』のように綜合され統一された説は『日本書紀』のどの一書にもないこと。
二、『古事記』の説は、『書紀』の各書の伝をほとんど網羅していること。
三、『書紀』の或る特定の一書だけしか出ていない全く独自な神々が、それぞれ『古事記』の伝に包括されている。

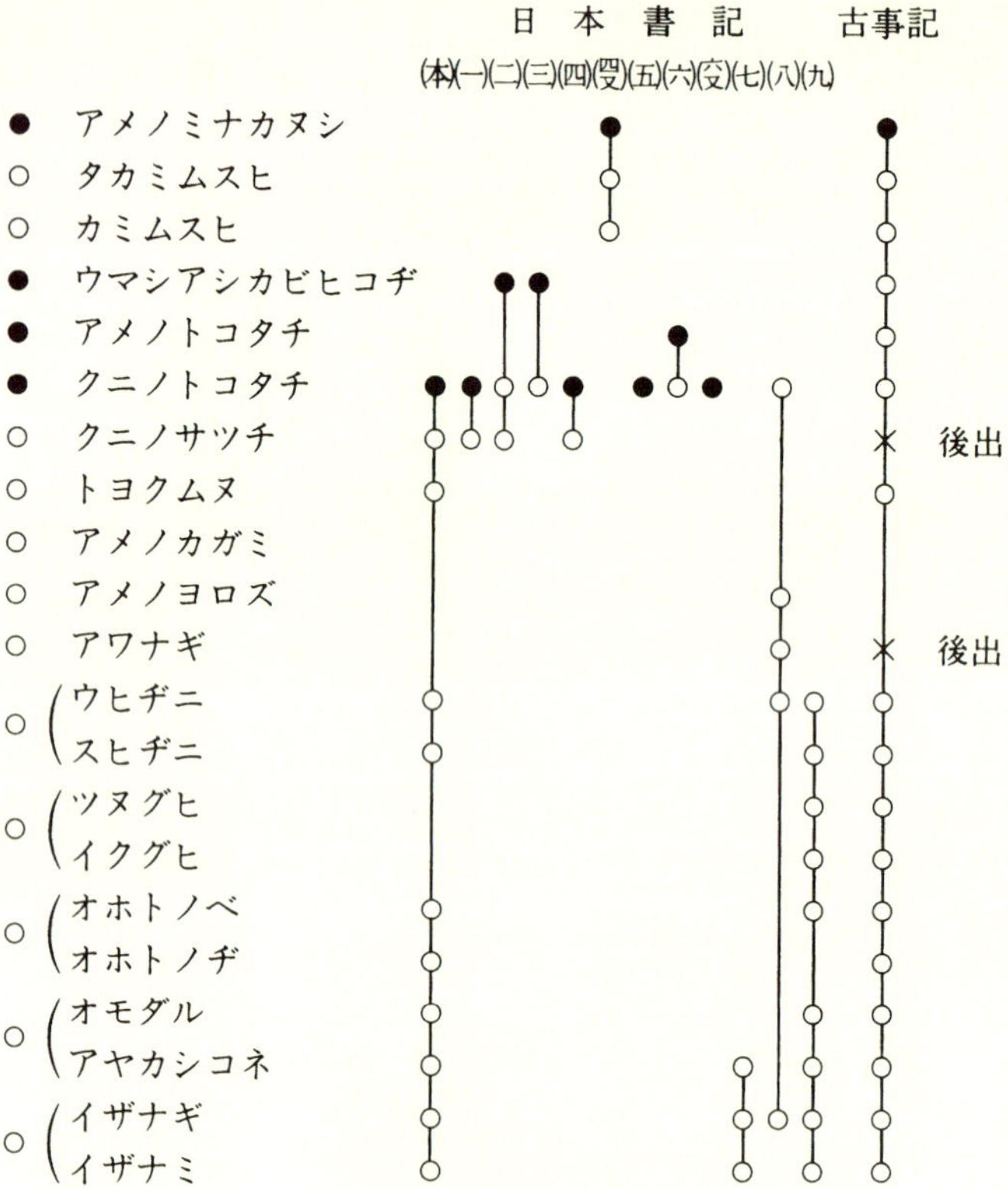

〔備考〕●は始祖神、括弧は耦生神を示す。

古事記学会の会長であった梅沢伊勢三が、四十年前に示している表から見ても、梅沢が示す三つの見解は無視できないし、このことは冒頭の原田敏明の『記』と『紀』の神名の比較からもいえる。『紀』の神名を統一・整理して載せているのが『記』である。

『記』の神話の冒頭の記事を否定する本文記事

『記』の冒頭には左の記事が載る。

　天地《あめつち》初めて発《ひら》けし時、高天原に成れる神の名は、天之御中主神。次に高御産巣日神。次に神産巣日神。此の三柱の神は、並独《みなひとり》神と成り坐《ま》して、身を隠《かく》したまひき。

『紀』の第四の一書には、

　天地初めて判《わか》れしときに、始めに倶《とも》に生《な》れる神有り。国常立尊と号《まを》す。次に国狭槌尊。又曰《いは》く。高天原に生《な》れる神、名《なづ》けて天御中主尊と曰《まを》す。次に高皇産霊尊、次に神皇産霊尊。

とある。『記』『紀』の相違は、『記』は『紀』の第四の一書の「国常立尊」「国狭槌尊」を記さず、『紀』にはない。

　此の三柱の神は並独《みなひとり》神と成り坐《ま》して、身を隠《かく》したまひき。

と書いていることである。天御中主尊はこの記事のみに登場するだけだから、「独神」として「身を隠したまひき」と書いてもよいが、高皇産霊尊と神皇産霊尊は「身を隠していない」。

天の石屋神話には、

　高御座巣日の神の子、思金《おもひかね》神に思はしめて、常世《とこよ》の長鳴《ながなき》鳥を集めて鳴かしめ……

とあり、高御産巣日神には子が居るのだから、独神ではない。さらに、

○高御産巣日神、天照大御神の命《みこと》以ちて、天安河の河原に、八百萬《やほよろづ》の神を神集《つど》へ……

○高御産巣日神、天照大御神、亦《また》、諸《もろもろ》の神等に問《と》ひたまひしく、「葦原中国に遣《つか》はせる天菩比《ほひ》神、久《ひさ》しく復奏《かへりごとまを》さず。亦何《いづ》れの神を使はさは吉《よ》けむ」といひたまひき。

とあり、タカミムスビはアマテラスと対《つい》で活動しており、『記』の冒頭で書く「身を隠したまひき」を否定している。

神産巣日神も大国主神の国造りに、

神産巣日神の御子、少名毘古神。

とあり、「独神」と『記』は冒頭で書いているが、御子が居り独神ではない。

御祖《みおや》の命、哭《な》き患《うれ》ひて、天に参上《まゐのぼ》りて、神産巣日之命に請《まを》しし時、乃《すなは》ち𧏛貝比売《きさかひめ》と蛤《うむぎ》貝比売とを遣《つか》はして、作り活《い》かさしめたまひき。爾《ここ》に𧏛貝《きさかひ》比売、岐佐宜《きさげ》集めて、蛤貝《うむかひ》比売、待ち承《う》けて、母の乳汁《ちしる》を塗りしかば、麗《うるは》しき壮夫《をとこ》に成りて、出で遊行《あそ》びき。

とあり、「身を隠した神」が活動しており、『記』はさらに、

大宜津比売《おほげつひめ》神を殺しき。故、殺さえし神の身に生《な》れる物は、頭《かしら》に蚕《かひこ》生《あ》り、二つの目に稲種生り、二つの耳に粟生り、鼻に小豆生り、陰《ほと》に麦生り、尻に大豆生りき。故是に神産《かみむ》巣《す》日《ひ》御祖《みおや》命、これを取らしめて、種と成しき。

と書き、「神産巣日」に「御祖」がつけられているが、この「御祖神」の神産霊日命は少名毘古那の母神である。「天の羅摩《かかみ》船」に乗って「より来た神」を、葦原色《あしはらし》許男《こを》命は、

「此は神産巣日神の御子《みこ》、少名毘古那《すくなひこな》神ぞ」

と言ったと書き、神産巣日御祖命も、

「此《こ》は実《まこと》に我が子ぞ。子の中に、我が手俣《たなまた》より久岐斯《くきし》子ぞ。故、汝《いまし》葦原色許男命と兄弟と為《な》りて、其の国を作り堅《かた》めよ」とのりたまひき。

とあり、「身を隠した」独神《ひとりかみ》が、なぜかスクナヒコナの母となって、葦原中国の国作りをアシハラシコヲとスクナヒコに命じている。また大国主命は、

「是の我が燧《き》れる火は、高天原の神産巣日御祖《みおや》命の、登陀流《とだる》天の新巣《にひす》の凝烟《すす》の、八拳垂《やつかた》る摩弓焼《までや》き挙《あ》げ、……」

と言ったと『記』は書き、カミムスビを「御祖神」と書いている。

『古事記』の序文は、

臣安万侶に詔《の》りして、稗田阿礼の誦《よ》む所の勅語の旧辞を撰録して献上せしむといへれば、謹みて詔旨《おほみこと》の随《まにま》に、子細《しさい》に採《と》り拡《ひろ》ひぬ。

と書いている。この序文に書かれているのが真実なら、本文に書かれているタカミムスビやカミムスビの活動をまったく無視して、本文の冒頭に、タカミムスビもカミムスビも、

独神《ひとりかみ》と成り坐《ま》して、身を隠したまひき。

と書いているのは、「子細に採り拡ひぬ」ではない。

稗田阿礼が冒頭で「身を隠した」と語った独神が、後述の神話では、天孫降臨の司令神になって活躍し、また国造りのスクナヒコナの母にもなって、「御祖神」と明記されている。このような『古事

記』を、太安万侶は序文で「子細に採り拡ひぬ」と自讃するが、この「自讃」は神代記の「神話」が否定している。

『記』『紀』冒頭の神々の記事は顕著に相違する

『記』『紀』冒頭の神々の記事の問題点を示す。

一、高天原の神を『記』は冒頭に記し、最初から「高天原」を強調するが、『紀』は第六の一書のみに「高天原」を示し、『記』と相違している。

二、「高天原」が記されている第四の一書も、初めに「天地《あめつち》初めて判《わか》れしときに、始めに倶《とも》に生れる神有り。国常立尊と号《まを》す。次に国狭槌尊」とあって、まず国つ神が「生《な》れる神」で、「高天原に生《な》れる神」は国つ神の後に書かれている。

三、『紀』の本文と第一の一書の冒頭に書かれている神は、『記』と同じに三柱《みはしら》の神だが、「高天原」の神ではない。第二から第六の一書までは、すべて国つ神で、天つ神が記されているのは第四の一書のみである。まず国つ神が「生《な》れり」で、「高天原に生れる」天つ神は国つ神の後。だが、『記』はまず「独神《ひとりかみ》」の天つ神が成れりと書く。

この相違からも『記』『紀』神話を同列に見て論じることは出来ない。『記』は「身を隠した」高天原に生《な》れる三神の後に、次のように書く。

国稚《くにわか》く浮《う》きし脂《あぶら》の如《ごと》くして、久羅下那州多陀用弊流《くらげなすただよへる》時、葦牙《あしかび》の如《ごと》く萌《も》え騰《あが》る物に因《よ》りて成れる神の名は、宇摩志阿斯訶備比古遅《うましあしかびひこぢ》神。（○は引用者）

「宇摩志阿斯訶備比古遅」という神名には、『古事記』が冒頭に書く、「天御中主」の「天」、「高御産巣日」や「神産巣日」の「高」・「神」表記が、冠されていない。「天」・「高」・「神」表記がないことから見ても、「ウマシアシカビヒコヂ」は、「天」・「高」・「神」などの文字表記が入ってくる以前から、周囲を海に囲まれた列島の人々が、口々に語り伝えていた神名であったろう。

この「ウマシアシカビヒコヂ」について、『記』は冒頭の三神は「神」と明記しているのに、「神」と書かずに「物」と書いている。「葦牙の如く萌《も》え騰《あが》る物」であるウマシアシカビヒコヂは、「物の怪《け》」である。『紀』の第二の一書は、

古《いにしへ》に国稚《くにわか》く地《つち》稚かりし時に、譬《たと》へば浮べる膏《あぶら》の猶《ごと》くにして漂蕩《ただよ》へり。時に国の中に物生れり。状葦牙《かたちあしかび》の抽《ぬ》け出《い》でたるが如し。此《こ》に因《よ》りて化生《なりい》づる神有り。可美葦牙彦舅《うましあしかびひこぢ》尊と号《もう》す。次に国常立《とこたち》尊。次に国狭槌《さつち》尊。

と書いて（○印は引用者）、「物生《な》れり」とあり、「神」より先に「物」がある。「神」が、「物」を作ったのではないことを明記している。『紀』の第三の一書も、

天地混成《あめつちまじり》る時、始めて神人《かみひと》有り。可美葦牙彦舅《うましあしかびひこぢ》尊と号《まう》す。次に国底立《そこたち》尊。

と書き、ウマシアシカビヒコヂがクニトコタチ（ソコタチ）より古い。『紀』の本文も、

開闢《ひらく》る初めに、洲壌《くにつち》の浮漂《うかびただよ》へること、譬《たと》へば遊魚《あそぶうを》の水上《みづのうへ》に浮べるが猶《ごと》し。時に天地《あめつち》の中に一物《ひとつもの》生れり。状葦牙《かたちあしかび》の如《ごと》く、便《すなは》ち神に化為《な》る。国常立尊と号《まう》す。

と書き、「可美葦牙彦舅尊」を「葦牙の如《ごと》」と書く。第一の一書も次のように書いている。

天地《あめつち》初めて判《わか》れしときに、一物虚中《ひとつのものそらのなか》に在《あ》り。状貌《かたち》言ふこと難《かた》し。其の中に自《おの》づから化生《なりい》づる

神有り。国常立尊と号《まう》す。

また、『紀』の第五の一書も、

天地未《いま》だ生《な》らざる時に、譬《たと》へば海上《うみのうへ》に浮べる雲の根係《ねのこ》れる無きが猶《ごと》し。其の中に一物《ひとつもの》生《な》れり。葦牙《あしかび》の初めて埿《ひぢ》の中に生《お》ふるが如し。便《すなは》ち人に化為《な》る。国常立尊と号《まう》す。

と書く（「人に化為る」は国常立尊が「なる」だから、神の誤記）。本文と第一・第五の一書は「ウマシアシカビヒコヂ」を神名として書いていないのは、第二の一書、第三の一書が「ウマシアシカビヒコヂ」を「物」から「神」になった（第二の一書）と書いているからである。そのことは「状葦牙《かたちあしかび》の如《ごと》く」（本文）、「状貌《かたち》言ふこと難《かた》し」（第一の一書）、「葦牙《あしかび》の初めて埿《ひぢ》の中に生《お》ふるが如《ごと》し」（第五の一書）と書いていることが証している。

『日本書紀』の冒頭に載る神代紀の本文・一書の記事が示しているのは、原始は「国稚《わか》く浮きし脂《あぶら》の如く」の「物」であり、高天原・神意識はなく、あったのは、

くらげなすただよへる時、葦牙《あしかび》の如《ごと》く萌《も》え騰《あが》る物。

であり、キリスト教の神が「万物」を作ったという思考はない。実在したものは目に見える「物」で、目に見えない「神」は観念であり、まして「高天原」などは列島の古代人のものの見方・考え方には無かった。したがって『紀』は「神」を無視し、一書の第四の神表記の記事も、国常立尊・国狭槌尊という「国つ神」の後に、『記』がトップに記す高天原成れる三神を記しており、『紀』と『記』では神話の神観念が相違している。この事実も無視できない。この『記』『紀』の顕著な相違は、いずれも冒頭に主に見られるのであって、『記』『紀』の神話も本文になると共通化している。顕著な相違は

特にカミムスビである。『記』はカミムスビの行動を豊富に書くが、『紀』には見当らない。

古代中国人の「天」「日」観と相違する古代日本人

『記』『紀』の神話の相違でも、『記』の神代記の冒頭の記事と、『記』の神代記の本文記事が、タカミムスビとカミムスビの例を示したように極端に相違する。理由は拙著『古事記成立考』・『新版・古事記成立考』で述べたが、天武・持統朝の後宮で編纂された原『古事記』に、特に神代記の冒頭の記事などを架上し、序文を加えて現存『古事記』が成立したからである。このような成立事情であっても、『記』は現存する最古の古典だから、文字と共に入ってきた中国思想の受入以前の神話が秘められている。そのことを古代中国人と日本人の視点の相違で示す。

隋の高祖文帝の開皇二十年（推古天皇八年・六〇〇年）に、姓は阿毎《あま》、字は多利思比孤《たりしひこ》が、使を隋の都長安に派遣したと『隋書』は書く。その使者に文帝が国内の風俗を問うと、

王は天《あま》をもって兄となし、日《ひ》をもって弟となす。天の未だ明けざる時に出でて政《まつりごと》を聴き、跏《か》趺《ふ》して坐《いま》し、日出《いず》れば便《すなわ》ち理務《つとめ》を停《と》め、「わが弟に委《ゆだ》ねん」と云う。高祖はこれを聞き「おおいに義理なし」といい、訓《おし》えてこれを改《あらた》めしむ。

と倭から来た使者が語ったと書く。この『隋書』の記事について井上光貞は、

国王に説明するにあたって天と日をもってしているのは、ここにも日本の神話体系が念頭にあったからであると私は思う。日本の神話体系では、「天」なる高天原にまします「日」の司祭者たる女神が、地上に降臨するというかたちで、天皇の起源を説いている。古代の国王観は天と日

の二つの観念を柱にしているといってよいからである。しかし文帝はこれを聞いて「此れ大いに義理なし」といい、「訓《おし》えてこれを改めしむ」と書かれている。日本の国王号やその王号の背景にある神話的な国王観は、中国的な秩序観＝礼と相違するというわけであろう[3]。

と書き、石母田正も、「隋帝が『此レ大イニ義理ナシ』といったのは、『天』と関連させたそのことにたいしてではなくして、自己の『姓』をアメ＝天とし、あるいは天を『兄』とし、日を『弟』とするようなプリミティヴな日本的な仕方にたいしてであったとみられる。中国では漢代以来、一種の自然哲学またはコスモロジーとしての『天』の観念が完成されていたから、その『天』と王を姓や血縁で結びつける倭王の素朴な仕方が、『義理ナシ』と考えられるのは当然であった」と書いている[4]。

前述の『隋書』の記事によれば、倭国では、

天兄——日弟

という結びつきなのに対し、中国では「天」と「日」を直接には結びつけていない。

天——地

日——月

という関係で、「天」は「地」とタテ関係で結びつき、「日」と「月」はヨコ関係で結びつくが、「天」と「日」を兄弟関係とは見ない。「日」は「月」と兄妹関係としているが、「天」を「日」に重ねた場合も、「天」は中天で動かぬから、「日」も動かぬ存在と見て、観念化している。冬至は「暦元」とし

て観念化され、太極（太一）の子《ね》（北）に配置され、実際の方位の辰（東南東）ではない。中国では東↓南↓西と動く太陽を北に固定化して、冬至を暦元の視点でしか見ないから、守屋美都雄は「世界の諸民族がしばしば冬至を太陽の誕生日と考えているが、中国ではその痕跡がない」と、『荊楚歳時記』の解説で書いており、(5)沢田瑞穂も「中国民間の太陽信仰とその経典」で、中国の日神信仰では他の民族に見られる、冬至を「太陽君誕辰」とする見方・考え方はないと書いている。(6)したがって冬至の太陽は「太一（太極）」としての重視で、太陽の誕生日としてではないから、中国の「天子」観の「天子」を、わが国の「日の御子」と同じに見ることは出来ない。『萬葉集』に詠まれている「高光る」「高照らす」が冠された「日の御子」は、後述する日本人の「朝日・夕日」へのこだわりに依っており、中国のタテでなくヨコ認識である。

海にかこまれた島々の人達の「アマ」認識

岡田精司は「国生み神話について」の冒頭で、次のように書く。

『記紀』の神代の物語のうち、高天原の神々は生気のない観念的なものばかりが並んでいる。その中でイザナギ・イザナミの二柱の神の話――国生みや黄泉国の物語は、例外的に生き生きと語られており、他の天照大神などとは系譜的にも異る神話群ではないかとさえ思われるほどである。

このように書いて、この神話は淡路の海人が伝えていた神話《かみかたり》と論証して、

イザナギ・イザナミの神話は、「記紀」の冒頭に記される国常立神や天御中主神のような編纂者による完全な机上作文とは、ちがった性格のものである。古代天皇制の支配権にかかわるこの

重要な神話も、民衆の中で生まれた信仰や伝承に基づいており、それを巧みに専制支配の武器にすり替えているのである。この点こそが記紀神話体系を貫く基本的な性格である。(7)

と書いている。「巧みに専制支配の武器にすり替えて」と書き、「神話」を「武器」と書く岡田精司の主張には同調できないが、『記』『紀』神話は王権に依って書かれた神話である。したがって津田左右吉は、「神話」でなく「神代史」だと主張しているが、根底に民衆が語り伝えてきた「カミガタリ」が『紀』『記』神話にはあり、王権神話であっても、前述した中国王権の観念的天上観ではない。この事実に私は注目している。中国の神話観・日神観では、「日」は「月」に対応する関係でしかないが、わが国では、朝日・夕日という関係であった。昇る朝日と沈む夕日へ関心は、観念化した中国思想にはない。

柳田国男は『海上の道』所収の「海神宮考」で、沖縄の文献では「アマミキュ・シネリキュが男女二人の名であり、この国未だ人住まざりし時に、初めて天より降つて三子を生んだ」とあるが、「天より降つて」とあるのは、文字が入ってきて、「アマミキュ」の「アマ」を「天」と書いたからだと書き、「アマミキュ・シネリキュを男女二人とし、後には更に一方を阿摩美姑と字に書いて、言はゞ天孫降臨説の素地を準備して居たのである」と書く。そして「アマミキュ」の「アマ」は本来は「天」でなく「海」であったが「琉球神道記以下に伝ふる如く、天より降り来つた始祖男女の故郷」にしたから、「初期の島人の信仰生活は、多くの神歌の中に煩はしきまでに語り伝へられて居るのに、たつた一つの天降神話を信ぜんとしたばかりに、今はそれが悉く、また解釈し難いものになつて居る」と書いている。(8)

柳田国男の書く『琉球神道記』は、慶長十三年（一六〇八）に書かれた自筆稿本があり、慶安元年（一六四八）の刊本が存在し、江戸時代に書かれており、琉球王朝の正史の『中山世鑑《ちゆうざんせいかん》』（全六巻）は慶安三年（一六五〇）に世に出ており、この書かれた文献で『記』『紀』の天孫降臨神話を琉球の王朝神話に導入し、「海《あま》」から寄り来たと語り伝えられていた神話を、文字化して王朝神話としたから、「アマ」を「天」表記にしたのである。柳田国男は沖縄の本来の語り伝えられて来た「神語《かた》り」が、「たつた一つの天降神話を信ぜんとしたばかりに、今はそれが悉く、また解釈し難いものになつて居る」と書き、さらに次のように書いている。

　天を根源とすることは言はゞ理論であつて、道路も無く方角も定かならず、まぼろしの拠りどころといふものが無い。高天原とて同じことだが、是にはまだ些少の地理的観念がある。オボツカクラの語源は確め難いが、それを天のこと也と注した解釈には全く基礎が無い。自分の仮説を試みにいふと、日本でも古く経験したやうに、日の神を拝む信仰は、最も容易に天を尊ぶ思想に移り得たのだが、それが沖縄ではやゝ遅く始まつた為に、まだ完全なる分離を遂げなかつたのである[8]（傍点は引用者）。

「分離」とはヨコとタテの分離ができなかったのである。中国では天と地はタテ、日と月はヨコであり、天と日は分離しているが、「天」という観念が入ってくる前の列島の人々にとっては、そのような分離観はなかったから、淡路島も沖縄の人も「アマ」は漢字表記の「海」で「天」の観念はなく、日は海から昇り海に落ちた。この見方は列島の人々も同じであった。その代表例を示す。

推古天皇八年（六〇〇）の『隋書』の記事は前述したが、推古天皇十五年（六〇七）にも、『隋書』

によれば、倭王の使者が朝貢したとある。倭王の国書には、

日出づる処《ところ》の天子、書を日没する処の天子に致す。恙《つつが》なきや。

とあったので、煬帝《ようだい》は「蛮夷の書は無礼なところがある。再び奏上させるな」と怒ったと、『隋書』は書く。この記事について栗原朋信は「日本から隋へ贈った国書」で、日本を優位に、隋を次位に見立てたと書くが(9)、そのような優劣の意識で書いたのではなく、単純な「東西観」で書いたと、井上光貞(10)や上田正昭(11)は書いているが、『古事記』は天孫降臨の地を、

朝日の直刺《たださ》す国、夕日の日照《ひて》る国なり。故、此地は甚吉《いとよ》き地《ところ》。

と書いている。天上の高天原と地上の葦原中国という、『記』『紀』神話の垂直観ではない。そのことは雄略天皇紀の「天語歌」でも、「纏向《まきむく》の日代《ひしろ》の宮」を、

朝日の日照る宮　夕日の日影る宮

と詠んでおり、『皇太神宮儀式帳』は伊勢の国を、次のように書く。

朝日の来向ふ国　夕日の来向ふ国

「宮」や「国」だけでなく「神社」も、『祝詞式』の竜田神社の条には、「吾宮」は、

朝日の日向《ひむか》ふ処　夕日の日隠《ひかげ》る処

とあり、大和国の丹生大明神の「告文」にも、

朝日なす輝く宮　夕日なす光る宮

とある。山城国の『向日神社記』も神社の所在地について、次のように書く。

朝日の直刺す地　夕日の日照る地　天疎向津日《あまさかるむかつひ》山

以上の事例は「宮」「国」「神社」という公式の場所を言っているが、松村武雄は田植歌などの民謡の例を左のように示す。

鹿児島県熊毛郡の「末のには」歌は、

朝日さし、夕日かがやく、木の下に、黄金《こがね》の花が、咲きやこだるる。

と唄ひ、広島県比婆郡（現・庄原市）の田植歌は、

朝日さす、夕日にもどす、その本に、その本に、ぜにかね七つ、朱金九つ。

と唄ふかと思ふと、山形県の獅子踊歌には、

朝日さし、夕日輝く、大寺の、お釈迦のおん前、寺後の極楽。

とあり、岩手県の奴歌《やつこうた》にも、

朝日さす、夕日輝く、大寺に、釈迦と達磨は、瑠璃の座に、西向になれ。

とあると書いている。(12) 王権神話の高天原からの降臨というタテ神話の日神天照大神観はない。民衆の日神観は朝日・夕日のヨコ意識であった。

聖武天皇らが無視する『紀』の降臨の司令神

吉井巌は五十年前の昭和四十年（一九六五）発表の「古事記における神話の統合とその理念」で、『記』の神話では神々は「統合」されているのに、『紀』は不統一であると書き、『記』独自の「別天神」は、「各集団によつて原初神として伝承され信じられてきた神々を、すべて綜合し統一的に系譜づける点に、狙ひが置かれてゐたことは明瞭と考へられる。国土創世神話の場合と同じく、原初神伝

承の場合にも、記はそのすべての伝承を統合し、別天神系譜と言ふ独自の様式を作り上げるまでに、これらを再構成したことが知られるのである」と書いている。

さらに、「紀の諸伝承では、それは単に原初の神々のおのづからなる展開の記述であつて、原初の神々であつてしかも皇祖であると言ふ観念はここに十分に熟してゐない。神々の世界も、記では明らかに高天原の世界が示されてゐるが、紀本文では最初の国常立尊が天地の中に成り出でたとあるばかりで、神々の具体的な観念は現はれてゐない」と書き、『記』『紀』の神名を比較検証して、「特に〈天〉に装飾された多数の神名が、記にだけに見出されて、紀に見出されないと言ふ状態ははなはだ重要である」と書き、『記』の神名のトップに書かれている「天御中主神などの用語は、その語のすべて、また語の内容にいたるまで密接に天の観念とかかはり合つてゐる」と書いている。そして結論として、「記の特色は、天の理念を神話統合の理念として、もつとも徹底して活用したところにある。このことは、古事記よりも成立の遅い書紀の諸伝承においても、なおこの理念が不徹底にしか現はれてをらない、と言ふことによつて証せられる」と書いている。(13)

この吉井見解は『古事記』の「別天神《ことあまつかみ》」についての見解だが、この記述でも、

独神《ひとりかみ》と成《な》り坐《ま》して、身を隠《かく》したまひき。

と書かれているタカミムスビとカミムスビが、後文で活躍していることについては述べていない。

タカミムスビとカミムスビは、ムスビ神として夫婦神であったが、タカミムスビは『紀』のみが「皇祖神」と書く。一方、女神のカミムスビはアマテラスという日神・皇祖神に成り上ったので、夫婦神と『記』『紀』は記さないのである。

斎部広成が大同二年（八〇七）に平城天皇に献上した『古語拾遺』の冒頭に、

　高皇産霊神〔是は皇親神留伎命なり〕
　神産霊神　〔是は皇親神留弥命なり〕

と書く（この記事については第二章で詳述する）。この「神留伎《かみろき》命」・「神留弥《かみろみ》命」とある「皇親」の記事は、醍醐天皇の勅命で藤原時平・忠平らが二十二年かけて、延長五年（九二七）に成立させた『延喜式』の宮廷祭祀の大嘗祭・大祓祭・鎮火祭・大殿祭などの祝詞にも、左のように書かれている。

　高天の原に神留ります、皇睦《すめむつ》神漏伎《ろき》・神漏弥《ろみ》の命もちて……　（大嘗祭祝詞）
　高天の原に神留ります　皇親《すめおや》神魯企《ろき》　神魯美《ろみ》の命もちて……　（大殿祭祝詞）

宮廷祭祀の祝詞は奈良・平安時代には中臣氏と忌（斎）部氏が詠んでいたが、『古語拾遺』が書かれた大同二年（八〇七）より百二十年後の『延喜式』に載る「祝詞」でも、『記』『紀』神話が書く高天原の神々をまったく無視して、祝詞の冒頭に高天原の神として「カミロキ」・「カミロミ」の神が書かれている。

　この「カミロキ」・「カミロミ」の男女神は、『日本書紀』成立の養老四年（七二〇）の四年後の神亀元年（七二四）に即位した聖武天皇の即位の宣命にも、

　高天原に神留《かむつま》り坐《ま》す皇親神魯《すめおやかむろ》岐《き》・神留《かむろ》美命《みみこと》の、吾孫《わがまご》の知らさむ食国天下《をすくにあめのした》……

とあり、「吾孫」を降臨させた司令神を、『記』『紀』が書くタカミムスビとアマテラスでなく、カミロキ・カミロミと書き、『記』『紀』神話の降臨の司令神の「皇祖神」をまったく無視している。

　特に問題なのは、わが国最初の正史の『日本書紀』が成立した直後に即位した、聖武天皇の即位の

宣命もタカミムスビ・アマテラスを無視している事実である。この『記』『紀』の天孫降臨神話の司令神無視は、孝謙天皇・淳仁天皇の即位の宣命にも見られ、『記』『紀』が記さないカミロキ・カミロミの男女神が、高天原の降臨の司令神になっていることは、今まで誰も指摘していない。

正史の『日本書紀』成立から百年弱たって、平城天皇に献上した『古語拾遺』では、「皇親カミロキ」は「タカミムスビ」、「皇親カミロミ」は「カミムスビ」と書いており、「皇親アマテラス」が消えている。平城天皇は斎部広成が『古語拾遺』献上の前年に、中臣氏と斎（忌）部氏の祭祀上の争い《あらそ》を、『日本書紀』の記述に依って査定しており、天皇は正史を詠んでいるのに、その天皇への献上本で「カミロミ」を「アマテラス」でなく「カミムスビ」とする見解を示している事実も、見過せない。

本文で詳述するが、「カミムスビ」が天照大神になったからである。

田植歌が示す庶民の日神信仰の日女の実相

カミロキ・カミロミという神名は、単に男の神・女の神という素朴な神名で、文字無き時代から語り伝えられてきた神名であり、イザナキ・イザナミという男女神と重なる。この男女神がタカミムスビ・カミムスビという男女のムスビ神となり、カミムスビがアマテラスという王権神話用の皇祖神・日神に変えられたのである。日神と日女《ひるめ》の男女神の日女が、日神に成上って、「天照大御神」と称されるようになった理由は、第一章で述べるが、岡山県阿哲郡神代村（現・岡山県新見市神代村）の田植歌に、次のような歌詞がある。

今日のオナリさまはどこからたのむ。これより奥の峠を越えて、出雲の国の大東町のまん中の在家の娘オリ姫さまをオナリにたのむ。年十六で、さてよい器量、十三単衣にわが身を飾り、白い笠で白い顔、東の書院に腰かけて、朝日の射すのを待つばかり。

「オナリ」は「於成」「母成」と書かれ、東北地方では「ボナリ」と言って「母成」と書く。「オナリ」「ボナリ」は「於《お》成《なり》神」（中国地方）、「母《ぼ》成《なり》大明神」（東北地方）ともいわれ、神として祀られているが、柳田国男は「妹の力」で、「宮城・岩手県の二県に幾つかあるボナリ石を文書には巫女石といふ」と書いて、「祭祀に参与する女性」の呼称が「オナリ」「ボナリ」だと書いている。[14] 前述の田植歌の「オナリ」は、

東の書院に腰かけて、朝日の射すのを待つばかり。

とあるから、「祭祀に参与する女性」と言っても、日女《ひるめ》である。於成神・母成大明神は、日女から日神に成上った皇祖神の天照大神と重なる。

『日本書紀』は日神の誕生を、

日神を生みたまふ。大日孁《おほひるめ》貴《むち》と号《まう》す。一書に云はく、天照大神といふ。一書に云はく、天照大日孁尊といふ。

と書く。「日女」の「女」を「孁」と書き、上に「大」を冠し、下に「貴」を付して、日女を漢字表記で日神らしく仕立てている。しかし文字表記では日神らしいが、言葉にすれば、「ヒルメ」であり、元は「日女」であったことを、この文字表記が証している。そのことは「天照大神」を「一書に云はく」として、注記にちいさく書かれていることや、「天照」を冠した「オホヒルメ尊」と書き、漢字表記は麗々しいが、「ヒルメ」と明記していることからいえる。

前述の「朝日の射すのを待つ」オナリは、「田植歌の歌詞だが、島根県の『簸川郡名勝誌』には、

オナリが早稲を植えながら出産の所作をする記事を載せており、江戸時代に書かれた『和州祭礼記』によれば、奈良県磯城郡川西村の六県《むつあがた》神社の御田植祭では、妊婦が弁当を運んできて田の端で分娩の所作をする。高知県安芸郡吉良川村の吉良川八幡宮の田植祭、大分県東国東郡西武蔵村の歩射祭でも、同じ祭事があるが、中国地方の田植歌には、稲霊は天道様《てんとう》（日神）を父、龍女（水の女神）を母として生まれたとあり、この伝承に関連させて牛尾三千夫は「さんぱい祭に就て」（「民間伝承」十三巻十一号）で、「太陽（日神）と水の霊（水の女神）の完全な受胎作用によらなければ稲霊の誕生は不可能と信ぜられていた」と述べている。

「オナリ」が田植の時に出産儀礼を行なうことと、オリ（織）姫の「オナリ」が朝日との聖婚儀礼を行なうのとは、出産と聖婚の相違はあっても、意図は同じである。「オナリ」は「カミロミ」で日女であり、日神の「カミロキ」と聖婚するのであり、古くから語り伝えられた神話では、日神が女神ということはあり得ない。そのことは『記』の「大日孁貴《ひるめ》」という表記が証している。読めば「ヒルメ」である。

『古語拾遺』は平城天皇に献上した書だが、冒頭で左のように書く。

上古の世、未《いま》だ文字有らざるとき、貴賤・老少、口口に相伝へ、前言往行《ぜんげんわうかう》、存《のこ》して忘れず。書《しよ》契《けい》ありてより以来《このかた》、古《いにしへ》を談ずることを好まず。

このように書いて「書契」の代表としての「国史」には「遺《あや》まてる所有るがごとし」と、はっきり『日本書紀』を批判し、天皇への献上本の題を「古語」の「拾遺」と題して、「書紀」という書かれた神話でなく、古くから人々が語り伝えてきた「古語《ふるかたり》」が、真の「神話」だと書いている。

田植歌の「オナリさま」は「朝日を射すのを待つ」のであり、中天（高天原）に照り輝やく太陽（日神）ではない。『記』『紀』神話の、

高天原——葦原中国

というタテ意識ではなく、前述した、

朝日の直刺す国、夕日の日照る国

朝日さし、夕日かがやく

というヨコ意識が、文字無き時代の日本列島の人々の意識であり、その意識は現代にも連綿と継承され、前述の田植歌になっているのである。

平安時代末期の『更級日記』の著者の天照大神観

正史の『日本書紀』が書く降臨の司令神のタカミムスビもアマテラスも、まったく無視して、聖武天皇らの即位の宣命は、カミロキ・カミロミの男女神を降臨の司令神にする。『記』『紀』が書く日神で皇祖神の天照大神は無視されている。内侍所の神楽は平安時代中期の十一世紀からだが、宮廷の内侍所神楽でも左のように歌われている。

本　如何《いか》ばかり　よきわざしてか　天照るや　ひるめの神を　しばし止《と》めむ　しばし止めむ

末　何処《いづこ》にか　駒をつながむ　朝日子が　さすや　岡べの　玉笹《ささ》の上に　玉笹の上に

『記』『紀』神話はこの「天照日女神《あまてらすひるめ》」の「日女」を取って、「日女」を「日神」に成り上らせているが、正史の『紀』の成立から三百年余たった平安時代中期になっても、朝廷の内侍所の神楽歌の「天

照る神」は「日女の神」であった。「朝日子」について小西甚一は、岩波書店刊の日本古典文学大系『古代歌謡集』の神楽歌の頭注で、「子」は親しみの気持の表現とみて、朝日説を採る。臼田甚五郎も小学館版日本古典文学全集の『神楽歌』の解説で朝日と解すが、「天照るや　ひるめの神」は、日神の子を生む日女（母神）で、朝日は日女が生んだ日子だから「朝日子」なのである。

『惟賢比丘筆記』に載る大隅正八幡宮（鹿児島神社）の縁起に、朝日の光を受けて日の御子（八幡神）を生んだ聖母（日女）を、「大比留女《ひるめ》」と書く。三品彰英は「天ノ岩戸がくれの物語」で、「大比留女を「朝日の光によって『日の御子』を懐妊した聖女」と論証している。[15]「聖女」は「日女《ひるめ》」で「朝日子」の母である。神楽歌の「天照日女神」の「日女」を取って「大神」にしたのが、『記』『紀』神話の皇祖神で日神の「天照大神」だが、この「天照大神」は平安時代の終末期のインテリ女性で、母は藤原氏出自、父は菅原道真の血脈の『更級日記』の著者も知らなかった。このことについては第一章の冒頭でくわしく書くが、「天照大神」は「神か仏か」と聞き、「神におはします。伊勢におはします」と言われて、初めて天照大神が伊勢神宮に祀られていることを知る。また「内侍所に、すくら神となむおはします」と教えられるが、前述したように、宮廷で平安時代の中期に内侍所で祀る神も「天照日女神」で、日神でも皇祖神でもない。日神の妻の日女神である。

平安時代終末期になっても、母系が藤原氏・父系が菅原道真公の血脈のインテリ女性で、数え年の十四歳で『源氏物語』を読んでいても、天照大神や伊勢神宮に対して、この程度の認識しかなかった事実を、私達は『記』『紀』神話を論じる時、前提にして論じる必要がある。

天照大神でない伊勢神宮の祭神と藤原氏の出自

なぜ平安時代の『更級日記』の著者が、天照大神も、伊勢神宮も知らなかったのか。その理由は後述（五〇頁〜五一頁）するが、『紀』の神功皇后摂政前紀は、

撞賢木《つきさかき》厳之《いつの》御魂《みむすび》天疎向津媛《あまさかるむかつひめ》命

と書いて、この神は、

神風の伊勢国の百伝《ももつた》ふ度逢県《わたらひあがた》の、折鈴《さくすず》五十《い》鈴《すず》宮に居《いま》す神

だと明記している。この記述を読む限り、伊勢神宮の祭神である。しかし伊勢神宮の祭神は「天照大神」だという思い込みから、『紀』の神功皇后摂政元年二月条に、天照大神が「荒魂を広田国に祀れ」と言ったとあるので、この神は摂津国の広田神社（西宮市大社町に所在）の祭神だとする説が「通説」になっている。しかしこの「通説」が成り立たないことは第三章で詳述する。この神名は、

撞賢木厳之御魂――カミロキ――タカミムスビ――高木神
天疎向津媛――――カミロミ――カミムスビ――――天照大神

という関係で、この男女神を合体した神名である。そのことは第十章の「ウズメ（サルメ）・サルタ神話と伊勢の日神信仰」でも論じるが、伊勢の海人たちが信仰した男女神（日神と日女）は、海から昇り、海に沈む日神信仰で、水平神話であったのを、王権が中国思想を受入れて、ヨコ信仰をタテ信仰に変え、高天原――葦原中国という関係を作った。そして日出《い》づる伊勢に、日神で皇祖神の「天照大神」を祀った（女神になったのは持統天皇を天照大神に重ねたからだが、理由は第一章で書く）。

これらの計画と実行は藤原不比等を軸にした、藤原・中臣氏らに依る。『記』『紀』神話は伊勢皇太神宮の創立と深くかかわる（皇室の伊勢の日神祭祀は雄略朝から行なわれていたが、『記』『紀』神話の天照大神信仰は持統朝以降である）。したがって本書では、日本神話論の中心テーマからははずれるが、『記』『紀』神話の成立に深くかかわる藤原・中臣氏の出自を検証して、第四章で「タカミムスビの祭祀と藤原・中臣氏」と題して論じる。

中臣連は元卜部であることは、藤原・中臣氏が自家の文書で認めている。卜部は神と人の仲を執り持つ中臣《なかつおみ》の配下に居たから、中臣に「連」がつき、中臣《なかとみ》という。「臣」と書いても「オミ」と訓まないのは、「ナカツオミ」の配下の「ムラジ（連）」だったからである。中臣は多（大）臣と春日臣であった（一七五頁〜一八六頁）。藤原・中臣氏の氏神を祀る神社の春日神社の祭神四神のうち、筆頭のタケミカヅチは、常陸国の鹿島から大和国の春日に移っているが、鹿島ではタケミカヅチは多（太）氏が祭祀していた。そのことは第六章の「鹿島神宮の祭神武甕槌神の実相」で詳述する。

元卜部の藤原・中臣氏を検証すると、藤原・中臣氏は対馬で亀卜を行なっていた卜部出身と推測できるので、第四章の「タカミムスビの祭祀と藤原・中臣氏」で試論を述べる。中臣氏の出自を『日本神話論』で述べるのは、中臣氏は宮廷祭祀に深くかかわっており、その中臣氏のうち、「マツリゴト」の「神事」だけでなく、「政事」にかかわった氏族は、「藤原」に名を変え、祭政の両方の実権を握っており、『記』『紀』神話に深くかかわるから、この氏族の出自を検証する必要がある。藤原・中原氏の出自を対馬の卜部と見ると、今まで見えなかった『記』『紀』神話の実相や、韓国（主に伽耶）から渡来した氏族の『記』『紀』神話への関与の実相も見えてくる。

第一章

虚像の皇祖神・日神の「天照大神」

『記』『紀』神話を「神代史」と見る津田左右吉見解

日本神話を論じる時、天照大神は皇祖神・日神である事を前提に論じられている。しかし神話・神道の根幹にあるこの神は、王権神話用に王権が作文した神であり、古くから民衆が語り伝えた神ではない。支配者用に作文された「天照大神」という日神を、本書ではまず取り上げる。この日神は単なる日神ではない。「皇祖神」であり、さらに問題なのは女神であることである。世界の日神信仰でまったく女神がないとはいえないが、稀少である。その稀少な女神の日神がなぜわが国では皇祖神になっているのか。

津田左右吉は大正十二年（一九二三）に『神代史の研究』、同十三年（一九二四）に『古事記及日本書紀の研究』を発表し、『記』『紀』神話は「神話」ではなく、王権が書いた「神代史」だと主張した。この視点で昭和五年（一九三〇）には『日本上代史研究』、昭和八年（一九三三）に『上代日本の社会及び思想』を刊行した。これらの著書は昭和十五年に告発され、裁判の結果四つの著書はすべて発売禁止になり、著者は「国賊」と当時の「右翼」から呼ばれ、著作活動を禁じられた。このような時代には『記』『紀』、特に『古事記』は聖典扱いされていた。昭和四年（一九二九）に『古事記論』を刊行し古事記偽書説を発表した中沢見明は、津田左右吉が「国賊」と言われた時期に憲兵隊に呼ばれて、『古事記論』を絶版させられた。

戦後の昭和二十三年から二十四年に津田左右吉の著書は、補訂を加えて、『日本上代史の研究』『日本古典の研究　上・下』の計三巻にまとめられ、岩波書店から刊行された。『日本古典の研究』では、

「神代史の結構　上・下」「神代史の潤色　上・中・下」「神代史の性質及び其の精神　上・下」「神代史の述作者及び作られた年代」という見出しで詳論している。「神話」を「神代史」と見て論じているのは、日本神話は民衆が語り伝えた神話でなく、文字で書かれた王権用の「神代」の「史」と見たからである。その津田左右吉の見解を示す。

○神代史の物語には、氏族の祖先のことは語られてゐるが、民衆のはたらいた話は一つも無い。

○神代の観念がそも〳〵皇室について生じたものであり、そこにはたらいてゐるものの多くは皇室に従属する諸家の祖先となつてゐ、さうして神代史には、民衆が少しも現われてゐないから、このことについての考は全くなかつた。

○全体としての神代史の精神、即ち其の政治的意義、が民衆の思想と殆ど相関せざるものであるのは、否、もう一歩進んでいふと、神代そのものが民衆の精神生活とは縁の薄いものであるのは、神代史も神代の観念も、本来、民衆によつて形づくられたものではないからだ、と考へねばなるまい。神代史の神代は、現実の人生とは何の交渉も無い遠い昔のものではないか。神の世界が人の世界と共にあり、神が人と並び存し、さうしてそれが人生を精神的に支配する、ギリシヤやインドの神及び神の世界とは、全く性質が違ふ。神代と其の神とが民衆と縁遠いものであるのは、当然であらう。実をいふと、人の性質と形を有する神の観念のできあがらなかつたわれ〳〵の民族の間には、文字どほりの意義においての神話（Göttersage, deity saga）といふものが自然に発達しなかつたが、それは文化の程度がそれまでに進まないうちに、シナ思想などが入つて来てそれを抑止したからでもあると共に、また官府の手によつて神代史が作られたからでもある（種々の民間説話、広義にいふ myth は幾らもあつたが、それは宗教的意義を有する神の話ではない(1)。

以上の津田見解は無視できないが、私は全面的には賛同しない。「シナ思想」が文字と共ってきて、その文字に依って書かれた、王権御用神話だから、「神話」でなく「神代史」だと主張するが、書かれた「史《ふみ》」であったとしても、民衆が語り伝えた神についての「話《はなし》」「語《かたり》」が、『記』『紀』神話の基底にあると、私は見ているからである。

平安時代の民衆は皇祖神の「天照大神」を知らなかった

延長五年(九二七)に勅命で編纂された『延喜式』の「神名帳」には、左のような天照神が載る。
阿麻氏留《あまてる》神社　所在地・長崎県対馬市美津島町小船越
粒坐《いいぼにいます》天照神社　所在地・兵庫県たつの市龍野町日山
天照大神高座《たかくら》神社　所在地・大阪府八尾市教興寺字弁天山
他田《おさだ》坐天照御魂《みむすび》神社　所在地・奈良県桜井市太田堂久保
鏡作《かがみつくり》坐天照御魂神社　所在地・奈良県磯城郡田原本町八尾
新屋《にいや》坐天照御魂神社　所在地・大阪府茨木市西福井
木島《このしま》坐天照御魂神社　所在地・京都市右京区太秦森ヶ東町
天照玉命神社　所在地・京都府福知山市今市
伊勢天照御祖神社　所在地・福岡県久留米市大石町速水
右の神社はすべて男神である。一例のみ「天照大神」と称して女神を祀る神社が、「大阪府八尾市教興寺字弁天山所在の天照大神高座神社である。

『記』『紀』神話の日神は、女神の皇祖神の「天照大神」だが、前述の男神を祭神とする「天照」の神社には、「大神」が付されておらず、「御魂《みたま》」「玉命《みこと》」が付されており、天照神でも男神であり、女神の皇祖神の日神と区別している。平安時代の中期でも「アマテラス」の神には男神と女神があり、皇祖神ではない。このように勅撰書の『延喜式』の「神名帳」も『記』『紀』神話を無視している。

平安時代後期の康平二年（一〇五八）の頃に書かれた『更級日記《さらしな》』の著者は、「天照御神」について、

物はかなき心にも、つねに「天照御神を念じ申せ」といふ人あり。「いづこにおはします神、仏にかは」など、さはいへど、やう〳〵、思ひわかれる、人にとへば、「神におはします。伊勢におはします。紀伊の国に紀の国造と申すは、この御神也。さては内侍所《ないしどころ》に、すくら神となむおはします」といふ。

と書いている。平安時代後期でも「アマテラス」が神か仏か『更級日記』の著者は知らなかったが、彼女の父の菅原孝標《たかすえ》は菅原道真の五世の孫で、母は藤原倫寧《ともやす》の娘であり、藤原・菅原という名門の血筋の出自で、十四歳の時に叔母から『源氏物語』を贈られて耽読した、才能のある女性であった。橘俊通と結婚するが、橘家は藤原不比等の妻の橘三千代や、正一位左大臣橘諸兄の家で、名門中の名門である。このような家系出身だが、夫が信濃守に任官すると信濃国に居住している。『更級日記』の「更級」は夫の任地の信濃国の国府所在地の地名に依っている。このように十四歳で『源氏物語』を読み、学問の神様と言われていた菅原道真の後裔で、母は藤原氏出身であり、夫も橘氏出身で、当時もっとも権力を持っていた藤原・橘の両家の出自で、『更級日記』を書くインテリ女性が、平安時代

末期でも、「アマテラス」が「神か仏」かも知らず、「いづこにおはします」と聞いて、仏ではなくて神であることを初めて知っている。しかし仏でなく神だと教えてくれた人も、アマテラス神を伊勢神宮に限定せず、紀伊国でも祀っているといい、皇祖神の日神とは理解していない。理由は皇室限定の神だったからである。

宮地直一は平安時代末期までの伊勢神宮について左のように述べている。

祭祀の主体になるのは上御《かみご》一人《いちにん》に限定せらるるものにして、以外の方は、三后・皇太子の尊といえども、勅許を経なければ弊帛を供し得ない。まして臣家および庶民にいたっては、一切これを禁断するというすこぶるやかましい掟が立てられたのである。このことは早く『延暦儀式帳』に見え、ついで『延喜式』にもこれを踏襲している。[2]

このように宮地直一は「大神宮の信仰の通俗化」と題する論考で書いているが、岡田精司も「古代伊勢神宮の信仰と性格」で、『皇太神宮儀式帳』に載る「私弊禁断の制」と、『延喜式』巻四（伊勢皇大神宮）に載る次の記事、

凡《およ》そ王臣以下、輙《たやす》く太神に弊帛を供することを得ざれ。其《そ》れ三后・皇太子の若《も》し供《そな》ふべきこと有らば、臨時に奏聞《そうもん》せよ。

を引用して、「古代国家における伊勢神宮は民衆とは全く無縁の存在であった（傍点は引用者）。神宮が民間信仰の対象として意識されるようになるのは、古代国家が崩壊し、古代王権がその威光を失う時期になってからのことである」と、この論文の終りに書き、注記に「伊勢信仰が民間に流布するのは中世以降であることについては、いくつかの先学の研究がある[3]」と書いている。

このような見解が示すように、平安時代末期までは、日神・皇祖神の女神天照大神は、『記』『紀』神話の神として限定されており、民衆とは無縁であった。『更級日記』の著者は父方は菅原道真、母方は藤原氏という、学問と権力の上で最上級の出自の知識人・文人であったが、前述のような理解であり、平安時代中期の『延喜式』の「神名帳」でも、「天照」の神は伊勢の神宮の皇祖神・女神に限定されていない。民衆は宮地直一・岡田精司が書くように、平安時代末期までは、民衆とはまったく無縁・無関係であった。問題は民衆が祀っていた「天照大神」の神社である。

「天照大神高座神社」という社名について

『延喜式』「神名帳」に載る「天照」のつく神社を九社示したが、「天照」のみの八社は祭神はすべて男神だが、一社のみ「天照大神」と社名のある神社のみ、女神である。平安時代中期には、「天照大神」という神社名の民間祭祀の神社があることに私は注目している。しかもこの神社は渡来人が祭祀している神社であることが注目される。

『延喜式』「神名帳」の河内国高安郡に、

天照大神高座神社二座（並大。月次新嘗 元名春日戸神）

とある。現在の所在地は大阪府八尾市教興寺字弁天山である。『延喜式』は延喜五年（九〇五）から延長五年（九二七）の二十二年間かけて成立しているが、この書の注記に「元の号は春日戸神」とある。『新抄格勅符抄』の大同元年（八〇六）の牒にも、「春日部神」とあり、『三代実録』の貞観元年（八五九）の条にも「春日戸神」とある。『延喜式』「神名帳」は近くに所在する「春日戸社坐御子神社」を「小社」と書くから、「元名、春日戸神」の天照大神高座神社は「大社」で、母神の日神だから天照大神なのである。小社は日の御子神である。「天照大神高座神社二座」とあるから、「大社」も「小社」の日の御子神を祀って、母子神の二座なのである。この神社を勅撰書の『延喜式』は「神名帳」に載せ、「大社」にして「月次新嘗」を行なっているのは、無視できない。

この事実について従来の見解を示す。棚橋利光は『式内社調査報告・第四巻』所収の「天照大神高座神社」で、「春日戸《かすかべ》神が春日戸の氏神であるとすると、天照大神高座神社の社名は春日戸といふ一氏族の斎《いつ》く神としては不適当のやうに思へる。天照大神は伊勢大神宮で祀る皇室の祖神である。それにしても天照大神高座神社といふ名前は大胆な社名と思ふ。天照大神の名をそのまま社名に使ふ神社は、延喜式神名帳ではここが唯一の例である」と書き、「一氏族の斎く」春日戸神が「天照大神高座神社」になるのは「不適当」だから、「春日戸神」と「天照大神高座神」の神社がそれぞれ別にあって、「何等かの理由で天照大神高座神を記載し、春日戸神を元名として入れたかもしれない」と書く。このような見解はすでに吉田東伍が『大日本地名辞書』第二巻で述べており、岡田精司も「古代王権と太陽――天照大神の成立――」で述べている。いずれも春日戸神か高座神に名称変更したのであって、天照大神は別と書くのは、「天照大神」は伊勢神宮の祭神の皇祖神だから、一氏族の祭祀する神ではないという考え方によっている。

このような見解（天照大神高座神社の社名を、「天照大神」と「高座」の二神と解釈する説）に対して、この神社名を受け入れての解釈を『大日本史神祇志』・『神社覈録』がしている。この両書は伊勢神宮の『鎮座本録』や『雑事記』などの文を引用して、春日戸高座神社は伊勢津彦神の石窟で、伊勢から高安へ遷座したと『神社覈録』は書き、『大日本史神祇志』は伊勢国の度会郡にある高倉巌屋《いわや》に春日戸高座神が居たが、のちに河内国へ遷ったと書く。『特選神名牒』もこれらの書を参考にして、伊勢の高倉山の岩窟から河内国高安郡に遷ったと書く。天照大神高座神社の『社記』にも、伊勢から雄略天皇の時に当地へ遷座したと書くが、これらの見解は高座神《たかくら》と高倉巌屋《たかくらいわや》・高倉山の岩窟（同じ場所を書いているが、この巌屋・岩窟は高倉山山頂にある開口した横穴墓の古墳のことである）を重ねた見解で、語呂合せで裏づけの史料にはならない。

「天照大神」に付されている「高座」は、「天照大神」の鎮座地をいう。**図1**の右上の「本社弁天」と記されている所が「天照大神高座神社」の所在地である。秋里籬島の『河内名所図会』（享和元年〈一八〇一〉刊）は、天照大神高座神社について、左のように書く。

元、春日戸神社と号す。教興寺村東の山窟にありしが、今、弁財天と称して、教興寺の境内に安す。神像あり。弘法大師の作といふ。長七寸。例祭、六月七日。此所の生土神《うぶすな》とす。旧跡は山腹にして、巨巖巍々たり。一箇の岩窟を神殿として、前に扉鳥居あり。頗《すこぶる》、天岩戸ともいふべき岩窟なり。まことに、神代よりのすがたなるべし。

『河内名所図会』が示す図や、その図が示す天照大神高座神社の位置（絵は「本社弁天」と書いているのは、江戸時代の神仏習合で「弁財天信仰」になったからである）が示しているように、神社が高所にあるクラ（座）だから「高座」と書かれているのである。したがって「天照大神高座神社」という神社名は、「高座に坐《いま》す天照大神」という意である。岩壁の谷を「クラタニ」というが、当社周辺の地形は「クラタニ」である。「クラ」は『綜合日本民俗彙』や『全国方言辞典』は、「岩石の山地」「高くそびえた岩石」「断崖」の意味とされているが、「カミクラ（神座）」「イワクラ（磐座）」「ミテクラ（幣）」などの語があるから、柳田国男は「祭場の標示」で「クラは本来はすべて神の降りたまふべき処」と書いている。「高御《たかみ》座《くら》」は天皇の玉座をいうから、「高座」は「高所の座」の意だけでなく、

図1　『河内名所図会』の天照大神高座神社

「神の坐《いま》す所」の意でもあろう。

以上述べたように「天照大神高座神社」という神社は「高座」の「天照大神」を祀る神社である。なぜこの神社が、神社名を「天照大神」と名乗ったかは後述するが、次に天照大神高座神社の後代の信仰を示す。

天の岩屋神話の実相を示す天照大神高座神社

この神社の山麓に教興寺があり、教興寺の境内に弁財天社が祀られているが、天照大神高座神社は弁財天社の「奥の院」と中世以降言われ、江戸には「本社弁天」と称され、天照大神は「弁財天」になっている。江戸時代には弁財天社は商売繁昌の神として大坂商人の信仰を集めた。延宝七年(一六七九)の『河内鑑名所記』には、正月六日と六月七日が縁日で、この日は参詣者が群れをなすと書かれている。明治の神仏分離で弁財天の像は教興寺に残り、「天照大神社」と称して神社を分離した。大正時代になって市杵島姫(本地垂迹説によれば市杵島姫はインドの弁財天といわれている)を祀る岩戸神社を創始し、市杵島姫を「岩窟弁財天」といって信仰し、今も弁財天信仰は盛んだが、神社名は「天照大神高座神社」というのをはばかって「天照大神社」と称している。

社名は「天照大神高座神社」というが、民衆にとっては神社名は問題外で、この神社の信仰は山の頂上近くにある「お穴さま」と人々が言っていた、「岩窟」の信仰であった。「春日戸神社」という神社名が「天照大神高座神社」という社名に変ったのも「岩窟」による。その信仰が弁財天信仰になったのである。『河内名所図絵』は前述したが左のように書いている。

一箇の岩窟を神殿として、前に扉鳥居あり。頗《すこぶる》、天岩戸ともいふべき岩窟なり。「神」は見えないから「岩窟」を人々は神の形代として拝しているが、弁財天信仰は洞窟祭祀と女陰信仰である。

出口米吉は弁財天と洞窟について、昭和三年（一九二八）刊行の『原始母神論』で、「相州江の島に弁才天の祀られているのは、其島の岩窟の崇拝から来たと思はれる。其の岩窟が古くより女神を表するとして崇拝されたので、僧侶が之《これ》に弁才天を附会したのであらう」と書いている。天照大神高座神社も江ノ島の弁才天と同じで、洞窟を「天照大神」と見立てたのが、後代に「弁財天」に変ったのであろう。

天照大神高座神社は「岩窟弁才天社」と言われているのは、「岩窟」が御神体だからだが、江ノ島洞窟（弁天窟）は別名「秘門窟」と言われている。理由は洞窟（岩屋）が女陰・子宮に見立てられたからである。出口米吉も江ノ島の秘門窟（弁天窟）について、「今日、子のない者が江ノ島に詣で、帰途、子を得る呪として、産婆が妊婦の腹を撫する土人形を買ふ。肥後熊本の北の植木駅より二十丁程北に菱形八幡とて有名な神社がある。俗に穴八幡又は穴弁才天と称する拝殿の後に大きな岩穴があって、安産を祈る者は之《これ》を拝する」と書いている。「穴弁才天」とも言われている菱形八幡社の社名の「菱形」は、洞穴の中にある小さな菱形池から八幡大明神が生れたという神話に依るが、菱形は女陰をいうことを、吉野裕子が「菱形考」で事例を示して詳細に論証している。愛知県犬山市宮山の大《おお》縣《あがた》神社の女陰石は菱形で、この菱形石がこの神社の本来の御神体であることは、「社伝」にこの神社の発祥の由来として、「境内宮内の奥深く探ると、おそそ洞という秘境に天然の女陰磐境がある。里人これを御社根岩といい、昔この岩を中心に、毎年立春に五穀の増産を祈る神秘の祭典がくりひろげられたと伝えられる」と書いていることからいえる。「神秘の祭典」とは疑似性行為の神事をいう。

ミルチャ・エルアーデは、「受胎の生理学的な原因が知られるようになるまでは、古代人は、胎内に直接挿入される結果、母となると考えていた」と書き、女性の胎内に入りこむ前の胎児は、「洞穴、割れめ、井戸、泉などに定めている民族もいる」と書き、ヨーロッパの民俗例をあげ、洞窟や割れめを疑似子宮・疑似女陰と書く(4)。

天照大神の岩屋入りの原因について、『記』は「梭に女陰を衝《つ》き」と書き、『紀』本文・一書の第一は「梭で体を傷《いた》め」と書く。『記』は「ホト(女陰)」を衝かれた女を「服織女《はたおりめ》」と書くが、『紀』の本文は梭で体を傷めたのを天照大神と書く(一書の第一は稚日女と書く)。この『記』『紀』の書き方から見ても、本来の神話は天照大神の女陰を梭で突いて岩屋へ入った神話である。岩屋(洞窟)は墓であり母胎でもあったから、死んで再生した。したがって「女陰を突きて死んだ」と書き、死と再生の神話に天の岩屋神話はなっている。谷川健一が沖縄の宮古島の「太陽《てだ》の洞窟《がま》」では、老婆が男根状の傘石《かさいし》に体をこすりつけて、性交行為をする神事を書いているのも(5)、「太陽の洞窟」が天の岩屋であることを証している。

天の岩屋神話でも『記』は冒頭で天照大御神の岩屋入りの理由を、「梭に陰上《ほと》を衝《つ》きて死にき」と書くのは、岩屋は墓だが、墓は母胎と見なされていたからである。日神の死の原因が女陰を突く神話になっているが、岩屋から出る時にも、『記』は天宇受売命が、

胸乳《むなち》を掛《か》き出で裳紐《もひも》を番登《ほと》に押し垂れき。

と書く。「ホト」を突いての岩屋入りは単なる死でなく、誕生（再生）を意味した死の表現であり、岩屋から出る時のウズメの「ホト」開示は出産・誕生表現で、太陽（日神）の日の入り・日の出（死と再生）を意味している。『紀』は『記』のように明記していないが、同じ表現を本文も一書の第一もしている。

安寧天皇の御陵を『記』は「畝火山の美富登《みほと》にあり」と書くが、『紀』は「畝傍《うねび》山南御陰井上陵」と書く。『日本書紀・上』（岩波書店版）は「陰」を「ホト」と訓み、「ホトは朝鮮語にもpochi（陰門）の語があり、奈良朝では女陰をいう」と書いている。墓を女陰に見立てているのを、松本清張は『遊古疑考』で、安寧陵は村山智順の『朝鮮の風水』に載る図の「母性墓の型であるところから付けられたらしい」と書いている(6)。その図が次頁の**図2**である。

村山智順は沖縄・韓国の墳形は再生信仰によると見て、特に韓国の「墓地は、その概観よく母性に類似する処のものが多く、中にはまことに真に迫るが如き観あるもの少なくないのである。（中略）琉球の墓形にはカラファーフ式と云ふ破風造形のものと、カーミーヌク式と云ふ亀甲形のものと二形式があるが、この後者即ちカーミーヌク式のものこそ、よく母性を具象化して居る」と書く(7)。村山智順は母性という表現で母体の陰部・子宮表現をしているが、沖縄出身の佐喜真興英は大正十四年（一九二五）刊の『シマの話』で、「琉球の墓の構造は全体として女子の陰部に象《かたど》ってゐる。庭を囲む石垣は両脚であり、墓は腹部でその入口は陰門であると話された。それ故に人が死して墓に入るのはもとの所へ帰るもので、始に原《かへ》るの意味があるのだと信じられた」書いている。『記』『紀』神話の天の岩屋は天照大神高座神社の洞窟と重なり、**図2**の沖縄と韓国の墓も天の岩屋神話の岩屋である。

(1) カーミーヌク墓
前　景

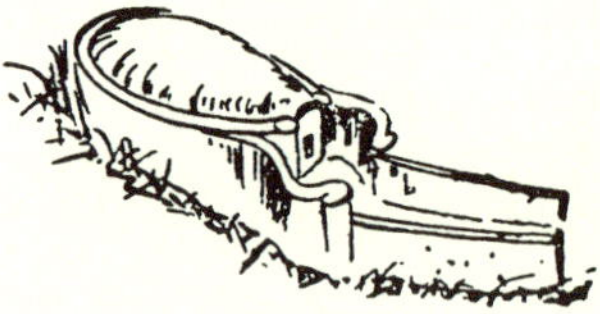

(2) カーミーヌク墓
側　景

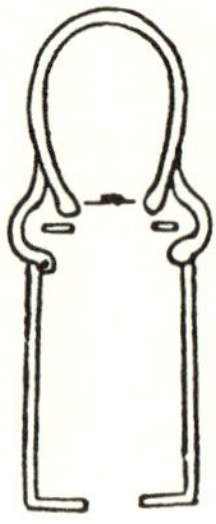

(3) カーミーヌク墓
平面図

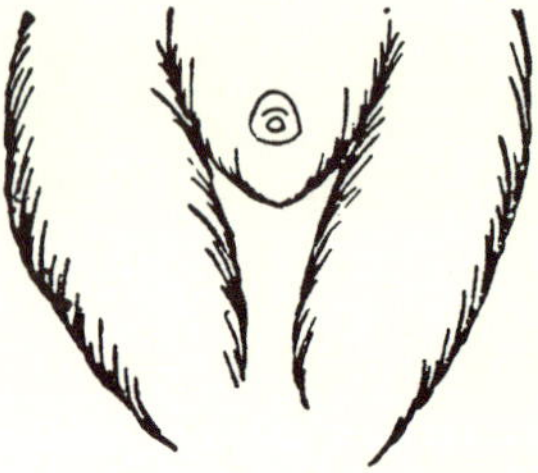

(4) 鳥致院付近にある母性墓、青龍白虎は両腿の如く墓は下腹部の下方に定めてある。

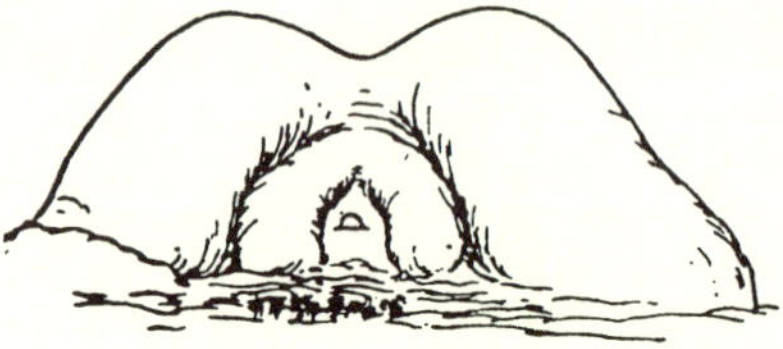

(5) 黄海道長寿山駅の東方
母性墓

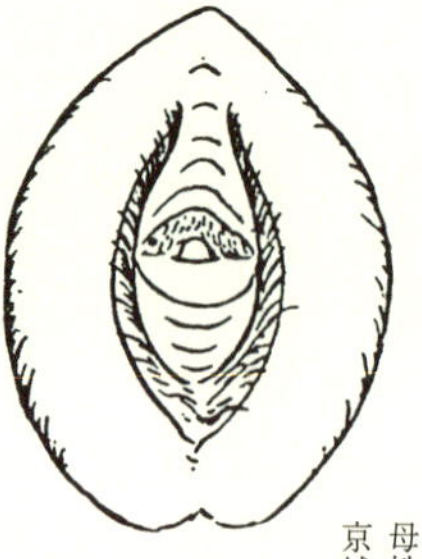

(6) 母性墓
京城付近

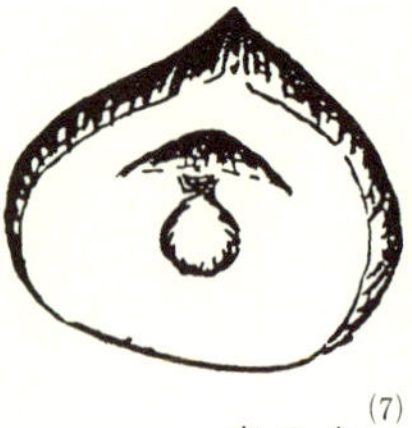

(7) 全義付近にある処女型墓
宝珠形

図2　天の岩屋神話の岩屋を示す沖縄・韓国の墓地

天照大神高座神社・住吉大社・坐摩神社

次頁の図3は天照大神高座神社の位置を示している。この神社は住吉大社の真東にあり、住吉大社からは春分・春分の朝日遥拝地である。この事実と他の神社と高安山との関係も、古代の日神祭祀を論じる時、無視できない。

『住吉大社神代記』に「船木等本記」が載る。田中卓は『住吉大社神代記の研究』で、『住吉大社神代記』でもっとも古い文献が「船木等本記」で、大宝二年（七〇二）以前と書いている。この「船木等本記」の冒頭に、

昔、日神を出し奉る宇麻・鼠緒・弓手等が遠祖大田田命の児、神田田命が日神を出し奉りて、……

とある。この記事に「日神を出し奉る」とあるのと、天照大神高座神社の位置は無関係ではない（理由は船木氏が多氏同族だからだが、詳細は略す）。その事は天照大神高座神社と住吉大社の関係からいえる。天照大神高座神社は「元の名は春日戸神」と『延喜式』「神名帳」は書くが、「春日戸神」は春日戸氏が祭祀していたからである。しかし春日戸氏が祭祀した氏神社は八尾市恩知の『延喜式』「神名帳」で「名神大社」の恩知神社で、八尾市教興寺の天照大神高座神社とは、直線で五百メートルほどしか離れていない。現在は神殿が三殿並ぶが真中にある第二殿の「春日辺大明神」が主神である（「春日辺」は「春日部」。第一殿はミケツ神、第三殿はアメノコヤネを祀る）。恩知神社は住吉大社と江戸時代まで関係が深く、今も六月二十七日の御祓御幸祭では、神輿は渋川郡鞍作村の御旅所で住吉大社の神

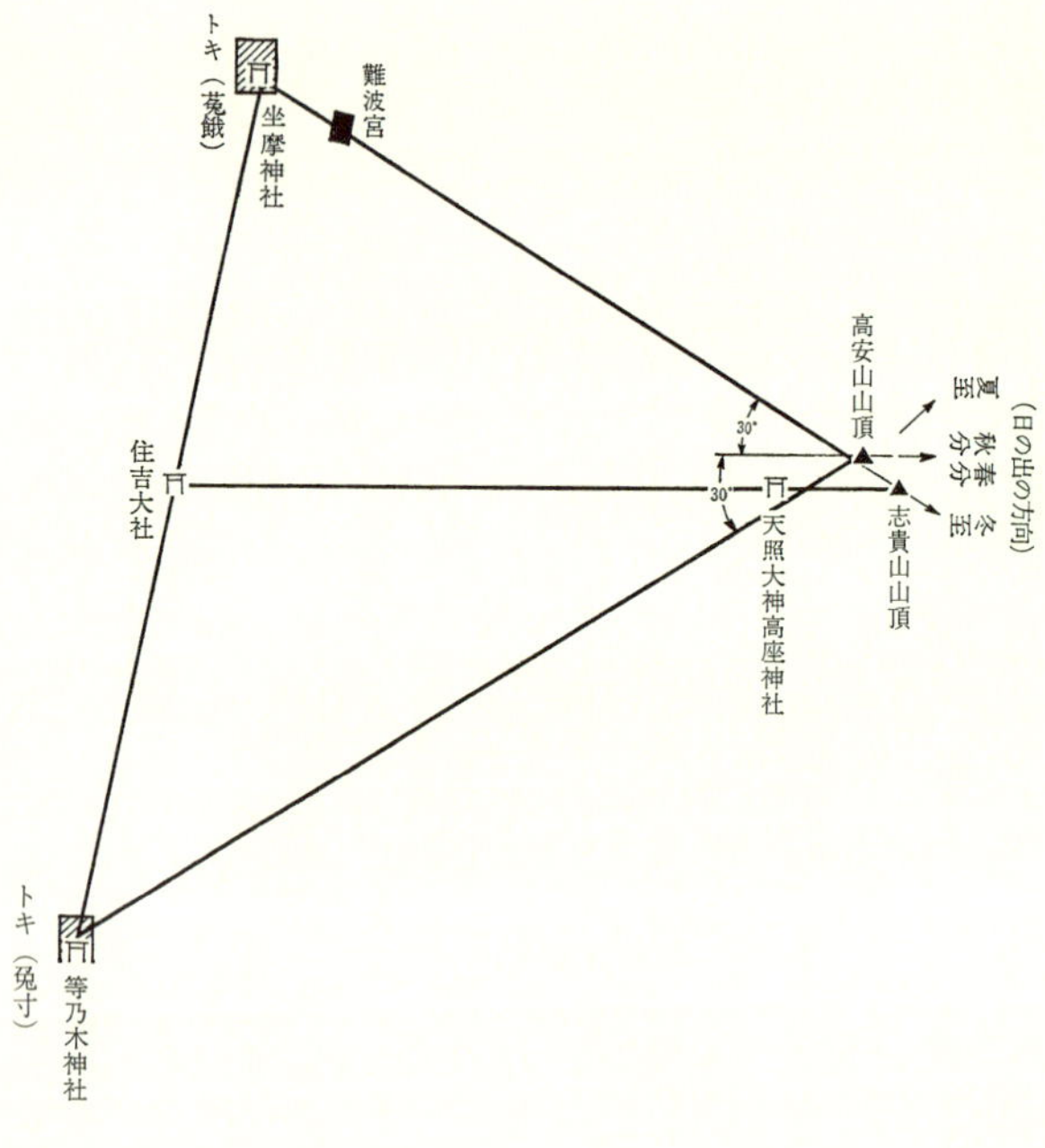

図3　高安山山頂から昇る日の出遥拝の神社位置

官の出迎えを受け、住吉大社まで行って一泊し、翌日還御している。

「春日戸」の「春日」は春分の日神祭祀を示すが、**図3**は住吉大社からの春分の朝日遥拝の地に天照大神高座神社がある事を示している。この神社が「元は春日戸社」なのは、住吉大社から見て春日（春分の朝日）の朝日の昇る地であったからで、高安山の山頂近くにある洞窟が、『記』『紀』神話の「天の岩屋」に比定され、「春日戸神社」が「天照大神高座神社」に社名を変更したのであり、この変更には住吉大社もかかわっていたであろう。

図3で、坐摩《いかすり》神社は高安山山頂から昇る冬至の朝日遥拝地であることを示したが、この神社の現在地は、豊臣秀吉が大阪城築城の時、氏子と共に移住させられた地にある。元の所在地は大川にかかる

天神橋の東南方の地域で、坐摩神社の御旅所がある（大阪市東区石町二丁目三四番地）。その場所が図3の坐摩神社である。山根徳太郎は『難波王朝』で「住吉の大神と坐摩の神とは同体」と書き、「上代から中世を通じて、坐摩の神の鎮る社の所在した地域を、最初に住吉の示現し、祭祀を受けた場所」と書いているが、『住吉大社神代記』も「猪加志利乃《いかしりの》神」（坐摩神）が「吾は住吉大神の御魂ぞ」と言ったと書く。住吉神は「イカシリ神」で現在地（大阪市住吉区住吉町）に移って「スミヨシ神」と言われたのである（詳細は拙著『神と人の古代学』三五七頁〜三五九頁に書いた）。この移動は図3が示すように日神祭祀のための移動と考えられる。そのことは『住吉大社神代記』によれば、住吉大社の祭祀氏族は船木氏で、後から津守氏が加わっている。船木・津守と共に海にかかわる氏族名だが、『住吉大社神代記』に載る「船木等本記」によれば、船木氏は日神祭祀を行なっていたとある。日神祭祀とは図3の示す祭祀であった。

　夏至に高安山山頂から昇る朝日を拝する場所に、式内社の等乃木《とのき》神社があり（高石市取石）、兎寸《とき》河の河畔に鎮座する。『記』の仁徳天皇条に、

　此の御世に、兎寸《とき》河の西に一つの高樹《たかき》有りき。其の樹の影、旦日《あさひ》に当《あた》れば淡路島に逮《およ》び、夕日に当れば、高安山を越えき。

とある。兎寸河は今は「トノキ河」といわれているのは、「トノキ神社」との関係によるが、仁徳天皇記の朝日・夕日の影はいつの日の影であろうか。夏至の日である。高安山から昇る夏至の朝日は「トノキ」の地の高木を照らし、その影が「淡路島に及び」、夏至の夕日は「高安山を越える」のである。

このように図3の住吉大社は、天照大神高座神社を通して志貴山山頂から昇る、春分・秋分の朝日遥拝の地で、「春日」の地である。天照大神高座神社が、元の名が「春日戸神社」と言ったというのも、理由がある。

天照大神高座神社の祭祀氏族は渡来氏族

問題は「春日戸」である。「春日戸」は氏族名である。岸俊男の『日本古代籍帳の研究』の冒頭に、「日本における『戸』の源流」と題する論考が載る。(8) この論考で史料に載る「春日戸」氏を五例（人物としては六人）、他に「春戸村主」と「春日戸神」を載せる。「春日戸神」は「天照大神高座神社」の元の神名である。五例の「春日戸」を名乗る人物はすべて天照大神高座神社（元の名「春日戸神」）のある河内国高安郡の人物である。時代は天平十四年（七四二）・天平十六年（七四四）・天平神護二年（七六六）・延暦四年（七八五）・延暦二十年（八〇一）の文献例だから、この時代は神社名は「天照大神高座神社」でなく「春日戸神社」であった。

岸俊男は「戸」の系譜を検証し、「もっとも重要な特性は、そのほとんどが帰化系氏族であるということである」と書いて、「春日戸」は「春日部と異なって村主の姓を付されていることから、帰化人系なることが推定できる」と書いている。(8)『新撰姓氏録』記載の「村主《すぐり》」の氏族は百済・新羅出自の氏族もいるが、多くが「漢国」出自を称している。この「漢」は「韓国」でなく中国の「漢」である。しかし「スグリ」は古代韓国語で「村長」の意であり、「村主」の姓《かばね》の氏族は「韓」でなく「漢」出自とあっても、すべて韓国からの渡来氏族で、多くは百済系だが、伽耶・新羅系も居る。春日部氏は伽耶系である。理由は秦氏と結びついているからである（秦氏も『新撰姓氏録』では祖を秦の始皇帝にしているが、伽耶からの渡来氏族であることは、拙著『秦氏の研究』『続・秦氏の研究』で詳述した）。

天照大神高座神社が祀られている洞窟のある山の山麓に教興寺があるが、神仏習合で教興寺と一体化して弁財天に天照大神は変っている。問題は教興寺である。文永六年（一二六九）に叡尊が書いた『感身学正記』には、「教興寺、俗号秦寺」に参詣したとあり、「秦川勝建立之伽藍也」とも書かれている。『東大寺司解』には、天平勝宝四年（七五二）の東大寺の盧舎那大仏開眼供養の年に、秦氏の仏工・銅工・鋳工が「伊美吉《いみき》（忌寸）」賜姓を受けているが、東大寺所属の秦氏の工人が東大寺の書類にその事が載らないので抗議したと記されている。抗議した人物に「秦船人」の名が載り、彼は河内国高安郡の人とあるから「秦寺」と呼ばれた教興寺のある高安郡には秦氏が居た。『続日本紀』宝亀十一年（七八〇）五月条に、「河内国高安郡人大初位下寺浄麻呂、高尾忌寸の姓を賜ふ」とあるが、『新撰姓氏録』（河内国諸蕃）には高尾忌寸は「秦宿禰と同じ祖」とある。「寺浄麻呂」の「寺」は「秦寺」と言われた教興寺であり、「高尾忌寸」の「高尾」は教興寺の南へ半里（二キロ）ほどの所にある大県郡の高尾山の山名である。この高尾山山麓は秦氏の河内の本拠地であることは、拙著『続・秦氏の研究』の第七章で詳述した。

渡来氏族の春日戸氏が祀る神社が「天照大神高座神社」に社号を改められたのには、この神社が秦氏祭祀の神社で、住吉大社ともかかわっていたことが一因と考えられる。秦氏祭祀の神社であったことを理由にあげるのは、京都の秦氏の本拠地にあり、秦氏が祭祀する神社が、同じに「天照」を神社名にした神社だからである。『延喜式』「神名帳」には、

木島坐天照御魂神社名神大、月次相嘗新嘗

とある。天照大神高座神社は「大社」だが、「天照御魂神社」は「名神大社」で、神社として最高の格式である。

「天照御魂神社」は『延喜式』「神名帳」には四社載るが、大和国の「鏡作坐天照御魂神社」・「他田坐天照御魂神社」は「大社」であり、大阪府茨木市にある「新屋坐天照御魂神社」は名神大社である。この四社の「天照」神社はいずれも男神だが、渡来氏族が祭祀する「天照」神社もある事実に私は注目したい。秦氏は『新撰姓氏録』（山城国諸蕃）には、「秦始皇帝の後なり」と書いているが、韓国の伽耶からの渡来氏族である。新羅からの渡来氏族説もあるが伽耶からであることは、拙著『秦氏の研究』『続・秦氏の研究』で詳述した。

このように韓国の渡来氏族が祀る神社が、「天照大神」「天照御魂」として祀られている事実を認識しておく必要がある。

最近「嫌韓論」という題名をつけた書籍が出版され、「反韓国」を主張する論考が発表されている。これらの書籍や論考は現代の韓国に対する「反」である。しかしこれらの論者は、日本の神道・神社はわが国の固有の信仰と信じているから、日本神話は彼等の思想・信仰・主張の根幹になっている。彼等の「神ながら道」に立つ「国学」の神々の根本の神が、皇祖神・日神の天照大神である。その天照大神を嫌韓論者が嫌う韓国からの渡来（帰化）人が氏神にし、「春日戸神」を「天照大神高座神」と社名を変えて祀っている事実である。しかも平安時代中期の朝廷はこの韓国からの渡来人の祀る神社を「大社」にして、「月次・新嘗」の待遇にしている。この事実を嫌韓論者はどう見るか。現代ではないからといって、歴史を無視しては、彼らの「愛国心」の薄っぺらさを示すだけである。無智というしかない。

なぜ「天子降臨」でなく「天孫降臨」なのか

皇祖神で日神の「天照大神」がなぜ作られたのか。その考究は『記』『紀』神話に依る日本神話論の根幹だから、「天照大神」について論じる。

『記』『紀』神話の高天原から葦原中国への降臨神話は、天皇は神の子で、この世にあらわれた「現《あら》人神《ひとがみ》」という主張を裏付けるために、王権が作った神話である。問題はなぜ「天子」でなく「天孫」なのかである。

岩波書店版『日本書紀・上』の頭注は、執筆は青木和夫、監修は井上光貞だが、降臨神話について頭注は、

　第一・第二の一書や『記』は、はじめ天忍穂耳尊を葦原中国に降そうとしたが、国譲りで時を経ているうちに瓊瓊杵尊を降すが、若神の誕生を神聖と観ずる立場からいえば前の方のが元の形なのであろう。

と書いている。小学館版『日本書紀・一』所収の直木孝次郎執筆の頭注も、神代紀本文の降臨神話について次のように書く。

　初めから皇孫を降臨させるが、記では、最初天忍穂耳命の予定を、御子邇邇芸命が生れたので代って降臨させる。御子聖誕説話としては記の方が原型か。

直木孝次郎は「御子聖誕説話としては記の方が原型か」と書いているのは、「孫」でなく「子」の降臨が、本来の神話と見ているからだが、ではなぜ降臨の神が「子」でなく「孫」になったのか。その理由は青木和夫・直木孝次郎は述べていない。

倉本一宏は『持統女帝と皇位継承』で、次のように書く（傍点は引用者）。

> よく指摘されるところであるが、天照大神が、子の天忍穂耳尊を地上に降臨させようとしたものの、その夭折によって果たせず、天忍穂耳尊と万幡豊秋津師比売命との間に生まれた天孫の瓊瓊杵尊を降臨させ、それを天児屋命が五伴緒を率いて随伴するという構造は、持統が子の草壁皇子尊を即位させようとしたものの、その夭折によって果たせず、草壁皇子と阿陪皇女との間に生まれた孫の文武を即位させ、それを藤原不比等が百官を率いて輔弼《ほひつ》するという構造と同じものである（遠山美都男『古代の皇位継承』(9)）。

倉本一宏は「よく指摘される」として、子が「夭折」したから孫が降臨したと書くが、『記』『紀』にはそのような記述はない。『紀』の一書の第二は天児屋命と太玉命を、「天忍穂耳尊に陪従《そ》へて降らしめたまふ」とあり、「子」の天忍穂耳命は「夭折」どころか、葦原中国へ降臨している。しかし天忍穂耳尊の妻の万幡姫《よろづはた》が高天原で孫（瓊瓊杵尊）を生んだので、「天忍穂耳尊、天に復還《かへ》りたまふ。故、天津彦火瓊瓊杵尊、日向の槵日《くしひ》の高千穂峰へ降到《くだ》ります」と明記している。

『古事記』は「天照大御神の命以《みことも》ちて、『豊葦原之《とよあしはらの》千《ち》秋長《あきなが》五百《いほ》秋之《あきの》水穂《みずほ》国は、我が御子、正勝《まさかつ》吾《あ》勝勝《かつかち》速日《はやひ》天忍穂耳命《あめのおしほみみ》の知らす国ぞ』と言因《ことよ》さし賜ひて、天降したまひき」（傍点は引用者）と明記し、このように書いた後に、「『僕《あ》は降らむ装束《よそひ》しつる間に、子生《あ》れ出でつ。名は天邇岐志《あめにきし》国邇岐志《くににきし》天津《あまつ》日高日《ひこひ》子番能邇邇芸命《こほのににぎ》ぞ。此の子を降《くだ》すべし。』とまをしたまひき」とあり、子が生まれたから「子を降すべし」と天忍穂耳尊に言っておりながら、理由を示さず天子降臨から天孫降臨に変えているのであって、最初から天孫降臨ではない。倉本一宏の書くような、「天子」が死んだから「天孫」が降臨したなどとは、『記』『紀』のどこにも書いていないのに、「よく指摘されるところ」と書いて、「天孫」の降臨は「天子」が「夭折」したからと主張しているのは問題である（この『持統女帝と皇位継承』は著名な歴史書出版社の吉川弘文館刊である）。大学の教師で日本古代史の著書も多い日本古代史学者が、天子降臨神話が本来の神話であったのが、天孫降臨神話に変ったのは、「よく指摘されるところ」と書いて、降臨すべき天子天忍穂耳命が幼なくして亡くなった（夭折した）から、天子降臨が天孫降臨に変ったと書いている。しかしそのようなことは、『記』『紀』神話のどこにも書いていない。しかし書いていないのに、このように日本古代史学者が誤読してしまうほど、この誤読が「真実化」していることが問題である。

持統天皇十年の異例の「孫」の皇位継承会議

『古事記』の降臨神話が「天孫」になっている理由は、持統天皇十年（六九六）の皇位継承会議に理由を知る鍵がある。『懐風藻』（天平勝宝三年〈七五一〉成立の詩文集）の葛野王伝には、次のような記事が記載されている（本文は漢文）。

高市皇子薨《みまか》りて後に、皇太后王公卿士を禁中に引きて、日嗣《ひつぎ》を立てむことを謀《はか》らす。時に群臣各《おのがじしし》私好《しかう》を狭《さしはさ》みて、衆議紛紜《しゅうぎふんうん》なり。王子進みて奏《まを》して曰《い》はく。「我が国家《みかど》の法《のり》と為《な》る、神代より

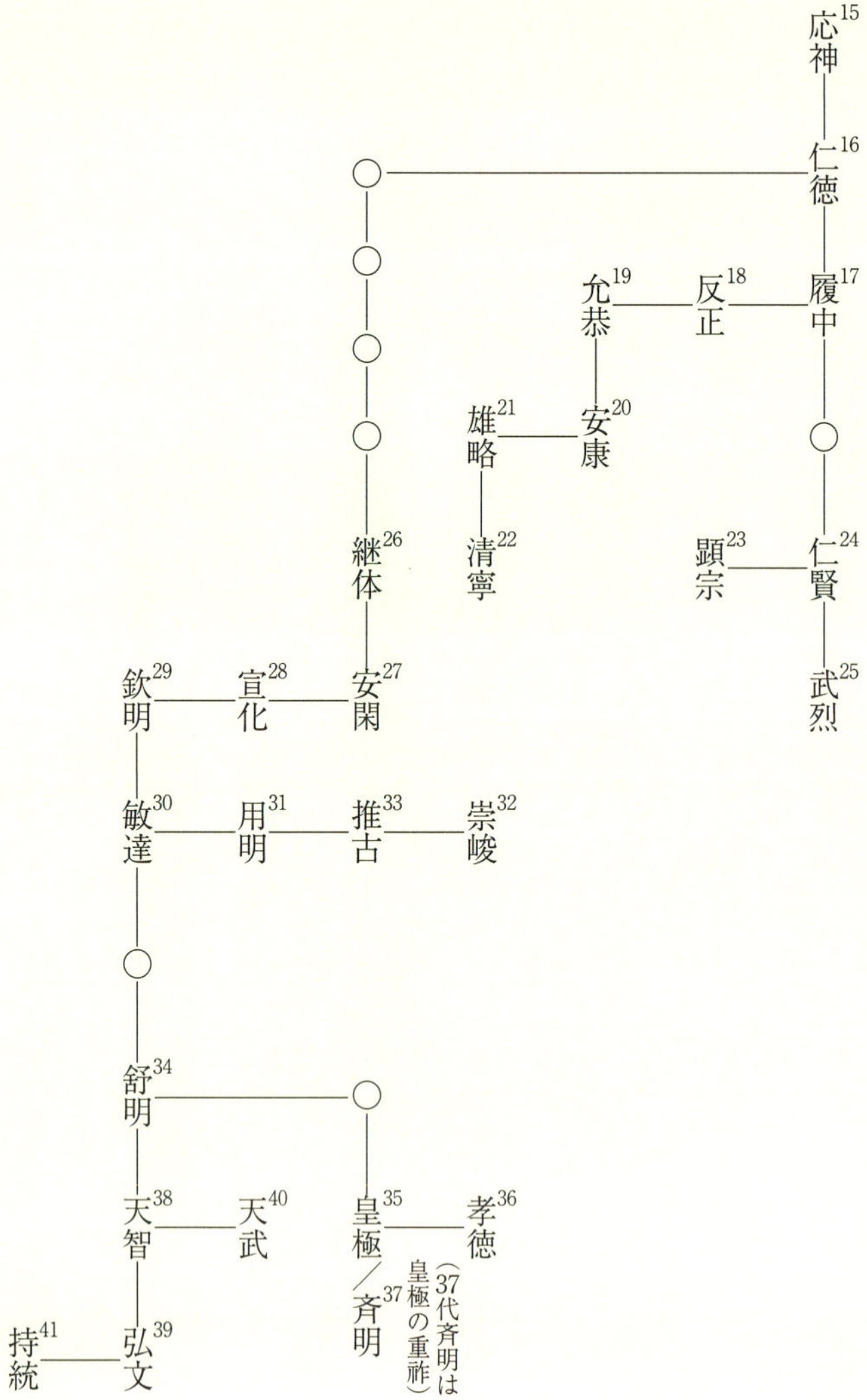
応神15
仁徳16
履中17
反正18
允恭19
安康20
雄略21
清寧22
顕宗23
仁賢24
武烈25
継体26
安閑27
宣化28
欽明29
敏達30
用明31
推古33
崇峻32
舒明34
天智38
天武40
皇極35／斉明37
孝徳36
（37代斉明は皇極の重祚）
弘文39
持統41

以来《このかた》、子孫相承《あいう》けて天位を襲《つ》げり。若《も》し兄弟相及《けいていあひおよ》ぼさば則《すなは》ち乱此《ここ》より興《おこ》らむ。仰ぎて天心を論《かた》らふに、誰か能《よ》く敢《あ》へて測《はか》らむ。然《しか》すが人事を以《も》ちて推《お》さば、聖嗣自然《せいしおのづから》に定まれり。此の外《ほか》に誰か敢《あ》へて間然《かんぜん》せむや」といふ。弓削皇子《ゆげのみこ》座に在《あ》り、言ふこと有《あ》らまく欲《ほ》りす。王子叱《いさ》び、乃《すなは》ち止《や》みぬ。皇太后其の一言《ひとこと》の国を定めしことを嘉《よ》みしたまふ。特閲《とくえつ》して正四位を授け、式部卿に拝したまふ。時に年三十七。

このように高市皇子の急死の後の皇位継承会議で、神代以来から子孫相承だと、葛野王（父は天智天皇の皇子の大友皇子、母は天武天皇の皇女十市皇女）は発言しているが、応神天皇以後の皇位継承は父子から兄弟継承で、孫への皇位継承は一例もない。そのことは前頁で示した（数字は歴代天皇の継承順位）。父子の継承は初代神武から十三代成務までで、十四代（仲哀）は成務の兄であり、以降は兄弟の継承が多い。「兄弟相及《あいおよ》ぼさば則《すなは》ち乱此《これ》より興《おこ》らむ」という葛野王の発言は、壬申の乱のことで、兄弟の継承は異例ではなくむしろ主流であった。

このように神武天皇から天武天皇に至る系譜には、孫への皇位継承は一例もない。

次に天武天皇の皇子たちの皇位継承順位を示す。

順位	后妃の名	后妃の父名	皇子の名
1	鸕野皇女	天智天皇	**草壁皇子**
2	大田皇女	天智天皇	**大津皇子**
3	大江皇女	天智天皇	**長皇子・弓削皇子**

4　新田部皇女　天智天皇　**舎人皇子**
5　五百重娘　藤原鎌足　**新田部皇子**
6　大蕤娘　蘇我赤兄　**穂積皇子**
7　尼子娘　胸形徳善　**高市皇子**
8　檝媛娘　宍人大麻呂　**忍壁皇子・磯城皇子**

これは『日本書紀』による序列だが、実際の誕生順と、『日本書紀』と『続日本紀』の天武天皇の皇子の序列は、次のようになる。

実際の誕生順	高市	草壁	大津	忍壁	磯城	舎人	長	穂積	弓削	新田部
『書紀』による序列	草壁	大津	長	弓削	舎人	新田部	穂積	高市	忍壁	磯城
『続紀』による序列	草壁	大津	舎人	長	穂積	弓削	新田部	高市	忍壁	磯城

高市皇子は天武天皇の皇子で最年長だが、母の出自が低いので皇位継承順位は下位である。この高市皇子が亡くなった後に、なぜ「日嗣」の会議が開かれたのか。天武天皇の皇太子の草壁皇子は病弱で父天武の死後即位できず、持統三年（六八九）四月、二十八歳で亡くなったので、翌年正月八日に母の持統天皇の即位式を行ない、高市皇子を太政大臣に任命している。黛弘道は「この時期の太政大臣は大友皇子の先例でわかるように天皇に代って国家の大権を総攬する職で、事実上の皇太子であっ

た」と書いている、草壁皇子の遺児の軽（珂瑠）皇子はまだ数え年で七歳であった。黛弘道は「太政大臣に任命した高市を、持統はいつまでも放置しておくわけにはいかない。適当な時期に譲位することも覚悟しなければならない。また、かりに持統が急逝するようなことがあれば、皇位は当然のこととして高市の懐にころがり込むであろう。年月の経つままに持統の後悔は大きくなって行く。そんな折も折、持統十年（六九六）七月十日に高市は四十三歳の働きざかりを惜しまれつつ逝去した。持統にはまことにラッキーであったが、それだけに高市の死に疑いを抱くこともできないわけではない」とも書いている(10)。

私も「高市の死に疑いを抱く」が、梅原猛も次のように書いている。

高市皇子の死はまことに持統帝にとってはタイミングのよい死であった。すでに軽皇子は十四歳になっていた。多少若いが、皇太子になっても、おかしくはない。もう三年ほど高市が生きて、そして死んでくれたら理想的であるが、もしも高市が持統より長生きしたらどうなるか。それを考えれば高市の死は、持統一族にとってまことにラッキーであった。しかし、一人の……権力者の死は、一応疑って見る必要がある。大浜厳比古《おおはまいつひこ》氏が高市の死を疑ったのも当然である。

と書いている(11)。「大浜厳比古氏が高市の死を疑った」と書くのは、大浜厳比古が『飛鳥高松塚古墳』で、次のように書いているからである。

壬申の乱の功だけでなく、年齢的にも才能の上でもすぐれた高市が草壁のあとを追い立太子しても不思議はなかった。それを妨げたのは、母が宗像氏の出で、卑母の皇子であるという理由による。それさえ除けば、つまりそのことを周囲が納得すれば立太子は可能であった(12)。

このように書いて、このような状況にあったのに、突然「タイミング」よく高市皇子が急死したので、大浜厳比古は、

高市の死後の、軽皇子の立太子の時期と、その状況を示す挿話から、高市の死についての不吉の影を推察させる。[12]

と書いているのを、梅原猛は「大浜厳比古氏が高市の死を疑ったのも当然である」と書いている。[11] 高市皇子の死の半年後の文武天皇元年二月一日には、持統天皇の「皇孫」の軽皇子が立太子の式を行なっており（『釈日本紀』所引私記。『懐風藻』葛野王伝）、八月一日には持統天皇は譲位し太政天皇になっている。『懐風藻』の葛野王伝は高市皇子の死の直後の会議について、次のように書く。

謀㆑立㆓日嗣㆒、時群臣各挟㆓私好㆒、衆議紛紜。

日嗣を立てる会議を行なっている事から見ても、持統天皇の孫の軽皇子が皇位につくことは、持統天皇十年の段階でもきまっていなかったことを、この記述は証している。黛弘道も「持統は不比等（三十八歳）や後宮の女官県犬養三千代など腹心の人々を使ってあらかじめの根回しをやったに違いない。果せるかな会議は紛糾したが、席上一言あらんとした弓削皇子に対して葛野王は威丈高にこれを制し、直系相承こそ神代以来のルールであると強弁したので、皇嗣は軽皇子に定まったという（『懐風藻』葛野王伝）。直系相承云々は事実に照らしても、明らかに強弁であり、葛野王はさしずめ持統一派に買収された一人と思われる」と書いている。[10] 直木孝次郎も『持統天皇』と題する著書で、葛野王が「子孫」と言って「子」だけでなく「孫」の皇位継承も、「神代からの法」というのは事実でないから、弓削皇子が反論しようとしたが、「持統の考えが軽皇子の上にある以上、問答しても無駄であ

ることを、弓削皇子も気がついたのであえて抗弁しなかった」と書き、葛野王のいう子孫への直系相承が、「神代からの法である、というのは歴史的にみて事実ではない」と書いている[13]。歴史的事実は前述したように、「子」または「兄弟」継承であった。祖父・祖母から孫への皇位継承は皆無である。

黛弘道は前述したが前例のない「孫」への皇位継承を実行するため、持統天皇は藤原不比等らを使って根回ししたと書く[10]が、上山春平も『埋もれた巨像』で、『懐風藻』が書く「神代以来子孫相承」という「葛野王の発言の背後に不比等の工作を想定する」と書いている[14]。葛野王が「神代以来」と発言しているのは「人代」では神武天皇以来、「孫」への皇位継承は皆無だったからである。梅原猛も次のように書いている。

> われわれはアマテラス神話を天孫降臨の神話と共に考える。しかし、持統三年草壁皇子が死んだときに柿本人麿《かきのもとのひとまろ》がつくった挽歌には、天孫降臨の代りに、皇子降臨が歌われている。私は、この神話の最初の形態は、皇孫降臨ではなく、皇子降臨ではなかったかと思う。アマテラスの権威の下なるその皇子の降臨、それが、私はアマテラス神話の最初の形であったと思う。草壁の死と共に、この神話は皇子降臨から皇孫降臨に変ったにちがいない[15]（傍点は引用者）。

前述（六七頁）したが『日本書紀』の頭注に関与した青木和夫・井上光貞・直木孝次郎も、本来の降臨神話は天子降臨であったと書いているが、なぜ天孫降臨になったのか、理由は述べていない。梅原猛は子の草壁皇子から孫の軽皇子に、皇位継承者が変ったことが、本来の天子降臨から天孫降臨に変った理由にしている[15]。梅原猛の論考はこの会議に出席した弓削皇子の視点のみで書かれているので、私の視点とはすこし違うが、私は天子から天孫に降臨神話が変ったのは、孫の軽皇子に皇位を継承させるために、天武朝の内廷（後の「後宮」）で編纂し、持統朝でも継続していた『古事記《ふることふみ》』の降臨神話を、「天子」から「天孫」に変え、持統天皇十年の皇位継承会議で、「神代以来、子孫継承」と、葛野王に発言させたと推測している（現存『古事記』の成立については、拙著『新版・古事記成立考』で詳述したが、序文は偽作だが、本文は天武・持統朝の成立である。一部の表記は平安朝初期の弘仁年間（八一〇〜八二三）に手が加えられている）。

柿本人麻呂が詠む天照日女命・指上日女之命

日本神話を論じる論者は、当然のことだが、「天照大神」は皇祖神で女神の日神という前提で論じている。しかし前述したが勅撰書の『延喜式』「神名帳」は「天照大神高座神社」を載せ、「天照御魂神社」を五社（一社は天照玉命神社）、「天照神社」を二社（一社は阿麻氐留神社）記している。「天照大神高座神社」はもちろん、他の「アマテラス」の神も日神だが、すべて男神である。この事実を溝口睦子は無視して、女神の日神の天照大神を弥生時代から民衆が信仰していたと岩波新書の『アマテラスの誕生』で書いている。

『延喜式』と同じ勅撰書の『日本三代実録』（延喜元年〈九〇一〉成立）に載る位階を与えられた神社にも、

天照神（筑前国）、天照御門神（山城国）、天照真良建雄神（備後国）

が載るが男神であり、

豊日神（大和国）、天押日命神（河内国）

という日神名もある。女神については「天照」または「日」を冠していても、

天照高日女神（伯耆国）、日乃売神（隠岐国）

とあり、女神には「日女」をつけ、はっきりと男神の日神と区別している。女神は男神の日神に対して「日妻」で、日神・日女（妻）は古代の文字無き時代では、対《つい》で信仰されていた（そのことは第四章で詳述する）。「日女」「日妻」が日神に成って皇祖神として『記』『紀』に書かれているのは、日神に重ねられた天武天皇の日女の鸕野皇女が、持統天皇になったから、日女を日神に仕立て、祖母から皇孫への皇位継承を、次のように神話に関連させたのである。

天照大神　→　天孫ニニギ
‖　　　　　　‖
持統天皇　→　皇孫軽皇子

持統天皇は女帝だが、天武天皇の皇后であったから、男の天皇が「日神」なら「日女」である。そのことは柿本人麻呂の歌が示している。『万葉集』巻第二―一六七歌は、次の長歌が冒頭に詠まれている。

日並皇子尊の殯宮の時に柿本朝臣人麻呂が作る歌

天地の　初めの時　ひさかたの　天の河原に　八百万《やほよろづ》　千万《ちよろづ》神の　神集《つど》ひ　集ひいまして　神分《わか》ち　分ちし時に　天照らす　日女の尊（一に云ふ、さしのぼる日女の命）　天《あめ》をば　知らしめすと　葦原の　瑞穂《みずほ》の国を　天地《あめつち》の　寄り合ひの極《きは》み　知らしめす　神の命と　天雲の　八重かき別けて（一に云ふ、天雲の八重雲別きて）神下し　いませまつりし　高照らす　日の御子《みこ》は　明日香《あすか》の浄御《きよみ》の宮に　神ながら太敷《ふとし》きまして

すめろきの敷きます国と　天の原岩戸《いわと》を開き　神上《あが》り上りいましぬ

「天照日女之命」（指上日女之命）については、万葉学者の見解はすべて「天照大神」と解釈している
が、とすると注目すべきは柿本人麻呂の詠んだ歌には、原文では、

天照日女之命一云、指上日女之命

とあり、「天照日女」「指上日女」と必らず「日女」と書いている。その事は『日本三代実録』が女神を、

天照高日女神　日乃売神

と書いているのと共通している。したがってそのことから言えるのは、『紀』の冒頭（神代上、第五段の本文）で初めて日神について書いている本文記事の神名表記が問題で、その表記は、

大日孁《おほひるめ》貴《むち》　一書云、天照大神・天照大日孁尊

とある。「日孁」表記は『万葉集』の「日女」を日神にしたので「女」を「孁」と書き、上に「大」、下に「貴」をつけて、漢字表記で「日女」を「日神」に仕立てている。さらに注目すべきは、「天照大神」表記は注記に一書に載る「天照大日孁尊」と共に、小さい文字で記している事実である。この注記の「天照大神」が、なぜか以降の記事では大活躍している。

　柿本人麻呂の長歌は持統天皇三年（六八九）四月十三日に亡くなった皇太子草壁皇子の一周忌に詠まれた歌だから、四年四月頃の詠である。太政大臣の高市皇子が亡くなったのは六年後の十年七月十日である。前述した皇位継承会議は高市皇子薨去の七月以降に行なわれたのだが、持統天皇四年の頃は日神・皇祖神としての「天照大神」観はなく、女神は男神の日神に対する「天照日女之命」であった。「日女」を消して、「天照大神」という女神の日神を、皇祖神として登場させたのは持統天皇十年

以降だろう。

「高照らす日の御子（高照日之皇子）」は「明日香の清御《きよみ》の宮」（天武天皇の宮）に居た「日の御子」と、人麻呂が詠んでいるから、天武天皇のことである。とすると柿本人麻呂にとって、「日の御子」を降臨させた「天照日女之命」「指上日女之命」は、日神の日女（日妻）であったから、「日の御子」が天武天皇なら、母の皇極・斉明天皇を詠んだと考えるべきだろう。柿本人麻呂には女神で日神・皇祖神としての「天照大神」という認識はなかったが、万葉学者たちは「天照大神」にしている。「天照日女之命」「指上日女之命」を日神・皇祖神の「天照大神」にあてる万葉学者の見解は、『記』『紀』神話が王権御用神話でなく古くから語られていたと見ての見解である。柿本人麻呂が前述の歌を詠んだ持統天皇四年（六九〇）の時期には、『記』『紀』は成立していないのに、『記』『紀』神話の日神・皇祖神の「天照大神」を「天照日女之命」（指上日女之命）の事とする通説には賛同できない。日神と日女は同じではない。「天照」が冠されていても「日女」は日神ではない。「日女」表記は日神の妻を示している。「天照日女之命」の「日女」を取って初めて日神になる。

『記』の「天照大御神」表記と持統朝の皇位継承会議

『紀』は「天照大神」なのに『記』は「天照大御神」である。アマテラス・イザナギ・イザナミの尊称表記を示す。

神名	書名	命・尊	神	大神	大御神
アマテラス	記				二九
	紀			一八	
イザナギ	記	一三	一	二	二
	紀	三一	一		
イザナミ	記	一一	五		
	紀	一五			

右の三神の尊称表記の相違を示す。

一、アマテラスの場合は、『記』は「大御神」、『紀』は「大神」とはっきり分類され、異例はない。

二、イザナギの場合は『紀』は「命・尊」表記で、異例の「神」表記は一例のみだが、『記』は「命」表記以外に、「神」「大神」「大御神」表記があり、多様で一定していない。

三、イザナミは『紀』は「命・尊」表記のみなのに、『記』は「命」表記以外に「神」表記がある。

このような『記』『紀』の相違から言えるのは、『紀』は「アマテラス」を「大神」、それ以外の神を「尊」と書き、「神」表記はイザナギの一例以外は、「オホアナムチ」に二例あるのみで、ほとんどの神は「尊」表記である。この「尊」を『記』は「命」と書くが、イザナギは「命」以外に「神」

「大神」「大御神」とあり、イザナミにも「神」表記があり、統一していない。この事実は原『古事記』のイザナギ・イザナミは「命」表記であったのを、現存『古事記』が「神」「大神」「大御神」を改めたからである。

問題は「大御神」である。「アマテラス」はイザナギ・イザナミと違って、『記』は「大御神」、『紀』は「大神」に統一されており、不統一の「イザナギ」表記は、『記』のみが原『古事記』の「命」表記を不統一に、「神」「大神」「大御神」表記にし、「イザナミ」表記にも「神」表記がある。しかし「アマテラス」のみは、なぜかすべて「大御神」に統一している。

さらに問題なのは『記』のみが、なぜ「大御神」表記なのかである。「大御神」表記は平安時代初頭以降であり、奈良時代には「大神」表記のみであったから、原『古事記』の「天照大御神」を現存『古事記』に関与した人物（多人長）が、「大神」を「大御神」に改めたのである。（拙著『新版・古事記成立考』で詳論したが、『記』の中巻はすべて「天照大神」だから、上巻のみを「大御神」に改めている。しかしイザナギには「大神」と「大御神」が二例ずつあるのは、改字作業がアマテラスに集中したからである）。この事実（原『古事記』を現存『古事記』は改めている）からも、『記』の記事をストレートに受け入れて論じると、真実を見誤る。『記』『紀』が書く日神・皇祖神の天照大神という女神は、政治的意図によって作られた神である。

松前健は「天照大神」の祭祀は、宮廷では古くから行なわれた痕跡はないと書いており、溝口睦子（『アマテラスの誕生』（二〇〇九年・岩波新書）の天照大神は弥生時代から信仰されていたという見解をすでに否定している。そして天照大神の崇拝および神話は、伊勢のローカルな太陽神だったと書き、この神を政治的な政策によって宮廷がパンテオンに取りこみ、皇祖神に仕立てあげたと書く。したがって日神・皇祖神の天照大神は、「大和朝廷の祖神のタカミムスビと、伊勢の日神アマテラスとの崇拝の融合・合体というような、政治的・歴史的な事情によって説明すべきものである」と書く。[16] この松前の書く「政治的・歴史的な事情」に依って「天照大神」が皇祖神になったという主張に同調するが、「天照大神」という女神を日神として、伊勢の人々が古くから信仰していたという見解には、賛同できない。そのことは第六章で古代の伊勢の人々の日神信仰を論じる所で詳論する。

前述した人麻呂の「日並皇子」の歌が詠まれた持統天皇四年（六九〇）の正月、持統天皇は即位し、同年四月に一年前に亡くなった草壁皇子の忌を行ない、柿本人麻呂は前述の長歌を詠み、七月高市皇子を太政大臣に任命している。翌年（五年）八月に大三輪氏を筆頭に、有力十八氏の祖先の墓記を上進させ、同年九月には音博士の唐人続守言・薩弘格に、銀二十両をそれぞれに下賜している。森博達は『日本書紀の謎を解く——述作者は誰か——』で、五年八月の記事を、「この時の賞賜は、続・薩両名に国史の述作を促すためのものだろう」と書いている。[17] この国史編纂開始以前に、すでに天武朝の時、内廷（後代の「後宮」）で原『古事記』は編纂が開始され、持統朝でも継続して行なわれていた（そのことは拙著『新版・古事記成立考』で述べた）。

梅原猛は「降臨神話の最初の形態は、皇孫降臨ではなく、皇子降臨ではなかったかと思う。アマテラスの権威の下なるその皇子の降臨、それが、私はアマテラス神話の最初の形であったと思う。草壁の死と共に、この神話は皇子降臨から皇孫に変ったにちがいない」と書いて、「持統三年（六八九）、草壁皇子が死んだときに柿本人麻呂がつくった挽歌には、天孫降臨の代りに、皇子降臨が歌われている」と書いている。[15] 梅原猛が書く「柿本人麻呂がつくった挽歌」とは、前述（七七頁）の歌である。

前述の人麻呂の挽歌では、降臨したのは「日の皇子《みこ》」で「皇孫」ではないが、この歌は降臨の司令神を、原文で「天照日女之命」、別名を「指上日女之命《さしあがる》」と書く。人麻呂には「天照大神」という神名観はない。日神の「大神」でなく日神の妻の「日女」であり、それも地上から「さしあがる」日女で、初めから中天の高天原に居た皇祖神・日神ではなかった。

皇祖神・日神の「天照大神」という神名は、この歌を作歌した持統天皇四年の草壁皇子の一周忌には、原『古事記』は成立していなかったから、柿本人麻呂は知らなかった。梅原猛は「私はアマテラス神話を生んだものは、天武死後の、不安な政治情勢ではなかったかと思う。そしてそれを生み出した主体は、何よりも、持統天皇の執拗なる血の意志ではないかと思う」と書き、「私は、持統の子孫にのみ、皇位を独占させようとする意志でつくられたのが日本神話であるとともに、天皇という称号ではないかと思う。持統帝は、女神アマテラスの孫が降臨するという神話をつくりあげることによって、軽皇子の即位を無理なくさせるようなムードをつくった[15]」と書き、原『古事記』は持統朝に作られたと書いている。原『古事記』が持統朝成立とする梅原見解は私見と同じだが、現存『古事記』の成立については梅原猛は序文の記事を認めおり、現存『古事記』の成立時期については私見とは相違する。

「日並皇子」の軽皇子を詠んだ人麻呂の歌

本来の天子降臨神話を天孫降臨神話に変更したことは、二つの事例からもいえる。

一つは、『記』『紀』神話は生まれたばかりの嬰児が高天原から葦原中国へ降臨し、一夜婚《ひとよまぐわい》をして一夜で妊娠（一夜孕）させたという神話である。本来の神話は成人の天子（アメノオシホミミ）の降臨神話であった。この天子降臨神話を持統天皇十年の皇位継承会議に間に合わせるために編纂中の天子を天孫降臨に変えたが、降臨地の葦原中国の記事は変えなかったので、嬰児が「一夜婚」をして一夜で孕《はらま》せたという、あり得ない神話になってしまっているのである。本来の神話は嬰児でなく成人の天子降臨神話であった。

二つは原『古事記』が成立した持統朝に、柿本人麻呂が作歌している長歌（『万葉集』巻第二—一六七歌）では、前述した梅原猛も書くように天子降臨であった事実である。

天照らす　日女《ひるめ》の尊（一に云ふ、さしのぼる日女の命）　天をば　知らしめすと　葦原《あしはら》の　瑞穂《みずほ》の国を　天地《あめつち》の　寄
り合ひの極《きは》み　知らしめす　神の命《みこと》と　天雲《あまくも》の　八重《やへ》かき別《わ》きて（一に云ふ、天雲の八重雲別きて）　神下《くだ》し　いませ
まつりし　高照《たかて》らす　日の皇子《みこ》は……

とある。この歌では降臨するのは「皇子（御子）」であって「皇孫」ではない（人麻呂は「日の皇子《みこ》」を天武天皇に比定している）。また『万葉集』巻第一（四五）に「軽皇子、安騎の野に宿る時に、柿本朝臣人麻呂の作る歌」と題した長歌が載る。巻第一の配列では持統天皇六年春の天皇の伊勢行幸に関連する歌群と、持統天皇八年に完成した藤原宮造営役民の歌との間に配列されているから、持統天皇六年か七年の冬の作歌と万葉学者は推定し、通説になっている。しかし山本健吉は橘守部が『万葉集檜嬬手』で「此は御父の御魂呼ばひの御心にて宿り来給へなるべし」と書き、父の日並皇子の鎮魂と書いているので、「軽皇子の鎮魂であり、同時に亡くなった父皇子の鎮魂」と書いている[18]。伊藤博も

持統天皇六年か七年の冬の安騎野の狩猟歌と見て、この狩猟に参加した柿本人麻呂は都へ帰って行なわれた持統天皇臨席の酒宴の場で、この長歌と短歌を詠んだのではないかと推論している[19]。神野志隆光も通説の持統天皇六年か七年説を採って、この長歌と短歌群は、父の「日並皇子」（草壁皇子）に軽皇子を重ねて人麻呂が詠んだと書き、さらに「大事なことは『日があいならぶ』というのは、天武をよびこむことであった」と書いている[20]（傍点引用者）。「日があいならぶ」歌とは四九歌の、次の歌である。

日並《ひなみ》の　皇子《みこ》の尊《みこと》の　馬並《な》めて　み狩り立たしし　時が来向《きむ》かふ

しかし、持統天皇六年か七年の時の歌とすると軽皇子は九歳か十歳で、満年齢で八歳か九歳である。この歌が父の日並皇子に重ねて天武を呼び込む歌としたら、乗馬も狩猟も満足にできない年齢で若過ぎる。山本健吉も父の日並皇子の鎮魂歌と書いているが[18]、上野理・坂下圭八・桜井満は鎮魂説をふまえて、狩猟が即位のための成年式の通過儀礼の意義があるから、持統天皇十年（六九六）が文武天皇元年（六九七）の冬至の朝に行なった成年式・即位式の儀礼と推論する[21][22][23]。この時期は十五歳になっているから、四九歌の歌詞とも合う。

坂下圭八は四八歌の、

東《ひむかし》の　野にかぎろひの　立つ見えて　かへり見すれば　月かたぶきぬ

について、東京天文台の技師が天文学・暦学で算定すると旧暦の十一月十七日の午前五十五分前後で、万葉学者の犬養孝が友人（伊藤銀造）に依頼して数年がかりで調べた結果も、十二月二十四日（旧暦の十一月十七日）午前六時前後で一致するから、「軽皇子の阿騎の野行は十一月中旬冬至のころに行われたとしてまず間違はない」と書いて、冬至は年に一度の太陽のよみがえりの日だから、「『かぎろひの立つ』の『立つ』には、年の一度の日のよみがえりの意味がこめられているともうけとれる」と書いている[22]。

問題はこのような特別の日の場所を安騎野にしたことである。吉野で挙兵した大海人皇子は、まず宇陀に向っている。壬申紀に記されている地名に、「菟田の吾氣《あき》」と「大野」が載るが、この二つの地名は人麻呂の詠む軽皇子の宇陀の「安騎野」と、草壁皇子の詠む宇陀の「大野」と同じだから、草壁皇子も軽皇子も壬申の乱の時の祖父大海人皇子（天武天皇）ゆかりの地を、聖地にして、天武天皇の皇太子の日並（草壁）皇子も訪れ、その日並皇子と同じ資格をもった軽皇子も、皇位についた文武天皇元年（六九七）の冬至の日に訪れたのである。軽皇子は「天孫」でなく父の日並皇子と同じ「日並」の「天子」であったから、「東の　野にかぎろひの　立つ見えて　かへり見すれば　月かたぶきぬ」の時こそ、「日並の　皇子の尊の　馬並《な》みて　み狩り立たしし　時は来向《きむ》かふ」と人麻呂は詠んだのである。人麻呂にとっては、天武天皇の子（草壁皇子）も孫（文武天皇）も、天武天皇と同じ「高照らす日の皇子《みこ》」であった。前述の皇位継承会議に出席した皇族や高官たちと違って、皇子・皇族のどちらが皇位を継承しようと、宮廷歌人の人麻呂にとっては、皇子・皇族は「雲上人」で、天上の「日」に並ぶ「日並」であった。しかし皇位継承権のある皇族にとっては、特に天皇の直系の「皇子」「皇孫」たちにとっては、「子」か「孫」かは重要な意味をもっていた。前述（五六頁）したが「孫」の皇位継承は一例もないから、持統天皇は天孫降臨神話を作文させ、「神代以来、子孫継承」と葛野王に発言させたのである。その発言の根拠になった書を、私は序文のない原『古事記』と推測している。
『記』の天孫降臨を司令する日神・皇祖神が男神でなく女神、降臨するのが天子でなく天孫なのも、持統天皇を天照大神、孫の軽皇子をニニギに重ねたからである。「神話」は「歴史」と違って自由に作文できたから、女神の日神を作文して王権用の神話を作った。このような神話だから冒頭で述べたが、津田左右吉はアマテラス神話を軸に書かれた『記』『紀』神話は、古くから民衆に拠って語り伝えられた神話ではなく、新しく王権が受け入れた文字で書かれた「神代史」だと主張しているのである。

今は『記』『紀』神話は誰でも読めて知られている。しかし『記』『紀』神話が書かれた時代は、限られた一部の人しか読めなかったのだから、『記』『紀』の天照大神を知らなかったのは当然である。その事は『更級日記』の著者の例で示したが、問題なのは皇祖神で日神の天照大神の扱い方である。平安時代でも天照神は男神の日神で皇祖神ではなかった。そのような天照神を王権も認め、「名神大社」「大社」にしているが、これらの天照神は男神であり、その天照神を渡来氏族の秦氏が祀っている事実である。さらに注目されるのは秦氏系の春日戸氏（伽耶・新羅系）が女神の「天照大神」を祭祀しており、この神社を平安時代中期の朝廷は「大社」にして、「月次、新嘗」の扱いをしている事実である。

第一章を「虚像の皇祖神・日神の『天照大神』」と題して書いたのは、従来の天照大神観を否定しなければ、王権御用神話として書かれた神話の基底にある、文字無き時代から語り伝えてきた「カミガタリ」（文字にすれば「神話」）は、見えてこないからである。

第二章

『記』『紀』が無視する始原の男女神の神話

『記』『紀』の天孫降臨神話を認めない天皇の即位の宣命

『記』『紀』の神話では天孫の降臨を司令した神は、「天照大神」と「高皇産霊神」（高木神）である。しかしわが国で最初に編纂された国史の『日本書紀』の続篇として、『続』を冠した勅撰の国史、『続日本紀』によれば、『日本書紀』が成立した養老四年（七二〇）五月から三年九カ月後に即位した聖武天皇は、神亀元年（七二四）二月四日の即位の宣命で、天孫降臨神話を冒頭で述べている。しかし『記』『紀』神話の降臨の司令神とはまったく違う男女神を、降臨の司令神にしている。

　高天原に神留《かむづま》り坐《ま》す皇親神魯《すめおやかむろ》岐《き》・神留《ろ》美《み》命の、吾孫《わがまご》の知らさむ食国天下《をすくにあめのした》と、よさし奉《まつ》りしまにまに、高天原に事はじめて、四方《よも》の食国天下の政《まつりごと》を、弥高《いやたか》に弥広《ひろ》に天日嗣《あまつひつぎ》と高御《たかみ》座《くら》に坐《いま》して、……

この宣命の「皇親」の「皇《すめら》」は「至高の主権者」の意であり、「親《むつ》」は睦《むつま》じい・親《した》しいの意だが、「親《おや》」とも読むから、「皇親」は「皇祖」の意で、降臨の司令神の「カムロキ」「カミロミ」の「ロキ」「ロミ」の「ロ」は、連体助詞で「キ」は男、「ミ」は女の意だから、「カムロキ」「カムロミ」は男神・女神の意である。

天平勝宝元年（七四九）七月二日条の、孝謙天皇の即位の宣命にも、次のようにある。

　高天原に神積《かむつま》り坐《ま》す皇親《すめおや》神魯《ろ》棄《き》・神魯《ろ》美《み》命以《もち》て、吾孫《あがまご》の命《みこと》の知らさむ食国天下《おすくにあめのした》と、言依《ことよ》さし奉《たてまつ》りしまにまに、……

また天平宝字元年（七五七）七月十二日条の孝謙天皇の宣命にも、次のようにある。

高天原に神積《つも》り坐《ま》す皇親《すめらがむつ》神魯岐《ろき》・神魯弥命《ろみのみこと》の定《さだ》め賜《たま》ひける天日嗣高御座《あまつひつぎたかみくら》の次《つぎて》を、かそび奪ひ盗まむとして、悪《あ》しく逆《さかしま》に在《あ》る奴《やつこ》久奈多夫礼《くなたふれ》・麻度比《まとひ》・奈良麻呂《ならまろ》・古麻呂《こまろ》等、逆党《さかしまにあるともがら》をいざなひ率《ひき》ゐて……

久奈多夫礼は黄文《きふみ》王、麻度比は道祖《ふなと》王、奈良麻呂は橘奈良麻呂、古麻呂は大伴古麻呂のことで、彼らの謀反を罰した宣命である。さらに天平宝字二年（七五八）八月一日条の淳仁天皇の即位の宣命にも、孝謙天皇の即位の宣命と同じ、カムロキ・カムロミの「皇親」の神が、「吾孫」を降臨させたとある。「子」でなく「孫」を降臨させたとあるのは『記』『紀』と同じだが、降臨の司令神は正史の『紀』が書く高皇産霊尊でも天照大神でもない。なぜ『紀』の編纂直後に『記』『紀』がまったく無視している男女二神を、聖武・孝謙・淳仁天皇の宣命に載せているのか、このことについて私が知る限り、指摘している神話学者・古代史学者はいない。

天平勝宝元年（七四九）七月の女帝孝謙天皇の即位の宣命は、即位する三カ月前の四月に、すでに孝謙女帝は正三位大納言の藤原仲麻呂の邸宅に居住していたから、この即位の宣命には仲麻呂が関与していたことは明らかである。天平宝字二年（七五八）八月に大炊王が淳仁天皇として即位した。その宣命には、

高天原に神積《づま》り坐《ま》す皇親神魯弃《すめむつかむろき》・神魯美《かむろみ》命の吾孫《わがみま》の知らさむ食国天下《をすくにあめのした》と、事依《ことよ》さし奉《まつり》の任《まにま》に、遠皇祖《とほすめろき》の御世《みよ》を始めて天皇《すめら》が御世御世聞《き》こし看《め》し来る食国高御座《をすくにたかみくら》の業《わざ》となし、神ながら念《おもほ》し行《め》さくと宣《の》りたまふ天皇が勅《おほみこと》を、衆《もろもろ》聞きたまへと宣る。

とある。この宣命にも孝謙天皇と同じに藤原仲麻呂が関与していたことは、即位した大炊王が仲麻呂

の邸宅「田村第」で、仲麻呂と起居を共にしていたことからもいえる。藤原仲麻呂については、岸俊男の『藤原仲麻呂』（一九六九年・吉川弘文館）に詳論されているが、淳仁天皇が即位した天平宝字年間（七五七〜七六四）を、岸俊男は「仲麻呂専制期」と書き、仲麻呂は「同じころに藤原氏家伝の執筆、『日本書紀』に続く正史の編纂、および『新撰姓氏録』の先蹤となる『氏族志』の撰修」も実行したと書く。また「藤原氏の家伝」は『藤氏家伝』のことだが、仲麻呂は父の武智麻呂の血を受けて、単なる政治家でなく文人であり、歴史に強い関心をもっていたと述べている(1)。このような人物が『日本書紀』の天孫降臨の司令神の高皇産霊尊（『紀』の神代紀下の本文はこの神を「皇祖」と明記している）や、天照大神を無視して、『記』『紀』にはまったく記されていない、「カムロキ」「カムロミ」の男女二神を天孫降臨の司令神にしているのはなぜか。特に『日本書紀』はわが国最初の正史である。この正史が書く神話を、まったく無視しているのはなぜか。

　さらに問題なのは黄文王《きふみ》（久奈多夫礼）・道祖王《ふなと》（麻度比）に対する宣命である。この宣命は前述の聖武・孝謙・淳仁天皇の即位の宣命とはまったく違う。この宣命には、

　皇親《すめむつ》神魯《かむろ》岐《き》・神留《かむろ》弥《み》の定め賜ひける天日《ひ》嗣高《つぎたかみ》御座《くら》の次《つぎて》を、かそび奪ひ盗まむとして、

とあり、天皇（天日嗣高御座）の後継者（次）の地位を、「奪ひ盗まむ」としたとある。皇位の継承権もカミロキ・カミロミの「皇族」が「定め賜ひける」と言っており、国史（日本書紀）の天照大神と高皇産霊尊をこの宣命でもまったく無視している。藤原仲麻呂のような国史にも強い関心をもち、『藤氏家伝』を編纂した人物が関与した宣命で、天孫降臨の司令神を、『記』『紀』神話が書くアマテラス・タカミムスビでなく、『記』『紀』神話には登場しないカミロキ・カミロミを、天孫降臨の司令

神にしているのはなぜか。

日本神話を論じる論者も、日本古代史の研究者も、私の知る限り誰も論じていないが、この事実は『記』『紀』神話の天孫降臨神話を認めない証明ではないか。

天孫降臨の司令神をカミロキ・カミロミにする祝詞

カミロキ・カミロミの神を天孫降臨の司令神にしているのは、即位の宣命だけではない。延長五年（九二七）に成立した、醍醐天皇の勅命で藤原時平・忠平らが、二十二年かけて編纂した『延喜式』には、次の宮廷祭祀の祝詞が載る。

○高天の原に神留ります、皇親神ろき・神ろみの命もちて、皇御孫の命をもつ高御座《たかみくら》に坐《いま》せて、天《あま》つ璽《しるし》の剣・鏡を捧げ持ちたまひて言寿《ことほ》き宣《の》りたまひしく。（大殿祭）

○高天の原に神留ります、皇親神ろき・神ろみの命もちて、八《や》百萬《ほよろづ》の神等を神集《つど》へ集へたまひ、神議《はか》り議りたまひて、「我が皇御孫の命は、豊葦原《とよあしはら》の水穂《みずほ》の国を、安国《やすくに》と平《たい》らけく知らしめせ」と事依《ことよ》さしまつりき。（大祓祭）

○高天の原に神留ります、皇親神ろき・神ろみの命もちて、皇御孫の命は、豊葦原の水穂の国を安国と平らけく知ろしめせと、天の下寄さしまつりし時に、事寄《ことよ》さしまつりし天つ詞《のりと》の太詞事《ふとのりとごと》をもちて申さく。（鎮火祭）

○高天の原に神留ります、皇睦《すめむつ》神ろき・神ろみの命もちて、天《あま》つ社《やしろ》・国つ社と敷きませる皇神等《すめらかみたち》の前に白《もう》さく。（大嘗祭）

○高天の原に神留ります、皇親神ろき・神ろみの命をもちて、皇孫の命は、豊葦原《とよあしはら》の水穂《みずほ》の国を安《やす》国《くに》と定めまつりて、下《しも》つ磐《いは》ねに宮柱太《ふとし》敷き立て、……（斎戸鎮魂祭）

また伊勢神宮の二十年ごとに行なう伊勢神宮の最大の祭事の遷宮の時の祝詞（太神宮を遷し奉る祝詞）も、『延喜式』の祝詞と同じに天照大神ではない。

○高天の原に神留りますに、事始め給ひし、神ろき・神ろみの命もちて、天の高市に八百万《やほよろづ》神等を、神集《つどひ》に集給《たま》ひ、神議《はかり》に議給て、天降り寄さし奉《たてまつり》し時に、誰神《いづれの》を先遣《まづつか》はし、水穂《みずほ》国の荒振《あらふる》神等を神攘《はらひ》に攘平《たいら》さむと、神議《はかりはかりたま》議給ふ時に……

とあり、伊勢神宮の最大の祭事（遷宮）の祝詞でも天照大神は無視されている（しかし四月神衣祭・六月月次祭・九月神嘗祭では、「天照らします皇《すめ》大神の大前に申さく」とあり、「天照大神」だが、伊勢神宮の最大の神事の祝詞では天照大神は登場していない）。

梅沢伊勢三は「平安時代における古事記」と題して、『記』を引用している文献を次のように書く。

弘仁私記　多人長　弘仁年間（八一〇〜八二三）
新撰亀相記　卜部遠継　天長七年（八三〇）
承平私記　矢田部公望　承平六年（九三六）
琴歌譜　不詳　天元四年以前（不詳〜九八一）
本朝月令　惟宗公方　天慶〜安和（九三八〜九六九）
政事要略　惟宗允亮　寛弘五年頃（一〇〇八頃）
長寛勘文　清原頼業等　長寛元・二年（一一六三・六四）

『紀』については鎌倉時代の『本朝書籍目録』が、『紀』の講義の記録として次の書籍を示す。(2)

養老五年私記　一巻
弘仁四年私記　三巻　多朝臣人長撰
承和六年私記　　　　菅野朝臣高平撰
元慶二年私記　一巻　善淵朝臣愛成撰
延喜四年私記　　　　藤原朝臣春海撰
承平六年私記　　　　矢田部宿禰公望撰
康保二年私記　　　　橘朝臣仲遠撰

『延喜式』（延喜五年〈九〇五〉～延長五年〈九二七〉に完成）の編纂時か直後には、『日本書紀』は公式の講義が行なわれており、「延喜四年私記」などは延喜五年の一年前に公式に行なわれた講義の記録で、『延喜式』の編纂を開始する為の公式の講義もある。このように『延喜式』の編纂時には『記』は読まれておらず、『紀』は公式に講義が行なわれている。したがって『延喜式』の祝詞は、

　高天の原に神留ります、皇親（睦）高皇産霊尊、天照大神の命もちて。

とあるべきである。ところが『記』だけでなく、正史の『紀』成立から二百年後の『延喜式』の祝詞でも、正史の降臨の司令神を無視しているのはなぜか。

　折口信夫は「のりと」について、「私は、のりとは神自體《カムナガラ》と信ぜられた人、竝びに、其傳言者《ミコトモチ》の発する詞章を、意味するものと考へてゐる。根本は神よりのりくだすことばである」（「高御座」『折口信夫全集・第二巻』所収）と書く。傍線は折口信夫が引いているが、「日本文学の発生」では、「祝詞」

は本来は「呪詞」であったとして、折口信夫は次のように書く。

此等のものは、皆口頭詞章として、諳誦によつて表現せられ、又、保持せられたものである。決して、筆によつて記録せられたものではなかつた。口誦する時に当つて、常に新しく発現する外はなかつたのである。文字を知り、記録の便利を悟るやうになつたことが、呪詞の記録を早めたといふ風に考へてはならぬ。其ばかりか却て逆に、筆録して置くことを避ける傾向が甚しかつたに違ひない。なぜならば、神言は、人の口を仮りてのみ再現せられる。其以外の方法を以てしては、表現せられることを考へなかつた時代に生産せられたものなのだから。書くことは、寧ろ冒瀆だとせられたに違ひない。其よりももつと苦々しい事実は、書かれることは、人の目に触れ易くなることでもあり、神聖なる秘密の洩れる機会が多くなることでもある。其故、書かれざる詞章として、長い年代を経たに違ひない。(3)

この「呪詞」が後代の平安時代中期の『延喜式』に載る、文字化された「祝詞」になったと、折口信夫は見ているが、『延喜式』の「神名帳」以外にも、『出雲国造神賀詞』でも「神漏岐」「神漏美」、『中臣寿詞』も「神留伎」「神留弥」を降臨の司令神にしている。

カミロキ・カミロミの文字表記は、

「ロキ」　漏伎　漏岐　留伎　魯義
「ロミ」　漏彌　漏美　留弥　魯美

と一定していないのは、文字無き以前から語り伝えられていた神名だったからだが、平安時代中期の勅撰書の『延喜式』でも、語りの「祝詞」では『記』『紀』神話が記す降臨の司令神を、無視しているのは問題である。

カムロキ・カミロミの神についての諸見解

大野晋らの編の『岩波古語辞典』は、「カムロキ」について、「『カムロミ』の対。ロは連体動詞、キは男の称。タカミムスヒノカミ、また男の皇祖神その他の男神の尊称、『かみるき』とも」と書き、「カミロミ」については、「『カムロキ』の対。ロは連体助詞。ミは女の称。カミムスヒノカミ。また女の皇祖神やその他の女神の尊称。『かみるみ』とも」と、祝詞のカミロキ・カミロミについて書いている。

折口信夫は「呪詞及び祝詞」で、祝詞について

祝詞は、最初は天皇がなさるものであつた。処が、日本には、代役の思想があつた為に、後、中臣が専《もつぱら》、唱へる様になつた。天皇御自身が、既に代役であつて、神漏岐・神漏美の御言持《みこともち》として、此国に降つてゐられるのである。御言持ちとは、神漏岐・神漏美の命令を、伝達するものなのである。何々の命といふみことは、この御言持ちの略せられたもので、後、尊い人を意味する言葉だ、と思ふやうになり、更に、日本紀に命・尊などと区別する様になつてから、元の意味は、全く忘れられてしまつた。(4)

と書いている。

大林太良は「古語拾遺における神話と儀礼」と題する論考で、次のような見解を述べている。

祝詞や寿詞の神話では、高天原の皇祖はカムロキ・カムロミの二神であって、これが地上の支

配者としてスメミマを天降らせたのである。そこにはアマテラスは登場しない。そして重要なことは、これが祝詞・寿詞を通して見られる現象であって例外でないことだ。しかし、正史としての『日本書紀』が権威をすでに確立していた平安時代において、このような『書紀』の所伝と著しく異なる神話が祝詞や寿詞において一般的だったことは、カムロキ・カムロミ両神が地上の支配者としてスメミマを天降らせたという伝承が古くからあって、しかも祝詞や寿詞の文の一部としてすでに定着していて改変し難いものであったことを物語るものなのであろう（傍点は引用者）。

そして、『古語拾遺』が「カミロキ――タカミムスビ」「カミロミ――カミムスビ」と書いている関係は、「出雲国造神賀詞」に「高天の神主　高御魂《みむすび》・神魂命」とあることが証していると書いている。(5)

松前健は「大嘗祭と記・紀神話」で、カムロキ・カミロミについて（松前は「カムロキ」を「カムロギ」と書く）、「度会延佳や本居宣長は、記・紀の天孫降臨の物語中に、しばしば登場するタカミムスビとアマテラス」に見立てていると書き、更に次のように書く。

カムロギ・カムロミは、一般にイザナギ・イザナミ、ツラナギ・ツラナミと同じように、男女の神を指す語である。しかも『出雲国造神賀詞』では、出雲の熊野大社の祭神を、「神夫呂伎《かぶろぎ》熊《くま》野《のの》大神」と呼び、また『続日本後紀』仁明の条の、興福寺の法師らの奉献した長歌に、スクナヒコナを賀美呂伎《かみろぎ》と呼んでいるのをみると、普通名詞的な名称であったことがわかる。

（中略）

『古語拾遺』には、高皇産霊神《たかみむすびのかみ》を皇親神留伎命《すめむつかむろぎのみこと》、神皇産霊神《かみむすびのかみ》を皇親神留弥命《すめむつかむろみのみこと》と記している故、鈴木重胤などは、もともとこの語はタカミムスビとカミムスビの二神を指したのであろうと述べている。……『出雲国造神賀詞』では、「高天の神王高御魂《たかみむすび》・神魂命《かみむすびのみこと》」と記されており、この「神王」を「カムロギ」と訓ませている諸註が多く、おまけにここではホノニニギを、この神王の二神の皇孫命《すめみまのみこと》と呼んでいるのである。アマテラスはその神賀詞には一向に名が出てこない。その文面をそのまま素直に受け取るなら、ホノニニギはタカミムスビとカミムスビの裔ということになり、その命令で天降りすることになる。

　カムロギ・カムロミというような、相称的・対偶的な名称が、もともとからアマテラスとタカミムスビというような、語源的にも異系・異質な二神に用いられていたとは、考えがたい点がある。むしろ一対になって現われる生成の男女二神という意味で、タカミムスビとカミムスビの方が、原初的な形の司令神としてふさわしい。

　このように書いて、「新嘗祭の素朴な時代の祭神としては、カムロギ・カムロミと呼ばれたタカミムスビとカミムスビの二神」であったろうと書いており[6]、大林見解と同じである。私もカムロミはアマテラスではなくカミムスビと重なると見ているが、以上紹介した折口・大林・松前らの論者も、このカムロキ・カムロミが即位の宣命にも載ることについては、述べていない。

　斎部広成が大同二年（八〇七）に平城天皇に献上した『古語拾遺』には、冒頭に次の記事が載る。

　天地《あめつち》割れ判《わかれ》くる初《はじめ》に、天の中に生まれます所の神、名を天御中主神と曰《まを》す。次に高皇産霊神〔古語、多賀美武須比。是は皇親神留伎命なり〕、次に神産霊神〔是は皇親神留弥命なり。此の神の子は天児屋命。中臣朝臣の祖なり〕

『古語拾遺』は前年に中臣氏と斎〈忌〉部氏が伊勢神宮の祭祀をめぐって争《あらそ》った時、平城天皇が『日本書紀』の神代紀で査定したが、『日本書紀』による査定に不満の斎部広成が、その事がきっかけで平城天皇（桓武天皇の長男で母は藤原氏）に献上したのが『古語拾遺』である。この書の冒頭に中臣（藤原）氏の祖神はカミロミという女神だと、正史（『日本書紀』）にはまったく書かれていない神名を明記しているのは、斎部広成にこのように書く自信があったからであろう（『古語拾遺』は冒頭で「国史」〈日本書紀〉には誤りがあると明記している）。

本章の冒頭で書いたが、わが国最初の正史（『日本書紀』）の成立から三年九カ月後に即位した聖武天皇は、正史の書く「皇祖高皇産霊尊」も「天照大神」もまったく無視し、「皇親」を冠したカミロキ・カミロミの男女神を、降臨の司令神にしている。さらに平安時代中期の『延喜式』の祝詞も、降臨の司令神はアマテラスでもタカミムスビでもなく、カミロキ・カミロミである。この事実を無視して、ほとんどの日本神話論は論じられているが、『記』は降臨の司令神を高木神（タカミムスビ）と天照大御神の男女二神にして、カミロキ・カミロミに対応している。『紀』本文と一書は降臨の司令神をタカミムスビかアマテラスのどちらか一神を、降臨の司令神にしているが、問題なのは皇祖神で日神になっている女神の「天照大神」である。

皇祖神・女神でない天照神を記す『延喜式』「神名帳」

溝口睦子は二〇〇〇年に刊行した『王権神話の二元構造』で、「天照大神」という女神の日神は、「古くから広く人びとに親しく親しまれてきた土着の太陽信仰」の神であったと書き、この女神で日神のアマテラスは、「きわめて広く厚い土着の思想・文化の一環として、その中に含み込まれた存在で、その意味で広範の人びとの間に根づいていた」と書いている。さらに二〇〇九年に岩波書店から新書版で刊行した『アマテラスの誕生——古代王権の源流を探る——』では、『王権神話の二元構造』が専門の学術書であるのに対して、普及版だから、さらにはっきりと「アマテラス」と呼ばれた日神は男神でなく女神で、弥生時代から民衆から信仰されており、その民衆が信仰していた女神の日神が、後代に皇祖神に成り上ったと書いているが、この岩波新書版は版を重ねて多くの人々に読まれている。しかし溝口見解が書くのと相違して、女神の日神のアマテラス神は民衆はほとんど知らなかった。そのことは平安時代後期の康平二年（一〇五九）の頃に書かれた『更級《さらしな》日記』の著者が、「天照大神」が伊勢に「皇祖神」「日神」として祀られていることも知らず、「神か仏か」と言っていることを、第一章で書いた。

前述したが（五一頁）『延喜式』「神名帳」も「皇祖神」でない「天照神」を載せているが、「日」のつく神社も次のように載せている。

大和《やまと》日向神社　所在地・奈良県奈良市春日野町
神坐《みわ》日向神社　所在地・奈良県桜井市三輪
日向神社（山城国宇治郡、近江国犬上郡）、日部神社（和泉国大鳥郡）
日高見神社（陸奥国桃生郡）、日祭神社（陸奥国行方郡）、日出神社（但馬国出石郡）

などの日神を祀る神社が載り、

日置神社（尾張国愛知郡・信濃国更級郡・若狭国大飯郡・加賀国江沼郡・越中国新川郡・但馬国気多郡）

は六国で祀られている。

皇祖神で女神の日神「天照大神」は、本来は男神の「カミロキ」に対する女神の「カミロミ」で日神の妻の「日女」であった。この「日女」を、『記』『紀』神話は日神にし、更に「皇祖神」に仕立てて、降臨の指令神にしているが、『紀』成立直後の聖武天皇の即位の宣命では、この天照大神も高皇産霊尊も無視している。

『紀』の降臨の司令神は神代紀下巻（巻二）のトップの本文記事では、女神の皇祖神の天照大神でなく、男神の高皇産霊尊である。

　皇祖《すめおや》高皇産霊尊、特に憐愛《うつくしび》を鍾《あつ》めて崇養《あがめひた》して、遂に皇孫《すめみま》天津《あまつ》彦彦《ひこひこ》火《ほ》瓊瓊杵《ににぎ》尊を立てて、葦原中国の主《きみ》とせむと欲《おもほ》す。

と書いている。高皇産霊尊のみを「皇祖」と書き、天照大神が降臨の司令神になっている記事は一書に載っており、本文と一書を合わせると、降臨の司令神が男女二神となる。この記事の載る『日本書紀』の成立（養老四年〈七二〇〉五月二十一日）の三年九カ月後に即位した、聖武天皇の即位（神亀元年〈七二四〉二月四日）の宣命には、

　高天原に神留《かむづき》り坐《ま》す皇親神魯《すめおやかむろ》岐《き》・神魯《かむろ》美《み》の命《みこと》の、吾孫《わがまご》の知らさむ食国天下《をすくにあめのした》と、……

とあることは前述した。「皇祖」が「皇親」とあり表記は違うが、降臨の司令神の表現としては同じである。『紀』成立の三年九カ月後に即位した聖武天皇の即位の宣命でも、『記』『紀』の降臨の司令神の天照大神も高皇産霊尊も、無視されている。

聖武・孝謙・淳仁天皇の宣命も、前述した祝詞の、

　高天の原に神留ります　皇親神ろき　神ろみの命もちて

と冒頭に書く降臨の言葉とまったく同じだから、天皇の即位の宣命は、古くからの祝詞の表現を用いていたことは確かである。わが国最初の国史が成立しても、国史の降臨の司令神をまったく即位の宣命や祝詞が無視している事実を、日本神話を論じる時、確認しておく必要がある。

『記』『紀』神話についての先学の諸見解の紹介

「神話」の「話」表記はmythの訳語で、明治三十年代（一八九七年〜一九〇六年）以降に用いられた新造語で、古くからあったのは「神語」（古訓では「カムガタリ」「カムコト」と読む）であった。「神《かむ》語《かたり》」は『古事記』『日本書紀』『風土記』『古語拾遺』や『延喜式』の「祝詞」など、八、九世紀の古典に記されている神々の物語である。この「神語」表記を「文明開化」の影響で「神話」表記にし、「カタリ」を「ハナシ」に変更したが、神道家・国学者らは反対して、「神話《しんわ》」という語を忌避した。『記』『紀』の神代は日本人の祖神が示す「神ながらの道」であり（「神道」という表記は「神ながらの道」の意）、ギリシア神話など外国の神話と同じ次元で扱うべきものではない、という考え方・主張である。このような、いわゆる「皇国史観」は、原爆投下で終戦した昭和二十年（一九四五）八月まで主張されていた。この「皇国史観」を戦前にすでに批判したのが、津田左右吉の『日本古典の研究』である。

津田論考の特に終章「神代史の性質及び其の精神（上・下）」の二章で、「タカマノハラの観念」は「日を皇祖神としたところから生じたものであつて、其の外には意味が無い」と書き、「我が皇室の源はかういふ意義でのタカマノハラにあると説いて、それを全篇の中心思想としてゐる」と書く。そして「一般民衆の日常生活に於ける何等の思想とも交渉の無いものであるから、神代史が治者の地位に立つて治者の由来を説いたものであるといふことも、またこれによつてたしかめられたであらう」と書き、「『神代』とは皇祖神の代といふことであるが、此の『皇祖神』は天皇の神性を抽象して得た概念であるから、その本質はどこまでも政治的君主であり、民衆の日常生活を支配する宗教的崇拝の対象たる神ではない。……神代の観念がそも〳〵皇室について生じたものであり、そこにはたらいてゐるものの多くは皇室に従属する諸家の祖先となつてゐ、さうして神代史には前にもいつたごとく、民衆は少しも現はれてゐないから、このことについての考は全くなかつたであらう」と、戦前の「皇国史観」の全盛期に津田左右吉は書き、発表したのである。(7)

津田左右吉（一八七三〜一九六一）は大正七年（一九一八）に早稲田大学教授になるが、大正二年（一九一三）から昭和八年（一九三三）の間に刊行した『神代史の研究』『古事記及日本書紀の研究』『日本上代史研究』『上代日本の社会及び思想』は、昭和十五年（一九四〇）二月十日に、まず『古事記及日本書紀の研究』が発売禁止の行政処分を受け、二日後の十二日に『神代史の研究』『日本上代史研究』『上代日本の社会及び思想』が発売禁止になっている。三月八日には津田左右吉の著書を刊行した岩波書店の岩波茂雄と共に、出版法の皇室の尊厳冒瀆に該当するという理由で起訴された。二年後の昭和十七年五月二十一日に東京地方裁判所は、これら著書や他の津田の著書の記述は無罪にしたが、

「畏《カシコ》クモ神武天皇ヨリ仲哀天皇ニ至ル御歴代天皇ニ至ル御歴代天皇ノ御存在ニ付疑惑ヲ抱カシムルノ虞アル講説ヲ敢テシタ」

という理由で有罪になり、執行猶予の付いた津田に「禁錮三カ月」、岩波に「禁錮二カ月」の刑が宣告されている。三年後に敗戦を迎えた以降の日本古代史学界では、津田が有罪になった「神武天皇ヨリ仲哀天皇ニ至ル御歴代天皇」の実在を認めないことが、定説になっている。

松村武雄は『日本神話の研究　第一巻』で津田説を、「神代史の成立的過程・様相の関する限り」は、「ほぼその所見を同じうする者」だが、「しかしそれ等は『所謂神話の類』ではない」とする考え方には賛同できないとし、理由として天皇制神話も、その「契機《モティーフ》及び話根《ルート》が、民衆が産み出した神話を成立させてゐるそれ等と全く同一であるといふ厳然たる事実」があると書いて、その事例を示して、津田が『記』『紀』神話は神話でなく神代史とする見解には、賛同していない(8)。

三品彰英の「日本神話論」では津田見解について、具体的に述べていないが、津田左右吉の見解を意識して、「『記』『紀』の神話のうち最も新しい層面においては、『記』『紀』撰述当時の国家なり社会なり、ないしは選者の知識なりによって、当時現在の精神史的事実を強く反映していることもちろんである。従って『記』『紀』神話は、神代と呼ばれるような悠久のいにしえを語るとするよりも、撰述当時の精神史的事実を語る節々が多い」が、「神話の伝承者は、『記』『紀』の選者をも含めて、今日の一部の史家ほどには造作主義者ではなかった」と書いて(9)、『記』『紀』神話に強い政治的意図は薄いと述べている。

三宅和朗は『記紀神話の成立』と題する著書で、この三品見解が載る「日本神話論」について、「神話形成をもっぱら『民族社会』『社会文化』『民族的な性格』との関連において追究しようとする姿勢が顕著である」ため、その結果「記紀神話が高度に政治的な天皇制神話であるという本質がほとんど見失なわれてしまった」と批判している[10]。

上田正昭は「日本神話の体系と背景」の冒頭で、『記』『紀』神話について、日本神話は、「あまりにも体系化されすぎており、厳密には神話とよぶことにためらいを感じるほど歴史化されて、われわれの前にある」と書く。そして「七世紀から八世紀にかけての政治支配の現実を背景として、その支配の起源を物語る形で、このように見事に組織化されたものはない」と書き、次のように述べている。

たとえば中国の神話と比較するとよい。六朝以前の中国の典籍にみえる記録された神話は、いずれも断片的であって、必ずしも統一的ではない。なるほど記・紀神話のなかにも、後述するように天地開闢の神話がある。また宇宙や人類の起源を語り伝えた詞章も含まれている。しかし記・紀神話の構成における基調は、あくまでも王権支配の起源を物語ることに力点がおかれているといえよう。

（中略）

記・紀神話の体系と構成は、七世紀後半から八世紀はじめのいわゆる「神代史」的構想力を背景として、見事に結実したものであったことを改めて、確認する必要があろう[11]。

津田左右吉は『記』『紀』の神代を「神話」と見ず、「神代史」と書き、「話《はなし》」「語《かたり》」と見ず「史」と書く。その津田の書く「いわゆる『神代史』的構想力」で、『記』『紀』神話は書かれたと上田正昭は見るが、『記』『紀』神話の「すべてが『神代史』とはいえない」とも書いている[11]。このような見解は松前健も「日本神話論」で論じている[12]が、私は三宅和朗が書く「記紀神話が高度に政治的な天皇制神話であるという本質」は認め、基本的には『記』『紀』神話は王権神話であると見ている。しかしその王権神話の天孫降臨の司令神天照大神と高皇産霊尊（高木神）を、聖武天皇らの即位の宣命がまったく無視していることが問題だが、この事実についてはほとんど論じられていない。

日本の神話についての大林太良の見解

大林太良は、「神話が口誦によって伝えられるのではなくて文字に定着されることによって日本神話の性格の変化と忘却が起こったのに反し、文字をもたない、あるいは文字の使用が一般化していない未開民族のもとでは、日本神話の諸構成要素とよく似た古い伝承がよりよく保存されたのではないかということである」と書き、平安時代後期に藤原教長が書いた『古今集註』に、『記』『紀』神話と違うヤマタノオロチ神話が載っていること示し、こうした口承神話は次第に消えていったと書き、次のように述べている。

生活様式の変化の中で、ことに神話の破壊に猛威を揮ったのは文字である。一度文字に定着されれば、それは典拠として権威をもつようになってくる。まして、『記』『紀』のように勅撰の場合はなおさらである。しかも他方では神話と生活との間の分離が進行する。神話は社会において神話としての機能を失い、やがて忘れられて行く。斎部広成は、『記』『紀』編纂のほぼ百年後、九世紀初頭にこの過程を『古語拾遺』の序文において見事に描き出した。

「蓋《けだ》し聞く、上古《じょうこ》の世未《いま》だ文字有らず、貴賤老少、口々に相伝へ、前言往行《おうこう》、存して忘れず。書契《しょけい》より以来、古《いにしへ》を談ずることを好まず。浮化《ふか》競《きそ》ひ興《おこ》つて旧老を嗤《あざ》ける。」

書契以来、日本神話はその記録された限りでは不朽に残されたが、他方、生きた神話としては死滅して行った。日本神話を構成する諸エピソードは、あるものを消滅してしまい、あるものは大幅に変形した。また神話のあるものは伝説や昔話に化して、わずかに痕跡を残すだけになってしまった。

ところが、東南アジアやオセアニアの未開民族のもとでは、文字がこのような猛威を揮わなかったし、また生活自体も、その中で神話が生き続けられるような段階を脱することができなかった。もちろん長い歴史のうちには、これら未開民族の神話伝説にも幾多の変化が生じたことは疑いない。しかし、その変化は日本の場合ほど大きいものではなかったし、事実、日本神話の系統をさぐるに足るだけの古い形を残しているのである(13)。

大林太良の見解で明らかのように、世界各地の語られた神話は、『記』『紀』神話のような、文字に書かれた王権御用神話ではない。大林太良が紹介する東南アジアや、オセアニアの神話は、「語り」「口承」に依って伝わっているが、わが国の神話（『記』『紀』神話）は文字に依って記された神話である。その相違を無視して論じたら、見るべきものも見えてこない。

大林太良は「日本神話の世界」で、『記』『紀』が載せる神話の始原の神々を、三つのグループに分類している。

一、アメノミナカヌシ・タカミムスビ・カミムスビのトリオのグループ（『記』）

二、クニノトコタチヲを始源神とし、クニノサヅチ・トヨクムスのグループ（『紀』の本文・一書の第一・第六）

三、ウマシアシカビヒコジを始原神とするグループ（『紀』の一書の第二・第三、『記』）

そして、「東南アジアやオセアニアの場合から考えて、日本の宇宙起源神話の三つのグループのうち、ウマシアシカビヒコジ・グループに当るタイプのものが最も古いもので、恐らくその祖先は先南方語族的栽培民文化に起源すると思われるが、より新しい文化の影響で世界樹的な色彩をもつようになった。クニノトコタチ・原始的混沌型がその次に古く、華南からインドネシアを経てポリネシアの東部にまで拡がった。これに対して、アメノミナカヌシ型は最も新しく、ポリネシアへは、かなり後になってインドネシアから侵入したと考えられる」と書いているが[13]、アメノミナカヌシ型がインドネシアから侵入したという説は問題である。大林見解は神話学者の視点のみでの見解だが、文字表現の『記』『紀』神話は「話」でなく「書」である。基底には文字無き時代の語り伝えの神語《かみかたり》があっても、基本は王権神話だから「天御中主神」は王権に依って作られ、書かれた神であり、インドネシアから伝えられた神とする大林見解には同調できないが、アメノミナカヌシを除く神々については、大林見解を採る。しかし『記』『紀』神話は「神話」といっても、私達が知るのは文字に書かれた「書」だから、書かれた『記』『紀』神話を検証する。

『記』冒頭の「独身隠身」の神についての諸見解

津田左右吉は『記』のトップに載る、「天御中主神」について、

一、民間崇拝の対象として宗教的に信仰されていないこと。
二、朝廷の祭祀に用いられる祝詞にもこの神名がないこと。
三、天の観念は日本民族の宗教的思想において重要でなかったこと。

などを論拠にして、「中国思想によって観念的に作り上げられた新しい神」と述べ、「古事記と書紀の本文とを比較すると、古事記の方に後人の手の多く加はつてゐる」（傍点引用者）と書くが、「後人」がいつの時代の人かは明記していない[7]。

　吉井巌は「天御中主神は我が原初神伝承に古い由来を持つ神でも決してなく、むしろ新しく作り上げられた神で、中国の天の観念と密接な関連を持つ神」と述べている[14]。原田敏明は『紀』がトップを国常立神にしているのに対し、『記』が天御中主神にしていることについて、「思想の形式として明らかに後者の方が進んだ段階にあり、一層後代に発生したものと見ることができよう」と書き、天御中主神は『紀』は一書の第四のみに簡単にふれているだけだから、「天御中主神を中心とする taid に組織されたのは、よほど進んだ神々の体系である」と書く[15]。

　また原田敏明は、『紀』がトップを国常立尊にしているのに対して、『記』が天御中主神にしているのについても、「思想の形式として明らかに後者（天御中主神――引用者注）の方が進んだ段階にあり、一層後代に発生したものと見ることができよう」と書き、「天御中主神」は新しく作られた神で、中国の天の観念と密接な関連を持つ神」と書く。そして「アメノミナカヌシという高度の宗教的哲学的思想が『古事記』の冒頭にあることは、それじしんを哲学書や宗教の経典として見るときは、きわめてすばらしい思想であるといえるかもしれない。しかし記紀神話の神観からすれば、すでに多くの人々がいってきたように、この神の概念や神格は、もっとも新しいものであるというべきである」と書く（傍点は引用者）。また「宮廷で重視された宮中八神殿の奉斎神にもアメノミナカヌシはみえず、地方でもこの神が祭祀された形跡はほとんどない。江戸時代にはいって平田篤胤は、アメノミナカヌシの神格に注目し、宇宙万物の主宰神として認識し、平田学派の鈴木雅之にいたっては、顕界のみならず幽界をもかねて支配する最上の神とするにいたった。しかし彼らの場合は神道神学を体系化するため、神道の立場からの神格の再発見である」と書いている。(15)

天御中主神の信仰は平安朝初期以降に一般化した。伊勢で信仰されていた天日別神が、『日本後紀』大同四年（八〇九）二月条には天御中主神の裔とあるのも、平安朝初期以降の天御中主神信仰の一般化の風潮と関係して、天日別神は天御中主神の後裔になったからである。

松前健は、平安時代初期から「シナ思想の天一神、妙見の信仰が天御中主神を同一視せられたため、陰陽神の信仰は平安朝初期以降に一般化したと書き、伊勢で信仰されていた天日別神が、『日本後紀』大同四年二月条に天御中主神の裔とあるのは、平安時代初期の「『倭漢惣暦帝譜図』なる書に、天御中主を始祖として魯王・呉王・高麗王・漢高祖などを、みなその子孫としたと言うような風潮が記されていたことと関連している」と書き、「平安朝初期以降の天御中信仰の一般化の風潮と関係して」、天日別神は天御中主神の後裔になったと書き、平安時代初期から、「シナ思想の天一神、妙見の信仰が天御中主神と同一視せられたため、陰陽道・占星術の徒が天御中主神の信仰を拡めたことは事実であった」とも述べている。(12)この中国思想による神を『記』の冒頭に載せた理由は、拙著『新版・古事記成立考』で述べた。

天之御中主神と高御産巣日神と神産巣日神は「並独神と成り坐《ま》して身を隠したまひき」と『記』は書くが、高御産巣日神は天照大御神が石屋り入りして「常夜《とこよ》」になってしまったので、

高御産巣日神の子、思金神《おもひかね》に思はしめて、常世《とこよ》の長鳴鳥《ながなき》を集めて鳴かしめ、

とあり、思金神という子がいるのだから「独神」ではない。また『記』が冒頭で「独神」と書く神産巣日神も、

「此は神産巣日神の御子、少名毘古那《すくなびこな》神ぞ」と答へ白《もう》しき。故に爾《ここ》に神産巣日御祖《みおや》命に白《もう》し上げたまへば、答へ告《の》りたまひしく。「此は実《まこと》に我が子ぞ」。

と『記』は書き、高御産巣日神と同じに子（少名毘古那神）がいる。また、スサノヲがオホゲツヒメを殺すと、頭に蚕、目に稲種、耳に粟、鼻に小豆、陰《ほと》に麦、尻に大豆、生《な》ったのを、「神産巣日御祖神、これを取らしめて、種と成しき」とある。大穴牟遅《あなむぢ》神が殺され時には、母神が高天原に昇って、神産巣日之命に生き返らせてほしいと頼《たの》むと、神産巣日之命は、

𧏛貝比売《きさかひひめ》と蛤貝比売《うむかひひめ》とを遣《つか》はして、作り活《い》かさしめたまひき。爾《ここ》に𧏛貝比売、岐佐宜《きさげ》集めて、蛤貝比売、待ち承《う》けて、母の乳汁《ちしる》を塗りしかば、麗《うるは》しき壮夫《をとこ》に成りて、出《い》で遊行《あそ》びき。

とある。このように本文ではタカミムスビもカミムスビも子があり、「独神《ひとりかみ》」ではない。本来のムスビ神はカミロキ＝タカミムスビ、カミロミ＝カミムスビであったのを、『記』『紀』神話が強引に「独神」に仕立てたのである。しかし即位の宣命も祝詞も『記』『紀』神話を認めず、始原の神をカミロキ・カミロミの男女神にしているこの事実を、今迄は無視して日本書紀は論じられてきた。

『古事記』冒頭の男女の対偶神の神名考証

『記』は「宇麻志阿斯訶備比古遅神」の次に「天常立神」を書き、冒頭の三神と合わせて「五柱の神は別天《ことあま》つ神」と書くが、「ウマシアシカビヒコヂ」と「アメノトコタチ」は神名があまりにも違いす

ぎることからも、中国思想の聖教の三・五・七の数合せのため、強引に「天常立神」が記されたと推測できる。それは三・五・七の数合せに登場する国之常立神・豊雲野神にも言える（三・五・七の聖教思想は平安時代の初頭に受入れた中国思想）。

私は原『古事記』には冒頭に「宇麻志阿斯訶備比古遅神」の記事が載り、次に載るのは、

　次に成れる神の名は、宇比地邇《うひぢに》神、次に妹須比智邇《いもすひぢに》神。次に角杙《つのくひ》神、次に妹活杙《いくくひ》神。次に意富《おほ》斗能地《とのぢ》神、次に妹大斗乃弁《おほとのべ》神。次に於母陀流《おもだる》神、次に妹阿夜訶志古泥《あやかしこね》神。次に伊邪那岐《いざなき》神、次に妹伊邪那美《いざなみ》神。

であったと推測する。理由は人も神も動物も男女を一対と見ていたからである。

西郷信綱は『古事記注釈・第一巻』で、この男女二神を「対偶神」と書き、宇比地邇《うひぢに》神・須比智邇《すひぢに》神の「ひぢ」を「泥」のことと書く。そして角杙《つのくひ》神・活杙《いくくひ》神の「つの」は「薄《すすき》や葦《あし》や真菰《まこも》などの芽立《めだち》をいう」と書き、「イク」は「生日《イクヒ》・生島《イクシマ》・生魂《イクムスヒ》のイクと同じで、生成発展を呪する語」と書く。この神名は「ウマシアシカビヒコヂ」の神名と似通っており、始原の「物」が「神」になる状態を示している。原『古事記』はアシカビヒコヂに続いて、この対偶神が書かれていたのであろう。次の「クヒ」について西郷信綱は「クヒは人間の打ったクヒではなく、生えたクヒであるかも知れぬ。打ったクヒとかぎらず、土中に食いこんでいるものをクヒというのだろう」と書き、「ツノグヒ・イクグヒは、人体の原型らしいものが土中にきざしてきたのをいうのであろう」と書き、生成の過程を男女の神名で示したと書いている。西郷信綱の書く「対偶神」の代表が「カムロキ」「カムロミ」である。

次の意富斗能地《オホトノヂ》神、大斗乃弁《オホトノベ》神について、西郷信綱は「意富斗《オホト》の斗は甲類のトであるが、甲類の

トには処のほか『瀬戸』『明石の門《ト》』などのトがあり、後にいうミトノマグハヒとかトツグとかのトがこれである。かくして、このオホトは男女の陰部をたたえたものとする説をも（大系本書紀）、当然考慮しなければならないはずである」と書く[16]。西郷が書く「大系本」は『日本古典文学大系　日本書紀・上』（岩波書店刊）の補注の記事だが（大野晋執筆）、この記事について大野晋は「オホト」の「ト」は、「ト甲類の音」とし、次のように書く。

　ト甲類の音を持つ単語としては、瀬戸《セト》・門《ト》・喉《ノミト》などがある。瀬戸とは、浅く狭い水流の場所、門は人の通行する所、ノミトは、飲み込んだものが通って行く所である。すなわち狭い水流、狭い通行点、通過点がトである。またこの他、トの甲類を含む語には、古事記にミトノマグハヒがある。これは書紀には交合とある。（中略）ミトのトは、男性・女性を象徴する器官をいうもので、語源的には瀬戸・門・喉のトと同じであろう。トツグとは今日女性の嫁入りだけをいうが、古くは、「嫁」にも「婚」にも「聟」にもトツギの訓があり、名義抄には、セキレイ（鶺鴒）にトツギヲシヘドリとある。ツグとは順次につづくこと、また欠けたところをふさぐことであるから、トツグのトも右にいうトである。また、ミトノマグハヒのトも同じである。マグハヒとは、目を合わせ合うこと。してみるとオホトノヂ・オホトノベとは大きいトの男性、大きいトの女性ということ。ここにはじめて、男女が対偶して登場することになる。そしてこの二神は以下のオモダル・アヤカシコネ、イザナキ・イザナミと共に、一つの神話を形成するものと見られる[17]。

このように言語学者の大野晋は書いているが、平田篤胤は『古史伝』で次のように書いている。

　大斗能地・大斗乃弁神の斗《ト》は、始めて男女の形の別り給へる意を以て、称奉《トナヘ》れりと所思《オボ》ゆ。其は角織・活織と申す名は、御身の角具《ツノグ》美活《ミハタラ》動くべき状に成り給ふより申し、面足・惶根とは、御形の成満《ナリタラ》ひ坐るもて名《ナヅ》け奉れるにて、其間なる大戸は、彼処（陰処）にかけて負せ奉れる御名なることを思ひ定むべし。

このような諸見解から見ても、男女の対偶神が「ミトノマブハヒ」をして万物を創ったという神話が、文字無き時代に人々が口々に語り伝えた神話であった（このような見方・考え方は世界共通であることは第六章で書く）。

オホトノヂ・オホトノベの男女のオホ（大）は漢字が入って冠された冠詞で、「大物主神」「大国主神」の「大」と同じだが、「物主」とか「国主」という神名も、漢字が入ってきてから王権神話用に作られた神名で、机上の神名である。これらの神名につけられた「大」を取った神名が、人々が語り伝えていた神名だが、「トノヂ」「トノベ」の男女神は、「カミロキ（ギ）」「カミロミ」と同じ、始原の神名である。

次の淤母陀琉《オモダル》神・阿夜訶志古泥《アヤカシコネ》神について、『紀』は「オモダル神」を「面足尊」と書いているので、西郷信綱は「オモダルは国土の表面が充ち足りていくのを暗示していることになるが、同時に顔立ちや体つきが成りととのい、『御体の具足《グタル》へるに付《ツキ》て、夫婦の交《マジハ》りを既《スデ》に為玉《シタマ》はむとすべききざしのあらはれ玉《タマ》ふ時の御名なり』（書紀通釈）と見るべきである」と書く。そして「アヤカシコネ」については、「オモダル」と神名があまりにも相違しているから、「アヤカシコネの神は、次に出てくる国生みの神イザナキ・イザナミにかかる『あやにかしこき』というたたえごとが神名に化けたのだ、と考える」と書いている(18)。

『記』は前述の男女の二神について、注記で「各二神を合せて一代《ひとよ》と云ふ」と注記している。この注記は男女二神は「対《つい》」で切り離せないと見たからで、「各二神を合せて一代」という見方・考え方こそ、文字無き古代から、人々が伝えてきた具体的な見方で、単独神は観念的な中国思想による考え方である。

『記』『紀』はなぜカミロキ・カミロミを無視したか

『記』『紀』の「高天原」からの降臨神話の司令神である、「天照大神（大御神）」「高皇産霊尊（高木神）」を無視して、聖武・孝謙・淳仁天皇の即位の宣命では、降臨の司令神を「カミロキ」「カミロミ」という男女二神にしている。この男女神は『記』『紀』神話にはまったく登場しない。その男女神を天皇の即位の宣命が降臨の司令神にして、『記』『紀』神話でもっとも重視する降臨の司令神の「アマテラス」や「タカミムスヒ」を無視している事実は、今迄私の知る限りは指摘されてこなかったが、この事実は日本神話を論じる時、無視できないので、本章でさまざまな視点から論じた。

更に問題なのは、『紀』成立の直後の天皇の即位の宣命や、『紀』成立から二〇〇年後に成立した『延喜式』（延長五年〈九二七〉十二月成立）に載る、宮廷神事の祝詞でも、『記』『紀』の王権神話でもっとも重要な、降臨神話の司令神の「アマテラス」「タカミムスヒ」を、まったく無視している事実である。しかしこの事実も、前述の天皇の即位の宣命と共に、ほとんどの日本神話論は無視している。というより気付かずに、「アマテラス」と「タカミムスヒ」を、日本神話でもっとも重要な神として論じている。このような「日本神話論」の視点では真実は見えてこない。『記』『紀』の開闢神話の始原の神の再検証が必要である。

『記』の冒頭の「別天神」の五神のうち、天之御中主神・高御産巣日神・神産巣日神・天之常立神は、文字が入ってから作文された神であることは、「天」「高」「神」が冠されていることから明らかである。文字無き古代から、列島の人々が語り伝えてきた初原の神は、『記』が書く、

国稚《わか》く浮きし脂《あぶら》の如《ごと》くして、久羅下那州多陀用弊流《くらげなすただよへる》時、葦牙《あしかび》の如く萌《も》え騰《あが》る物に因《よ》りて成れる神の名は、宇摩志阿斯珂備比古遅《うましあしかびひこぢ》神。


である。『記』は「久羅下那州多陀用弊流時《くらげなすただよへるとき》」には、「流の字以上の十字は音を以《もち》ゐよ」と書き、「宇《う》摩志阿斯珂備比古遅《ましあしかびひこぢ》神」には、「此の神の名は音を以ゐよ」と注記している。「音を以ゐよ」と注記するのは、文字が入る以前から語り伝えられていた神であったからである。

次に「独神《ひとりかみ》」とし「国之常立神」「豊雲野神」を書くが、「国」「豊」が冠されている神名は、「天」「高」「神」を冠した神々と同じに作文された神名だから、いずれも「独神」である。この「独神」の後に前述（一一四頁～一一六頁）した男女神が『記』に載るが、この神名には前述した「天」「高」「神」「国」「豊」などの漢字の神名が頭にはない。さらに注目すべきは、男女二神は「対《つい》」で「カミロキ」「カミロミ」と同じである。この事実からも、文字無き時代に人々が語り伝えていた神は、男女二神であり、この神は「高天原」という観念的な天上の神ではなかった。

前述した即位の宣命や祝詞は、「カミロキ」「カミロミ」の男女二神を登場させているが、高天原の神で「天孫降臨」の司令神になっており、『記』『紀』神話と同じに高天原神話を前提にしている。理由は即位の宣命や皇室神事の祝詞は、「天の子」（天子）である「天皇」にかかわるから、「高天原」

を認めなければならなかった。しかし降臨神話は認めても、降臨の司令神は『記』『紀』神話の神名よりも、『記』『紀』神話に載らない、列島の人々が文字無き時代から語り伝えてきた神名を重視して、「カミロキ」「カミロミ」の男女神を司令神にしている事実を、私たちは認識して日本神話論を論じる必要がある。

天孫降臨の司令神を「カミロキ・カミロミ」の男女二神にしている即位の宣命も祝詞も、ひそかに読まれ語られてはいない。多勢の人々の前で語られ読まれている。桓武天皇らの即位の宣命は『日本書紀』の成立直後である。『紀』は天孫降臨の司令神を「タカミムスビ」と「アマテラス」だと明記しているのに、正史の記述をまったく即位の宣命は無視している。その無視は平安時代の宮廷祭祀の祝詞でも同じである。この事実を『記』『紀』神話にもとづいて日本神話を論じる時、認識しておく必要がある。

第三章

伊勢神宮の祭神「檀賢木厳之御魂天疎向津媛」

撞賢木厳之御魂天疎向津媛は広田神社の祭神ではない

『日本書紀』の神功皇后摂政前紀に、次の記事が載る。

神風の伊勢国の百伝《ももつた》ふ度逢県《わたらひあがた》の、拆鈴《さくすず》五十鈴《いすず》宮に所居《いま》す神、名は撞賢木《つきさかき》厳之《いつの》御魂《みむすび》天疎《あまさかる》向津媛《むかつひめ》命なり。

この神名は『記』『紀』神話にはまったく載らない神名だが、このような非常に長い神名について、岩波書店版の『日本書紀・上』は頭注で、「厳之御魂」を「神聖で威力のあるみたま」と書き、「天疎向津媛命」については、「下文の天照大神の荒魂と同じか。通釈の引く鈴木重胤の説に、荒魂として『皇大神《すめらおほかみ》の御許《みもと》を疎《さか》らせ御在坐《いまし》て、遥《はるか》に向ひ居たまう義か』という」と書く。「下文」とは神功皇后摂政元年二月条に、「天照大神、誨《をし》へまつりて曰《のたま》はく。『我が荒魂をば、皇后に近くべからず。当《まさ》に御心を広田国に居らしむべし』とのたまふ」とあるからである。小学館版『日本書紀・一』の頭注は、「天照大神の荒魂《あらみたま》をさす。皇居から遠ざけて広田国に祭られる」と書く。岩波書店版は鈴木重胤の天照大神の「荒魂」がこの「神名」だと書く説に、「同じか」と「か」を付して書いているが、小学館版は鈴木重胤説を全面的に受入れている。『式内社調査報告・第五巻』（一九七七年・皇学館大学出版部）の「広田神社」でも、祭神は『日本書紀』神功皇后摂政元年に記す天照大神の荒魂とし、その荒魂は「撞賢木厳之御魂天疎向津媛命」だと書いている。『日本の神々・3』（一九八四年・白水社）も「広田神社」について、「当社は天照大神の荒御魂を祀る」と書いて、祭神を鈴木重胤の『日本書紀伝』の説を取って、「撞賢木厳之御魂天疎向津媛命」にしている。

このように「橦賢木厳之御魂天疎向津媛命」については、多くの見解が鈴木重胤説を採っているが、鈴木重胤は幕末の国学者だが、本居宣長のような国学者とは違う。国学を政治活動に利用していた「学者」というより「国士」であったから、いわゆる「勤皇」の武士（特に長州藩士たち）に影響を与えており、文久三年（一八六三）に反勤皇派に襲われ自宅で斬殺された。国学者でもあった重胤にとって、伊勢神宮の祭神は「皇祖神天照大神」でなければならなかったから、『紀』が伊勢神宮の祭神について、「天照大神」とは違う神名を書いているので、根拠もないのに荒魂説を主張し、広田神社の祭神に仕立てたのである。この説に根拠がない理由を次に述べる。

一、『紀』の神功皇后摂政前紀は、「伊勢国の百伝《ももつた》ふ度逢県《わたらいあがた》の拆鈴《さくすず》五十《い》鈴《すず》宮に所居《いま》す神」と、明記しており、伊勢神宮の所在地の神であり、どこにも摂津国の広田神社との関係は記していない。

二、神功皇后紀の摂政元年二月条に、「『我が荒魂をば、皇后に近《ちかつ》くべからず。当《まさ》に御心を広田国に居らしむべし」と、天照大神が言ったとあるので、勤王の国士を認ずる鈴木重胤は、伊勢神宮の祭神は「天照大神」という神名以外はないという先入観で、同じ神功皇后紀に載る伊勢神宮の祭神の「荒魂」に、強引に結びつけたのである。「荒魂」の「荒」を『「遥」に佰ひ居たまう義』などと書いて、まったく意味が違う言葉を無理に結びつけており、説得力がない。

三、広田神社は『延喜式』「神名帳」に載る「名神大社」で、西宮市大社町に鎮座する。『住吉大社神代記』には、「広田社の御祭の時の神宴歌」として、「墨江に筏浮べて渡りませ住吉の夫《せ》」とあり、伊勢神宮でなく住吉神社にかかわる神社である。神功皇后摂政前紀の神功皇后の新羅遠征伝承に、住吉神が登場しているから、住吉神に関係がある広田神社の神が、伊勢神宮の神の荒魂になったのであって、「荒魂」は伊勢に鎮座する「橦賢木厳御魂天疎向津媛」ではない。
四、神功皇后摂政前紀はこの記事に続けて、「尾田《をだ》の吾田節《あたふし》の淡郡《あはのこほり》に居す神」を書いているが、この「淡郡」は志摩国であることからも、その前に書かれている神が伊勢の神であることは明らかである。
五、決定的なのは「神風の伊勢国の百伝《ももつた》ふ度逢県《わたらひあがた》の拆鈴《さくすず》五十《い》鈴《すず》宮に所居す神」と伊勢神宮の祭神であることを明記している事実である。この事実を無視して摂津国の生田神社の祭神にするのは、暴論である。しかしこの暴論が通説化しているのは、伊勢神宮の祭神名は「天照大神」以外にはないという常識が定着しているからである。
上田正昭編『伊勢の大神』には、冒頭に「神宮の原像」と題した上田論考が載るが、その論考で上田正昭は、

> 神宮は成立の当初から内宮・外宮のあの荘厳な殿舎を保持していたのではない。「磯堅城《しかたき》の神籬《ひもろぎ》」（『日本書紀』崇神天皇六年の条）、「磯城《しき》の厳橿《いつかし》」（『同』垂仁天皇二十五年三月の条「一に云はく」）にまつられた日神が、その原初の姿であった。神功皇后の摂政前紀の託宣に、「神風の伊勢国の百伝《ももつた》ふ度逢県《わたらひあがた》の拆鈴《さくすず》の五十《い》鈴宮《すずのみや》にます神、名は橦賢木厳御魂天疎向津媛命《つきさかきいつのみたまあまさかるむかつひめのみこと》」とあるように、伊勢大神は「橦賢木厳御魂」でもあった。
>
> 神宮の「心《しん》の御柱《みはしら》」は正殿の真下にあり、『心の御柱記』にも、「神の坐すが如くすべし」と記載する。心の御柱は「忌柱《いみばしら》」（『皇太神宮儀式帳』）とも称されて重視・奉斎されてきた。(1)

と書いており、「橦賢木厳之御魂天疎向津媛命」は、伊勢神宮の祭神であると明記している。

以上の理由からも、この神名は伊勢神宮の祭神であることは明らかである。問題はなぜ祭神の呼称が、このように長いのかである。上田見解も「撞賢木厳之御魂」の神名の説明はしているが、「天疎向津媛命」の説明はない。このように長い神名は、男神の「カミロキ」の神名として「撞賢木厳之御魂」。女神の「カミロミ」の神名として「天疎向津媛」にしたのである。そして男女神を合体させて、一神の「撞賢木厳之御魂天疎向津媛命」という女神を作ったのである。この神名は次のような関係になる。

カミロキ――イザナキ――タカミムスビ――ツキサカキイツノミタマ
カミロミ――イザナミ――カミムスビ――アマサカルムカツヒメ

このような関係になる理由を、本書でさまざまな角度から論証する。

「撞賢木厳之御魂」の「撞」の意味と御神体の柱

筑紫申真は『アマテラスの誕生』で「撞賢木厳之御魂天疎向津媛命」を、「ツキサカキ＝イツノミタマ＝アマサカル＝ムカツ＝ヒメ」と分解し、「ツキサカキとは、〝みあれ木〟のこと」、「ツキとは、イツノミタマが憑りつくこと」、「サカキは常緑樹」だから、「ツキサカキ＝イツノミタマとは、みあれ木により尊い霊魂」と書く。そして「アマサカル＝ムカツ」については、「天からはるか遠く離れて、津に向かってくる」の意とし、「向津」の「津」は「河津、つまり川のわたし場で、五十鈴川のほとり」の意と書く。(2)

「津」が伊勢の「五十鈴川のほとり」と書いているのに、筑紫申真は前述の鈴木重胤の兵庫県の広田神社の祭神説を認めているのは、伊勢神宮の祭神名は「天照大神」以外はないと思い込んでいるからである。だが筑紫申真はこの神が「五十鈴川のほとり」で祀られていたと書いて、荒魂説を自ら否定している。

藤堂明保編『漢和大辞典』（学習研究社）は、「橦」は動詞では「突く・突き破る」の意と書くから、筑紫見解の憑説を否定している。「まっすぐな棒」で「突く・突き破る」とは、天疎向津媛との性交表現である。白川静は『字通』（平凡社）で「橦」について、「声符」は「鐘などを撞きならす意」、「古訓」は「サス・ツク・ウツ・カネウツ」と書いている。「サス」「ツク」の冠された「賢木」という神名であることに、私は注目している。

鳥越憲三郎は「心の御柱」の「柱の大きさは秘伝のため不明であるが、『御鎮座本紀』には径四寸、長さ五尺とあり、また弘仁三年（八一二）の『遷宮記』に地上三尺三寸ばかり、地中二尺余と記されているので、一・七メートルほどの材のようである」と書き、「その心御柱は正殿中央の真下に埋められる」が、「正殿には神の御霊体としての鏡が安置され、建物の端々は金物で飾られ、外見的には神々しい正殿が中心のように見える。だが実際には、この心御柱《しんのみはしら》が神祭の中心的役割を負っているのである」と書き(3)、さらに「神宮ではこの神木の心御柱が、実質的には祭祀の対象であった。しかし信仰の場としての神宮を代表するものは、古い心御柱ではなく、正殿に安置された御鏡が対象とされたのである。ここに鏡が主権の表徴としての神宝の立場から、神の霊体としての鏡へ、内容的に変わったのである」と書いている(4)。

上田正昭・鳥越憲三郎が書くように、鏡は「神宝」であったのが、「神の霊体」つまり「御神体」

に成り上ったのであり、伊勢神宮の本来の御神体（御霊体）の「心の御柱」が、「檀賢木厳之御魂」で「カミロキ」であり、「天疎向津媛」は「カミロミ」で、形代が「御鏡（八咫鏡）」であったのである。「天疎向津媛」は「天から遠く離れた」（「天疎」）五十鈴川のほとり（「津」）で「向う媛」の意だが、「向う」のは「日」に対してであり、「天疎向津媛」は日神に向う日女《ひるめ》である。

『紀』神代上（巻一）の本文は、イザナキ・イザナミの生んだ日神について、「日神を生みたまふ。大日孁《ひるめ》貴《むち》と号《まを》す。一書に云はく、天照大神といふ。一書に云はく、天照大日孁尊といふ」とある。前述したが日神の妻の「日女」が日神に成り上ったから、「日女」の「女」を「孁」と書き、上に「大」、下に「貴」という尊称をつけ、文字表記では日神に仕立てているが、本来の言葉「ヒルメ」は「ヒ（日）」の「メ（女）」で、日妻をいう。鏡は日光に向い日光を受けて光り輝《かがや》くから、「天疎向津媛」という神名は「鏡」を表象している。日神を表象する「檀賢木厳之御魂」（心の御柱）と、日女を示す「天疎向津媛」（鏡）が合体したのが「檀賢木厳之御魂天疎向津媛」という神名である。

鎌倉時代後期の『心御柱記』には、内宮には長さ五尺の御柱が「神の坐すが如く」祀られていたとあり、この「御柱《おんはしら》」は「日の神が降臨する神籬」と鳥越憲三郎は書き、「二〇年ごとの遷宮の時には、まずこの忌柱の採取神事から始まる、神社でももっとも重要な神事」と書いている。[4] 平安時代初頭の弘仁二年（八一一）に書かれた『遷宮記』には、この柱は地上三尺三寸ばかり、地中二尺余とあるから、五尺五寸余（一・七メートル余）の柱である。この心の御柱が伊勢神宮の本来の御神体の檀賢木厳之御魂である。

伊勢神宮の主祭神の「心の御柱」祭祀と位置

岡田精司は「古代王権と太陽神」で図4の、「由貴大御饌の内宮正殿下祭儀の図」を示し、次のように書いている。

伊勢神宮では古く「年中三節祭」といって、九月の神嘗祭と六月・十二月の月次祭を最大の恒例の祭典としている。一年中で内宮の正殿《しょうでん》（一般の神社の本殿に相当する）に御饌を献進するのはこの三度の時だけで、それを「由貴大御饌《ゆきのおおみけ》」の供進と称している。……内宮の場合は御贄行事によって調理された〈大御饌〉を、大物忌という童女の手で正殿の神前に供えるので

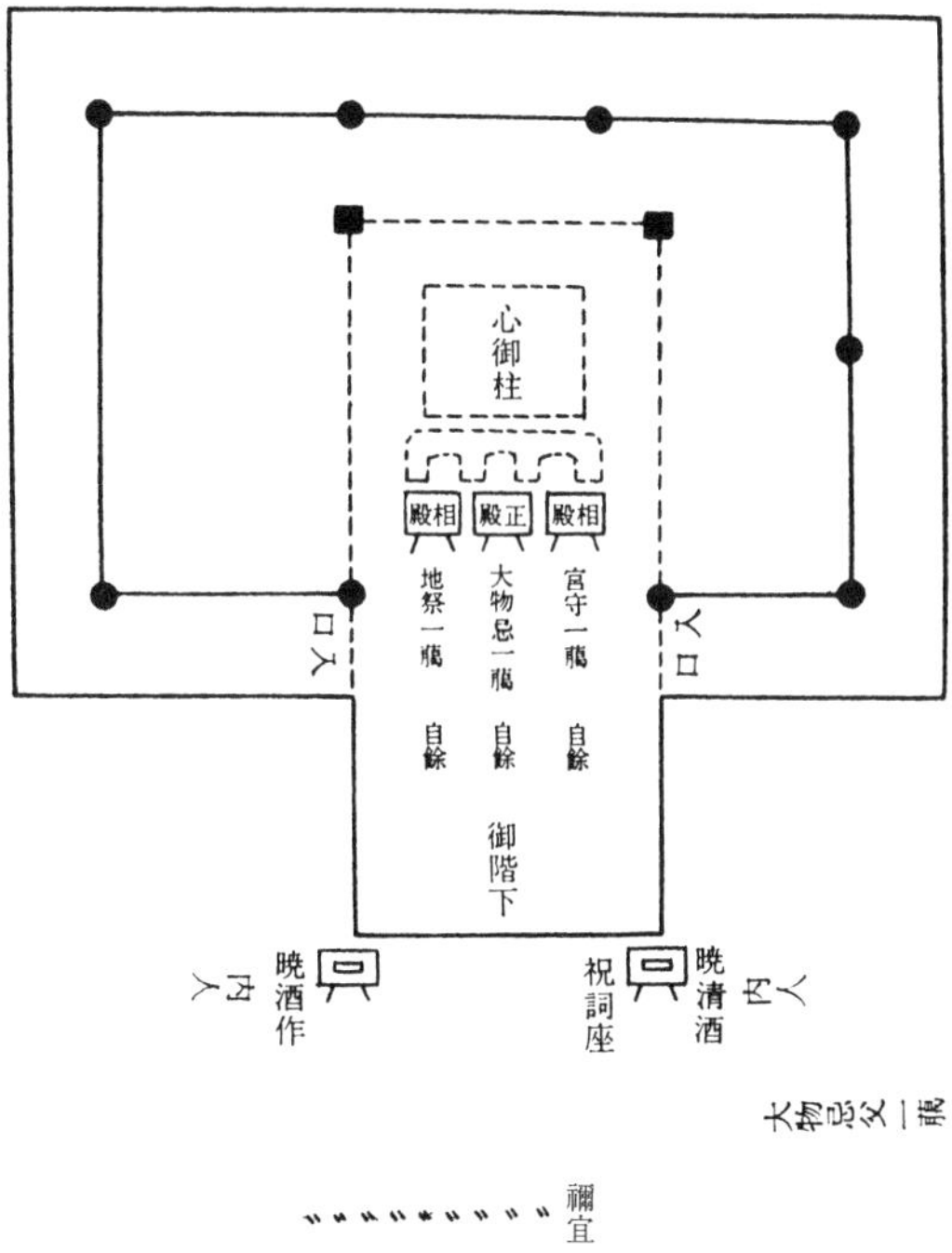

図4　由貴大御饌の内宮正殿下祭儀の図

あるが、それは一般の神社のように社殿の中や社殿の前に供えるものではなかった。『建久三年皇太神宮年中行事』では「御殿下」と記しているように、正殿の床下の〈心御柱《しんのみはしら》〉の前に御饌の案をすえるのである。それは明治初年の神宮祭式の大改正まで、変更することなく一貫して行われていた。

……〈心の御柱〉はまた忌柱ともいい、神宮の建築の中でもっとも神聖視されているものである。二十年ごとの社殿造営にあたっても、この柱の用材を伐採するために〈木本祭《このもとさい》〉を行い、造営準備の諸祭のうちでももっとも厳重に行われた。その詳細は神秘とされているので不明であるが、『神宮雑例集』や鎌倉後期の『心御柱記』によってその大体をうかがうことができる。『心御柱記』によると長さ五尺、径四寸の木柱で、白布を全体に巻き榊で飾ったものであった。当時は下方三尺を地中に埋めたといい、その周囲に〈天平瓮《あめのひらか》〉という平たい円盤状の土器数百枚を積み置いたものである。その扱いは、立て替えた古材さえも「如二神ノ坐一スガ久可志」（『心御柱記』）というほどであった。正遷宮の時に古い社殿が取りこわされても、心御柱だけは古殿地にそのまま次の遷宮まで、覆屋をかけて二十年間残される。〈心御柱〉が建築構造とは全く無関係であり、ヒモロギと考えるのが至当であることは、建築史の方から技術的にも明らかにされている。心御柱がヒモロギであり、祭神の依り代であることは疑いないことである。(5)

このように書いて、結論として、「床下のヒモロギの柱が祭儀と信仰の中心である」と書いている。

心《しん》の御柱は地上に「三尺三寸」、地中に「二尺余」で、一・七メートルほどである。

図5は伊勢神宮（内宮）社殿配置図だが、古殿地にも心の御柱のみが置かれており、この御柱が神

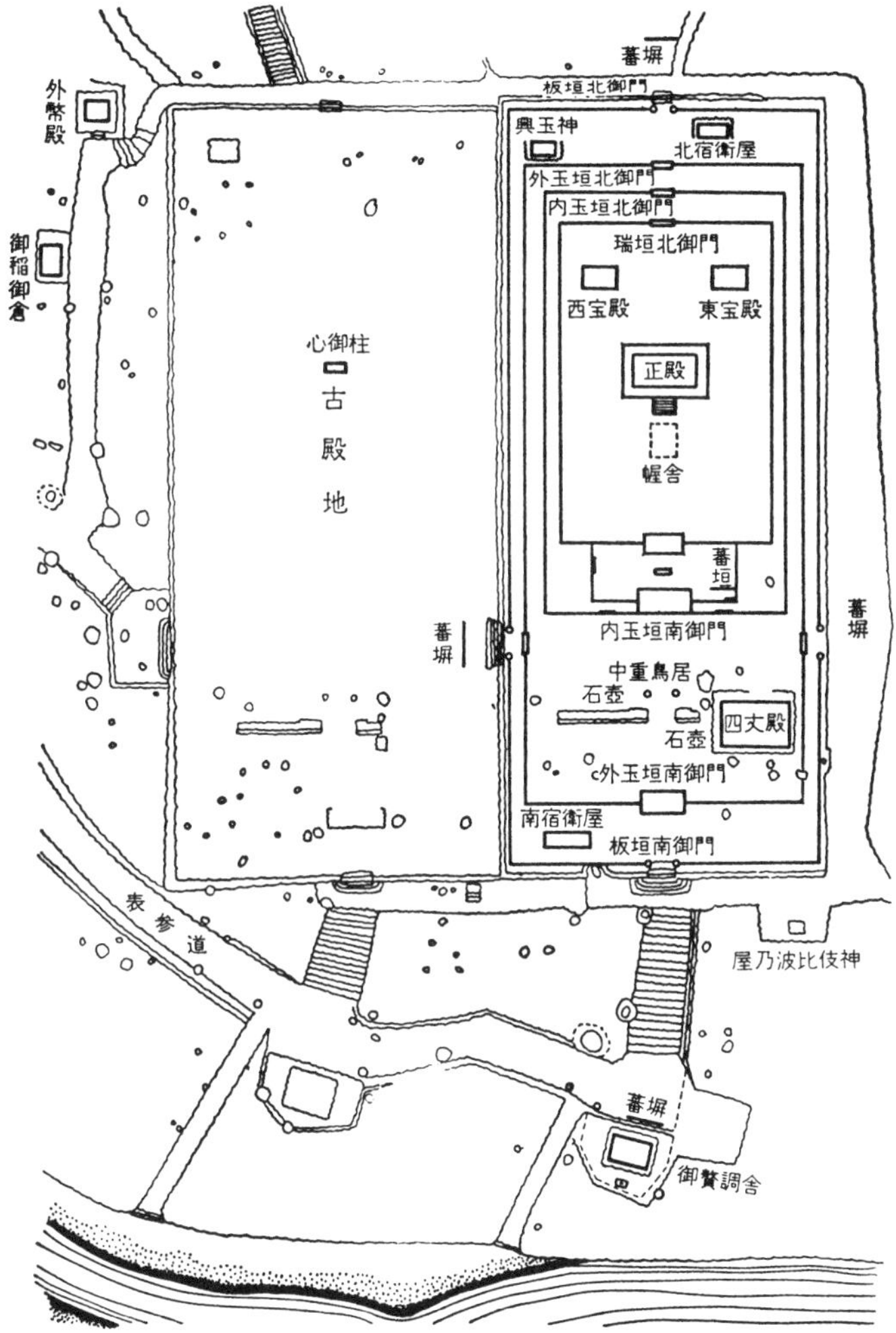

図5　皇大神宮（内宮）社殿配置図

体であることは明らかである。御柱は橦賢木厳之御魂という男神であって、天疎向津媛ではない。この女神名は「天」から離れた（天疎）海辺（津）で日神に向う（向津）媛の意であり、日神を写す鏡の意を示す女神名が、天疎向津媛である。伊勢神宮の御神体は本来は橦賢木厳之御魂で、八咫鏡（天疎向津媛）は御神宝であった。

柱を廻り国生みをするイザナキ・イザナミ神話

「柱」祭祀で注目されるのは次の神話である。

　伊邪那岐《いざなき》命詔《の》りたまはく。「我が身は、成り成りて成り合はざる処一処《ところひとところ》あり」と答曰《こた》へたまひき。爾《ここ》に伊邪那岐命詔《の》りたまはく。「我が身の成り合はざる処に刺し塞《ふさ》ぎて、国土《くに》を生み成さむと以為《おも》ふ。生むこと奈何《いかに》」とのりたまへば、伊邪那美《いざなみ》命、「然善《しかよ》けむ」と答曰《こた》へたまひき。爾《ここ》に伊邪那岐命詔りたまひしく。然《しか》らば吾と汝と是《こ》の天の御柱を行き廻《めぐ》り逢ひて、みとのまぐはひ為《せ》む」とのりたまひき。

と書く。松本信広は『日本神話の研究』掲載の「我が国天地開闢神話にたいする一管見」で、この記事に関連して、次のように書く。

　『貴州通志』巻七によると、同地にすむ原住民竜家の一種狗耳という部族にあっては、「春時立㆓木於野㆒謂㆓之鬼竿㆒、男女旋躍而択㆑配既奔則女氏之党以㆓牛馬贖㆑之」とある。

　これは明かに立木が宗教的シンボルであったことを示しておる。鬼竿の鬼はいうまでもなく祖霊である。そのまわりを男女が踊りつつ配偶者を選んだのである。高くそばだったものは神または霊魂を招くよすがとして祭に必要なものであった。しかしこれが同時にファルスのシンボルであったことも考慮に入れねばならぬ。支那の祖霊を示す祖という文字はいうまでもなく古字が且《しょ》であり、これはファルスを示す象形である（カールグレンの研究 Karlgren, Some fecundity symbols in ancient China, Stockholm, 1930.）。

カ氏は且《しょ》をもってもとファルスを示す柱であるとしておる。

このように書いて東南アジアの「木のファルス」などのまわりを廻る習俗を示し、「こういう例から類推すると柱のようなそばだったもののまわりをまわることの一つの意味は性の象徴する生殖力に同化し、これをめぐる夫婦の豊饒化を企図するのではあるまいか」と述べている。(6)

西郷信綱は松本信広の見解を紹介して、「メイ・デーのメイ・ポールがやはりそういうものであることは、すでによく知られている。してみると、柱をめぐってトツギわざをするのは、たんに或る地域の系統にぞくする現象というより、人間のとりおこなう儀礼の、あるいは神話的イメージなるもののもつ形態学上の問題であるかも知れない」と書き、「世界各地で柱は男根表象として立てられた」（傍点は引用者）と書いている。(7)

松村武雄も『日本神話の研究・第二巻』で、「天御柱を男子の性器の標徴とする解釈が、可なり優勢に行はれてゐる。平田篤胤翁・鈴木重胤翁の如きは、その最も熱心な主張者である」と書き、「直立するもの・棒状のものでさへあれば直ちに性器象徴であると無造作に片づけてしまふ行き方は、問題外」と書く。その事を前提に置いて松村武雄はカールグレンの論考、「古代支那に於ける若干の豊饒象徴」を引用して、「柱は神霊を招き降すものだが、性的（男根）表徴の意味もある」と書いている。(8)

神は柱に見立てられているから、神は「一柱」「二柱」と数えられており「柱」は「賢木」だが、その「賢木」に「憧」が冠されている。前述（一二七頁）したが「橦」は「突く」で「突く木」は男根表象で、「橦賢木厳之御魂」の相手が「天疎向津媛」なのである。

前原市平原遺跡の被葬者と柱の位置の意味

原田大六は福岡県前原市の弥生時代終末期の平原遺跡出土の鳥居穴（鳥居穴は二つあるから、原田は「一の鳥居」「二の鳥居」と書く）について、「一の鳥居」と割竹形木棺と日向峠を結ぶ**図6**を示し、棺の被葬者を伊都国の女王と見て、日向峠から昇る朝日が被葬者の「股間に光線を射し込む」と書くのは、遺体の下半身が日向峠に向いているからである(9)。原田大六が被葬者を女性と推測するのは、棺内と棺外の出土遺物に武器の出土例が少ない事をあげるが、渡辺正気は出土した「耳璫」が中国・韓国では「もっぱら女性人骨の耳・頸部付近で発見される」から、「被葬者が女性であることを示す積極的な証拠」と、「平原弥生古墳出土の玉類について」と題する論文で論証している(10)。

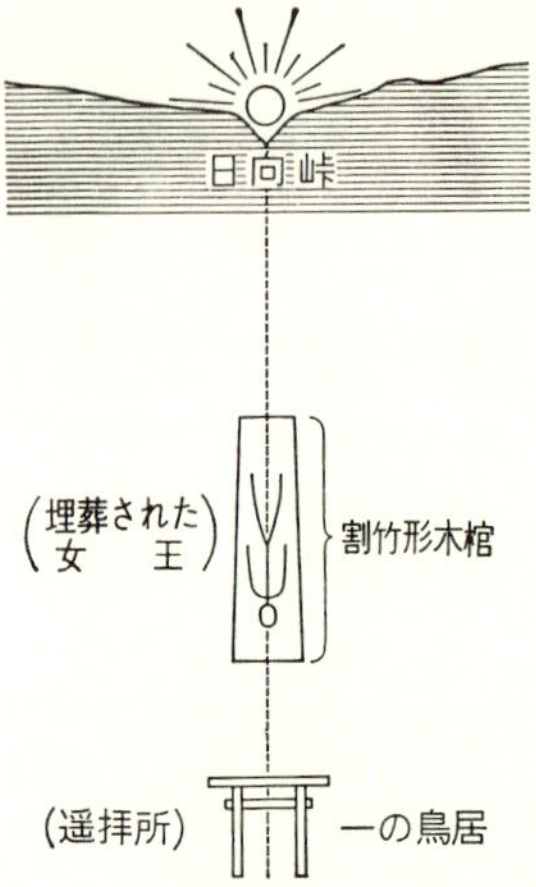

日向峠から秋の十月下旬に出た朝日の光芒が，平原弥生古墳の被葬者である女王の股間を射すのを，鳥居で神として祀っている。太陽はこの場合には男性で，女王はその妻と考えられた。

図6　太陽と女王の一体化

「天疎向津媛」という神名は天の日神に向う日女《ひるめ》の意だが、平原遺

写真1　鳥居・坑列・大柱を結ぶ延長線に日向峠

跡の被葬者の「女王」は日女で、その遺体は日向峠から朝日が女王の陰部を射る聖婚秘儀を暗示している。原田大六は日向峠から朝日が昇る時期を神嘗《かんなめ》祭に近い「山沿いで稲刈りがはじまっている十月の中旬」とみている。神嘗祭はその年の稲の新穀を伊勢神宮に奉納する祭で、十月十七日に行われ、太平洋戦争で敗戦以前は休日であった。

この平原遺跡は平成三年（一九九一）から平成十年にかけて前原市教育委員会によって更に発掘調査されている。調査責任者の柳田康雄は、主体部墓壙の割竹形木棺のすぐ横（右側）の抗列の線上に、柱穴があることを新しく発見している。この柱穴は六五センチあるから、諏訪大社上社の「御柱」の例から、柳田康雄は「大柱は長さ一五メートル前後で、地上に一三メートルの高さでそびえていた」と書く(11)。その「大柱」を復原して撮ったのが**写真1**である（白塗の柱が「大柱」)。手前の二つの穴は「鳥居」の穴であり、鳥居と柱の間に墓があり、鳥居・墓・大柱を結ぶ線を伸ばすと日向峠に至る。

柳田康雄は「大柱を立てる方向は、太陽信仰に基づく被葬者の役割と関連する」と書き、「『一の鳥居』の中心点に立つと、四個の小穴と『大柱』を結ぶ直線の日向峠から日の出を迎えられるから」、日向峠から昇る朝日を拝せる時期に被葬者が亡くなって埋葬したか、すでに亡くなっていたが、その時期を選んで埋葬したのではないかと書いている。(11) この平原遺跡の被葬者が女性で、日向峠(この峠の名も無視できない)に向いて埋葬されているのは、「天疎向津媛」という神名と一致し、大柱は「橦賢木厳之御魂」である。

日向峠の「日向」と似た神名の式内社は、京都市向日市の向日神社であるが、この神社も日神祭祀の神社である。

『日本書紀』は「大日孁貴」と「貴」という漢字をつけ、日女を日神らしい漢字表記にしているが、この表現は文字の読める人々に通じても、当時の民衆はほとんど漢字を知らなかったから、「ヒルメ」は日神の妻で、カムロキが日神ならカムロミは日女であった。『紀』本文はこの「大日孁貴尊」の記事の付記として、「一書に云《い》はく、天照大神といふ。一書に云はく、天照大日孁尊といふ」と書く。この記事からも天照大神は日妻・日女であった。この事実を「天疎向津媛」という神名が示している。「天」から遠く離れた「津」(五十鈴川のほとり)で、天に向かっている媛とは、日光を受ける日女で、日光を受けるとは、福岡県前原市の平原遺跡について述べたように、日神と日女の聖婚をいう。「橦」が冠されている「賢木」は男根表象であり、日神(橦賢木厳之御魂)と日女(天疎向津媛)

との聖婚・合体を、「橦賢木厳之御魂天疎向津媛命」という、伊勢神宮の神名が示している。「橦賢木厳之御魂神」が男神の日神、「天疎向津媛」が女神の日女である。

男女一対の神信仰と世界各地の両性具有表現

男神　カムロキ——ツキサカキイツノミタマ
女神　カムロミ——アマサカルムカツヒメ

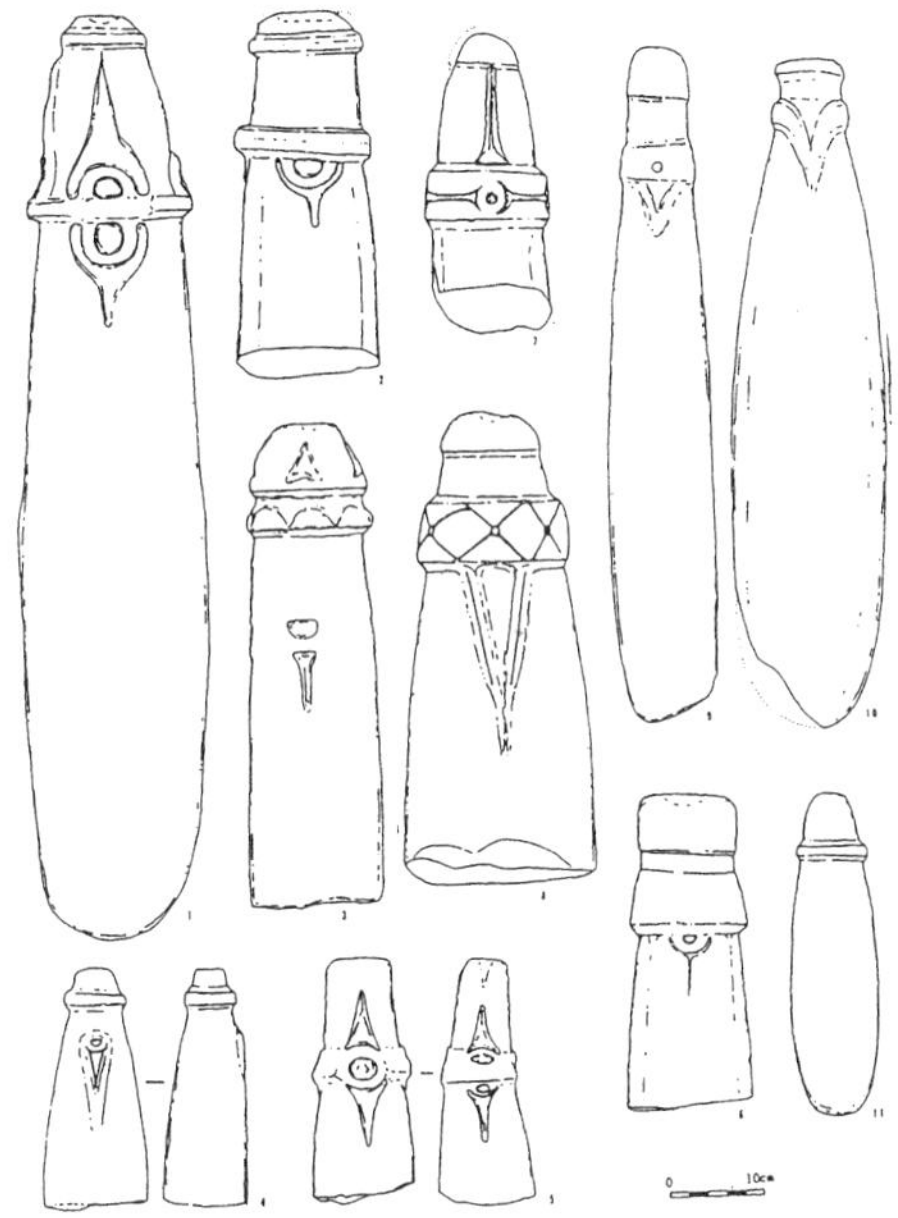

図7　石川・富山・岐阜県出土の縄文中期の彫刻石棒

という男女神を、文字無き古代の人々は、その象徴を一体にして造形し、祀っていた。

図7は石川県から富山県・岐阜県北部（飛騨）にかけて出土した、縄文時代中期の十三例の彫刻石棒である。小島俊彰はこの石棒について、「石棒本体は男性生殖器を表現したもので、……二段目鍔は交接行為を表現しているであろう」と書いている。[12] **図7**の「鍔」表現の下の絵は女陰表現と見られ

写真2

写真3

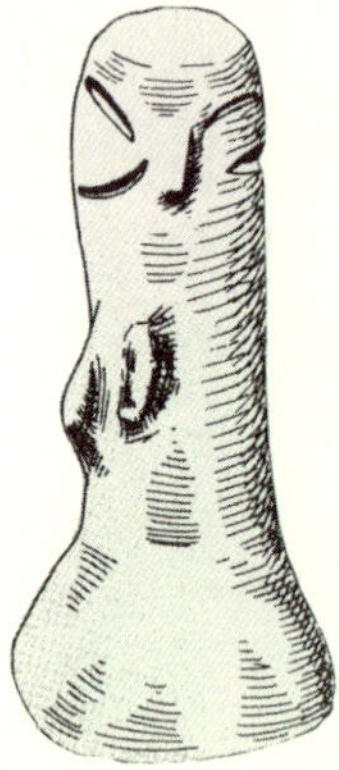

写真4

写真2　旧石器時代の「ヴィレンドルフのヴィーナス」
写真3　新石器時代のマンモスの牙で作った乳房のある男根棒
写真4　新石器時代の乳房のある男根形人物像

ることからも、私は小島見解に同調する。この彫刻石棒は、石棒は「橦賢木厳之御魂」または「カミロキ」「イザナキ」であり、石棒に彫られた女陰は「天疎向津媛」または「カミロミ」「イザナミ」であり、男女を分けず一体と見る**図7**の縄文人の造形は、「橦賢木厳之御魂天疎向津媛」という一神にして祀るのと同じ発想であるから、外来の文化・思想が入ってきても、縄文以来の根源的ものの見方・考え方は、消えずに伊勢神宮の祭神名に残っていたのである。

　このような表現はわが国だけにあるのではない。世界各地の人類の始源観としては共通である。**写真2**は旧石器時代のオーストラリアの「ヴ

写真6

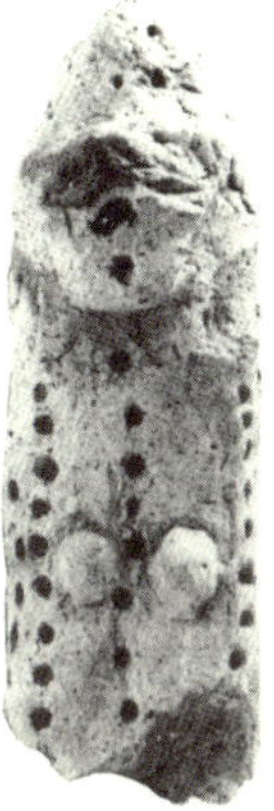

写真5

写真5・6　縄文後期・晩期の乳房と女陰のある男根像

イレンドルフのヴィーナス」像だが、乳房をペニスの亀頭、頭部を睾丸に表現している。**写真3**はチェコのモラビアのドルニ・ヴィスエストニッツ出土の造形だが、マンモスの牙で作った男根棒に乳房をつけた、新石器時代の遺物である。同じ新石器時代の**写真4**はユーゴスラヴィアのツルノカルチカ・バラ出土の、男根形に乳房がついた人物像である。わが国の縄文時代後期の**写真5**（群馬県前橋市上川久保遺跡出土）や、縄文時代晩期の**写真6**（埼玉県飯能市中橋遺跡出土）にも男根に乳房がついており、ヨーロッパとわが国の古代人も、思考と表現は同じである。そのことは縄文時代晩期の**写真7－1**の男根状遮光器土偶からもいえる（出土地不明）。この土偶にも乳房らしき表現があり、底部の**写真7－2**に示されているように、開いた陰唇と膣口表現がある。ところがフランスのドルドニュ地方のシルイユ出土の、**写真8－1**の旧石器時代の男根形女性像にも、**写真8－2**の底部には陰唇のような女陰表現が

写真8－2

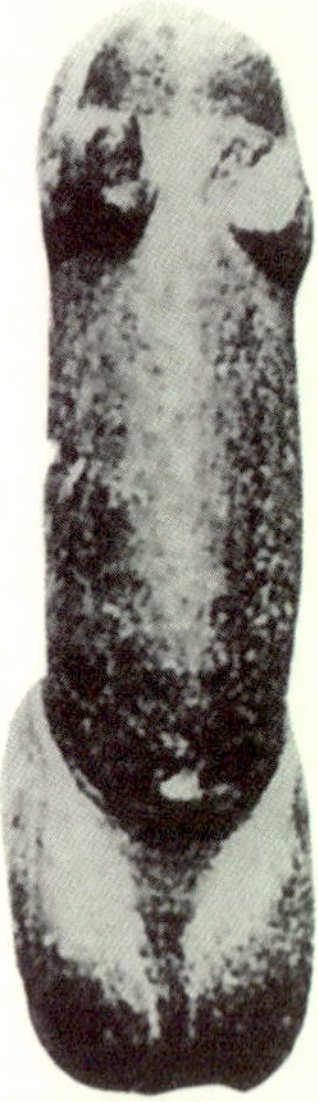

写真8－1

写真8－1・2　旧石器時代の男根形女性像
1と底部2

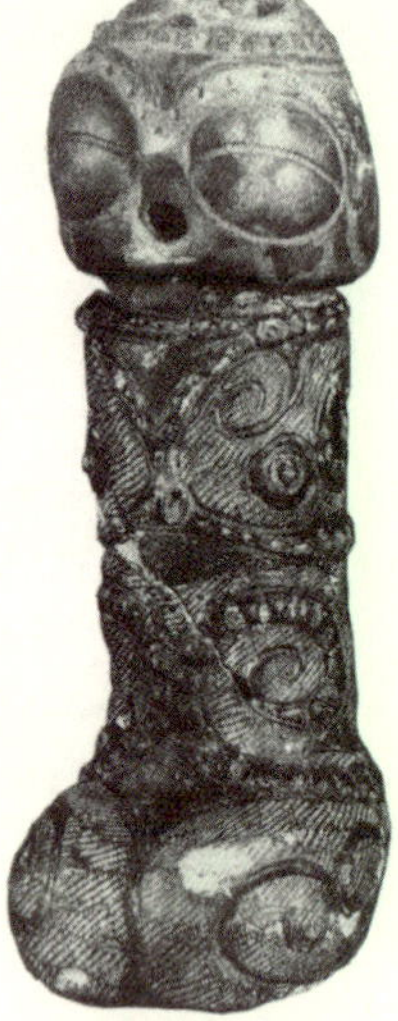

写真7－1

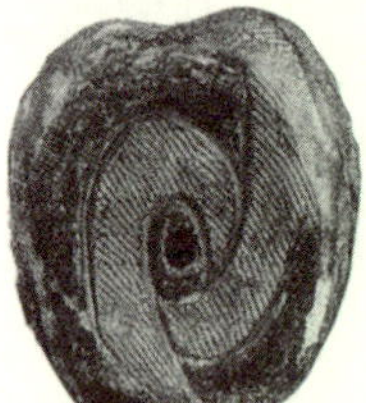

写真7－2

写真7－1・2　縄文時代の男根状遮光器土偶
1と土偶底部2

見られる。このようにヨーロッパの旧・新石器時代と、わが国の縄文時代の人々が、共に同じ思考の造形をしていたことは見過せないが、これらの造形は「橦賢木厳之御魂天疎向津媛」という男女の神名を一体化した発想と同じである。

エーリッヒ・ノイマンは『意識の起源史・上』で、前述のような太母像は「豊饒神の性格をもつ」と書き、

「太母に連れ添う男根」と書く。そしてJ・J・バッハオーフェンの次の文章を引用している。

……要するに女性と男性は同時に現われたのでもなく、同列でもない。女性は既にあるものであり、男性は彼女から初めて生まれたものである。……男性的な力が初めて地上に現われるのは息子の姿においてである。……男性は授精者ではなく被造者として、原因でなく結果として現われる。その逆が母親である。彼女は被造者以前に存在し、結果ではなく原因として、最初の生命の授け手として登場する。彼女は被造者によってではなく、まず自分自身によって知られる。一言でいえば、女性はまず母として存在し、男性はまず息子として存在するのである[13]（『原宗教と古代のシンボル・第二巻』）。

写真９　長野県佐久穂町に立つ縄文中期の巨大な石柱

女性は「既にあるもの」で、男性は「生まれてくるもの」であり、女性は「原因」で男性は「結果」だと、バッハオーフェンは述べていることをエリッヒ・ノイマンは紹介しているが、宗教体系をもったいわゆる「教団宗教」以前の古代の造形、特に石器時代の人間表現を見れば、ほとんどは豊満な太母像である。女性は母として「既にあるもの」であり、その母が妊娠するために男は「結果」として存在するから、妊娠に必要な男根を

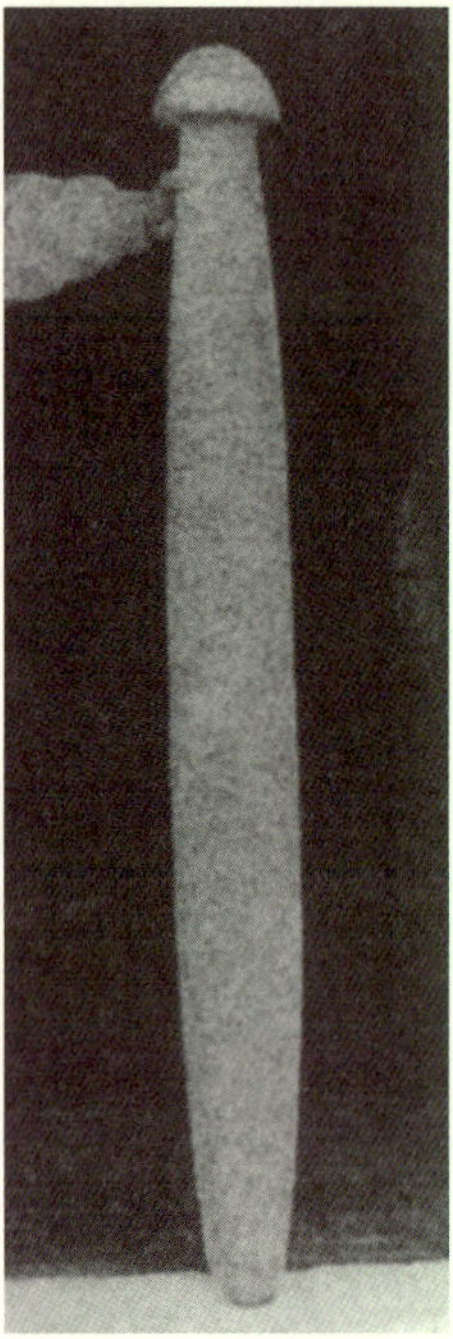

写真10　縄文後期の巨大な石棒（長野県佐久市月夜平遺跡）

巨大化して縄文人は造形している。**写真9**は長野県佐久穂町に立っている、高さ二・二五メートル、最大径二七センチの縄文中期後半か後期の男根表現の巨大石柱であり、**写真10**は長野県佐久市の月夜平遺跡出土の、全長一・五メートル、最大経一七センチの男根形石柱である。

以上述べたように、洋の東西を問わず始原の信仰は共通している。前述した縄文時代の**写真9・10**の巨大男根石柱と、柱を神体にし、神を一柱・二柱と呼ぶのも、柱を男根表象と見立て、生命《いのち》を生む始原の生命力の表象と見ていたからである。イザナギ・イザナミは島生み・神生みのため、柱のまわりを廻っているが、この柱はさまざまな写真で示した巨大男根とダブルイメージである。

『記』の降臨の司令神の高木神と天照大御神

『記』の降臨の司令神は天照大御神と高木神（高御産巣日神）だが、高木神について、岩波書店版の日本思想大系の『古事記』の補注は、「この名は樹木を依り代として祭場に降臨する神であろうといわれ、伊勢神宮の正殿床下にある心御柱との関係を暗示するものがある」と書いている。小学館版の『古事記』は高木神について頭注で、「高御産巣日神の別名」と書き、「新嘗祭や大嘗祭の時、ヒモロギ

（神木）に高御産巣日神を招《お》ぎ降したことによる神名であろう。神話学でいう宇宙樹に似た点がある」と書く。新潮社版『古事記』に載る「神名の釈義」は西宮一民の執筆だが、「名義は神霊の依代《よりしろ》になる高い木」と書く。

上田正昭は「高木神とはいったいなにか。それは神のよります神体木（神籬《ひもろぎ》）の神格化である」と書き、「伊勢の日の神は、撞賢木厳之御魂天疎向津媛として『日本書紀』に登場するが、この『つきさかき』とは、まさに神体木によります日の神＝田の神の象徴にほかならない」と書き、「高木神――撞賢木厳之御魂――日の神」と見ている。(1) しかしなぜか「天疎向津媛」についてはふれていないが、同じ論法なら「天照大御神――天疎向津媛――日女」となる。しかし「日女」であるべきなのが、「日女」が「日神」に成り上っているだけでなく、「皇祖神」にもなっているので、上田正昭は「撞賢木厳之御魂」のみを論じているのである。「天から遠く離れた所の『津』で天（日）に向う」という神名は、太陽（日神）に向う「日女」表現以外にはない。

『記』は『紀』が「天照大神」と書くのに「天照大御神」と書く。「大御神」表記は平安時代初頭以降であることは拙著『新版・古事記成立考』で書いたが、そのことは現存『古事記』の次の注記からもいえる。

倭比売命者拝二祭伊勢大神宮一也　　垂仁天皇記
妹豊鉏比売命拝二祭伊勢大神之宮一也　　崇神天皇記
参二入伊勢大御神宮一　　景行天皇記

伊勢神宮について『記』は「大御神」以外に、「大神宮」「大神之宮」「大御神宮」と書くが、『紀』

は「伊勢神宮」は八例載るがすべて「神宮」で、『記』のような「大御神」「大神宮」という用例はない。しかし『続日本紀』になると「大神宮」が五十六例で「神宮」は六例である（「大神宮」には「太神宮」という表記もある）。この事実からも『記』のアマテラスに付す「大御神」表記は、『紀』の「大神」より新しい。そのことは『記』の上巻と中巻を比較検証しても明らかである。『記』の上巻の「天照大御神」は二十九例だが、「天照」を冠さない「大御神」のみの表記が二例あるから、「大御神」表記は合計三十一例で、「大神」表記は皆無である。ところが『記』の中巻の天皇記に二例載る「アマテラス」は「天照大神」とあり、「天照大御神」ではない。

このように原『古事記』の「天照大神」を、神代記のみ「天照大御神」に現存『古事記』は変えたのである。『記』は降臨の司令神を原『古事記』が、「高木神」または「高木大神」と書いている神代記の九例のうち、最初の三例を「高御産巣日神」に改めて、「高木神は高御産巣日神の別の名ぞ」と注記し、後の六例をそのまま「高木神」にしている。理由は原『古事記』には「高御産巣日神」はなかったからである。そのことは神代記の次に載る神武天皇記の記事が証している。

神武天皇の東征軍が熊野に入った時、『記』は

高倉下《たかくらじ》答へ曰《まを》ししく、「己《おの》が夢に、天照大神、高木神、二柱の神の命《みことも》以ちて、建御雷神を召《よ》びて詔《の》りたまひけらく……」

とあり、この記事に続けて次のように書く。

是《ここ》に亦《また》、高木大神の命《みこと》以ちて覚《さと》し白《まを》しけらく。「天つ神の御子を此《こ》れより奥《おく》つ方《かた》にな入り幸《い》でまさしめそ。

高木大神（高木神）＝檀賢木厳御魂＝カミロキ＝日神
天照大御神＝天疎向津媛＝カミロミ＝日女

「高木大神」と「天照大神」が降臨の司令神で、その関係は次に示すような関係で見ていた。男女の差別は文字が入ってからだから、天皇の即位の宣命や祝詞などの「語り」では、降臨の司令神はカミロキ・カミロミなのである。

『日本書紀』が成立したのは、養老四年（七二〇）五月二十一日である。聖武天皇の即位は神亀元年（七二四）二月四日で、『紀』の成立から三年九カ月後だが、正史の『紀』

の降臨の司令神をまったく無視し、カミロキ・カミロミを降臨の司令神にしている。聖武天皇の次の孝謙天皇、さらに淳仁天皇も、『紀』の降臨の司令神の「高皇産霊尊」も「天照大神」も無視した詔勅を発布している。この事実については今迄ほとんど指摘されず、無視されてきた。

聖武天皇即位年（七二四）から二〇〇年後に成立した『延喜式』（九二七年成立）の祝詞も、降臨の司令神は「カムロキ」「カミロミ」である。この祝詞については論じられているが、なぜ『記』『紀』の降臨の司令神を無視して、「カミロキ」「カミロミ」の男女神を、天孫降臨の司令神にしているのかを論じた論考は、私は知らない。平安時代の中期になっても、宮廷祭祀の祝詞で『記』『紀』神話の降臨の司令神がまったく無視されている事実があることを、私たちは認識する必要がある。

ヨーロッパと日本で共通する始原の神の男女神

『記』『紀』神話の無視がなぜ聖武天皇らの即位の宣命でおきているのか。理由は、『記』『紀』神話の天孫降臨神話の天照大神・高皇産霊神を無視できないという認識がなかったからである。現代の『記』『紀』の天孫降臨神話が知られるようになったのは、江戸時代の国学の普及以降である。

『古事記』の成立については拙著『古事記成立考』（一九七五年）・『新版・古事記成立考』（二〇〇九年）で詳述した。原『古事記』は持統朝（六八七〜六九六）に成立しているが、現存『古事記』は平安時代初頭の弘仁年間（八一〇〜八二三）に、従五位下の多人長が、祖父か曽祖父の太安万侶が書いたとする序文をつけて、世に出した書である（本文の一部に多人長の手が加えられているが、本文は持統朝に成立したわが国最古の古典である）。このような成立過程だから、原『古事記』も現存『古事記』も、一部の人々のみに読まれていた「フルコトフミ」であった。

『日本書紀』はわが国最初の正史で、養老四年（七二〇）に成立しているが、『日本書紀』の「続」を冠する正史の『続日本紀』は『日本書紀』の成立を付記として書いている。養老四年五月癸酉（二十一日）の記事を原文で示す（傍点は引用者）。

太政官奏、諸司下国小事之類、以白紙行下。於理不穏。更請内印、恐煩聖徳。望請、自今以後、文武百官下諸国符、自非大事、差逃走衛士・仕丁替、及催年料廻残物、并兵衛・采女養物等類事、便以太政官印印之。奏可之。頒尺様子諸国。先是、一品舎人親王奉勅修日本紀。至是功成奏上。紀卅巻、系図一巻。

わが国最初の国史である『日本紀』の「続」である『続日本紀』が、『日本紀』の成立を公印使用記事の付記として、公印使用記事の三分の一の扱いで記しているのはなぜか。理由については拙著『日本書紀成立考』で述べたが、このような扱いを受けている『紀』だから、『紀』の成立の養老四年

（七二〇）から三年九カ月後に即位した聖武天皇の即位の宣命も、『紀』の天孫降臨の司令神の「タカミムスビ」も「アマテラス」も無視し、「カミロキ」「カミロミ」の男女神を降臨の司令神にしている。『記』は天孫降臨の司令神は「アマテラス」と「タカミムスビ（タカキ）」の男女二神だが、『紀』の本文・一書は「タカミムスビ」または「アマテラス」のどちらか一神が、高天原からの天孫の降臨の司令神になっている（『紀』の天孫降臨の司令神の問題は第五章にくわしく書く）。司令神を男女二神にする『記』の記述は、「カミロキ」「カミロミ」を天孫降臨の司令神にする即位の宣命と合うが、『紀』の降臨の司令神を一神にする記事は、中国思想の唯一神の「天」思想に依っており、新しい。この新しい発想が、「天照大御神」という神を作り、「檣賢木厳之御魂」という男神と、「天疎向津媛」という女神を一体化したのである。

前述（一三七頁～一四〇頁）の図・写真は男女性器を一体化した造形である。この原始時代の男女一体化表現と、『紀』の男女のどちらかの一神表現は違うが、男女一体化表現をさらに示す。

写真11は新石器時代のギリシアのアッティカ出土の男根状頭部を持った太母像であり、臀部が女性を表現している。**写真12**は同じギリシアのキュクラデス群島出土の新石器時代の男根状頭部を持つ太母像だが、この像は乳房で女性であることを示している。**写真13**もギリシアのネア・ネコメディア出土の男根状頭部をもつ太母像だが、新石器時代の土製品で、約八〇〇〇年～七〇〇〇年前の造形物であり、**図8**は紀元前三〇〇〇年～前二〇〇〇年頃の石器と金属併用時代の、ギリシアのキュクラデス群島出土の男根状頭部をもつ太母像である。

このようにヨーロッパの場合は男根は太母と合体して表現されているが、男根と太母の一体表現は、

写真13

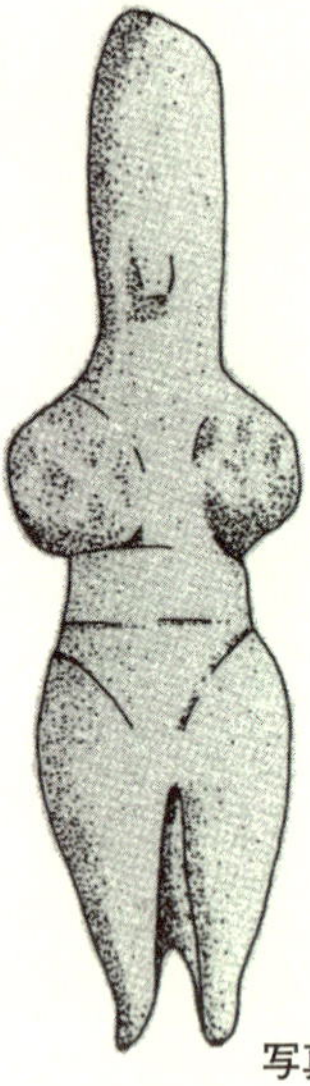

写真12

写真11

写真11　男根状頭部と女性臀部と鳥を思わせる
写真12　新石器時代のキュクラデスの男根状頭部を持つ女性像
写真13　新石器時代の男根状頭部をもつ女性像

伊勢神宮の「橦賢木厳之御魂天疎向津媛」という、男女神を一体にした神名と共通しており、洋の東西を問わず同じ考え方が見られる。その事は**図7**の縄文時代中期の彫刻石棒の表現で示した。石棒は男根表現だが、石棒には女陰表現がある。縄文時代後期になると、男根に乳房または男根の底部に女陰を表現していることは前述した。

　男根に乳房・女陰を表現する造形は縄文時代に見られるが、ヨーロッパの原始時代のような太母像に男根表現をするという事例はない。しかし縄文時代から弥生時代にかけて、男女性器が一対として出土している例はある。縄文時代前期の秋田県仙北《せんほく》郡協和《きょうわ》町の上の山Ⅱ遺跡からは、**写真14**の女性器状の石製品と共に石棒が出土しているが、

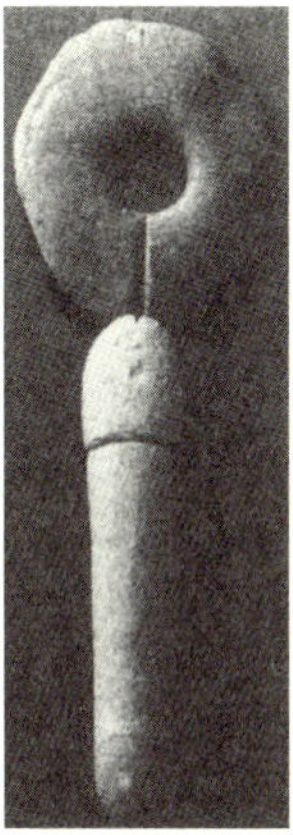

写真14　女性器状石製品と共に石棒が出土（縄文前期の秋田県協和町の上の山Ⅱ遺跡）

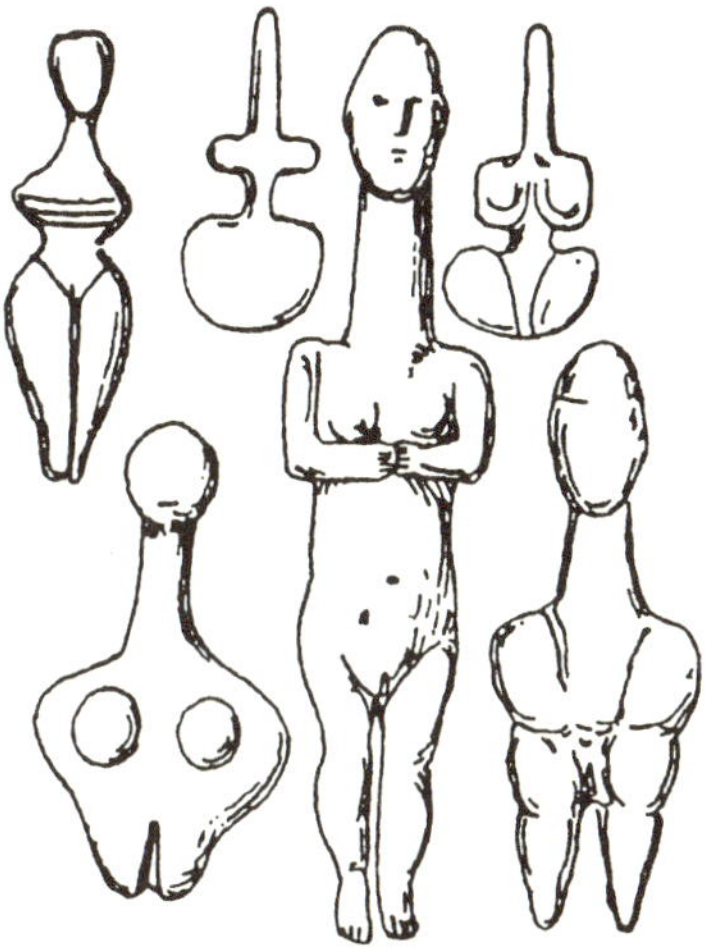

図8　キュクラデスの金属併用時代の紀元前3000年～前2000年頃の男根状頭部の太母像

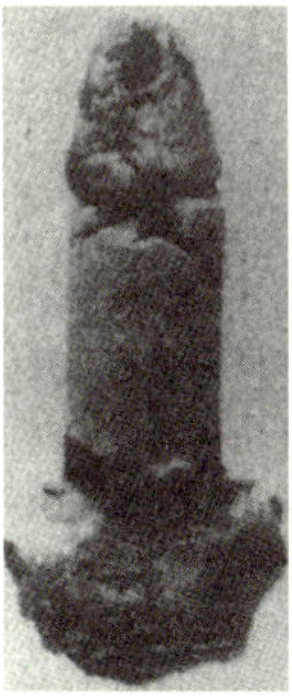

写真15－3

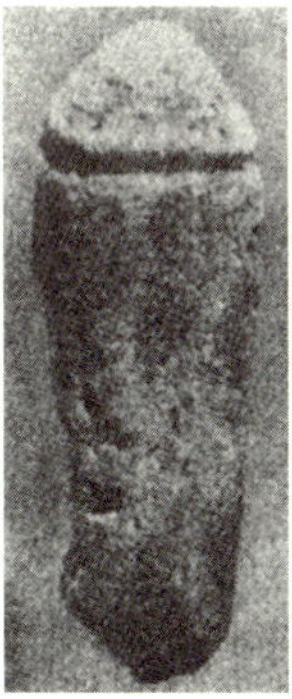

写真15－2

写真15－1

写真15－1　弥生中期の男根型と女陰型の石製品（鹿児島県山之口遺跡）
写真15－2　弥生前期の男根状石製品（山口県郷遺跡）
写真15－3　弥生中期の男根状木製品（大阪府池上遺跡）

この石棒はリアルな男根状石製品である。**写真15**は弥生時代中期の鹿児島県肝属《きもつき》郡錦江町山之口遺跡出土の男根型と女陰型の石製品だが、この遺跡は上の山Ⅱ遺跡と同じ祭祀遺跡である。二つの遺跡は縄文時代前期と弥生時代中期であり、数千年以上のへだたりがある。場所も東北地方と九州の最南端であり、時代も距離も極端に離れているのに、出土遺物は同じであることからも、列島の縄文・弥生時代の人々の意識の共通性がわかる。

この男根と女陰のセット出土は、カミロキ・カミロミの男女神や、『古事記』の男女神の、次の結びつきと関連している。

男　ウヒヂニ ― ツノクヒ ― オホトノヂ ― イザナキ
　　　＝　　　　＝　　　　＝　　　　＝
女　スヒヂニ ― イククヒ ― オホトノベ ― イザナミ

この関係は男女平等というより、女性は子を生むから（性器表現がそのことを記している）、ヨーロッパの太母像が示すように、女（母）性重視である。そのことは縄文時代中期の**図9**の深鉢の女上位の性交表現が示している。**写真16**は紀元前五世紀の壺絵だが、巨大なオルトス（直立する男根）を愛撫し、そのまわりで踊っているのは、「マイナデズ」または「ヘタイラ」といわれている神殿奉仕の巫女（または身分の高い神殿娼婦）だが、同じ発想の表現が**写真17**の紀元前五世紀のギリシアの壺絵である。これらのギリシアの壺絵の表現とわが国の縄文時代中期の**図9**の深鉢の女上位の表現は、女性は受胎して新しい生命を生むという、母性の優位を示している。そのことは**写真18**が示している。**写**

写真16　巨大なオルトス（直立する男根）を愛撫し、そのまわりで踊っているマイナデス、またはヘタイラ（紀元前５世紀の壺絵）

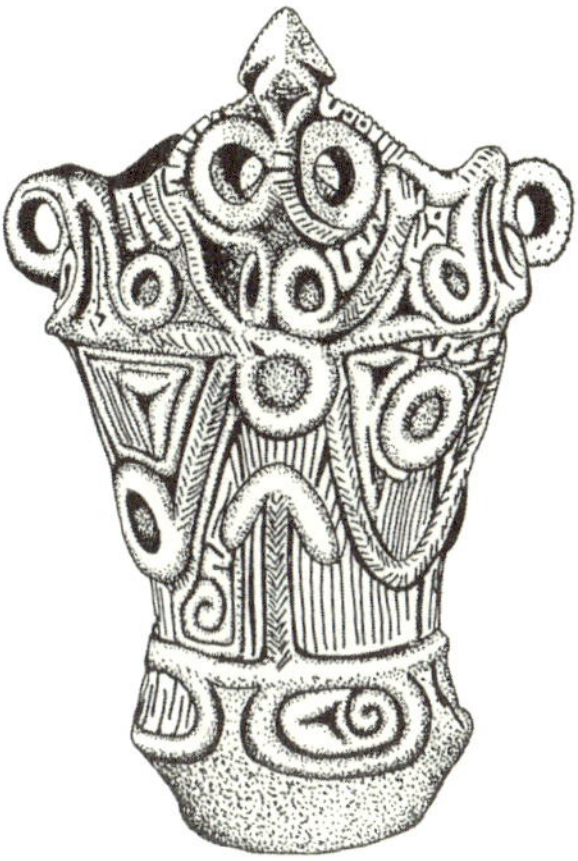

図９　縄文中期の女上位の性交図といわれる深鉢

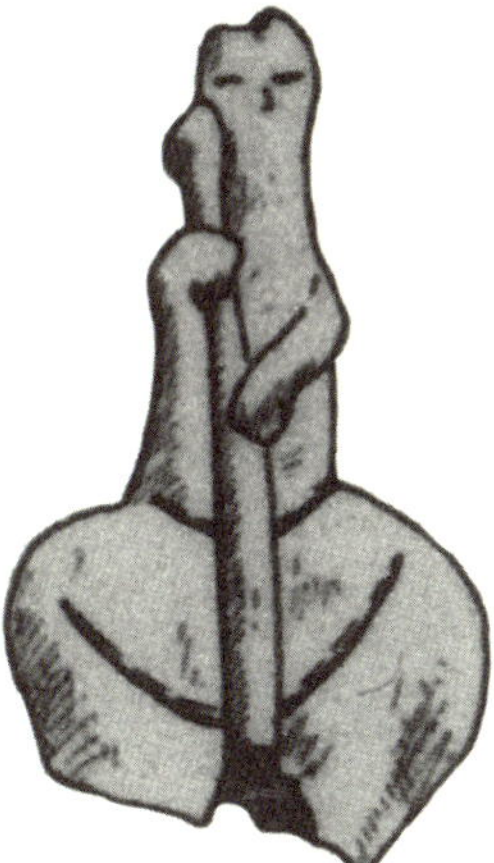

写真18　紀元前4500年頃にウクライナ出土の祭壇に置かれた男根をかかえた太母像

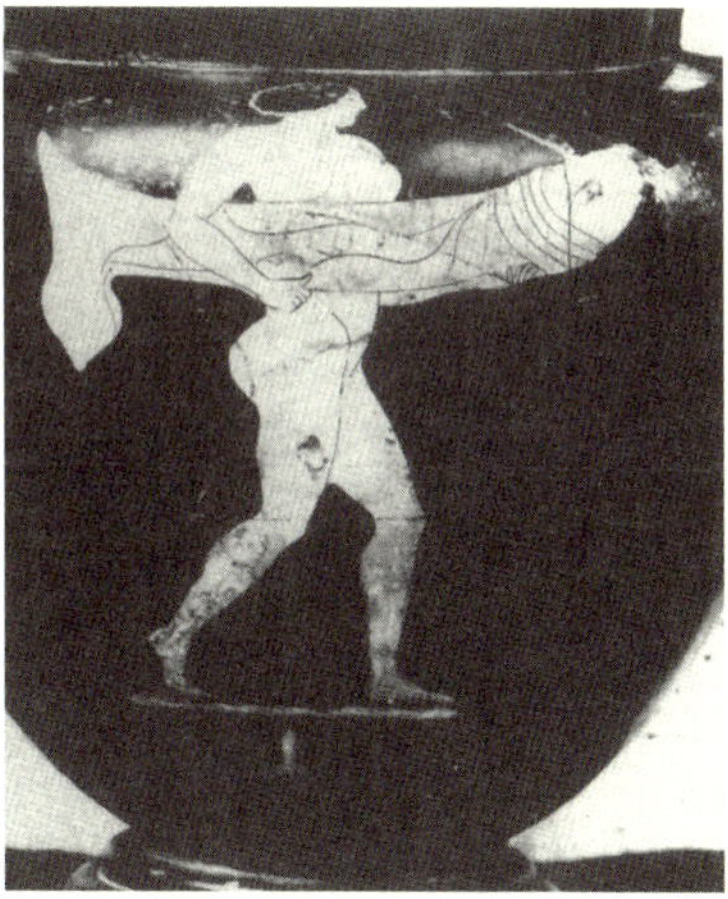

写真17　ギリシアの壺絵。男根はパレドロスで、太母とパレドロスのギリシア的変容

真18はウクライナのモルダヴィア・サハティーフ出土の、紀元前四五〇〇年頃の小像で祭壇に置かれていたが、男根をかかえた太母像で、ギリシアの写真17の絵と共通する。

以上示した古代ヨーロッパと日本の造型の男女表現は、巨大男根と腰部を巨大表現した女性、というより母胎表現だが、その表現では男女は対《つい》であり、一体として造形されている。その発想は、「橦賢木厳之御魂天疎向津媛命」という、『紀』の神功皇后摂政紀が書く伊勢神宮の祭神名と同じである。『記』の神代記が冒頭に書く、ウヒヂニ・スヒヂニからイザナキ・イザナミに至る男女神の原型は、カミロキ・カミロミだが、「キ」「ミ」で男・女を示し、もっとも素朴な神名である。この神名と伊勢神宮の祭神名は極端に相違するが、「橦賢木厳之御魂天疎向津媛命」は、「カミロキ」と「カミロミ」を合体させて「カミロキカミロミヒメ命」にしたのと同じである。

「橦賢木厳之御魂」の「賢木」は本章で示した写真や図の男根表象の文字表現で、この「賢木」に「橦」を冠しているのは、性交表現である。そのことは「天疎向津媛」という神名が証している。「天疎」の「天」は抽象的・観念的な「高天原」でなく、太陽（日神）の照り輝く「天」で、その「天」からはるか離れた「地」で日光を受ける「日女《ひるめ》」が、「天疎向津媛」である。男神と女神の名を合体して女神にしたのは、伊勢神宮の祭神が女神だからである。しかし「天照大神」でなくこのような長い神名を、『紀』の神功皇后紀が示すのは、本章で示した、洋の東西を問わず古代人は男女の性器合体表現を示しているのと、考え方は同じである。相違は文字無き時代は造形で、文字のある時代は文字表現で、男女神を神名で示していることである。

第四章

タカミムスビの祭祀と藤原・中臣氏

天孫降臨の司令神タカミムスビについて

『記』『紀』の降臨の司令神はアマテラスとタカミムスビである。アマテラスの実像については第一章と第三章で書いたが、アマテラスは王権御用神話のために、日女から成り上った日神だが、タカミムスビ（『記』の神話では「高木神」と書く）も、この女神に対応する神として書かれている。そのことは『記』より『紀』が顕著である。降臨神話では『記』は「高木神」の別名としてタカミムスビが書かれており、付記的神名としてのみタカミムスビは登場しているに過ぎないが、『紀』は『記』と違う。『紀』の神代紀下巻の降臨神話の冒頭の本文記事では、特にタカミムスビには「皇祖」が冠されて登場する。したがって三品彰英は「日本神話論」で、天孫降臨についての『記』『紀』神話の記事の比較を、次頁の表で示している[1]。

この三品彰英が示す表は、日本神話を論じる論考でよく引用され、三品見解は通説化している。三品見解では降臨の司令神はタカミムスビ一神がもっとも古く、次にタカミムスビとアマテラス、次にタカギノカミとアマテラス、もっとも新しいのがアマテラスのみと書く。この通説化した三品説には同調できない。理由を示す。

一、三品見解ではもっとも古い神話を、『紀』の本文・第四・第六の一書とする。理由は「真《ま》床覆《とこお》衾《ふすま》に包まれた嬰児」の降臨だからである。しかし高天原からの降臨神話のみを見て論じたのでは、この神話の実相は見えてこない。なぜなら「真床覆衾に包まれた嬰児」が降臨地の葦原中国でコノハナサクヤヒメと「一夜婚《ひとよまぐはひ》」をして「一夜孕《ひとよはらみ》」させているからである。神話であっても真床覆

異伝＼要素	(イ)降臨を司令する神	(ロ)降臨する神	(ハ)降臨神の容姿	(ニ)降臨地	(ホ)随伴する神々	(ヘ)神器の授与	(ト)統治の神勅
『日本書紀』本文	タカミムスビ	ホノニニギ	真床追衾に包まれた嬰児	日向襲高千穂峯			
同、第六ノ一書	タカミムスビ	ホノニニギ	真床覆衾に包まれた嬰児	日向襲高千穂山添峯			
同、第四ノ一書	タカミムスビ	ホノニニギ	真床覆衾に包まれた嬰児	日向襲高千穂槵日二上峯	アマツオシヒ・アマクシツオオクメ		
同、第二ノ一書	タカミムスビとアマテラス	アメノオシホミミ、のちにニニギに代る	虚空で出誕した嬰児	日向槵日高千穂峯	アマノコヤネ・フトタマ諸部神	神鏡の授与	
『古事記』	タカギノカミとアマテラス	アメノオシホミミ、のちにニニギに代る	降臨間際に出誕、ただし容姿には特別の記載なし	日向高千穂久士布流多気	五伴緒(アメノコヤネ・フトタマ・アメノウズメ・イシコリドメ・タマノヤ)・オモイカネ・タチカラオ・イワトワケ・トヨウケ・サルタヒコ・アメノオシヒ・アマツクメ	三種神器の授与	瑞穂の国統治の神勅
『日本書紀』第一ノ一書	アマテラス	アメノオシホミミ、のちにニニギに代る	降臨間際に出誕、ただし容姿には特別の記載なし	日向高千穂槵触峯	五部神(アマノコヤネ・フトタマ・アメノウズメ・イシコリトメ・タマノヤ)・サルタヒコ	三種神器の授与	統治の天壌無窮の神勅

衾に包まれた嬰児、つまり生まれたばかりの「赤坊」が、一夜婚、一夜孕させる話は無理である。古くから語り伝えられた神話は成人した天子降臨であったのを、嬰児の天孫降臨に変えたからである（そのことは第一章で書いた）。その結果異常な記事（嬰児が成人の女性と性交して一夜で妊娠さ

せたという記事）になったのである。

二、三品見解は「随伴する神々」「神器の授与」「統治の神勅」の、すべてが記載されている記事がもっとも新しく、すくないのが古く、まったく載らないのがもっとも古い、という前提に立っているが、この付記的記事の多少や不掲載は、『記』『紀』の編者の意図に拠っているのだから、この付記的記事の多少では、降臨神話の新・旧は判断できない。判断すべきはその内容である。

三、三品見解では降臨の司令神はタカミムスビが古く、アマテラスは新しいと見るから、タカミムスビのみの降臨の司令神がもっとも古く、次に司令神がタカミムスビとアマテラスの『紀』の第二の一書、もっとも新しいのは司令神がアマテラスのみの第一の一書だと書く。アマテラスのみの『紀』の第一の一書がもっとも新しいのは認める。しかし降臨の司令神がタカミムスビのみが古く、タカミムスビとアマテラスの男女二神は新しいとする三品見解は、アマテラスは皇祖神としてタカミムスビより新しい神と見ているからだが、第二章で述べたが、始原の神は男女二神の「対《つい》」であったから、男女二神の降臨の司令神が古い。

四、そのことは降臨する神が「アメノオシホミミ、のちにニニギに代わる」とあることが証している。『紀』の第二の一書に、

高皇産霊尊、因《よ》りて曰《のたま》はく。「吾は天津神籬《ひもろき》と天津磐境《いわくら》とを起樹《おこした》て、吾が孫の為に斎ひ奉《まつ》るべし。汝天児屋命・太玉命、天津神籬《ひもろき》を持ちて葦原中国に降《くだ》り、亦吾が孫の為に斎《いは》ひ奉《まつ》るべし」とのたまふ。乃《すなは》ち二神をして、天忍穂耳尊に倍従《そ》へて降らしめたまふ（傍点引用者）。

この記事では天児屋命・太玉命を高皇産霊尊は、「天忍穂耳尊に倍従《そ》へて降らしめたまふ」とあり、

天子の天忍穂耳尊を降臨させているのに、その前に傍点をふって示したのが、「吾が孫の為《ため》に斎《いは》ひ奉《まつ》るべし」という文章がある。この『紀』の第二の一書の系譜では、

天照大神 ―― 天忍穂耳尊
　　　　　　　　║―― 瓊瓊杵尊
高皇産霊尊 ― 万幡姫

となるから、「吾が孫」は瓊瓊杵尊《ににぎ》なのに、なぜか「二神をして、天忍穂耳尊に倍従《そ》へて降らしめたまふ」とあり、孫ではなく高皇産霊尊の娘万幡姫《よろずはた》の夫の天子（天忍穂耳尊）を降臨させた記事が載る。

さらにこの記事の後に、

　高皇産霊尊の女、万幡姫と号《まを》すを以《も》ちて天忍穂耳尊に配《あは》せ妃として、降らしめたまふ。故、時に虚空《おほそら》に居《ま》しまして児を生みたまふ。天津《あまつ》彦火《ひこほの》瓊瓊杵尊《ににぎ》と号す。因《よ》りて此の皇孫を以《も》ちて、親に代《か》へて降《くだ》らしめむと欲す。……天忍穂耳尊天に復還《かへ》りたまふ。


とある。

　三品彰英は降臨する司令神を、「アメノオシホミミ、後にニニギに代る」と書くが、「天子」の天忍穂耳尊の降臨神話なら、葦原中国の一夜婚・一夜孕の神話は納得できるが、「虚空で出誕した嬰児」が真床追衾に包まれて降臨した葦原中国で、一夜婚・一夜写させる神話は、神話であっても不合理である。このような不合理な神話になっているのは、孫に皇位を継がせるために、持統朝に原『古事記』が天子を天孫降臨神話に変えた。その神話を『日本書紀』もそのまま記したからである。

『記』は「一宿」と書くが、『紀』の「一夜婚」「一夜孕」の記事は、本文、一書の第四、第六に載る。

しかし記載は『記』『紀』で相違がある。本文と第四・第六の神話は、天孫の降臨神話と葦原中国の一夜婚・一夜孕を結びつけた神話になっているが、第五の神話のみは天孫降臨神話とまったく関係のない、一夜婚・一夜孕神話になっている。さらに天孫降臨神話と一夜婚・一夜孕神話を、一つの神話として記す『紀』の本文・一書の第六は、「真床追衾」に包まれて、天孫は降臨したと書いており、それぞれ相違があるが、真床追衾に包まれた嬰児が一夜婚をして、一夜孕させるという神話は、神話であってもあり得ない。

大和国の高御魂神社を祭祀する対馬下県直

三品見解のタカミムスビは王権神話としての『記』『紀』神話用の神だが、『延喜式』「神名帳」の「対馬嶋下縣郡」条の筆頭には「高御魂《たかみむすび》神社名神大」とあるが、『紀』の顕宗天皇三年四月条には、

日神《ひのかみ》、人に著《かか》りて、阿閉臣事代《あへのおみことしろ》に謂《かた》りて曰《のたま》はく。「磐余《いはれ》の田を以《も》て、我が祖《おや》高皇産霊に献《たてまつ》れ」とのたまふ。事代、便《すなは》ち奏《まう》す。神の乞《こはし》の依《まま》に四十四町を献《たてまつ》る。対馬下県直《つしましもあがたあたひ》、祠《まつり》に侍《つか》へまつる。

とある。岩波書店版『日本書紀・上』頭注は、「日神、人に著りて」について、「ここの日神は、釈紀に延喜神名式の山城国葛野郡木島坐天照御魂神社にあてるが、延喜神名式の対馬島下県郡阿麻氏留《あまてる》神社がこれにあたろう。なお旧事紀、天神本紀に『天日神命、対馬県主等祖』とある。本条にも我が祖高皇産霊に献《たてまつ》れというが、延喜神名式の対馬島下県郡に高御魂神社が見える」と書いている。また「磐余の田を以て、我が祖《おや》高皇産霊に献れとのたまふ」については、「大和国十市《といち》郡磐余《いわれ》の地か」と書き、「祠に侍《つか》へまつる」を、「対馬の国造の祀る神を畿内に分祀したもの」と書いている。

小学館版『日本書紀・2』も同見解だが、「対馬の下県直、祠に侍へまつる」については、小学館版は「大和国十市郡目原坐高御魂神社」と「対馬島下県郡高御魂神社」を、対馬の下県直が祀ったことをいうと書く。

対馬の「日神」が「我が祖高皇産霊」に大和国の「磐余の田」を献上せよと言ったとあるが、この「日神」は対馬の「下県郡阿麻氐留神社」（対島市美津島町小船越）に比定されている。この「アマテル神社」は『延喜式』の「神名帳」に載る神社で、『対馬州神社大帳』は、

> 照日権現神社　祭神対馬下県主日神命。又名天照魂命。……高御魂尊之孫裔也。皇孫降臨之時供奉之神也。旧事本紀曰、天日神津島県主等会云云。載延喜式阿麻氐留神社是也。

と書いている、天明年間（一七八一～八八）に書かれた『対馬州神社本帳』が、「照日権現神社」と書くのは、神仏習合で「権現」が付されたのだが、なぜ大和国で祀るタカミムスビについて、対馬の日神や、対馬下県直がかかわるのか。

上田正昭は『上田正昭著作集・4』所収の「日本神話」で『紀』の顕宗天皇三年条に、壱岐・対馬の島に「この両島で、月の神・日の神の神がかりがあり、『わが祖タカミムスビ』のことにふれた神託が発されたという伝承である。この日の神は、対馬の地域神阿麻氐留社であったと思われるが、対馬の厳原《いずはら》町豆酘《つつ》には、いまも高御魂《たかみむすび》神社がある」と書き、『延喜式』の「神名帳」に載るタカミムスビ神社のうち、大和国添上郡宇奈太理《うなたり》の高御魂神社について、次のように書く。

> 持統天皇六年（六九二）新羅の使節が調《みつぎ》を貢献したおりに、とくにその調が伊勢・住吉などの大社とならんで菟名足の神にたてまつられている。当時の朝鮮半島は、百済・高句麗が滅んで新

羅王朝によって統一されていたが、新羅が貢献したさいに、なぜ宇奈太理の高御魂神社への奉幣がなされたのか。このタカミムスビの神も、対馬→朝鮮に関係が深い神であったのである。だからこのような異例の奉幣をみたのではないか。壱岐・対馬は新羅に派遣される使節の通路となり、『万葉集』にも遣新羅使の現地での歌が載っているほどである。

このように検討を加えてくると、タカミムスビの信仰の軌跡が、しだいに判明する。それは対馬あたりと密接な関連をもった文化を背景にする神であった。

と書いており、高木神の信仰についても、「この神の本源が朝鮮半島とかかわる神であったことを示唆する」と書き、対馬にタカミムスビの古社が存在するのも、対馬には朝鮮半島からツングース系の民族の神話や信仰が入ったからと述べている。(2)

この上田見解から見ても、対馬はもっとも韓国に近いから対馬にタカミムスビ信仰があるのは、対馬の位置によるとも考えられる。上田正昭が「この神の本源が朝鮮半島にかかわる神であった」と書くのは、タカミムスビは「北方系の天神」と書く岡正男の「皇室の神話——その二元性と種族的文化系譜について——」(「読売評論」一九四九年十二月号)、松村武雄『日本神話の研究』第三巻（一九五五年・培風館）、大林太良『日本神話の起源』（一九六一年・角川書店）などの論考で、タカミムスビの信仰が、韓国経由で入ってきた北方民族の信仰とする見解に引かれて書かれているからである。

このような見解も無視できないが、私は海にかこまれた列島の人々が文字無き時代から語り伝えてきたカミロキ・カミロミがタカミムスビ・カミムスビになったとみている。その事は『古語拾遺』がカミロキ＝タカミムスビ、カミロミ＝カミムスビと書いていることからもいえる。

大和国のタカミムスビ神社が示す実像

顕宗天皇紀の「日神」は『延喜式』「神名帳」に載る対馬の下県郡の「阿麻氐留《あまてる》神社」であり、「タカミムスビ」は、「神名帳」に載る下県郡の「高御魂《たかみむすび》神社」である。「タカミムスビ」を称する神社は大和国十市郡と対馬国下県郡以外には、

山城国乙訓《おとくに》郡　羽束師《はつかし》坐高御産日《たかみむすひ》神社大、月次新嘗

大和国添上《そえかみ》郡　宇奈太理《うなたり》坐高御魂《むすひ》神社大、月次相嘗新嘗

のたった二社のみである。壱岐島石田郡に「高御祖神社」があるが、神名が「ミオヤ」で「ムスビ」でない。「タカミムスビ」の神を祀る神社は、大和国に二社、山城国に一社、対馬島に一社の計四社である。対馬の高御魂神社は対馬の下県直が祭祀する神社だが、この神社のみ『紀』に記事が載るが、他の神社を検証する。

羽束師《はつかし》坐高御産日神社は現在は「羽束師神社」といわれているが（京都市伏見区羽束師志水町）、桂川西方に鎮座し、『和名抄』記載の羽束《はつかし》郷の地にある。『続日本紀』大宝元年（七〇一）四月三日条に「山背国葛野郡月読神・樺井神・木嶋神・波都賀志神等神稲、自今以後給中臣氏」とある。この神社のある乙訓郡の「羽束師」の地は、大宝令施行以後に葛野郡から分割された地だから、葛野郡に入っているが、当時主要な神社であったから「給中臣氏」とある。当社は中・近世を通じて周辺一帯の産《うぶ》土《すな》神として崇敬され、今も変らない。

しかし奈良の宇奈太理《うなたり》坐高御魂神社は違う。『紀』の持統天皇六年（六九二）十二月の条に、「大夫

等を遣して、新羅の調を五つの社、伊勢、住吉、紀伊、大倭、菟名足に奉りき」とあり、当時、朝廷から重要視されていた神社だが、この持統天皇紀に載る菟名足社の所在地は現在は不明で、堀池春峰は『式内社調査報告・第二巻（京・畿内2）』で、「もと奈良市横井町の穴粟神社の近郊に存在したことを推定せしめる」と書き、理由を示し、結論として「式内社の宇奈太理坐神社は前述の如く、奈良市桜井町のあたりに鎮座していたらしいが、現在宇奈太理神社と称しているのは、奈良市法華寺町に鎮在する」と書いている。(3) この場所は「法華寺町」とあるように法華寺の所在地である。土井実は『日本の神々・4（大和）』所収の「宇奈太理坐高御魂神社」で、「当社はもと法華堂の鎮守」で、『三代実録』貞観元年（八五九）四月条に、

十日乙未、授法華寺従三位、薦枕《こもまくら》高御産巣日神正三位。

とあるから、この時期に「すでに法華寺にタカミムスビ神が鎮守していたことを伝えている」と書いており、(4) 奈良の宇奈太理高御魂神社は、最初に祀られた所には神社はない。

対馬下県直が祭祀する「目《め》原《はら》坐高御魂神社」も所在不明だから、『式内社調査報告・第三巻（京・畿内3）』でこの神社について書く堀井純二は、『大和志』『磯城郡誌』、栗田寛『神祇志料』、志賀剛『武内社の研究』が書く天満神社（橿原市太田市町）と、『和州五郡神社神名帳大略注解』（巻四補闕）、『大和志料』が書く耳成山口神社（橿原市木原町）を比定地にあげる。そして「両社ともこれを目原坐高御魂神社と証する史料は存在はしない」と書いて、『多神宮注進状』が目原坐高御魂神社を多神宮の別宮にしている「由緒」を記しているので（『多神宮注進状』は平安時代後期の久安五年〈一一四九〉に大和国国造に献上した書）、その「由緒」に書く記事を紹介する。

『多神宮注進状』は目原坐高御魂神社を多神社の別宮とし、

稚足彦天皇御世五年乙亥之歳初秋、詔武恵賀前命孫仲津臣〔武弥依米命子〕為祭多神之主、負多氏依社号也、是同天皇依神託、詔仲津命奉斎祀外戚天神皇妃両神於目原也、今目原神社是也

と、成務天皇五年に神託により創建されたとしてゐる。これが事実を伝へたものかどうかは別として、天平二年（七三〇）大和国大税帳には、

目原神戸稲弐伯陸拾五束　租陸束　合弐伯柒拾壹束　用肆束〔祭神〕　残弐伯陸拾柒束

と見え、大同元年（八〇六）牒（新抄格勅符抄）には、「目原二神〔同〕」とあり、神戸の数は記されてゐないが、神封を奉られてゐることが知られる。貞観元年（八五九）正月甲申には従五位下より従五位上に昇叙し、延喜式制に於いては、二座ともに大社に列り、祈年・月次・新嘗祭の案上官幣に預つた。その後のことは不明であり、江戸時代にはその所在地すら不明となつたのである。

このように堀井純二は書いて、神職について、「『多神宮注進状』には『肥直為禰宜』とあり、多氏の同族であった肥直が祭祀をつかさどっていたことが知られる」と書いている。(5)

私も『日本の神々・4（大和）』で「竹田神社・目原坐高御魂神社」について書き、目原坐高御魂神社二座は天満神社になっていると書いた。(6) 竹田神社と共に論じたのは、『大同類聚方』に、「太計太《たけた》薬　大和国十市郡竹田神社乃祝　竹田川辺連之家之方《のり》也」とあり、「大計太薬」について、

太計多《たけた》薬　対間《つしま》国下県郡阿麻氐留《あまてる》神社之宮人箘田《たけた》連重宗之家二伝流所方、元者《は》少彦名命神方

とあり、竹田神社と目原坐高御魂神社は、対馬をとおして結びついているからである。

それだけでなく、前述したが『多神宮注進状』は、目原坐高御魂神社を「別宮」と書き、竹田神社

を「若宮」と書く。多神社（この神社の詳細は後述）と高御魂神社・竹田神社は結びついているから、二社を一緒に論じたが、多神社の「別宮」の祭祀氏族は顕宗天皇紀が書くように「対馬下県直」で、「若宮」の祭祀氏族竹田川辺連は、対馬の阿麻氏留神社の宮人の家に伝わる薬を「太計多《たけた》薬」と称して作っている。

以上述べたことからも、大和のタカミムスビ神社の関係神社と関係氏族がわかる。しかし山城国・大和国のタカミムスビ神社の三社のうち、大和国の『延喜式』「神名帳」の書く神社は今はなくなっている。この事実は、タカミムスビを祀る神社が土地の人々が祀っていた神社でなかった事を証している（京都のみに今もあるのは、政府が京都にあったからであろう）。タカミムスビが王権神話用の神で、民衆とは縁の薄い神であったことがわかる。

目原坐高御魂神社を「別宮」にしている多神社

目原坐高御魂神社を別宮とする多神社は、『延喜式』「神名帳」の大和国高市郡の筆頭に、

多坐弥志理都比古《みしりつひこ》神社二座　並名神大、月次相嘗新嘗

とある神社で、一般に多（太・大）神社といわれているが、平安時代後期の久安五年（一一四九）に国司に提出した『多神宮注進状』は、この二座を母子神にしている。『多神宮注進状』はこの『注進状』を書く時に参考にした社伝の「社司多神命秘伝」で、「弥志理都比古」を「珍子《ウヅノミコ》」と書き、母子神の母を「天祖《アマツオヤ》」の「天疎向津姫命」と書いている。前章で天疎向津姫命については詳述したが、この祭神からも多神社の母子神は日神と日の御子を祀る神社だが、この神社の考古学上の事実が無視で

きない。

昭和四十七年（一九七二）、多神社の裏の飛鳥川の築堤工事中に、神社の境内から縄文時代のヤジリ・石斧などの石器や、弥生時代の土器、さらに古墳時代の土師器・須恵器などが大量に出土した。翌四十八年の同志社大学の調査の際にも、弥生・古墳時代の祭器が出土している。昭和五十三年から五十六年にかけて橿原考古学研究所が発掘調査を行なったが、弥生時代（前期〜後期）から古墳時代（中期末）の出土遺物は、祭祀的性格の強いものであった（『奈良県遺跡調査概報・一九七八年』）。

また、橿原考古学研究所編の昭和五十六年度の『奈良県遺跡調査概報』は、五十三年から継続した調査の結果について、「最近の調査結果を総合すると弥生時代前期〜古墳時代後期に至る大遺跡となることは、ほぼ確実となった。（中略）これより東北約三キロメートルに位置する田原本町遺跡に優るとも劣らない遺跡であることが判明した成果は多大であった」と書いている。さらに、昭和六十一年（一九八六）に橿原考古学研究所が発掘調査した速報版『大和を掘る』によると、「弥生時代前期の環濠集落が発見されている。また、「古墳時代では四世紀中頃〜五世紀後半をピークに七世紀までの遺構が検出されているが、とくに六〇を越える布留三〜四式期の上坑や井戸は小型精製土器の一括品や異形木製品などを含み、きわめて祭祀的色彩が濃厚である。また、これに続く初期須恵器や韓式系土器、方形区画等々とその内容は膨大かつ多彩である」と述べているが、布留三〜四式期は四世紀末であり、韓式形土器や初期須恵器は四世紀末から五世紀中頃に伝来している。この時期は雄略・継体・欽明の時期で、これ以降の出土例は少なく、天武朝の頃に出土遺物は終っている。

以上は橿原考古学研究所の発掘調査の報告書に依るが、次に小川光三が『大和の原像』に書く多神社の見解を紹介する（筆者は奈良県在住者）。

古来この社と三輪神社は深いつながりがあったと伝えられているが、それがどのような関係であったかという伝承は全く知られていない。しかしこの地方では、三輪山のことを「おおがみさん」、多神社のことを「おおのみやさん」と呼んでいる。つまり「神さん」と「宮さん」である。これは「神」と「神を祀る場所」を指す。

（中略）

私が地理的に見て、三輪山の祭祀に多神社が特に重要だと思う理由は、

（1）春分の朝日が三輪山の背後を輝かせて昇ること

（2）大和平野の中央部にあってこの地に働く人々の集合に便利

（3）古代には飛鳥川の河原か、飛鳥川と寺川に挟まれた中州のような場所であったこと等である。

（中略）（1）についてことさら説明する必要はないが、古代にはこの日に、ここで祭りが行われたようだ。

この宮の祭礼は四月二十日（現在は四月第三日曜）だが、これを旧暦に直すと三月二十五日頃になる。しかし旧暦も伝えられていなかった古代（推古朝以前）には、冬至が年の始めであったと伝えられているから、冬至から数えて三カ月と二十五日月はほぼ春分（三月二十日頃）に当る。

と書き、（3）についても「河原や中州が清浄の地とされていたことは広く知られている。古社に例をとれば、熊野川の中州にある熊野本宮跡や、伊勢神宮を始め大きな神社の社殿の下には、よく河原

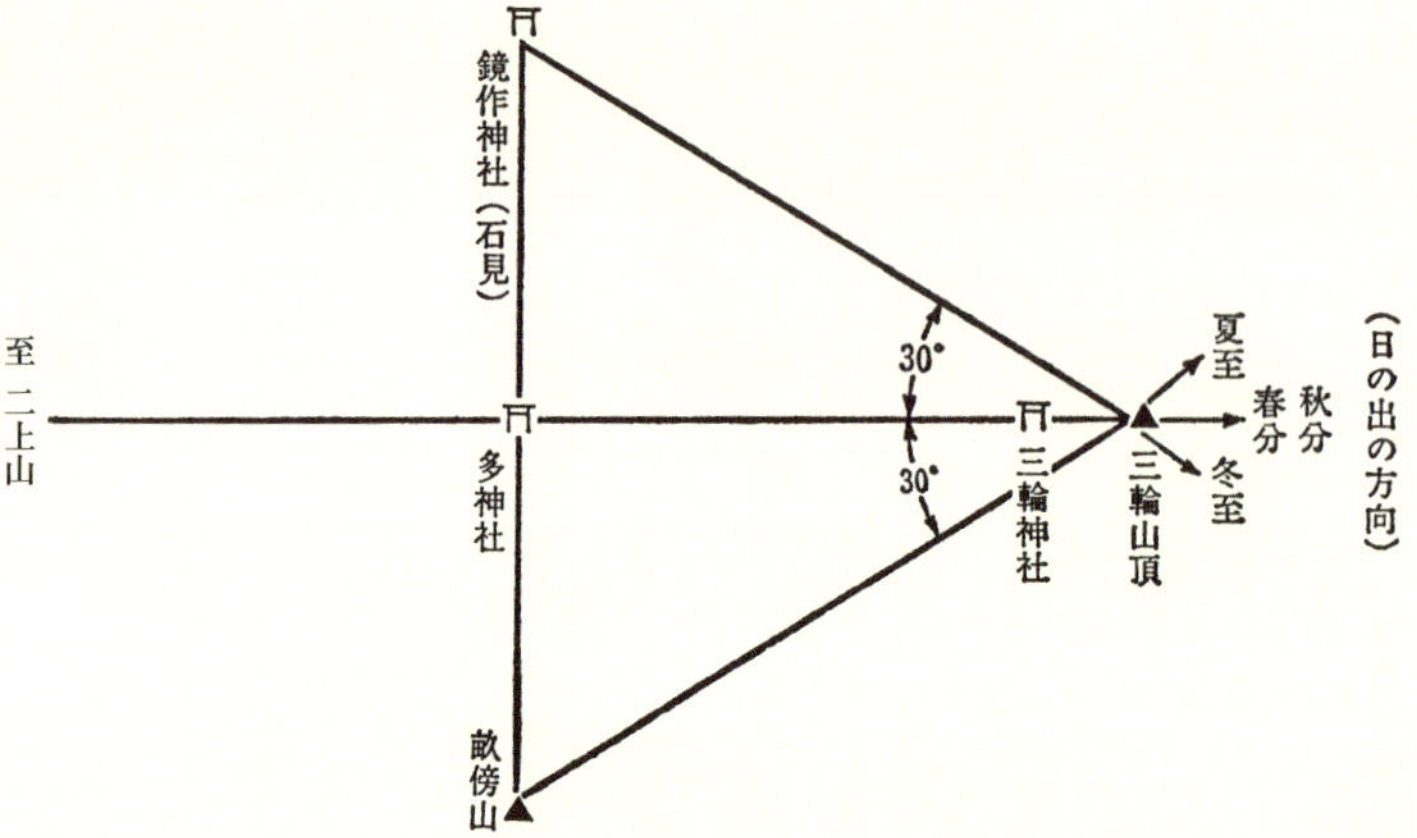

図10　多神社が所在する場所

写真19　多神社の鳥居と三輪山（松下煌氏撮影）

石の敷石が見られるのも、古い社が河原にあったことを示すものであろう」と、小川光三は書いている。[7]

図10は多神社の位置を示す図である。多神社は三輪山山頂から昇る春分・秋分の朝日を遥拝する位置にあり、弥生時代からの日神祭祀の祭場と考えられる。**写真19**は多神社の鳥居である。一般の鳥居は神社の正面にあるのに、この鳥居は多神社でなく三輪山に向いている。この鳥居の位置が明示しているように、三輪山祭祀の神社だが、山でなく山から昇る朝日であることは**図10**が示してお

り、弥生時代からの春分・秋分に三輪山山頂から昇る朝日遥拝の祭場であった。そのことは多神社の地をかつては「春日」と言っていたと『多神社注進状』が書いていることからもいえる。

多神社は多（太）氏が祭祀氏族だが、『記』『紀』は始祖を神武天皇の皇子神八井耳命と書く。神八井耳命は二代目天皇になるのを弟に譲り、神まつりに専念したと書いている。この伝承は弥生時代から大和の地で神祭りに専念していた氏族であったことを証しているが、神祭りの「神」は日神である。ところが多氏がかかわる高御魂神社も、日神が人に著いて、「我が祖高皇産霊」に「磐余の田」を献じよと言ったとあり、タカミムスビを日神の祖と書いており、多氏の始祖伝承から見ても、高御魂神社に多氏がかかわるのには理由がある。

藤原・中臣氏は対馬出身の卜部である例証

問題は大和国で祀ったタカミムスビを、なぜはるか遠方の対馬島の下県直が来て祀ったのか。このことについてはほとんど論じられていないが、私は藤原・中臣氏が対馬出身の卜部であったからと推測する。

藤原・中臣氏が元は卜部であったことは通説だが、宮廷出仕の卜部は対馬・壱岐・伊豆の三国の卜部だが、亀卜を行なっていた。藤原・中臣氏が卜部出自ならこの三国のうちのどこかである。『尊卑分脈』記載の「藤原氏系図」は天児屋尊の十一世の孫に「跨耳命」を記し、その尻付に跨耳命の別名として左のように書く。

雷大臣命　足仲《（仲哀）》彦天皇之朝廷。習二大兆之道一。達二亀卜之術一。賜二姓卜部一。

『延喜式』「神名帳」は対馬島下県郡に「雷命《いかつちのみこと》神社」を記す（下県郡の厳原町阿連《あれ》と豆酘《つつ》の二カ所に雷命神社はある）。永留久恵はこの神社の祭神の「雷命」が、今は藤原・中臣氏の祖の「雷大臣命」になっているから、「本来は雷を神格化した固有の神であって、それが卜部の祭神だったのではないだろうか」と書いている。(8)「藤原氏系図」で祖に「雷大臣命」を記し、卜部の姓を賜った人物としているのと、対馬に式内社の「雷命神社」があり、雷大臣命を祭神にしている事実は無視できない。永留久恵が書くように、対馬の人々が古くから信仰していた雷神が、中臣・藤原氏の祖の名と結びつき、この神社が卜占を行なう神社であることからも、卜部であった中臣・藤原氏の原郷は対馬島ではないだろうか。

『延喜式』「神名帳」に載る九州の各国の郡内の神社数を、多い順に示すと、対馬島の上県郡と下県郡が圧例的に多く、次が壱岐島である。対馬・壱岐は島だから郡も九州の郡にくらべて狭いのに、この数の多さは異例である。

1　十六座　対馬島上県郡
2　十三座　対馬島下県郡
3　十二座　壱岐島壱岐郡・石田郡
4　四座　筑前国宗像郡・那珂郡
5　三座　筑前国下座郡、筑後国三井郡、豊前国宇佐郡・田川郡・速見郡、肥後国阿蘇郡、大隅国曽於郡

この郡以外の九州の郡は、二座か一座しか式内社の神社はない。この事実は単に対馬・壱岐が卜部

出身者の島だからというだけではすまされない。前述の大和国の高御魂神社も、対馬の下県直《しもあがたのあたい》に対馬の日神が祀れと命じたと、『紀』の顕宗天皇紀は書くが、対馬島下県郡の筆頭に「高御魂神社名神大」が載り、同じ郡に「阿麻氐留《あまてる》神社」がある。この対馬で祀るタカミムスビを、対馬の日神が大和で祭祀せよと命じたと、『紀』は書いているが、なぜ対馬の日神が特に命じたのか。理由はこの伝承のバックに、対馬出身の元卜部の藤原・中臣氏がいたと、私は推測するのである。前述したが中臣氏の祖の雷大臣命は「亀卜」を行なっていたとあるが、亀卜を行なうのが卜部である。前述のタカミムスビを大和で祀れという神命を出したのは対馬の日神で、大和でタカミムスビを祀ったのも、対馬の下県直であることからも、元卜部の中臣氏の出身地は対馬と考えられる。

そのことを裏付ける決定的証拠の一つが、『続日本紀』の慶雲三年（七〇六）十一月癸卯条の、大使従五位下美奴連浄麻呂と副使従六位下対馬連堅石に、国書を持たせて新羅へ派遣した記事と、和銅元年（七〇八）正月乙巳条の記事である。この記事には従二位の藤原朝臣不比等が正二位、従六位下の津島朝臣堅石が従五位下に昇進したとある。この七〇六年と七〇八年の記事で目につくのが津島朝臣堅石関係記事である。

第一は、二年前は「連」であったのが、二年後には「朝臣」になっていることである。

第二は、従六位下であった堅石が、三階級（従六位上・正六位下・正六位上）特進して、従五位下になっていることである。

第三は、二年前に大使として新羅に派遣された従五位下美奴連浄麻呂の記事がないことである。

この三つの事例から見ると、単に新羅派遣の「副使」としての活動が賞されて、「姓《かばね》」が「連」から「朝臣」になったのではなく、また三階級も飛んで「従五位下」になったのも、美奴連浄麻呂が昇位していないのだから、新羅使としての功績ではない。特に問題なのは「連」から「朝臣」になっていることである。「連」は通例は「宿禰」になり、「臣」か「朝臣」になっているのは、中臣連が「朝臣」になった特例と同じである。『新撰姓氏録』に載る中臣氏は三十八氏だが、「朝臣」は六氏で、藤原朝臣・大中臣朝臣を除けば四氏のみである。四氏のうち三氏が摂津国、一氏が河内国だが、摂津国の三氏のトップに書かれているのが「津島朝臣」であり、「津島朝臣」は特別扱いである。三十八氏のうち一位が藤原朝臣、二位、大中臣朝臣、三位、津島朝臣と『新撰姓氏録』は書いている。『新撰姓氏録』は末尾に関係者の名を左のように記す。

中務卿四品　万多親王
右大臣従二位兼行皇大弟傅勲五等臣藤原朝臣園人
参議従三位宮内卿兼近江守臣藤原朝臣緒嗣
正五位下行東寺長官臣阿部朝臣真勝
従五位上行尾張守臣三原朝臣弟平
従五位上行大外記兼因幡介臣上毛野朝臣頴人

この関係者名で明らかなように、右大臣と参議の藤原氏がかかわっており、万多親王の母も藤原氏だから、『新撰姓氏録』の津島朝臣の扱いは、藤原氏に依る。

伊勢神宮の大宮司になっている津島朝臣

『延喜式』「神名帳」のタカミムスビ神社は四社のみで、四社のうち一社は対馬にあり、大和国の一社も対馬下県直が祀り、四社のうち二社が対馬にかかわっている。なぜ辺境の地の対馬に、『紀』の神代紀の本文で降臨の司令神として「皇祖」を冠するタカミムスビを、かくも多く祀るのか。私はその理由を、藤原・中臣氏が対馬出身だからと推測している。

宮廷出仕の卜部は対馬・壱岐・伊豆出身だが、壱岐の卜部については、『三代実録』の貞観五年（八六三）九月七日条に、次の記事が載る。

　壱伎嶋石田郡人、宮主外従五位下卜部是雄。神祇権少史正七位卜部業孝等、賜㆓姓伊伎宿禰㆒。其先出㆑自㆓雷大臣命㆒也。

とあり、壱岐（伊伎）氏は「宿禰」になっているが、前述したが対馬（津島）氏は一五五年前に「朝臣」になっている。

さらに問題なのは津島氏が伊勢神宮の大宮司になっている事実である。『二所太神宮例文』の「大宮司次第条」に、左の記事が載る。

　津島朝臣大庭　養老四年十二月七日任、在任六年。

養老四年（七二〇）八月三日に藤原不比等は没しているが、その四カ月後に津島朝臣大庭が伊勢神宮の大宮司に任命されているのは、不比等の遺言によるのではないだろうか。伊勢神宮の「大宮司次第条」には、

津島朝臣家虫　天平十八年二月十一日任、同廿年五月給五位、在位二年。

とあるが、『続日本紀』天平二十年（七四八）二月十五日条に、「正六位上　津島朝臣家虫」が「従五位下」を授位したとあるから、「同廿年五月給　五位」の「五月」は「二月」の誤記だが、「在位二年」は伊勢神宮の大宮司であった期間である。

『続日本紀』天平勝宝五年（七五三）二月二十二日条には、左の記事が載る。

斎宮の大神司正七位下津島朝臣小松に従五位下を授く。

『大神宮諸雑事記』『二所太神宮例文』には、津島朝臣子松（小松）は天平二十年（七四八）に大宮司に任ぜられ、在任九年と書く。『続日本紀・三』（岩波書店版）の注記は、「斎宮大神司」は「伊勢大神宮大宮司」を指すとする説があると書くが、正七位下から一挙に従五位下に昇進している事実からも、「大宮司」昇進による異例な授位といえる。

『続日本紀』によれば藤原不比等の死の六年前の和銅七年（七一四）十月乙卯に、従五位下津島朝臣真鎌は「伊勢守」に任命されており、養老四年（七二〇）には津島朝臣大庭が伊勢神宮の大宮司に任命されている。この赴任は藤原不比等の死の直後だから、この事実は中臣氏祭祀の「祭」の内宮大宮司と、「政」の伊勢国守の祭政を、津島朝臣にもまかせたことを証している。真鎌の「伊勢守」は不比等の意図に依るから、不比等の死の直後の大庭の「大宮司」任命も、不比等の遺言の実行と推測できる。辺境の対馬のト部のツシマ氏が、伊勢国の国守、伊勢神宮の大宮司になっている事実は、藤原・中臣氏とツシマ（対馬・津島）氏の強い結びつきを示している。

壱岐のト部は『新撰姓氏録』の「右京神別下」に「壱岐直」が載る。ところが同じ『新撰姓氏録』

に載る「津島直」は、なぜか「未定雑姓」の摂津国に、次のように書かれて載る。

津島直　天児屋命の十四世孫、雷大臣命の後なり。

壱岐直の「天児屋命の九世孫、雷大臣の後なり」と、ほとんど同じなのに、「未定雑姓」になっているのは、中臣・藤原氏系の津島氏は「津島朝臣」のみで、それ以外の津島氏は居ないという考えに立っていたから、「壱岐直」は『新撰姓氏録』の編者は「右京神別下」に入れたのに、「津島直」は「未定雑姓」に入れたのであろう。以上述べた『続日本紀』『新撰姓氏録』の記事からも、元卜部の藤原・大中臣氏は対馬出身と推測できる。

『新撰姓氏録』の「仲臣《なかつおみ》」と「中臣連《なかとみ》」について

次に問題なのは高御魂神社が平安時代後期に、前述（一六三頁）したように『多神宮注進状』によれば多神宮（社）の「別宮」になっていることである。多神社が日神を祭祀していたことは、平安時代後期に書かれた『多神宮注進状』によれば、目原坐高御魂神社は多神宮の「外宮」で、「肥直」が祭祀氏族と書く。『記』の神武天皇記には、多氏同族に「火君」が載る。この「火」は「肥」で肥前・肥後に分かれる前の「肥（火）国」の統治氏族である。現在の対馬・壱岐は「肥前」の長崎県に属しており、肥（火）君は対馬の下県君と地理上結びついている。このような結びつきだけで、目原坐高御魂神社と多氏が結びついたのではない。神と人との間（ナカ）を執り持つ「ナカツオミ（仲臣）」と、その配下の「ナカトミ連（中臣連）」との関係にも依っている。『多神宮注進状』に、

今云多神社……稚足彦天皇御世五年乙亥之歳。初詔武恵賀前命孫仲津臣為祭多神負多氏。依社

号也（傍点引用者）。

とある。「稚足彦天皇」は成務天皇のことだが、『新撰姓氏録』（右京皇別下）の島田臣条に、

多朝臣同祖。神八井耳命之後也。五世孫武恵賀前命孫仲臣子上。稚足彦天皇諡、成務御代。尾張国島田上下二県有悪神。遣子上平服之。復命之日賜号島田臣也（傍点引用者）。

とある。この記事の「仲臣子上《なかつおみねかみ》」の「仲臣」が、『多神宮注進状』の「仲津臣」である。『新撰姓氏録』（左京皇別下）の「大春日朝臣」条にも、

出自孝昭天皇皇子天帯彦国押人命也。仲臣令家重千金。委糟為堵。于時大鷦鷯天皇諡、仁徳臨幸其家。詔号糟垣臣。後改為春日臣。桓武天皇延暦廿年。賜大春日朝臣姓。

とある。この二つの記事には「仲臣」とある。佐伯有清は島田臣の記事について、『新撰姓氏録の研究・考証篇第二』で次のように書く。

栗田寛は『新撰姓氏録考証』で、「この子上を仲臣とあるは姓にして、仲国造より出し者なるべし、和名抄常陸国那珂郡に大井郷ありて、郷中に飯富村《イヒトミノムラ》あり。其村に大井神社ある。即仲国造の祖建借間命《タケカシマ》を祭れりと云ひ伝ふる飯富即飫富《オホ》にして、大和ノ国多ノ神社に由縁ある事と知るべし」と述べ、仲臣子上を仲国造より出た者と推考しているが、確かに『古事記』神武天皇段に「神八井耳命者、〈意富臣、……常道仲国造、長狭国造、……嶋田臣等之祖也〉」とあって、嶋（島）田臣は意富（多）臣や常道（常陸）の仲国造の同族となっているので、仲臣子上の仲は、仲国造の仲国の地名とかかわりがあろう。……ただし栗田寛が仲臣子上の仲臣を姓とするのは疑わしく、系譜に那珂乃子上命とあるのによれば、仲臣は子上の居住していた地名の仲（那珂）をあ

らわしているものとすべきである。(9)

このように書いて、栗田寛の「仲臣」を「姓」とする説を否定し、「地名」にしている。また前述した『新撰姓氏録』の「大春日朝臣」の「仲臣」についても、佐伯有清は『新撰姓氏録の研究・考証篇第二』で次のように書く。

中臣臣条に「七世孫鍬着大使主男中臣、賜二中臣一」とみえる。『和邇系図』に米餅搗大臣命（鍬着大使主）の子として人華臣をあげ、その尻付に「一に仲臣、仁徳天皇幸二仲臣家一、委レ糟為レ堵、詔号二糟垣臣一、改為二春日臣一」とみえる。これによれば、仲臣は人華臣の別名であることがわかる。(10)

と書いて、この記事では「地名」でなく「人名」にしている。『新撰姓氏録』の「未定雑姓」の「右京」には、

中臣臣

観松彦香殖稲天皇〈諡、孝昭〉皇子天足彦国押人命七世孫、鍬着大使主之後也。

とあるが、佐伯有清が引用しているのは、「新撰姓氏録逸文」の最終末尾に載る、

姓氏録云。中臣東人孝昭之後也。七世孫鍬着大使主男中臣、賜中臣。

である。これらの「中臣」について佐伯有清は、次のように書いている。

中臣という氏を賜わった「中臣」なるものは、現行姓氏録、左京皇別下の大春日朝臣の条にみえる「仲臣」ではなかろうか。すなわち、

大春日朝臣。出レ自二孝昭天皇皇子天帯彦国押人命一也。仲臣令下家重二千金一委レ糟為上レ堵。（下

略）

とある中の「仲臣」がその出自からして、逸文中の「中臣」と同人とみなしてよいと思う。(11)

この文章の佐伯見解では、「仲臣」を中臣氏の「中臣」、つまり「名」でなく「姓」と解して、

おそらく春日氏族のもので中臣姓を仮冒したものが他にもあったであろうことは推察できる。

春日氏そのものが中臣姓を冒称するのは春日神社の関係からであったらしい。

と書いている。このように「仲臣」「中臣」の表記を「地名」「人名」と解したり、「中臣氏」のことと書いたり、佐伯見解は一定していない。多氏・春日氏の「仲臣《なかつおみ》」は「中」でなく「仲」と『新撰姓氏録』は書き、「中臣《なかとみ》」と区別していることからも、佐伯見解は認められない。認められない理由については、さらに後述する。

折口信夫・柳田国男の「仲臣《なかつおみ》」についての見解

『折口信夫全集・ノート編』（第二巻）には、「中臣の語義」「中臣の職掌と分派」と題して、折口信夫が語った見解が載る。折口信夫は卜部の「中臣連《なかとみ》」でなく「中臣《なかつおみ》」として「中臣の語義」を論じているから、「中臣は中つ臣だ。すると中皇命《なかつすめらみこと》――神と天子との間に立たれる尊いお方――と同じ意味で、天子とその他の宮廷の人たちとの間に立っている臣だと、こう考える」と書く。(12)多氏や春日氏はそのような「臣」で、この仲臣の配下の卜部が中臣連だから、「臣」でなく「連」がつくのである。折口は「中臣の職掌と分派」で、「中臣」は本来は「中つ臣」といい、「中つ臣は神と人との仲を執《と》り持《も》つ聖職」と書くから、(13)「日本文学の発生」の第三章「中語者の職分」では、「中臣（中つ臣）は意味

が広く、一氏族だけの職ではなかったのが、後に藤原氏を分出した中臣一族だけを考へる様になつた」と書き、(14) 元卜部で「連」のつく氏族を多臣や春日臣と同じに見ているが、中臣連は仲臣《なかつおみ》の配下で卜占で奉仕していた氏族だから、「中臣」に「連」がつくのである。

柳田国男は「立山中語考」で、

> 立山に登る剛力のことを中語と書いてチウゴと謂ひ、時にはナカカタルとも謂ふ（中略）中語は卑役にのみ服するやうになつた為一寸意味が不明になつたらうが、遠方の信心者が来つて神に接近せんとするには、仮令《たとへ》聴かねばならぬ神の御答の要らぬ場合にでも、常に此の如き仲介者を求めたのは昔の普通の信仰であつた。（中略）越前大野郡石徹白《いしとしろ》村は最初の白山の表口であつたらしい。此村の旧社に白山仲居《なかをり》神社がある。……此神の名の起りはやはり又本社に附属した神で、主神と人間との仲介者として、民意を神に白《もう》し神意を民に宣する役を勤むる者の祖神……であらう。

と書いている。(15) 中語《なかかたり》・中居《なかおり》・中座《なかざ》は民間の神と人との間の仲を執り持つ役で、多氏・春日氏の「仲《なかつ》臣《おみ》」である。「中臣寿詞」には中臣連の祖のことが語られており、中臣連の寿詞になっているから、「中臣寿詞」は近衛天皇（在位・一一四一～五五）の大嘗祭に大中臣朝臣清親が詠んでいる。しかしこの「中臣」は「ナカトミ」でなく本来は「ナカツオミ」だから、多氏系氏族の始祖の「神八井耳命」という名の「八井」が、「中臣寿詞」にある（現在知られている「中臣寿詞」は近衛天皇の大嘗祭に大中臣清親が唱した祝詞）。

> 中臣の遠つ祖天のこやねの命、皇御孫《すめみま》の尊の御前《みまへ》に仕《つか》へまつりて、天のおし雲ねの命を天の二《ふた》上《かみ》に上《のぼ》せまつりて、神ろき・神ろみの命の御前《みまへ》に受けたまはり申ししに、「皇御孫の尊の御膳《みけ》つ

水は、顕《うつ》し国の水に天つ水を加へて奉らむと申せ」と事教《ことの》りたまひしによりて、天のおし雲ねの神、天の浮雲に乗りて、天の二上《ふたかみ》に上りまして、神ろき・神ろみの命の前《みまへ》に申せば、天の玉櫛を事依《ことよ》さしまつりて、「この玉櫛を刺《さ》し立てて、夕日より朝日の照るに至るまで、天つ詔《のり》との太詔《ふと》と言《ごと》をもちて告《の》れ。かく告《の》らば、まちは弱韮《わかひる》にゆつ五百《いほ》篁《たかむらお》生ひ出《い》でむ。その下より天の八井出でむ。こを持ちて天つ水と聞《きこ》しめせ」と事依《ことよ》さしまつりき（傍点は引用者）。

オホ氏の始祖の神武天皇の皇子「神八井耳命」は弟に、

「吾は兄なれども上《かみ》と為《な》るべからず。汝命《いましみこと》上と為りて、天《あめ》の下《した》を治《し》らしめせ。僕《あ》は汝命を扶《たす》けて、忌人《いはひびと》と為りて仕《つか》へ奉《まつ》らむ」

と言ったと『記』（神武天皇記）は書き、『紀』（綏靖天皇紀）も「神八井耳命」について、「吾は汝の輔《たすけ》と為りて、神祇《あまつかみくにつかみ》を奉典《つかさどりまつ》らむ」と言ったと書いている。『記』『紀』の記事で皇位を譲って神祇に専念したという記事はオホ氏の始祖のみである。しかも初代天皇神武の皇子の子孫という伝承をもち、オホ（多・太）という氏族名からみても、平安時代末期には中臣氏の遠祖を持ち出して「中臣《なかとみ》」の寿詞にしているこの祝詞は、祖神を「神八井耳命」にする「仲臣《なかつおみ》」のオホ氏が語る「仲臣寿詞」であったのであろう。そのことはこの寿詞に「天つ水を生ひ出す」、「八井」が語られているが、卜部は「天つ水」の「八井」とは無関係であり、仲臣の寿詞を中臣の寿詞にしたのである。

仲臣の配下に卜部の中臣氏が居たことは、前述した『延喜式』「神名帳」に「大社」として載る「目原坐高御魂神社」の祭祀氏族からいえる。この神社は前述したが藤原・中臣氏とかかわる対馬下県直が祭祀しているが、多神社の「外宮」として多氏関係氏族も祭祀している。多神社が「内宮」、高御魂神社が「外宮」という関係は、伊勢神宮の「内宮」「外宮」の関係を受けており、両神社の密接な関係を示しているが、この密接な関係は仲臣と中臣連の関係が、タカミムスビの祭祀に関連していることを示している。タカミムスビの祭祀は、元卜部の藤原・中臣氏が祭政の実権を掌握した以降に、大和国にタカミムスビの神社を作り、大中臣朝臣が出身地の対馬の下県直を祭祀氏族にして祀らせた。ところがその祭祀の神社の場所を、多神社の付近にしている事実からも、かつての仲臣のオホ氏と卜部の中臣連の関係が推測できる。

仲臣の多氏と春日氏が関与する春日大社の創祀

藤原・中臣氏が祭祀する大和国の春日大社については、『皇年代記』に神護景雲二年（七六八）十一月九日に、「春日大明神移坐三笠山」と書き、『一代要記』は「神護景雲二年」に、「藤原四所明神を春日山に集め、十一月九日なり」と書く。『大鏡裏書』は「春日社」について「称徳天皇神護景雲二年戊申、藤氏四所明神を春日山に奉祝」とあるが、「四所明神」とは建御雷命（建甕槌命）・布都主命・天児屋命・比売神である。『古社記』によれば神護景雲二年正月九日に建御雷命が常陸の鹿島神宮より白鹿に駕して出発し、十一月十日に三笠山へ遷座した。同時に経津主命《ふつぬし》が下総の香取神宮より遷座し、天児屋命と比売神を河内の枚岡《ひらおか》神社から勧請し、春日の地に社殿を造営したとある。社伝によると、建御雷神が鹿島より遷幸されたとき供奉してきた中臣時風と秀行が、そのまま神宮預・造営預となり、その子孫が累代当社を奉祀してきたとあり、正暦三年（九九二）に大中臣為基が神主に任ぜられ、従来の鹿島から来た中臣氏と大中臣氏の両家が、祭祀氏族になったとある。中臣氏が祭祀氏族になっているのだから、四神は藤原・中臣氏が祭祀している。

『続日本紀』の宝亀八年（七七七）七月十六日条に、

内大臣従二位藤原良継病めり、その氏神鹿島社を正三位、香取神を正四位に叙す。

とあり、鹿島社・香取神を「氏神」と明記している。しかし「香取神」は物部氏が祭祀している神であることは、拙著『神社と古代王権祭祀』所収、「香取神社――物部氏とタケミカヅチとフツヌシ――」で述べた。問題は鹿島神宮である。

増尾伸一郎は『古代東国と常陸国風土記』[16]、中村英重は「中臣氏の出自と形成」[17]、三宅和朗は「古代春日社の祭りと信仰」[18]で、なぜ鹿島の神を藤原（中臣）氏の氏神にしたかについて、『常陸国風土記』（香島郡）に孝徳朝に香島郡創設の申請者として「中臣□子」「中臣部兎子」とあり、「大中臣神聞勝命」「中臣巨狭山命」の記事が載り、更に『続日本紀』（天平十八年三月丙子条）に「常陸国鹿島郡中臣部廿烟、占部五烟、賜二中臣鹿島連之姓一」とあることを取り上げる。また藤原宇合が養老三年頃から六年頃まで常陸守として常陸に居た事や（『続日本紀』養老三年七月庚子条、『懐風藻』の記事）、宇合が持節大将軍として蝦夷反乱の平定にあたった事（『続日本紀』神亀元年四月丙申条、同十一月乙酉条）などを理由にしている。増尾伸一郎も神亀元年（七二四）の出兵が直接の契機で春日大社が創設されたと書き[16]、三宅和朗は鹿島神が「王権神」であった事と、藤原氏の「特殊な政治的立場」からの「特殊な政治的」意図による遷座と書く[18]。また志田諄一は「『常陸国風土記』と神仙思想」と題する論考で、藤原氏の神仙思想への関心から、「神仙幽居の境」（『常陸国風土記』香島郡）の鹿島神を氏神にしたと書く[19]。いずれの論者も藤原・中臣氏には注目しているが、『常陸国風土記』が茨城郡の条で、「大臣《おほおみ》の族黒坂命」がこの地を平定した記事（「大臣」は「多臣」）、行方《なめかた》郡の「東《あづま》の垂《さかひ》の荒《あら》ぶる賊」を平定した「那賀《なか》国造の初祖建借間《たけかしま》命」を無視している。「大臣《おほおみ》」は「多臣」であり、「那賀国造」の「那賀」は「仲」で、『記』の神武天皇記が神武天皇の皇子神八井耳命の後裔氏族として書く、意富（多・太）臣・小子部連と同族の「常道《ひたち》の仲国造」のことである。この仲（那賀）国造の初祖の名の「建借間命」の「借間」は鹿島神宮の「鹿島」である。鹿島の神は多（太）臣と同族の仲国造が祭祀していた神である事は、拙著『神社と古代王権祭祀』所収の「鹿島神宮」で詳述した。

増尾伸一郎・中村英重・三宅和朗らの、なぜ常陸国の鹿島神が大和国の春日の地に移されて、「藤原・中臣氏の氏神になったか」についての見解は、いずれの見解も藤原・中臣氏の視点だけで論じているから、真実が見えていない。なぜ常陸国の鹿島から大和国の春日の地に移ったのか。なぜ移った四神のうち、常陸国の鹿島から移った神が、藤原・中臣氏の氏神として祀られている四神の筆頭になっているのか。四神のうちアメノコヤネと女神は中臣氏の祖神としての男女神で、フツヌシはタケミカヅチと共に葦原中国を平定した武神だから、タケミカヅチと共に祭祀したが、主神は鹿島神宮の祭神のタケミカヅチである。第五章で詳述するが、鹿島神宮の祭祀氏族は仲臣の多氏で、常陸の仲臣の多氏が祀るタケミカヅチが、仲臣の大和の春日氏の地に移ったのである。この事実は無視できない（このことは次章で詳述する）。

横田健一の「中臣連」の見解と常陸国の卜部

横田健一は「中臣連」と「臣」と「連」が重なる表記は例がないと、傍点をつけて書き、「臣」と

「連」が結びついた氏族は皆無と書く。そして次のように書いている。

　連の方が臣の上におかれることはない。連の方が臣より低い地位階層にいたことはあきらかである。中臣連も、職名十連という形の氏姓である。『延喜本系』所収の天平宝字五年（七六一）撰の氏族志所の宣によって勘造しすすめた『本系帳』に、

　高天原初而。皇神之御中。皇御孫之御中執持。伊賀志桙不レ傾。本末中良布。称二之中臣一者。

とあり、『家伝』上『大織冠伝』には、

　世掌二天地之祭一、相二和人神之間一、仍命二其氏一曰二大中臣一

とある。すなわち職業によって賜わった氏姓ということになっている。

　しかし不思議なのは、神人の間の中にたって仲介をなす職能ならば「中」でよいのではないか。中臣の臣はカバネの臣とまぎらわしい。よくも連姓の豪族に対する賜姓の際に、臣の字を氏につけて賜ったものと思う。[20]

このように横田健一は書いて、

　他の氏族にはこうした例は皆無である。

と書いているが、前述したが多氏・春日氏は「仲（中）臣」とある。しかし前述（一七六頁～一七八頁）した佐伯有清は「仲臣《なかつおみ》」とある『新撰姓氏録』の記事を「地名」「人名」と解しており、横田・佐伯の日本古代史研究の両碩学は「仲臣《なかつおみ》」の存在を欠落している。「中臣」に「連」がつくのは、「仲臣」配下に居て卜占を行なう「連」であったからである。前述した「中臣臣」は春日氏系氏族であったから、「中臣連」でなく「中臣臣」なのである。以上述べた「仲臣」を無視して、日本神話・日本

古代史が論じられていることが問題である。

常陸国の場合も仲臣の仲国造の配下に、卜部の中臣氏が居た。『常陸国風土記』の香島郡の条に、左の記事が載る。

年別の四月十日に、祭を設《ま》けて酒灌《のみ》す。卜氏の種属《うらべうぢやから》、男も女も集会《つど》ひて、日を積み夜を累《かさ》ねて、飲み楽み歌ひ舞ふ。其の唱《うた》にいはく、

あらさかの　神のみ酒を

食げと　言ひけばかもよ

我が酔ひにけむ。

神の社の周匝《めぐり》は、卜氏の居《す》む所なり。

この鹿島郡の卜氏は中臣氏の統卒下にあったことは、香（鹿）島郡の創始は、大化五年（六四九）に大乙下中臣部兎子《うのこ》らの進言に依ると『風土記』が書いていることからいえる（大乙下は正八位下相当）が、同じ香島郡の条には左の記事も載る。

年別《としごと》の七月に、舟を造りて津の宮に納め奉る。古老《ふるおきな》のいへらく。倭武《やまとたける》の天皇《すめらみこと》のみ世、天の大神、中臣の巨狭山《おほさやま》命に宣《の》りたまひしく。「今、御舟を仕《つか》へまつれ」とのりたまひき。巨狭山命、答へてまをししく、「勤《つつし》みて大き命《みこと》を承《うけたまは》りぬ」。

とあり、「中臣の巨狭山命」が二丈余の舟三隻を造って献上したとある。この「中臣」を「ナカトミ」と岩波文庫本（武田祐吉校訂）も、日本古典文学大系本（秋元吉郎校訂）もルビをつけているが、この「中臣」も「ナカツオミ」である。理由は『記』の神武天皇記の多（太）臣同祖氏族に、常陸の

仲国造や伊勢の船木直が載る。船木直は造船工・船大工《だいく》であることからも、卜部の卜占氏族が造船にかかわったのではなく、同族に造船関係氏族が居る「中臣《なかつおみ》」の仲国造が、「御舟を仕へまつ」ったのであり、「巨狭山命」の「巨《おほ》」はオホ氏の「多」「太」である。

日本古典文学大系本は「巨狭山命」と書くのを『尊卑分脈』所収の「中臣氏系図」は、

天児屋根尊――（八代略）――国摩《くにま》大鹿《おほか》島《しま》命――臣狭山《おほしさやま》命――跨耳《あとみみ》命――大小橋《おほこはし》命

とし、「松尾社家系図」所収の中臣氏系図は、

（前略）国摩大鹿島命――臣狭山命――雷大臣命――大小橋命

とあり、巨《おほ》を臣に変えて藤原・中臣氏系譜に入れている。岩波文庫本も「臣狭山命」と書くが、原本は「巨」で「臣」ではない。『尊卑分脈』の「跨耳命」が「雷 大臣《いかづちおほおみ》命」に「松尾社家系図」ではなっているが、注目すべきは『常陸国風土記』に登場する臣狭山命の父が大鹿島命で、この「鹿島」という名の人物の次に、『松尾社系図』は雷大臣命を書いていることである。

　この事実は本来は多氏同族の仲国造らが祭祀していたのが鹿島神で、この仲臣の仲国造の配下の卜部（中臣氏）が常陸国に居た事を証している。その事は常陸国の仲臣の巨狭《おほさ》山《やま》命を、「中臣氏系図」は臣狭山命と書き、「巨」を「臣」に変えているのに、「おほし」「おほ」と訓んで、多氏系の中臣《なかつおみ》を中臣《なかとみ》・藤原氏の系図に組入れている事実からもいえるし、大和国高市郡の「目原坐高御魂神社」を、多氏が多神社の「外宮」にしていることからもいえる。この神話の祭祀氏族を『紀』ははるか遠い対馬島の下県直にしているが、わざわざ対馬島の下県直を大和の高御魂神社の祭祀氏族に選んだのは、中臣氏である事実は、多氏の「仲臣」と「中臣連」に強い結びつきがあったからである。

雷大臣命が祖の中臣氏系氏族と伽耶と亀卜

『続群書類従』所収の「大中臣氏系図」には、

本者卜部也。中臣者主神事之宗源也。

とあり、『尊卑分脈』の「中臣氏系図」にも前頁で書いたが、天児屋根尊の十一世の孫の「雷大臣命」について、

達二亀卜之術一、賜二姓卜部一

と書き、「大中臣系図」と同じに「賜二姓卜部一」と書く。

このように中臣氏自身が「本者卜部也」と認めているが、卜部の祖を『尊卑分脈』は「雷大臣命」と書いている。この「雷大臣命」を祖とする氏族を『新撰姓氏録』で検証すると、

中臣志斐連　天児屋命十一世孫雷大臣命男弟子之後也（左京神別上）
壱伎直　天児屋命九世孫雷大臣之後也（右京神別上）
呉公　天祖命十三世孫雷大臣之後也（山城国神別）
神奴連　天児屋命十一世孫雷大命之後也（摂津国神別）
生田首　天児屋命九世孫雷大臣命之後也（摂津国神別）
中臣連　津速魂命十四世孫雷大臣命之後也（大和国神別）
中臣栗原連　天児屋根命十一世孫雷大臣之後也（未定雑姓・右京）
津島直　天児屋根命十四世孫雷大臣命之後也（未定雑姓・摂津国）

三間名公　仲臣雷大臣命之後也（未定雑姓・河内国）

であり、「呉公」と「三間名公」以外の氏族は、すべて天児屋命・天児屋根命を祖としている。「津速魂命」は『新撰姓氏録』の「左京神別上」に、藤原朝臣と大中臣朝臣の祖について、

津速魂命三世孫天児屋命也

と書き、「津速魂命」を「天児屋命」の祖に『新撰姓氏録』は架上している。

問題は「呉公《くれのきみ》」と「三間名公《みまな》」である。

佐伯有清の『新撰姓氏録の研究・考証篇第三』は、「呉公」について、「呉の氏名は、『日本書紀』雄略天皇十四年三月条に、「臣・連に命《みことおほ》せて、呉使《くれひと》を迎へしめ、即ち呉人を檜隈野《ひのくま》に安置《はべ》らしめたまふ。因《よ》りて呉原と名《なづ》く」とみえる呉原（奈良県高市郡明日香村栗原）の地名にもとづくものか」と書く。「呉原」の地は明日香村の「栗原」の地だが、前述の「中臣栗原連」も本来は「中臣呉原連」で「呉公」と同系の氏族であったから、渡来の呉人が中臣同祖氏族になっているのである。

「三間名公」については佐伯有清は、「三間名《みまな》の氏名は弥麻奈・御間名とも書き、弥麻奈《みまな》（任那）の国名にもとづく」と書くから、「呉公」「中臣栗原連」と同じに、「三間名公」も渡来系氏族で、藤原・中臣氏系図の「雷大臣命」に系譜を結びつけている。さらに注目されるのは、壱岐直と津島（対馬）直が「雷大臣命」を祖にしていることである。しかし壱岐直は右京神別上に載っているのに、津島直は摂津国神別上にも神別下にも載らず「未定雑姓」に載るのはなぜか。前述したが、

津島朝臣　大中臣朝臣同組　津速魂命三世孫天児屋根命之後也

とあり、同じ津島氏で、同じ「天児屋根命之後」であっても、津島直は『新撰姓氏録』成立時期で

も、対馬の卜部出自と見られていた。しかし津島朝臣は伊勢神宮内宮の大宮司に任命されており（一七三頁〜一七五頁）、大中臣氏と同格であったから、卜部の津島直と差があり、同じ摂津国の居住でも、津島直は「未定雑姓」に入れられたのであろう。その判断は弘仁五年（八一四）に成立した勅撰書の『新撰姓氏録』の編纂に、右大臣の藤原園人、参議の藤原緒嗣が関与しているから、彼らが津島直を「未定雑姓」に入れたと私は推測する。

問題は藤原・中臣氏系氏族と同じ「雷大臣」を祖とする氏族に渡来系氏族が居ることである（呉《くれ》公・三間名《みまな》公）。これらの氏族はいずれも伽耶にかかわり、伽耶は対馬の人々にとっては九州より近い距離にある。

三品彰英は「首露伝説」で鹿卜は「わが国原古の卜占」と書き、亀卜は韓国・中国から「輸入された」と書く。そして韓国の『三国遺事』所収の『駕洛国記』に載る伽耶国初代王の首露王降臨神話を示す。天から首露王が降臨した山は「亀旨」といい、初代王は亀の形をして降臨している。三品彰英は次のように書く。

元来亀は霊的なもの、特に天神に対して水の霊あるいは土地の霊と考えられており、そうした観念にもとづく神話は中国・インドをはじめアメリカ原住民まで分布している。『三国史記』（巻二十八）に百済滅亡の前兆が神亀から啓示された事を記している。

（中略）

天神首露が地霊であり、水霊であり、あるいは地母であり水の神女である神亀を媒介として降臨するという話は、やはり神話の一つの形に当てはまっている。(21)

この三品見解からも亀卜・亀信仰は伽耶とかかわるが、国境がない時代は、人も信仰も対馬の人々にとっては日本列島の人々より、伽耶の人々がより密接であったと考えられるから、亀卜は伽耶の亀信仰・神話と無関係とはいえないだろう。

タカミムスビ・カミムスビとカミロキ・カミロミ

対馬の高御魂神社は『延喜式』「神名帳」の対馬島下県郡十三座のトップに載る、「名神大社」である。他の式内社の「羽束師坐高御産日神社」「宇奈太理《うなたり》坐高御魂神社」「目原《めはら》坐高御魂神社」は京都・大和の神社なのに「大社」だが、対馬の神社は四社のなかで最高の格式の「名神大社」で、対馬島下県郡の十三座のトップに載りながら、現在地は式内社には載るが無格社の多久《たく》頭神社の境内社である。理由は神田川の下流の海辺に沿った森のなかにあったが、昭和三十一年頃の豆酘中学校の拡張に際して移されたのである。しかしこの神社が島民に信仰されていたなら、氏子たちが反対したろう。しかし移されて、今は小さな社殿が社地の片隅にある。この事実は、大和国の宇奈太理と目原のタカミムスビ神社が、最初の地にないのと似ており、土地の人たちが信仰していた土着神でなく、王権用の神だったから、『記』『紀』神話では天照大神と同じに降臨神話の司令神になっており、『紀』の神代紀の本文記事では、「皇祖」を冠したタカミムスビのみが降臨の司令神であり、天照大神より重視され、皇祖でないタカミムスビは、次頁のように多くの氏族の始祖神になったのであろう。

左のように『新撰姓氏録』に載る「宿禰」「連」の氏族たちは、観念上の神、『記』『紀』神話が重視しているタカミムスビを祖神にしている。しかし民衆の視点は違っていたから、大和で祀られてい

宿禰姓		
1	大伴宿禰	左京神別中
2	佐伯 〃	〃
3	弓削 〃	左京神別下
4	大伴大田 〃	左京神別上
5	斎部 〃	〃
6	玉祖 〃	〃
7	弓削 〃	河内神別
8	玉祖 〃	〃
9	林 〃	〃
連姓		
10	大伴連	左京神別中
11	榎本 〃	〃
12	日奉 〃	〃
13	小山 〃	〃
14	高志 〃	右京神別上
15	高志壬生 〃	〃
16	玉祖(作) 〃	〃
17	門部 〃	大和神別
18	高志 〃	〃
19	小山 〃	摂津神別
20	家内 〃	河内神別
21	大伴山前 〃	和泉神別
造・直・忌寸その他		
22	神松造	左京神別中
23	佐伯造	左京神別上
24	佐伯日奉 〃	〃
25	久米直	左京神別中
26	浮穴 〃	〃
27	飛鳥 〃	大和神別
28	葛木直	河内神別
29	役 〃	〃
30	浮穴 〃	〃
31	荒田 〃	和泉神別
32	葛城 〃	摂津未定雑姓
33	葛城忌寸	大和神別
34	白堤首	〃
35	佐伯 〃	河内神別
36	恩智神主	〃
37	波多祝	大和未定雑姓
38	仲丸子	大和神別
39	大辛	左京未定雑姓
40	伊与部	右京神別下
41	日置部	和泉未定雑姓

たタカミムスビを祀る二社は、いずれも最初の鎮座地は、所在不明になっており、対馬の名神大社の神社も、学校の敷地（運動場）を拡大するために、簡単に他の神社の敷地に移され、小さな社殿があるのみである。

冒頭で三品彰英の「日本神話論」掲載の『記』『紀』の天孫降臨神話の表を示したが、『記』『紀』神話のみの視点で日本神話を論じていれば、三品見解のような表が作られ、日本神話を研究する神話・古代史の研究者・学者に受け入れられているが、第一・第二章で書いたように、『記』『紀』の書く降臨の司令神の男神（タカミムスビ）も、女神（アマテラス）も、『紀』成立直後の聖武天皇の即位の宣命、さらに孝謙・淳仁天皇の即位の宣命でも、タカミムスビもアマテラスも登場せず、「カミロキ」「カミロミ」の男女神が登場する。即位の宣命だけでなく一般の詔でも、タカミムスビもアマテラスも降臨の司令神でなく、降臨の司令神はカミロキ・カミロミとあり、『記』『紀』神話、私が「王権神話」と書く神話の「皇祖」の男女神を、奈良時代の王権は無視している。それは平安時代になってもいえる。平安時代中期の『延喜式』「神名帳」の祝詞でも、降臨の司令神はタカミムスビ・アマテラスでなく、カミロキ・カミロミであることが証している。

文字無き時代から人々が語り伝えてきた神は、第二章で書いたがカミロキ・カミロミの男女神で、ムスビ神もタカミムスビ・カミムスビの男女神が、本来の神であった。しかし第一・第二章で述べたように、本来は日神の日女が、日神に成り上ったので（そのことは第一章で述べたが、持統天皇を天照大神に原『古事記』で重ねたからである）、カミムスビは天孫降臨神話に登場せず、『紀』ではその活動を消している。しかし本来は男女二神であったことは、第三章で書いた伊勢神宮の祭神名「橦賢木厳之御魂天疎向津媛」という、異常に長い神名が証している。この神名は本来の男女二神を一神の神名にしたから、このような神名になったのである。

タカミムスビの祭祀について、今迄論じられている、この神の宮廷祭祀や、『記』『紀』神話のタカミムスビでなく、今迄論じられない視点に立って本章で論じたのは、その視点から藤原・中臣氏を論じる必要があったからである。その視点に立って藤原・中臣氏の出自を考究すると、藤原・中臣氏は対馬の卜部出身という結論に至ったのである（前述の『新撰姓氏録』のタカミムスビを祖にする氏族の問題などは、第八章で本章とは別の視点に立って論じる）。

〔追記〕梅原猛は『海人《あま》と天皇・下』（一九九一年・朝日新聞社）の三〇〇頁で、「日本における亀卜の発祥地と伝えられる対馬の下県《しもあがた》の西部、阿礼村に在る雷命神社は、中臣烏賊津使主《いかつおみ》を祀る。またこの辺は卜部氏の地でもある。中臣氏の神社が対馬に在ることから、私は中臣氏は欽明天皇の時代をそう遡らない頃、朝鮮半島から渡って来た氏族ではないかと思う。中臣氏がその存在をはっきり歴史に示すのが欽明朝からである。この由緒のはっきりしない中臣氏は、そんなに古い氏族とは思えない」と書いている。

また同じ著書の三一〇頁では、「『古事記』には、『原古事記』というものがあって、それを改竄して作られたのが『古事記』であると思う。……政敵・人麻呂の『原古事記』を改竄して作った『古事記』では不比等は満足出来なかった。そこで、名目上、舎人親王《とねりしんのう》を編集長として、今度ははっきり日本国家の歴史書『日本書紀』を作るのである。そこには新しい「神話」が入れられ、藤原氏が近い過去において渡来した氏族ではない、と繰り返し語られるのである」と書いている。

第五章

「皇祖」を冠した高皇産霊尊の諸問題

「皇祖」を冠したタカミムスビを問題にする本居宣長

本居宣長は「神代紀髻華山蔭」で『紀』神代紀の上・下巻の「タカミムスビ」の書き方の相違を、

此高皇産霊ノ尊、上巻の首《ハジメ》には略《ハブ》きて挙《アゲ》ずして、ここに至りて、はじめてゆくりなく出給へるは、いかなる神とかせむ。皇孫云々より以下の事ども、皆この神に係《カカ》りて最《モ》重く尊き神にまします、はじめに略《ハブ》き給へる事、かへす〴〵いはれなし。

と書いている。「上巻の首《ハジメ》には、略《ハブ》きて挙《アゲ》ずして」と書いているのは、『紀』神代紀上巻の左の記事である。

一書に曰《いは》く。天地《あめつち》初めて判《わか》れしときに、始めて倶《とも》に生れる神有り。国常立尊と号《まう》す。次に国狭槌尊。又曰く、高天原に生《な》れる神、名《なづ》けて天御中主尊と曰《まう》す。次に高皇産霊尊。次に神皇産霊尊。

神代紀上巻（巻一）にはこのように神名だけしか書かれていないタカミムスビが、下巻（巻二）のトップに、

皇祖高皇産霊尊、特に憐愛《うつくしび》を鍾《あつ》めて崇養《あがめひた》したまふ。遂に皇孫天津彦彦火瓊瓊杵尊を立てて、葦原中国の主《きみ》とせむと欲《おもほ》す（傍点は引用者）。

と書かれている事を、本居宣長は問題にしているのである。この上巻と下巻の相違を「彼処《かしこ》におかずしてここにしても置かれたるは」と書き（「彼処」は上巻、「ここ」は下巻）、下巻では「瓊々杵尊の御外祖父の義にとりて、記されたりと聞えて、これ又甚《はなはだ》いかが也」と書いている。本居宣長がタカミムスビを「外祖父」と書くのは、

アマテラス ―― アメノオシホミミ
　　　　　　　　　　‖―― ニニギ
タカミムスビ ―― タクハタチヂヒメ

という関係だからである。

　太田善麿は『古代日本文学思潮論（Ⅲ）――日本書紀の考察――』で『紀』の神代について、「神代紀上・下の不一貫性」という見出しをつけ、下巻は上巻ではあまり書かれていない「高皇産霊尊」「葦原中国」を重視しており、上巻と下巻では文字の使用も違うと書いている。そして具体例を示し、「文字に関する偶然的な使用度の濃淡差として見過すべきではあるまい。むしろそこには、文体の差位が暗示されている」と書き、「特に下巻の天孫降臨の表記が特出して上巻と違う」と、傍点を打って書いている。なぜ「天孫降臨の表記」が違うのか。太田は下巻の特徴は「『皇祖降臨』を起点とする回顧のしかたが神代紀下の成立をささえている」と書き（傍点は引用者）、「天孫降臨の実現を境として、それまでに語られてきたすべての事項や条件が、あたかも満足しきったかのように、もしくはすでにすべての任務を果たし了せたもののように、それ以後は棚上げされるのである」と書き、天孫降臨記事の載る下巻は上巻より「相対的に尊重されている」と書き(1)、上巻は神祇官的、下巻は太政官的視点の神話だと書いている(2)。

　当時の神祇官のトップは神祇伯の大中臣氏で、太政官のトップは左大臣の石上麻呂だが、七十歳で養老元年（七一七）三月に亡くなっている。藤原不比等は五十一歳で右大臣であった。石上麻呂が亡くなった時、元明太上天皇・元正天皇は不比等を左大臣に任命したが、不比等は固辞した。この年の養老元年四月からの行政の最高機関の「議政官」は、左の七人であった（三年後の養老四年五月に『紀』成立）。

右大臣　正三位　藤原朝臣不比等
大納言　正三位　長屋王
大納言　正三位　阿倍朝臣宿奈麻呂
中納言　従三位　多治比真人池守
中納言　従四位上　巨勢朝臣品治（祖父）
中納言　従四位上　大伴宿禰旅人
参議　従四位下　藤原朝臣房前

この七人の議政官のうち、長屋王と不比等の次男は新入りだが、不比等の長男が入っていないのは、翌年に首皇子（後の聖武天皇）の東宮傅に任命することを考慮して、父の不比等が入れなかったからである。この陣容は不比等の死の養老四年八月までだが、この三年強の期間は『紀』の最終編纂期であった。

太田善麿は神代紀下巻（巻二）を太政官的と書き、『紀』の神代紀下巻（天孫降臨神話）は「当時の制度の反映」と書くが[1]、当時の太政官のトップは不比等なのだから、不比等が神代紀下巻の降臨神話に関与した事が推測でき、『紀』のタカミムスビに「皇祖」を冠したのは不比等であろう。

『紀』本文の降臨の司令神はなぜタカミムスビか

『紀』の降臨神話は前述（一五六頁）の表で明らかのように、タカミムスビかアマテラスかが司令神である。上山春平は『神々の体系』（一九七二年・中央公論社）、『埋もれた巨像』（一九七七年・岩波書店）で、聖武天皇（首皇子）の外祖父が藤原不比等だから、『紀』の降臨神話の本文の司令神が外祖父の高皇産霊尊になっているのは、藤原不比等に重ねたからだと書き、不比等の娘が生んだ孫の首皇子を天孫ニニギに重ねたと書く。この説には梅原猛・上田正昭ら多くの賛同者が居る。私も不比等は原『古事記』だけでなく、『日本書紀』にも関与しているという見解だが、『紀』下巻本文の降臨の司令神タカミムスビを藤原不比等に比定する見解はとらない。理由はこのタカミムスビには「皇祖」が冠されているからである。臣下の不比等が、わが国最初の国史の「天孫降臨神話」の冒頭の司令神に、「皇祖」を冠して自分に重ねるほど、藤原不比等は思い上っていないし、それほどおろかではない。

藤原不比等の生存中の『紀』の最終編纂時に、従来の天智・天武・持統・文武天皇の和風諡号が改められている。「前諡号」と「改号諡号」を示す。

	前諡号	改号諡号
天智	近江大津宮御宇天皇	天命開別天皇
天武	飛鳥浄御原宮御宇天皇	天渟中原瀛真人天皇
持統	大倭根子天之広野日女尊	高天原広野姫天皇
文武	倭根子豊祖父天皇	天之真宗豊祖父天皇

この諡号の「旧」と「新」の冠頭は次のようである。

	旧諡号	新諡号
天智	近江大津宮	天命開別
天武	飛鳥浄御原宮	天渟中原
持統	大倭根子	高天原
文武	倭根子	天之真宗

旧諡号は「地」意識で書かれているのに対して、新諡号は「天」意識で書かれ、特に持統天皇には「高天原」という神話の場所を冠している。このことは前述した持統天皇十年（六九六）の皇位継承会議の「神代以来、子孫継承」の葛野王の発言を連想させる。この諡号に「高天原」を冠している事実と、持統天皇十年の皇位継承会議の「神代以来」の発言は、『記』『紀』神話が当時の「現代」の反映であることを証している。ここで示した四天皇の和風諡号は、旧は崩御直後に贈られた和風諡号であり、新は『日本書紀』編纂時に新しく作られた諡号である。前諡号には「天」表記がないのに、新諡号にはすべて「天」が冠されている事実からも、当時の「地」の政治情況に神話の「天」が関連していることを証している。特に持統天皇という女帝のみに「高天原」が冠されている事実は、皇祖神の日神を女神にしていることと重なり、新諡号は神話的諡号になっている。

文武天皇と、文武天皇崩御後に即位した文武天皇の母の元明天皇の即位の宣命の冒頭の『紀』の文章を、原文のまま次に示す。

文武天皇　高天原爾事始而、遠天皇祖御世

元明天皇　高天原与利天降坐志天皇御世

天皇は「神代」の「神」ではなく「人」なのだから、初代天皇の「神武天皇」からの「事始」と書くべきなのに、「高天原事始《ことはじめ》」「高天原より天降《あまくだり》」と、「高天原」を強調しているのは、持統天皇十年の皇位継承会議で葛野王が「神代以来、子孫継承」と発言した意図と、深く結びついている。

欽明天皇以降の和風諡号を示す。

天国排開広庭《あめくにおしはらきひろにわ》天皇　　欽明天皇
渟中倉太珠敷《ぬなかくらのふとたましき》天皇　　敏達天皇
橘豊日《たちばなとよひ》天皇　　用明天皇
泊瀬《はつせ》部《べ》天皇　　崇峻天皇
豊御《とよみ》食《け》炊屋姫《かしきやひめ》天皇　　推古天皇
息長足日広額《おきながたらしひひろぬか》天皇　　舒明天皇
天豊財 重 日足姫《あめとよたからいかしひたらしひめ》天皇　　皇極・斎明天皇
天万豊日《あめよろずとよひ》天皇　　孝徳天皇

欽明、皇極、斎明、孝徳の三天皇に「天」が冠されているが、欽明以前には「大」は冠されていても「天」を冠した例は一例もない。皆無である。皇極・斎明天皇は天智・天武天皇の母であり、孝徳天皇は中臣氏を登用した天皇であるから、「天」を冠したのであろう。また欽明天皇は新時代を開いた天皇で、中臣氏が台頭し出した時代だから、不比等ら『紀』に関与した編者らが新しく「天国押開広庭天皇」という和風諡号を贈ったのであろう。そのことはこの欽明天皇の諡号と似ているのが、天智天皇の「天命開別天皇」であり、更に問題なのは持統天皇に「高天原」を冠している事である。それに対して天武天皇の諡号は平凡である。私は藤原不比等がタカミムスビに「皇祖」を冠し、「天命開別天皇」とした天智天皇に重ねたと推測している。

神代紀の「天孫」を「皇孫」に改めた事例の検証

前述した三品彰英が示す表（一五六頁）で、もっとも古い降臨神話とする『紀』の本文の「皇祖高皇産霊尊」の「皇祖」の初見は、『続日本紀』に載る慶雲四年（七〇七）七月の元明天皇の即位の宣命に載る左の記事である。

遠皇祖《とほつすめろき》の御世を始めて、天皇《すめら》が御世御世、天つ日嗣《ひつぎ》と高御座《たかみくら》に坐《ま》して……

この記事の「皇祖」表記の宣命の十年前、文武天皇元年（六九七）八月の即位の宣命には、

高天原に事始めて、遠天皇祖《とほすめろき》の御世、中・今に至るまで……

とある。「スメロキ」と詠《よ》むのは同じだが、文武天皇の詔は「天皇祖」と書き、元明天皇以降は「天」を取って「皇祖」と書くのと違う。理由は今が「皇《すめら》」の世で、「遠皇祖」の世を神代と見立てたからである。森博達は『日本書紀の謎を解く』で、神代紀は文武朝に山田史御方《やまだのふひとみかた》が述作したことを論証して述べている。(3) 私は森見解を採るが、文武天皇の即位の宣命が「天皇祖」だから、山田史御方が述作した神代巻の上・下二巻は「天皇祖」であったのだろう。それを「皇祖」に改めたのは、『紀』の最終編纂時の元明・元正時代である。この時代に文武朝に山田史御方の書いた神代紀の特に下巻を改めて、「天皇祖」を「皇祖」にしたが、「皇祖」を冠したタカミムスビは、第四章で書いたタカミムスビ

と藤原氏の関係と重なる。

山田史御方は「天皇祖」と書いたから「天子」「天孫」であった。しかし『紀』の神代紀下巻の第九段の降臨神話では、「天孫」と「皇孫」が混在している。

この本文と五例の一書の計六例のうち、一書の第一は「皇孫」のみ、一書の第四・第五は「天孫」のみ、本文・一書の第二・第六は「皇孫」と「天孫」が混在しており、三つの書き方があり、統一されていない。このように「皇孫」「天孫」表記は、本文・一書

記載の書	「皇孫」の例	「天孫」の例
本文	九例	三例
一書の第一	六例	
一書の第二	九例	三例
一書の第四		三例
一書の第五		四例
一書の第六	七例	三例

に相違があるのは、『日本書紀』の最終編纂時に、山田史御方の表記の「天孫」をすべて「皇孫」に表記を変えようとした。しかしすべて変えないうちに、急遽『日本書紀』を完成させなければならなかったからである（理由は不比等が病気になったからである）。そのため「皇祖」に変更したのが一書の第一のみで、ほとんどが一部変更か、まったく変更できない結果になったのである（この事実は元明朝でなく、元正朝の『紀』の成立の養老四年〈七二〇〉五月二十一日の直前に、この表記の変更が行なわれていたことを推測させる）。

「天孫」を「皇孫」に改めていない例が二例ある。一書の第四は他の本文・一書にはない大伴連と久米部の遠祖が、降臨する天孫の随臣として降臨したという記事だから、大伴氏（久米部は大友氏の配下）が入れた一書であった。そのため「天孫」を「皇孫」に改めなかったのである。一書の第五の降

臨神話は、葦原中国での一夜婚・一夜孕の記事のみが載り、三品彰英の前述した表（一五六頁）でも、一書の第五の記事は降臨神話として掲載していない。この事実からも、「天孫」を「皇孫」に改めていないのである。一書の第四・第五が「皇孫」表記がゼロなのに対して、一書の第一は「天孫」の例がゼロである。三品彰英の表でもこの一書の第一は特例として、もっとも新しい記事としている。三品見解を採ればこの記事はもっとも新しいから『紀』編者が一書として採用した時、すでに「皇孫」表記であったと推測することが出来る。「皇孫」「天孫」表記の混在の本文・第二・第六の一書は、原文には「天孫」とあったのを、『紀』掲載にあたって「皇孫」に改めていたが、不比等の死が近づいたので、生存中に完成させる必要があって、「天」を「皇」にすべて改めないまま『紀』を完成させた。その結果「皇孫」と「天孫」が混在したまま、わが国の最初の国史の神代紀は世に出たのである。この混在は『紀』の神代紀下巻の第十段の「海幸・山幸神話とウガヤフキアヘズの誕生神話」にも見られる。

記載の書	「皇孫」の例	「天孫」の例
本文		三例
一書の第一		一例
一書の第二	一例	二例
一書の第三		五例
一書の第四	二例	七例

この「天孫」の例のうち一書の第一・第三・第四に、各一例ずつ「天神の孫」とある。この事例から見て、

天神の孫→天孫→皇孫

と表記が変遷したと考えられる。神代紀下巻（巻二）の第九段（葦原中国の平定と降臨と一夜婚神話）と第十段（海幸・山幸神話とウガヤフキアヘズの誕生神話）にも「皇孫」と「天孫」表記が混在しているのも、「天」

を「皇」に改めようとしたからである。しかし第九段と第十段（を比較すれば、第九段は「天」を「皇」に改めた例が多いが、いずれも神話の表記をすべて改めないままだが、この「天孫」を「皇孫」に改める作業はタカミムスビに「皇祖」を冠した意図と同じである。

『紀』のタカミムスビに「皇祖」が冠されている問題

問題はなぜすべてを「皇孫」に改めず、「天孫」と混在したまま『紀』を世に出したかである。『紀』の成立は養老四年（七二〇）五月二十一日だが、藤原不比等の死は同年八月三日である。この事実から見ても、不比等の死の直前までに完成したかったから、「天」を「皇」に変える作業などは中途半端のままになったのであろう。この事実からも、神代紀の上・下二巻は『紀』の最終時期まで手が加えられていた事は明らかである。「神話」に特に手が加えられていた事実は見過せない。

神話は語り伝えられた歴史上の事実と違って、神または神の時代の「話」だったから、当時の政治情況・権力構成の変更で、「話」を変更しやすかったからである。「祖」に冠していた「天」を編纂終末期に「皇」に変えたのは、「天」は一般的用語だが、「皇」は限定されており、「天」より高貴性が高められる用語だったからである。

「皇祖」表記が初めて記されている慶雲四年（七〇七）七月の元明天皇の即位の宣命の三カ月前に、次の詔が出されている（この文武天皇の詔は天皇が崩御する二カ月前の四月十五日に出されているが、文武天皇の名で母の阿閇皇女（元明天皇）が出した詔）。

天皇《すめら》が詔旨《おほみこと》らまと勅《の》りたまはく。汝藤原朝臣の仕《つか》へ奉《まつ》る状《さま》は今のみに在《あ》らす。掛《か》けまくも畏《かしこ》き天皇が御世御世仕へ奉りて、今もまた朕《わ》が卿《まへつきみ》として、明《あか》き浄《きよ》き心を以《もち》て、朕《われ》を助け奉り仕へ奉る事の、重《いか》しき労《いたは》しき事を念《おも》ほし坐《ま》す御意《みこころ》坐すに依りて、たりまひてややみ賜へば、忌《い》み忍《しの》ぶる事に似る事をしなも、常労《つねいたは》しみ念《おも》ほし坐《ま》さくと宣《の》りたまふ。

この詔を即位直前に出して即位した元明天皇は、次の即位の宣命を出している。

遠皇祖《とほすめおや》の御世《みよ》を始めて、天皇《すめら》が御世御世、天つ日《ひ》嗣《つぎ》と高御座《みくら》に坐《ま》して此の食国天下《おすくにあめのした》を撫《な》で賜ひ慈《いつく》しび賜ふ事は、辞立《ことだ》つに在らず、人の祖《おや》の意能《おの》が弱児《わくご》を養治《ひだ》す事の如く、治《おさ》め賜ひ慈《いつく》しび賜ひ来る業《わざ》となも、神ながら念《おもほ》し行《め》す。

この元明天皇の即位の宣命に初めて「皇祖」が載る。「キミ」には「君」「公」「王」「皇」などの漢字をあてるが、「スメ」は「皇」だけで「皇」には特別な意味がある。「皇」の字の上部の「白」は原字は「鼻」であり、「皇祖」の原義はもっとも古いことをいう「鼻祖」つまり「始祖」の意だから、最古の皇帝（三皇）に「皇」の字をあて、転じて「天子」「上帝」の意に用いられている。『説文』には「皇」は「大」「始」の意とあり、「始王」「三皇」「大君」の意とも書く。『楚辞』は「天」の意に用いている。また中国では至高の天を「皇天」と書くから、この「皇天」から「天皇」表記が作られたのであろう。

『記』には「皇」は「天皇」「皇后」「帝皇」の表記はあるが「皇祖」はない。『紀』に初めて「皇祖」「皇孫」表記があらわれ、『記』の「皇」表記（天皇・皇后・帝皇）以外に『紀』には「皇帝」「皇太后」「皇太子」「皇太弟」「皇祖母」表記があり、『紀』は特に多く「皇」表記を用いている。この事からも『紀』編者の「皇」へのこだわりがわかる。

『皇祖』の初見は『日本書紀』成立の養老四年（七二〇）より十三年前、慶雲四年（七〇七）の元明天皇の即位の宣命である。その「皇祖」表記は神代紀下巻（第九段）の冒頭に最初に記されているが、「皇祖」と「皇孫」が連動している。

皇祖高皇産霊尊、特に憐愛《うつくしび》を鍾《あつ》めて崇養《あがめひた》したまふ。遂に皇孫天津《あまつ》彦彦火《ひこひこほ》瓊瓊《にに》杵《ぎ》尊を立てて、葦原中国の主《きみ》とせむと欲す。

この記述からも「天孫」を「皇孫」に改めたのは、「皇孫」を「皇祖」に結びつけるためであることは明らかである。問題は「皇祖」が冠されているのがタカミムスビであることである。

前述（二〇〇頁）した上山春平を筆頭とする論者は、『紀』の天孫降臨の司令神のタカミムスビを、藤原不比等に比定して多くの賛同者を得ているが、これらの論者はタカミムスビに「皇祖」が冠されていることは無視している。黛弘道も上山見解を批判して、『新撰姓氏録』では大伴氏・斎（忌）部氏など、反藤原・中臣の氏族の始祖神にタカミムスビがなっていることを示している。

黛弘道は「『日本書紀』と藤原不比等」と題する論考で、次のように書く。

『新撰姓氏録』では重複している例もあるが、整理しても三十七氏の多きがタカミムスビを祖にしている。しかも、それらの中の著名氏族として宿禰姓を見れば、そこには八世紀において新興藤原氏に対抗した古代豪族の雄大伴氏の名を見出すことができるし、神祇祭祀の世界で中臣氏と鋭く対立した斎（忌）部氏の名を見出すことができるのである。また、五伴緒のうちの玉祖命《たまのや》を祖神とする玉祖宿禰（連）も同じ仲間と伝えられている。これを要するに大伴氏及びその同族佐伯・大伴大田・林の諸氏、斎部・玉祖の二氏等はいずれも反藤原・中臣の氏族か、少なくとも藤原・中臣を競合する氏族であって、決して親藤原・中臣的存在ではない(4)。

このように書いて「不比等の主張が全く生かされていない」と黛弘道は書くが、黛見解もタカミムスビに「皇祖」が冠されていることを無視して論じている。『紀』のタカミムスビに「皇祖」が冠されているのは、大伴氏らの氏族とちがう「皇祖」であるタカミムスビを示すためである。

藤原不比等の死の直前と死後の政治情勢

『日本書紀』成立時の天智天皇系と天武天皇系の皇統には、大きな差があった。左に天智天皇系と天武天皇系の皇子・皇孫の系譜を示す（天武系には母が天智系の例もあるが、父系で統一した）。天智系は次のような系譜である。

天武系は次のような系譜である。

- 天武天皇
  - 高市皇子
    - 長屋王（左大臣）
    - 鈴鹿王（知太政官事）
  - 草壁皇子
    - 元正天皇
    - 吉備内親王
    - 文武天皇 ―― 聖武天皇（首皇子）
  - 忍壁皇子（知太政官事）
    - 山前王
    - 小長谷女王
  - 舎人皇子（知太政官事）
    - 淳仁天皇（大炊王）
    - 三原王
    - 三嶋王
    - 船王
    - 池田王
    - 三使王
    - 守部王
  - 長皇子
    - 栗栖王
    - 長田王
    - 智努王（大納言）
    - 大市王
    - 広瀬女王
  - 新田部皇子（知五衛及授刀舎人事）
    - 塩焼王
    - 道祖王

これが不比等の生存中から死の直後の天智系と天武系の皇族の一覧だが、天武天皇系の、

天武天皇 ―― 草壁皇子 ┬ 元正天皇
　　　　　　　　　　　├ 吉備内親王
　　　　　　　　　　　└ 文武天皇 ―― 聖武天皇（首皇子）

という系譜は、次のような系譜にもなる。

天智天皇 ―― 阿閇皇女（元明天皇）
　　　　　　　　‖ ―― 文武天皇
　　　　　　草壁皇子　　　　‖ ―― 聖武天皇
　　　　　　藤原不比等 ―― 藤原宮子

『紀』神代紀下巻（巻二）の神話に太田善麿は当時の権力機構の関与があると書いているが（当時の太政官の長官は藤原不比等）、私は不比等が生存中に天智天皇皇女（元明天皇）と組んで、『記』と同じに政治的利用をしたと見ている。『記』の降臨神話で天子降臨を天孫降臨に変えたように、『紀』の高皇産霊尊に「皇祖」を冠して氏族の祖と違うことを示したのである。

養老四年（七二〇）八月三日に藤原不比等は亡くなるが、この年の一月に大納言の阿倍宿奈麻呂も死亡しているので、議政官の陣容も大きく変動した。藤原不比等の死で議政官のトップに、大納言で

あった高市皇子の長男の長屋王が養老五年一月一日に右大臣に任命され、議政官は次のようになる。

右大臣　従三位　長屋王
大納言　従三位　多治比真人池守
中納言　従三位　藤原朝臣武智麻呂
中納言　従三位　巨勢朝臣邑治
中納言　従三位　大伴宿禰旅人
参議　従三位　藤原朝臣房前

藤原武智麻呂が東宮傅と兼務で議政官になっている。この新しい議政官任命の七カ月前に『日本書紀』は成立している。新しい太政官府のスタッフについて高島正人は『奈良時代諸氏族の研究』で、「大納言の多治比池守は明確な年齢は不明ながら、少なくとも六十歳以上、神亀二年には霊寿杖ならびに絹綿を賜ったと伝える（補任、天平二年条）ことからすれば、既に七十歳を越えていた可能性も高い。中納言の巨勢邑治は持統朝ですでに監物に任じていた上、事件に坐して昇進が遅れたことなどを勘案すれば六十歳以下とは考えにくい、池守とおなじく七十歳前後に達していた可能性も少なくない」と書いており、(5) 多治比池守・巨勢邑治は高齢だったから、長屋王をトップにした議政官には任命されなかったとみている。

長屋王について高島正人は公式の生年がわからないが、聖武天皇が即位した養老八年（二月に「神亀」に改元）には、「『公卿補任』（養老八年――神亀六年条）の伝えるところでは、僅か四十一歳であった」と書いている。(5) 藤原武智麻呂・房前の兄弟と大伴旅人の年齢はわかっており、養老五年には武智麻呂は四十二歳、房前は四十一歳、大伴旅人は五十七歳であった。議政官六人のうち二人は高齢であり、実際に活動していたのは長屋王と大伴旅人と、二人に対抗する武智麻呂・房前の藤原兄弟であった。藤原武智麻呂と大伴旅人は同じ従三位の中納言でも、旅人は武智麻呂より十五歳も年長だったが、武智麻呂の下位に置かれていた。武智麻呂は東宮傅との兼務だったから、長屋王・大伴旅人に対抗する議政官の藤原側の人物は房前一人であった。この陣容からみても『日本書紀』成立直後の太政官府では天武系皇親勢力（反藤原・中臣勢力）が優勢であった。

当時の行政関係の藤原氏代表は、武智麻呂の一歳年下の房前であったから、新しい議政官のトップの長屋王と参議の房前は、養老五年十月十三日の『続日本紀』によれば臨終近い元明太上天皇の枕頭に呼ばれて、後事を託されている。しかし行政の実権は長屋王や大伴旅人が握っていた。前述の高島正人論文でも述べているが、多治比池守・巨勢邑治は老齢で形式的議政官だが、彼らも大伴旅人と同じに親藤原とはいえない。

岸俊男は、養老五年十二月七日に元明天皇が崩御すると、即日三関（鈴鹿関・不破関・愛発関）を固守させていることについて、このような三関の固守は、元明天皇の崩御の時が初見と書いて、この三関の固守の理由について、「しばらく不比等の威勢に抑圧されていた皇親や旧族が、不比等の死と、それにつづく元明太上天皇の崩御を契機として反撃に転じようとしたことは予想されるし、それは皇位継承の問題にまで及んだと思う」と書いている(6)が、私はこの岸見解を採るが、不比等の死の直後、このような政治上の不安が起きている事は無視できない。

「三関固守」から二年後の神亀元年（七二四）二月甲午（四日）に首皇子は即位する（聖武天皇）。二日後に「勅して正一位藤原夫人を尊びて大夫人《だいぶじん》と称す」と『続日本紀』は書く。この勅命に対し一カ月後の三月辛巳（二十二日）条に『続日本紀』は「左大臣正二位長屋王」が、この称号は前例がないことを第一の理由、藤原武智麻呂・房前の兄弟も議政官なのに、他の議政官との会議にはからず彼らが決めたことを第二の理由として、認められないと天皇に進言し、長屋王をトップにした議政官の会議で決めた称号に改めている。このような事実からも、当時の政権の実態が推測できる。

しかしこの長屋王政権は養老五年（七二一）一月から、天平元年（七二九）二月までの九年間で、天平元年二月十日に長屋王の謀反が密告され、翌日に糾問され、十二日に自殺を命じられている。この謀反は藤原兄弟の謀略で長屋王は無実であることは明らかになるが、明らかになったのは、八年後の天平九年（七三七）四月から八月にかけて、藤原四兄弟が四月に房前、七月に麻呂・武智麻呂、八月に宇合が伝染病で次々に亡くなり、橘諸兄が右大臣になった新政権の発足後である。この政権も天平勝宝八年（七五六）に左大臣橘諸兄が辞職して崩壊し、諸兄に変わって藤原武智麻呂の長男の仲麻呂が台頭すると、翌年には年号を「宝字」に改め、不比等関与の養老律令が成立から約四十年後によようやく施行されている。

このような不比等以降の政局の変動は、前述（二〇九頁〜二一〇頁）した天智天皇系と天武天皇系の皇子・皇孫の血脈の大きな差異が関係している。天智系の皇孫で文献に載るのは、たった三名なのに対し、天武系は長屋王を筆頭に二十一名も居る。この事実が当時の政治情況を反映しているが、『紀』の成立はそれ以前で藤原不比等の死の直前である。不比等の生存中にどうしても成立させたかったのは、当時のこのような政治情況による。

黛弘道は「『日本書紀』と藤原不比等」と題する論考で、左のように書いている。

文武なき後その母元明が不比等をただひたすら頼ったであろうことは想像に難くない。事実、元明の即位すら不比等の強力な支持と勧奨によったものであり、元明即位の宣命にはじめて見える、天智天皇の定め賜える「不改常典《ふかいのじょうてん》」（あらたむまじきつねののり）なるものも、不比等の入れ知恵で、元明の父天智に仮託して唱え出された可能性があり、その内容は、嫡系皇位継承の原則と藤原氏による天皇補佐、つまり天皇と藤原氏との共同執政、の二つから成るものではなかったかと思われる。いずれにせよ元明即位にあたってはじめて「不改常典」なるものが強調された背景には、不比等の存在が認められるべきであろう。(4)

以上の諸氏の諸見解からも、「不改常典」は天智天皇が発布した詔ではなく、作文である。作文までして元明天皇の即位の宣命に、天智天皇制定の法を示したのは、当時の政治情況に依るが、天智天皇を父とする元明天皇は即位の宣命には特に天智天皇の発令と称する法（不改常典）を示していることに、私は注目している。

神代紀に見られる政治的意図と藤原不比等

天智天皇に依るという「不改常典」を、元明天皇の即位の宣命に載せた意図は、天智・天武・持統・文武の和風諡号を変えた事と連動している。前述した天智天皇の諡号の「近江大津宮御宇天皇」は、『伊予国風土記』、『万葉集』（一六歌・九一歌・一四六歌）、『日本書紀』（舒明天皇二年正月戊寅条）に載る。「天命開別天皇」は『紀』の天智天皇、天武天皇の即位前紀に載る。天武天皇の「飛鳥浄御原宮御宇天皇」は『出雲国風土記』『豊後国風土記』『法隆寺縁起』『大安寺縁起』『東大寺献物帳』に載る（『万葉集』〈一五五歌〉は「明日香清御原宮御宇天皇」と書く）。ところが『紀』の天武天皇紀には前述（二〇〇頁）した新しい諡号の「天渟中原瀛真人天皇」が載る。持統天皇の「大倭根子天之広野日女尊」は『続日本紀』の大宝三年（七〇三）十二月十七日条に載るが、新しい和風諡号は『続日本紀』より成立が古い『日本書紀』に載る。文武天皇の和風諡号も『続日本紀』慶雲四年（七〇七）十一月十二日の葬儀の時は、「倭根子豊祖父天皇」だが、『続日本紀』の目次、巻一～巻三の内題、元明・聖武天皇の即位前紀では、新諡号の「天之真宗豊祖父天皇」が載る。天智・天武の諡号は前諡号が『紀』にも聖武朝の『東大寺献物帳』にも載り、一般にも普及しているのに、天智・天武の新諡号は持統天皇の新諡号と同じに、一般化しておらず、『紀』のみに限定されている。この事実は新諡号が政策上の改変で、一般化していなかったことを証している。

山田英雄は「古代天皇の諡について」で、この四天皇の改号は「紀編纂時の最終編纂時期につけられた」と論証しており(7)、関晃(8)・黛弘道(4)も山田見解に賛同している。改号した諡号は旧諡号が天智・天武が居住した宮号を書くだけなのに、天智は「天命開別」、天武は「天渟中原」と「天」に変え、持統は地上の「大倭」を天上の「高天原」に変え、いずれの天皇も「天」「高天原」に変えていることからも、この時期に編纂された『紀』の「神話」を、津田左右吉は「神代史」と書き(9)、太田善麿は『紀』上巻（巻一）の神話を「神祇官的」、下巻（巻二）を「太政官的」と論証し、当時の政治の反映と見ているのである(2)。

天智天皇の諡号の「天命」は中国の天命思想に依っているが、天命思想は皇帝が天意にかなった政治を行なった時、天に依って裁可されるという思想である。そのような諡号を天武天皇でなく天智天皇につけた意図と、「不改常典」という仮空の法令を天智天皇が発布したと、天明天皇の即位の宣命に載せたのは、同じ意図だから、天智天皇に仮託した「不改常典」の載る元明天皇の即位の詔に、初めて載る「皇祖」と『紀』神代下巻の本文「皇祖高皇産霊尊」は、『記』の降臨の司令神の天照大神が持統天皇と重なるように、「皇祖高皇産霊尊」を天智天皇に重ねたと私は推測する。そのことは天智天皇に新しく贈られた「天命開別天皇」という和風諡号や、元明天皇の即位の詔に初めて「皇祖」表記と、天智天皇発布とする「不改常典」が載ることが証している。

　前述（二一〇頁）したが当時の天智天皇系と天武天皇系の皇族の数は、天武系が圧倒している。この情勢の中で天智天皇の皇女の元明天皇と、天智天皇の寵臣藤原鎌足の子の不比等が政権を掌握していたのだから、わが国最初の国史を自分たちに有利に編纂するのは当然である。その時にもっとも利用しやすいのは神代紀であった。神代紀のいわゆる「神話」は歴史ではないから、もっとも都合よく利用できたからである。

　太田善麿は「神代紀上は神祇官的なもの、神代紀下は太政官的なもの」と書くが(2)、神祇伯は大中臣氏が世襲しており、太政官のトップは『日本書紀』の最終成立時は藤原不比等であった。神代紀下（巻二）は天孫降臨神話と降臨地の神話である。太田善麿は具体的に太政官的な例は国語学者だから論じないが、私はこの指摘は見過せないと思っている。

　太田善麿は文武天皇の即位の宣命の（傍点は引用者）、

　　高天原爾事始而、遠天皇祖御世

元明天皇の和銅改元の詔の、

高天原与利天降志天皇御世

聖武天皇の即位、神亀改元の詔の、

遠皇祖御世始而中今爾至

孝謙天皇の即位の詔の、

遠皇祖御世始

を示して、「天皇祖御世」「天皇御世」「皇祖御世」の「御世」は、「単に遡及して行くべき過去の世であるのではなくて、特殊の意味と価値とを含む特定の御世なのであって、謂わば第二の神代と称するにもふさわしいものであった」と書いている(10)。太田善麿は書いていないが、文武・元明天皇の詔では「天皇祖御世」「天皇御世」なのが、聖武・孝謙天皇の詔では「皇祖御世」になっている。「皇祖」は「天皇祖」「天祖」の「天」を「皇」に改めたのである。この「皇祖」「天祖」に対応するのが「皇孫」「天孫」である。『紀』の神代紀下巻（巻二）は前述（二〇四頁～二〇五頁）したように「天孫」を「皇孫」に改めているが、すべてを「皇孫」に変えられず共存している。太田善麿は「遠天皇祖御世」「遠皇祖御世」を「第二の神代」と設定しての表記と書くが、前述したが天智天皇の皇女（元明天皇）、天智天皇の重臣・寵臣の子（藤原不比等）にとって、天智系の皇孫より圧倒的に多い天武系の皇子・皇孫に対抗するためには、『記』の神代記を天子降臨でなく天孫降臨に変えて、葛野王に「神代以来　子孫継承」と発言させて異例の孫を即位させたように、『紀』の神代紀の上下二巻も、孫の首皇子を皇位につけるために、神代紀（特に下巻）を利用し、天智天皇に「天命開別天皇」という諡号を新しくつけ、天智天皇を「皇祖高皇産霊尊」に重ねたと、私は推測する。

神武紀の即位前紀の原文は左の記事である。

昔我天神高皇産霊尊、大日孁尊、挙二此豊葦原瑞穂国一、而授二我天祖彦火瓊々杵尊一。（中略）皇祖皇考、乃神乃聖、積レ慶重レ暉、多歴二年所一。

自二天祖降跡一以逮、于レ今一百七十九万二千四百七十余歳、……（○印は引用者）

この神武紀の記事は「天神」「天祖」と「皇祖」「皇考」とあり、「天」と「皇」が混在している。この事実からも「天」表記で一応完結していた『日本書紀』を、最終編纂期に「天」を「皇」に改めたことを示している。したがって前述（一五六頁）した三品彰英の『日本神話論』が書く、『紀』の「皇祖高皇産霊尊」が降臨の司令神になった記事が、もっとも古いとする見解が通説化しているが、この見解は否定される。この事は神武紀の「天神」「天祖」「皇祖」の混在が証している。『記』『紀』神話は王権御用の神話だから、神話にも当時の政治情況の反映がある事は否定できない。

タカミムスビ・カミムスビと斎（忌）部氏と中臣氏

『日本後記』によれば斎（忌）部氏と中臣氏は、大同元年（八〇六）に伊勢神宮の祭祀で争い、平城天皇が『日本書紀』に依って裁定して、両氏の争いをおさめた。その機会に斎部広成に同家に伝わる「古語《ふるかたり》」を書にして献上するように詔したので、翌年二月に『古語拾遺』を献上した。その書のトップに、
高皇産霊神（古語多賀美武須比。是は皇親神留伎《ロキ》命）次に神産霊神（是は皇親神留弥《ロミ》命。此の神の

子は天児屋命。中臣朝臣の祖〉

と書き、タカミムスビを「皇親カミロキ」、カミムスビを「皇親カミロミ」にしており、「皇親」は『紀』のタカミムスビを「皇祖」と書くのと同じである。問題は中臣氏の始祖をカミムスビにして、「皇親」が始祖だと書いていることである。平城天皇の父は桓武天皇、母は式家の藤原良継〈宝亀八年〈七七七〉九月に内大臣で没〉の娘の乙牟漏《おとむろ》で、桓武天皇の皇后であり、平城天皇の母系は藤原氏である〈父の桓武天皇は天智天皇の孫の光仁天皇〉。母が藤原式家の出の天皇に、藤原・中臣氏の始祖はカミムスビと明記し、さらに次のように書いている。

高皇産霊神の生れます所の名を栲幡千《たくはたち》々《ぢ》姫と曰《もう》す。〔天祖天津彦尊の母也〕。其の男の名を天忍《あめのおし》日《ひ》命と曰す〔大伴宿禰の祖也〕。又、男の名を天太玉《ふとたま》命と曰す〔斎部宿禰の祖也〕。

母が藤原式家出自の天皇に、タカミムスビは大伴氏・斎部氏、カミムスビは中臣氏の始祖神と書いた、『紀』と違う記事の書を斎部広成は献上している。この書の冒頭には次のように書かれている。

蓋《けだ》し聞く。上古の世、未だ文字有らざるとき、貴賤・老少、口口に相伝へ、前言往行《ぜんげんわうかう》、存《のこ》して忘れず。書契《しよけい》ありてより以来《このかた》、古《いにしへ》を談ずることを好まず。……国史・家牒《かちやう》、其の由略を載すと雖《いへど》も、猶《なほ》遺《あや》まてる所有るがごとし。愚臣言さずは、恐らく絶えて伝ふること無からむ。幸に召問を蒙《こうむ》りて、蓄憤《ちくふん》を攄《の》べむと欲《ほつ》す。敢《あへ》て以《もつ》て上聞《じやうもん》す。

「国史・家牒」の「国史」は『日本書紀』、「家牒」は氏族の家に伝えられた記録だが、平城天皇の献上書で『日本書紀』には「遺《あや》まてる所」があると、斎部広成は冒頭に明記している。この『古語拾遺』は「幸に召問を蒙りて」とあり、勝手に斎部広成が献上した書ではない。そのことはこの書の末

尾にも、

幸《さいはい》に求訪《きうばう》の休運《くうん》に遇《あ》ひて、深く、口実《こうじつ》の墜《お》ちざることを歓《よろこ》ぶ。

と書いていることからもいえる。「口実」は口伝えに人々が語り伝えてきたことをいう。斎部広成は古くから語り伝えてきた神話、昔話に真実があり、外国から伝わった文字による書は、新しい記述で疑わしいとして、「上古の世、未だ文字有らざるとき、貴賤・老少、口口に相伝へ、前言往行、存して忘れず」と書いているのである。

『古語拾遺』から七年後に『新撰姓氏録』が成立しているが、この『新撰姓氏録』には『古語拾遺』が書くカミムスビではないが、「左京皇別・上」に、

藤原朝臣、津速魂命《つはやむすひ》の三世孫　天児屋命自《よ》り出づ。

とあり、次の条には左のように書かれている。

大中臣朝臣　藤原朝臣と同じき祖

始祖が「カミムスビ」でないがムスビ神になっている。『紀』神代紀上巻（巻二）の本文と一書の第一に、始祖を「天児屋命」と書き、『記』も同じ神を書いているのに、なぜ『新撰姓氏録』はムスビ神を架上しているのか。『新撰姓氏録』には編纂にかかわった六人の名が載るが、筆頭の万多親王は平城天皇の異母弟だが、母は藤原氏出自であり、次に右大臣藤原園人、三番目に参議藤原緒嗣が載り、他の三人は編纂にかかわった実務官僚であり、主導は藤原氏にあったのだから、天児屋命にムスビ神を架上したのは、『古語拾遺』のカミムスビの記事が無視できなかったのであろう。

『新撰姓氏録』の「上表」「序」によれば、桓武天皇の時に企画され編纂が開始されている。佐伯有

清は「新撰姓氏録の編纂とその前史」で桓武天皇の延暦十八年（七九九）に開始され、平城天皇の時には編纂事業は継続していたとして、『日本後紀』の大同四年（八〇九）二月辛亥の記事などを示している。したがって平城天皇が斎部広成に『古語拾遺』を書かせて献本させたのは、藤原・中臣氏側だけでない「古語《ふるかたり》」を知りたかったのであろう。平城天皇は在位三年で実弟の嵯峨天皇に譲位し、弘仁五年（八一四）六月に『新撰姓氏録』は撰上されているが、『古語拾遺』が世に出て七年後である。

三種神器の「玉」を排する忌部氏の主張と中臣氏

『古語拾遺』はわが国最初の国史の『日本書紀』については、国史も誤った記事があると、藤原北家出身の母をもつ藤原氏の血脈の平城天皇への献上本で明記している。そして大伴氏や自家の始祖神をタカミムスビにして、中臣氏の始祖神はカミムスビだと主張しているが、斎部広成は『古事記』にはまったくふれていない。現存『古事記』の成立については拙著『新版古事記成立考』で詳述したが、『記』『紀』の編纂は男女の視点が相違している。そのことを左に示す。

	神名	誓約者と条件
『紀』第六段本文	素戔嗚尊	女を生まば濁き心、男ならば清き心
第一の一書	日神	汝の心清くば生きむ児は男ならん
第二の一書	素戔嗚尊	女を生まば黒き心、男ならば清き心
第三の一書	日神	汝の賊心なくば生めらむ児は男ならむ

古事記	須佐之男命	うけひをして子を生まむ（女を生まば心清し）
『紀』第七段第三の一書	素戔嗚尊	よからぬ心あらば女、清き心なれば男

スサノヲの発言として『紀』は、

　女を生まば濁《きたなき》（黒）き心、男ならば清《きよ》き心
　よからぬ心あらば女、清き心なれば男

と書くのに、同じスサノヲの発言でも『記』は、

　女を生まば心清し

と書き、『記』『紀』の男女観は正反対であり、この記述の相違からも、原『古事記』は女官たちの内廷（後の後宮）で編纂されたことが証される。

さらに「三種の神器」が問題である。この鏡・剣・玉については津田左右吉の『日本古典の研究・上』の第三篇神代の物語（第十四章、ホノニニギの命の天くだりの物語・上）で、詳細に論じられている。津田左右吉は『記』『紀』神話で「三種の神器」が載るのは、「古事記と書紀の注の第一の『一書』のみ」であると書く。そして天皇紀には継体紀に「上天子鏡剣璽符」、宣化紀に「奏上剣鏡」とあることをあげ、「歴代に伝へられる神宝として書紀の編者に鏡剣の二つが明瞭に思ひ浮べられてゐた」と書き、さらに持統紀の記事に関連して、次のように書く。

　持統紀には「奏上神璽剣鏡」と見えてゐるが、此の時代になると、書紀の記載も大体は確かな事実として認められるから、持統天皇のころには、朝廷の儀礼に於いて剣鏡の二つの神宝として

取扱はれたことがわかり、従つてまた一般にもさう思はれてゐたことが知られる。此の文の「神璽」が、次につづけて書いてある鏡剣を指すものであることは、神祇令に「凡践祚之日、中臣奏天神之壽詞、忌部上神璽之鏡剣」とあるのによつて確かめられる。持統紀には「之」の字が無いが、意義は神祇令のと同じであるに違ひない。持統紀をもつと詳しく引用すると「神祇伯中臣大島朝臣読天神寿詞、畢、忌部宿禰色夫知奉上神璽剣鏡於皇后、皇后即天皇位」といふのであつて、其の儀礼が此の令の本文と全く同じであるのを見るがよい。さすれば、書紀編纂の時代にもやはり同様であつたので、上に引いた継体紀や宣化紀に鏡剣の二つが挙げてあるのも、かういふ事実を基礎として書かれたものであらう。

このように津田左右吉は書いて、神宝は「初は鏡のみが語られ、次に鏡剣二種の物語が現はれた」と書き、「持統朝文武朝ごろに於いては、朝廷の儀礼でも神宝は二種とせられていたから」、「三種あつたやうに語られてゐる古事記及び書紀の注の一書」は、もつとも新しい記事で、「三の数を重んずるやうになつた特殊の思想の影響」と書いている。[11]

黛弘道は「三種の神器について」と題する論考で、「『持統記』『神祇令』『古語拾遺』の三者が神璽を鏡と剣の二種とすることで一致している事実は、頗る重視されなければならない」と書き、神代紀の天孫降臨条の第一の一書のみに「三種の神器」が載ることについて、この第一の一書は、「既に証明ずみのことながら藤原不比等の強い影響を受け、藤原・中臣氏の主張を盛り込んだもの」と書き、

『記』の冒頭の独神の三神は、三・五・七の数を聖数とする中国思想に依っているから、『記』『紀』神話に載る鏡、剣・玉の三種の神器の記事は、もっとも新しい記事といえる。

「忌部氏の古伝を記した『古語拾遺』の説と異なる三種宝物説が『日本書紀』の第一の一書のみ見えていることは、不比等らが当時の現実を無視して自家独自の説を主張した事実のあらわれ」と書いている。そして「玉の奉献が宮中で行われたとすれば、その際、奉献儀礼に重要なかかわりをもつのは後宮の女官である」と黛弘道は書いて、「後宮に隠然たる勢力を張ったのが不比等の継室橘三千代であった」から、不比等――橘三千代というルートで『紀』の第一の一書に「三種の神器」の記事が載ったと書いている(12)。

斎部広成は『古語拾遺』で、

> 八咫《やた》鏡及び草薙剣《くさなぎのつるぎ》二種の神宝《かみのたから》を以《もち》て皇孫《すめみま》に授け賜ひて、永《ひたぶる》に天璽《あまのしるし》〔所謂神璽之剣鏡是也〕と為す。矛玉は自《おのづから》従《したが》う。

と書き、神武天皇条でも、

> 天富命、諸の斎部を率て天璽《あまつしるし》の鏡・剣を捧持《ささげもち》て、正殿《みあらか》に奉安《まつりおく》。幷《あはせ》て瓊玉《たま》を懸《か》ける。

と書く（天富命は斎部氏の始祖神太玉命の孫）。さらに崇神天皇条でも、次のように書いて神器は「三種」でなく「二種」だと書き、『記』『紀』の書く「玉」ははずしている。

> 斎部氏をして、石凝姥《いしこりとめ》神の裔、天目一箇《あまのまひとつ》神の裔《はつこ》の二氏を率て、更に鏡を鋳、剣を造らしめて、以《もち》て護《まもり》の御璽《みしるし》とす。

このように藤原北家出自の母をもつ平城天皇の献上本で、藤原氏が主張する三種の神器を否定している。

この『古語拾遺』の記事について、津田左右吉は「古語拾遺の研究」で、「神宝を鏡剣の二つとすることについては、多分、古い伝へが神璽に関する特殊の任務を有する忌部氏の家に遺存してゐたのであらう。忌部氏の誦むものと定められてゐる大殿祭の祝詞にも『天津璽乃剣鏡乎捧持』とあることが、参考せられる」と書いて、「養老神祇令」にも、

凡践祚之日、中臣奏二天神之寿詞、忌部上二神璽之鏡剣一

とあると、津田左右吉は書いている。(13)

本来の「神器」の信仰は、

剣――男神――カミロキ――橦賢木厳御魂

鏡――女神――カミロミ――天疎向津媛

という関係であったのに、更に女性的性格の玉を中臣・藤原氏が加えたのである。玉が後宮の女官にかかわることは、黛弘道が「三種の神器について」で詳細に論じている。

『紀』の神代紀でカミムスビが消えている理由

第二章で述べたが『日本書紀』が成立して三年九カ月後に、聖武天皇が即位しているが、即位の宣命では降臨の司令神はタカミムスビでもアマテラスでもなく、カムロキ・カミロミの男女二神であり、孝謙天皇・淳仁天皇の即位の宣命もカムロキ・カミロミである。平安時代中期の『延喜式』「神名帳」に載る祝詞も、カムロキ・カミロミであり、三品彰英が「日本神話論」で示す天孫降臨神話の司令神は、無視されている。さらに問題で重要なのは、天孫降臨神話の司令神が、男女二神であることである。私は前述したが、

カムロキ――イザナキ――タカミムスビ
カミロミ――イザナミ――カミムスビ

という関係になると見るが、『記』の神代記はカミムスビを降臨の司令神にしている。

派遣する神	派遣される神
神産巣日御祖神	蚶貝比売・蛤貝比売・少名毘古那神
高御産巣日神・天照大御神	天菩比神・天若日子・鳴女
天照大御神・高木神	建御雷神・天の鳥船

神産巣日御祖神が高天原から降臨を司令したのは、死んだ大穴牟遅神を生きかえらすために蚶貝《きさかひ》比売と蛤《うむぎ》貝比売を葦原中国へ降臨させ、「母の乳汁」を塗って大穴牟遅を再生させた神話と、大国主神の国作りに、少名毘古那《すくなひこな》を派遣した神話である。スクナヒコナは「天の羅摩《かかみ》船」に乗って葦原中国へ来て、「神産巣日神の御子」だと大国主神に対して名乗っている。カミムスビは高天原に居るのだから、この神話も降臨神話である。タカミムスビやアマテラスの降臨神話の司令神とは、神話の内容が相違するが、『記』はタカミムスビと共にカミムスビも降臨の司令神にしている。

前述（九一頁〜九二頁）したが聖武・孝謙・淳仁天皇の即位の宣命や、『延喜式』の祝詞では、降臨の司令神はカミロキ・カミロミだが、大林太良や松前健もカミロキ＝タカミムスビ、カミロミ＝カミムスビと見ている（九八頁〜一〇〇頁）。私は『記』の降臨の司令神のタカミムスビとアマテラスは、カミムスビがアマテラスになったと推測している。このカミムスビがなぜか『紀』にはまったく登場しない。理由は『紀』は『記』がアマテラスとタカギノカミ（タカミムスビ）をセットで降臨の司令神にして、カムロキ・カムロミの男女二神の原型に合わせているのに、前述（一五六頁）の三品彰英の表が示すように、『紀』の天孫降臨神話の本文記事は、男女二神の降臨の司令神を、男神のタカミムスビの一神にした。したがって、『紀』の神代紀からカミムスビが消えたので、カミムスビが成り上ったアマテラスも消えたのである。

タカミムスビに「皇祖」を冠したのは誰か

『日本書紀』の成立から三年後に即位した聖武天皇の即位の宣命では、第一章で述べたように、高天原の降臨の司令神はカムロキ・カミロミの男女二神であり、平安時代中期の勅撰書の『延喜式』の「祝詞」に載る、宮廷祭祀の時の祝詞も、カミロキ・カミロミの男女二神が降臨の司令神である。ところがわが国最初の国史が示す降臨の司令神は、タカミムスビかアマテラスのどちらか一神である。しかし、『紀』成立直後に即位した聖武天皇の即位の宣命は、『紀』の神代紀の降臨の司令神を否定し、さらに『紀』がタカミムスビかアマテラスのどちらかを司令神にしているのも認めず、男女二神を降臨の司令神にしている。これは『記』の降臨の司令神が、タカミムスビ（高木神）とアマテラスの男女二神が降臨の司令神になっているのと同じだが、この『記』の降臨の司令神の神名でなく、『記』『紀』がまったく記さない、「カミロキ」「カミロミ」の男女神が、聖武・孝謙・淳仁天皇の即位の宣命や、『延喜式』の祝詞に載る事実を、どう解すべきか。

この事実は文字がわが国に入ってくる前から、語りに伝えられてきた、斎部広成の書く、「上古の世、未だ文字有らざるとき、貴賤・老少、口口に相伝へ」てきた神が、「おとこの神」「おんなの神」の意の「カミロキ」「カミロミ」の男女二神であったからである。したがって「語り」の「宣命」や「祝詞」は、文字に書かれた「国史」が書く降臨の司令神を無視しているのである。

前述（二二六頁）した「神器」の信仰は、

剣——男神——カミロキ——タカミムスビ

鏡——女神——カミロキ——カミムスビ

という関係になるが、『紀』はカミムスビを消している。カミムスビを消したのは、アマテラスという女神が「皇祖」として登場したからである。この「皇祖アマテラス」に対応するのが、「皇祖タカミムスビ」だが、『紀』の神代紀では、「皇祖アマテラス」を持統天皇に比定しているが、「皇祖タカミムスビ」を天武天皇に比定していない。皇祖タカミムスビは天智天皇に比定している。元明朝に和風諡号が改号されたが、その改号諡号は、

天智天皇　　天命開別天皇

持統天皇　　高天原広野姫天皇

に対して、天武天皇の和風諡号は「天渟中原瀛真人天皇」で異質で、天智・持統の諡号に思い入れが込められている。この和風諡号を贈った元明天皇の父は天智、姉は持統であり、不比等は天智天皇の寵臣の藤原鎌足の子で、天武朝では不遇であり、持統朝から活躍している。

元明天皇の即位の宣命（慶雲四年〈七〇七〉七月十七日発布）に、初めて「遠皇祖御世」と「皇祖」

表記が見られ、「不改常典」が天智天皇に依って発布されたとある。この事実からも、タカミムスビに「皇祖」を冠したのは藤原不比等と推測できるが、この「皇祖高皇産霊尊」は天智天皇をイメージしていると推測できる。『紀』神代紀下巻の冒頭の降臨神話のタカミムスビは、前述した大伴・斎(忌)部氏らの始祖神のタカミムスビではない。「皇祖」を冠することで大伴・斎部氏らのカミムスビと区別したのである。

第四章で書いたタカミムスビと「皇祖」を冠したタカミムスビは違うが、第四章で書いた式内社の山城国・大和国・対馬国で祀るタカミムスビと、大伴・斎部氏が祖神とするタカミムスビとも違う。大伴・斎部氏は観念上タカミムスビを始祖にしただけで、祖神として彼らは祭祀していない。また藤原・中臣氏のタカミムスビも、京都のタカミムスビは中臣氏が関与したが、他の神社は第四章で述べたような情況であり、タカミムスビは観念上の神、津田左右吉的の見方で書けば、「神代史」に依って作られた神であり、私見で言えば、王権御用の神で、天照大神と同じである。

したがって日本神話を論じる人たちが重視する「天照大神」も「高皇産霊尊」も、聖武・孝謙・淳仁の三代の天皇の即位の宣命では、まったく無視して、天孫を高天原から降臨させる司令神を、「カミロキ」「カミロミ」の男女神にしている。さらに問題なのは、平安時代中期の勅撰書の『延喜式』に載る「祝詞」は、伊勢神宮の最大の祭事の遷宮の時の祝詞を載せるが、

神ろき・神ろみの命もちて、天の高市に八百万《やほよろづ》の神等を神集《つど》いに集給ひ……

とあり、祭神の高天原の天照大神も、皇祖を冠したタカミムスビも無視している。

この事実を直視せず『記』『紀』神話のみで、天照大神・高皇産霊神を論じることはできない。

第六章

鹿島神宮の祭神 武甕槌神の実相

鹿島神宮の祭神「タケミカヅチ」は「甕神」

日本神話の論者の多くは「タケミカヅチ」の神として論じ、その表記の相違を無視しているが、タケミカヅチは次のような表記である。

『記』　雷神（神代記）　建御雷命（建御雷之男命）
　　　　甕神（崇神天皇記）　建甕槌命
『紀』　甕神（神代紀下巻）　武甕槌神
　　　　甕雷神（神武天皇紀）　武甕雷神

一般にはこのような表記の相違があっても、いずれも天孫降臨以前に高天原から派遣されて、葦原中国を平定した武神と見られているが、『記』は「雷神」表記のタケミカヅチと「甕神」表記の神とを、いままでは指摘されなかったが、別神にしている（一般に「タケミカヅチ」というが、『紀』は「タテミカヅチ」）。崇神天皇紀の「タテミカヅチ」は、三輪氏の祖（オホタタネコ）の父と書いている。

『記』の系譜を示す。

大物主大神
　├─ 櫛御方命 ─ 飯肩巣見命 ─ **建甕槌命** ─ 意富多多泥古
陶津耳命 ─ 活玉依毘売

一般にタケミカヅチは葦原中国平定の武神と見られ、雷神と見られている。確かに『紀』の神代紀に登場するタケミカヅチは「建御雷神」とあり、「雷神」表記である。しかし『紀』神代紀下巻の葦原中国平定の武神のタケミカヅチは、「武甕槌神」とあり「武」を冠しているが「甕」表記であり、神武天皇紀には「武甕雷神」とあり、「甕」と「雷」の表記の神名を記す。

常陸国の鹿島神宮はタケミカヅチを祭神にするが、鎌倉時代に鹿島へ旅行した藤原光俊は『扶木抄』で、次のように書いている。

神さふる　かしまを見れば　玉たれの　こかめはかりそ　又のこりける

此歌は鹿島といふ島は、社頭より十丁ばかりのきて、今は陸地よりつづきたる島になんはへり、その処につぼといふ物のまことにおほきなるが、半すぎてうつもれてみえしを、先達の僧にたづねしかば、これは神代よりとどまれるつぼにて、今にのこれるよし申侍しこそ、身のけよたちておぼえはべりし（傍点引用者）。

「こかめ」は「小甕」。「つぼ」は「壺」である。

江戸時代に書かれた『新編常陸国誌』にも、次のように書かれている。

鹿島神宮伝記ニ、本社の去四十丁、海之辺田ノ中、有㆓一之小島㆒、此島ニ神代ヨリノ有㆑壺、此島謂㆓鹿島㆒依㆑之為㆓邦之名㆒、又傍有㆓小島㆒、此島ニ神代ヨリノ有㆑壺、此島謂㆓鹿島㆒依㆑之為㆓邦之名㆒、又傍有㆓是謂㆓甕山㆒、是ニモ有㆑壺トアリ。コノ説夫木ニ合セリ（○は引用者）。

とあり、鹿島神宮の宮司の東実は『鹿島神宮』と題する著書で、「甕山」について、

潮来《いたこ》からくると神宮橋をわたり大船津から鹿島の台地への坂をのぼろうとするとき、右の方

に椎の木がみえる。これは新しい国道のために社殿を鹿島神宮の楼門の前にうつした「津の東西社」のあったかたわらに、田のなかに甕山《みかやま》という小塚があった。この甕山は大小二つあって、昭和四十二年に大きい方が埋立てられることになり、その前に鹿島文化研究会によって緊急発掘したところ、高杯、杯、皿、甕、角土柱等が出土した。

さらに、

古き神人の伝に、
常陸国鹿島の海底に、一つの大甕《おおがめ》あり。その上を船にて通れば、下に鮮やかに見ゆるといへり、(中略)。
世移り変りて、御遺体は御座ましまさぬと申すといえども、彼の大甕なお石の如くに残れり、今の甕の在る所は、昔は陸にして、此の神宝預りの社役人もありしが、いまは海となれり。(1)

と書く。鹿島神宮の宮司東実の記述からも、鹿島神宮の祭神は「甕神」で、その「甕」に「武」が冠されたのが、『紀』神代紀の「タケミカヅチ」である。

「甕」に「武」が冠されて「武甕槌神」という神名が作られたのは、「甕神」のもつ霊威は境界神で、内を守護する神だからである。『播磨国風土記』託賀郡太里甕坂の条に(傍点は引用者)、

昔、丹波と播磨と国を境ひし時、大甕を此の上に掘り埋めて、国の境と為《な》しき。故、甕坂といふ。

とあり、「大甕」は境界神になっている。また境界を出て行く人、旅立つ人の守り神も「斎瓮《いはひへ》」の甕であった。『万葉集』(巻第十七―三九二七歌)に、

草枕　旅ゆく君を　幸《さき》くあれと　いはひへ据《す》ゑつ　あが床の上《へ》に

とある。大伴家持が天平十八年に越中の国守に任命された時、叔母の大伴坂上郎女《いらつめ》が贈った歌である。また『万葉集』（巻第三―四四三歌）では、

……母父に　妻に子どもに　語《かた》らひて　立ちにし日より　たらちねの　母の命は　斎瓮《いはひへ》を　前にすゑ置き……

と詠まれているが、「自分は任地に行くと父母や妻子にいい聞かせて出発したときから、母は斎瓮を前に据えて無事を祈った」という意味の長歌である。また、遣唐使の船が難波を発《た》つときに母が子に贈った長歌（巻第九―一七九〇歌）にも、

……草枕　旅にし行けば　竹玉を　しじに貫き垂れ　斎瓮に　木綿《ゆふ》取り垂《し》でて　斎《いは》ひつつ　我が思ふ我が子　ま幸《さき》くありこそ

とある。常陸国は蝦夷地との境にあった。『記』の孝霊天皇記にも、

針間《はりま》の氷河《ひかは》の前《さき》に忌瓮《いはひへ》を居ゑて、針間を道の口として吉備国を言向《ことむ》け和《やは》しき。

とあり、『紀』の崇神天皇十年九月条には、

大彦命と和珥《わに》臣が遠祖彦国葺とを遣し、山背《やましろ》に向ひて埴安彦を撃たしめたまふ。ここに忌瓮《いはひべ》をもちて、和珥《わに》の武鐰坂《たけすき》の上に鎮坐《す》ゑて、則ち精兵《ときいくさ》を率て、進みて那羅《なら》山に登りて軍《いくさ》す。

とあり、境界を守るのも甕神であった。常陸の地は蝦夷の地との境界にあるのだから、甕神を祀るのは当然である。「忌瓮」は「甕」だが、甕をすえて戦うとあることからも、「武甕槌神」という武神が、『紀』の神代紀に登場するのは、理由がある。

縄文時代の甕に見られる信仰と鹿島の甕信仰

『万葉集』（巻第三―四二〇歌）に、

……わが宿にみもろを立てて、枕べにいはひへを据ゑ……

という長歌が載る。「いはひへ」は「斎瓮」「忌瓮」と書くが、折口信夫は「いはひへ」を「魂を入れる壺・甕」と「霊魂の話」で書く。(2)「出雲国造神賀詞」に、

天の瓱《みか》わに斎《い》み籠《こも》りて……

とあるが、神霊は甕（瓱）に籠っていると見られていたからである。三谷栄一は各地の道祖神祭、神楽歌、語り物などでうたわれる富貴をもたらす甕・瓶について、「甕に神霊が降臨するとか宿るとかいう思想」によると書いているが、(3)松村武雄も「甕や壺そのものが、精霊や神の栖所であり、依代であり、若《も》しくは精霊や神そのものである」と書いて、「世阿弥の『世伝書』の中の『風姿花伝第四神祇』に、欽明天皇の御宇に、大和国泊瀬の河が洪水となった時、河上から流れ下った壺の中からみどり子が現れ、成長の後奇瑞を現すので、崇敬したとあるのは、少彦名命や桃太郎の説話と思い合せて、壺を精霊の依代とした信仰の一つの現れである」と書く。(4)

松村見解では壺は「精霊の依代」だが、私は母胎・子宮と見る。私は長野県出身だが、長野県には「モタイ」という姓があり、漢字表記で「甕」「母袋」と書いた（「モタイ」は「ムタイ」になり、「務台」という姓もある）。この漢字表記からも嬰児の秦河勝が入った壺は母胎である。

図11は長野県伊那市月見松遺跡出土の縄文時代中期の人面把手土器だが、腹部の円形文様は胎内児

図11　人面把手土器（長野県伊那市月見松遺跡）の表裏

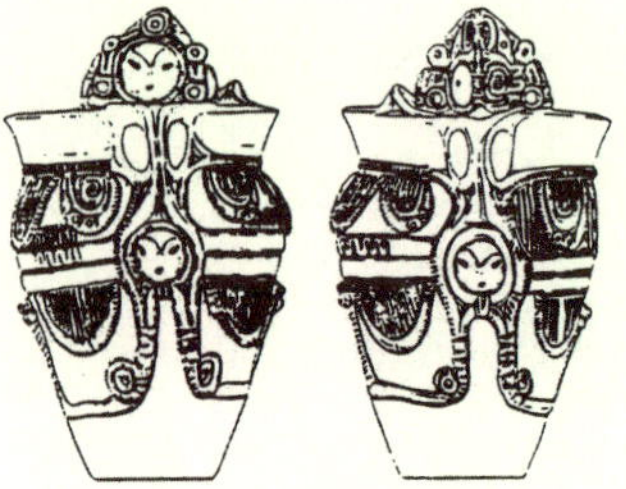

図12　母胎から嬰児が顔を出している人面把手付土器（縄文中期・山梨県須玉町御所前遺跡）の表裏

表現である。その事は同じ縄文中期の山梨県須玉町御所前遺跡出土の**図12**の土器からもいえる。**図11**の土器は**図12**の円表現が嬰児の顔表現になっており、甕が母胎・子宮と見られていたことは明らかである。

　クロード・レヴィ＝ストロースは『やきもち焼きの土器つくり』で、アメリカンインディアンのヒバロ族の土器づくりについて、「水辺の限られた場所にしか見出されない、ある特別の粘土だけを用いる。この素材には呪術的宗教的表象が結びついている」と書く。このように粘土を採ることは神事《かみこと》であった。『紀』の神武天皇紀に、神武天皇が大和へ入る直前、推根津彦に大和の天香山の埴土（粘土）を採ってくるように命じ、採取した埴土で天皇は土器を作り、菟田の丹生川の川上で天神地祇を祀ったとある。大和の香具山の埴土は大和の国魂神（地母神）の物実《ものざね》だから（崇神天皇紀に、武埴安彦が香具山の土を「倭国の物実」と言ったとある。「物実」は物事のもとになるもの）、神武天皇は大和入りの前にその土で器を作り、祭祀を行なったのである。このように土器作りは、必要な粘土作りから、すでに神事であった。

苦労して粘土を採ってきても、その粘土を土器として完成させるのは容易ではなかった。本書で縄文時代の土器やヨーロッパ諸国の原始時代の土器・甕を、写真や図で紹介するが、わが国やヨーロッパだけでなく、世界中の原始時代の人々や、近代においてもアフリカやアメリカンインディアンの人々は、土器＝壺・甕を母胎に見立てていた。ヨーロッパ先史時代の壺には、乳房のついた壺があり、女性と壺・甕は象徴的に同一化され、その表現は「普遍的なもの」であった。前述の**図11・12**の縄文土器はそれにあてはまる。

写真20は縄文時代中期の有孔鍔付土器（神奈川県厚木市林王子遺跡出土）だが、この甕は甕が母胎であることをはっきり示している。しかし嬰児の表現は異様な造形表現であり、この甕は祭祀用と考えられるが、縄文時代の甕に見られる**図11・12**、**写真20**から見ても、武甕槌神の甕、前述した鹿島神社の甕には、深い意味・神話が秘められている。

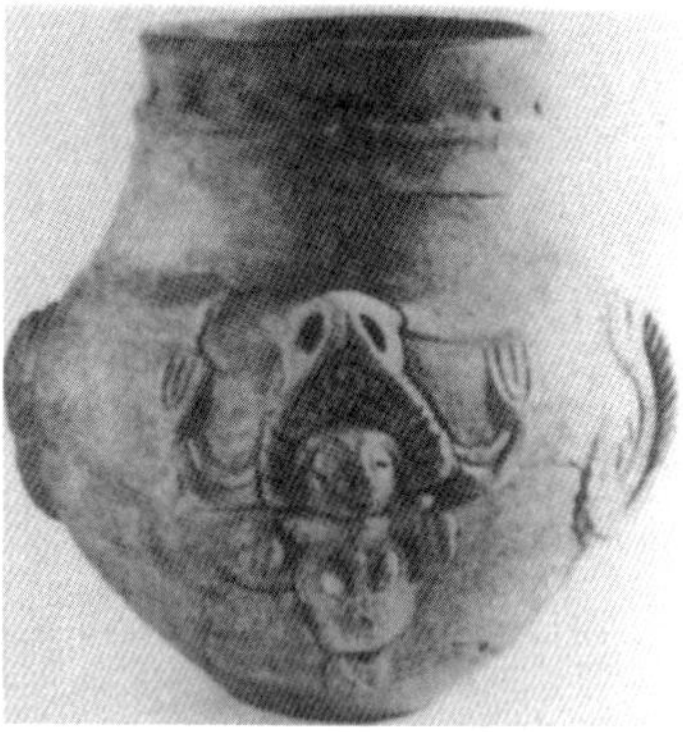

写真20　縄文中期の有孔鍔付土器（神奈川県厚木市林王子遺跡）

鏡山猛は『九州考古学論攷』の冒頭に「わが古代社会における甕棺葬」と題する論考を載せているが、「甕棺の分布周辺を観察すれば、北は対馬島を限り、南は肥後に至るまで多数見受けられるが、一方豊後におよんでは推定地は二カ所が報ぜられているに過ぎない。すなわちその幹流は、九州の西半を南している」と書いている[5]。九州の鹿（杵）島の地は甕棺墓使用の地だが、鏡山猛は「北九州において弥生式遺跡を歩いて甕棺のわれわれの眼に触れる数は実に莫大な数量にのぼるであろう。その住居の遺跡のおのおのには、ほとんど甕棺が伴うといっても過言でないほど、この葬法は一般化したもののごとくである。弥生式土器の散布が当時の一般住居地を示すものとすれば、その居住地に伴う墓地が甕棺によって具現されているのである」と書いている(5)。

鹿島神宮の甕信仰と九州の甕棺墓・甕信仰

鹿島神宮の祭祀・信仰は甕信仰であることは、本章の冒頭から述べてきたが、鹿島神宮の「古き神人の伝」には、「常陸国鹿島の海底に、一つの大甕あり。……此の大甕は太古豊前にあり」と書き、神武天皇の時に大和へ、景行天皇の時に常陸に移したとある。鳴門市甕浦の甕浦神社の御神体の甕は、海底から海鳴りと共に上ってきたのを祀ったといわれているが、大甕は薩摩の船が落したともいわれている。また『筑後国風土記』によれば、堺の「あらぶる神」の「あらぶる」行動を鎮《しず》めるため、筑紫君・肥君等の祖の甕依姫を「祝《いはひ》と為《な》して祭る」と、「それより以降、路行く人、神に害《そこな》はれず」とある。この甕も九州から来ており、甕依姫も九州の筑紫・肥の国の首長の祖である。

なぜ甕は九州から常陸国の鹿島に移されたのか。理由は『常陸国風土記』が書いている。『風土記』の行方《なめかた》郡条に仲（那珂）国造の祖の建借間命の兵たちは、「杵島《きしま》の歌曲《うたぶり》を七日七夜遊び歌ひ舞ひ」しとあるように、多氏系の仲国造の建借間命の率いた兵士たちが、九州の現在の佐賀県鹿島市地方出身であったからで、この地はかつての肥（火）国で、後に肥前・肥後に分かれている。この肥国は筑紫地方と同じに弥生時代には甕棺墓祭祀であった。私は鹿島神宮で祭祀していた「甕」は、九州の甕棺葬にかかわると見ている。

佐賀県杵島《きしま》郡の杵島山は鹿島山だが、『常陸国風土記』が書く「杵島の歌曲」は『肥前風土記』の「杵島山」の記述に載る、左の歌である。

杵島《きしま》の郡、縣《あがた》の南二里に一孤《ひとつ》山あり。坤《ひつじさる》のかたより艮《うしとら》のかたを指して、三つの峰相連《あひつら》なる。是《これ》を名づけて杵島と曰《い》ふ。坤のかたなるは比古《ひこ》神と曰《い》ひ、中なるは比売神と曰ひ、艮のかたなるは御子神一の名は軍神。動けば兵興る。と曰ふ。郷閭《むらさと》の士女《をとこをみな》、酒を提《たづさ》へ琴を抱きて、歳毎《としごと》の春と秋に、手を携《たづさ》へて登り望《みさ》け、楽飲《さけの》み歌ひ舞ひて、曲盡《うたつ》きて帰る。歌の詞《ことば》に云はく、

あられふる　杵島《きしま》が岳《たけ》を　峻《さか》しみと　草採《と》りかねて　妹《いも》が手を執《と》る是は杵島曲なり。

『常陸国風土記』（行方郡）はこの「杵島の歌曲《うたぶり》」を、「七日七夜遊び楽《たのし》み歌ひ舞ひき」とある。『佐賀県の地名』（『日本歴史地名大系・42』）は「杵島山」の条で、「この山の西側の現武雄市橋町では釈《しゃ》迦寺《かじ》・おつぼ山・南楢崎《みなみならさき》などで弥生時代の甕棺群集墓や小野原《おのばる》では弥生時代の住居跡も発見されている」と書いており、甕棺群集墓がある。この事実は鹿島の甕信仰と深くかかわる。甕棺葬の「甕」は前述した**図11・12、写真20**と時代と場所は相違していても共通しており、九州の弥生時代の甕棺墓の風習は、第一章の**図2**（六〇頁）で示した沖縄や韓国のいわゆる「母胎墓」と、考え方は共通している。甕棺は「子宮」と見立てられていたのであり、さらに想像をひろげれば、**図11・12、写真20**の縄文時代の甕造形と結びついている。

ところで鹿島の海底の大甕は元は九州にあったと伝えられており、鳴門の甕浦神社の御神体の海底から引き上げたという大甕も、薩摩の船が落したという伝承があり、なぜかいずれも九州の大甕にな

っている。『筑後国風土記』逸文にも「筑紫」の地名について、

昔此の堺の上に鹿猛神《あらぶるかみ》あり。往来の人、半《なかば》は生き、半は死にき。其の数極《ご》く多なりき。因《よ》りて人の命尽《いのちつく》しの神といひき。時に筑紫君、肥君等占へて、筑紫君等が祖甕依姫を祝と為《な》して祭らしめき。それより以降、路行く人、神に害《そこな》はれず、ここを以ちて、筑紫の神といふ。

とある。甕依姫は「筑紫君等が祖」と書くが、「筑紫君、肥君等」とあるから「肥君」の祖も甕依姫になるが、『記』の神武天皇記には多氏同族として前述の「常道《ひたち》の仲国造」と共に「火君」が載る。「火君」は「肥君」で、『肥前国風土記』の「杵（鹿）島の唱曲」にかかわるから、甕依姫と武甕槌神は重なる。

九州の五島列島の漁民の妻たちは、夫や息子が出航すると航海の安全を祈って台所の大甕に水をいっぱい入れておくというが、『対州神社誌』によれば対馬の上県郡上対馬町舟志（旧舟志村）の氏神、地主神社は「神体あめ色之壺、但七八升入程の焼物也」とあり、七、八升入りとあるから甕とみてよいだろう。上県郡上県町志多留の護王大明神（志多留護王神社）も神体は甕で、伊奈の護王社・明神社・三宝荒神も神体は甕である。上県町女連の矢房社は徳利、上県町犬ヶ浦の矢房社は小瓶だが、志多留も伊奈も女連も犬ヶ浦も隣接している。

志多留のカナクラ山の甕伝承について、永留久恵は次のように書いている。

伝説にいう「遠い昔、大きな甕が志多留の浜に漂着した。甕がいうには、われはカラの国から来た。カラの見える山に行きたいと。そこで里の人たちが協議して、朝鮮の見えるこの山の頂上に運んだ。潮が満ちてくる時刻になると、この甕の中に水がいっぱいあふれ、干潮時には空にな

る。里人達はこの不思議な霊験にうたれて、あつくこれを祀るようになった」という。

東亜考古学会の調査のとき、頂上の積石の上から、大きな甕の破片を発見した。それは平安時代頃の須恵器と見られる。山頂に石で積み上げた壇があり、その上に安置したものらしい。伝説のように甕が御神体だったのか、祭祀に使ったものなのか、その点はわからない。この森の中に女性は立ち入ってはならない。入った者は出てこられないという。女人禁制の霊地である。古神道の磐境から中世修験の行場へと連続したものと見られ、祭祀遺跡であることに疑いない(6)。

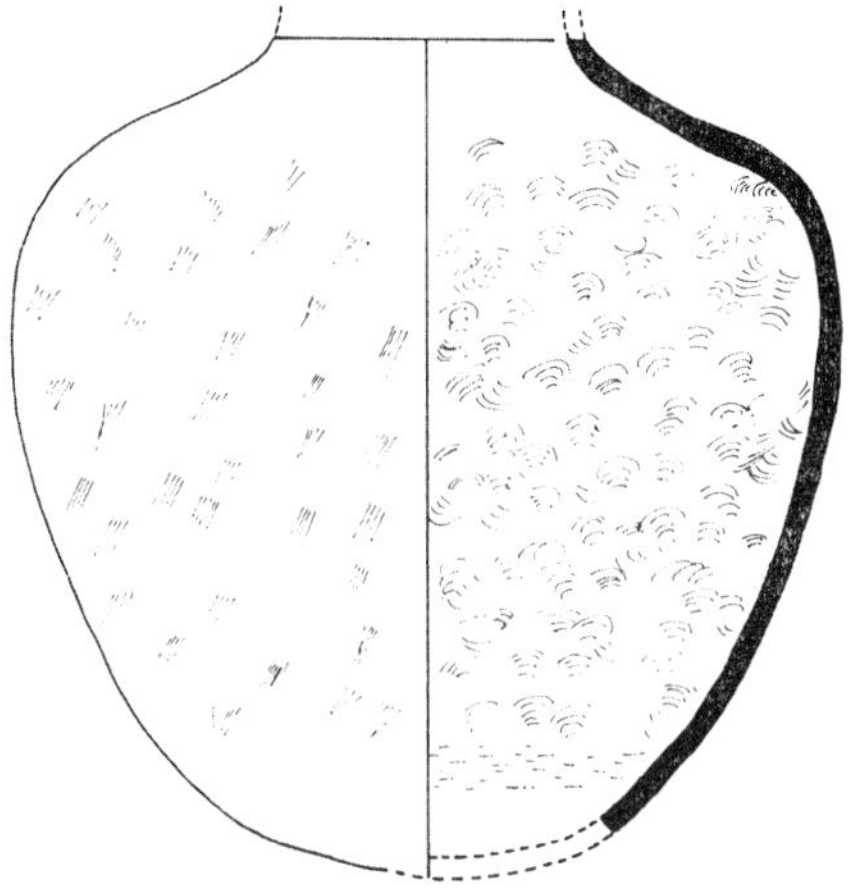

図13　大生西第一号墳発見大甕

対馬は卜部の中臣氏の出身地であろうと、私は第五章で書いたが、タケミカヅチの「甕」表記は単なる用器としての「甕」表記ではない。この甕信仰は北九州にあり、対馬の人々も前述したように熱心であった。甕信仰は北九州だけではないが、前述したように北九州以外の甕伝承・信仰の「甕」は九州から運ばれたと伝えられているように、この信仰は北九州で弥生時代から盛んであった。その信仰が東国の鹿島の地で特出しているのは、鹿島神宮の本来の祭祀氏族の多氏が、『記』の神武天皇条に依れば、九州の火（肥）君、大分君、阿蘇君などと同族であったことに依っている。

常陸大生《おおう》古墳群出土の大甕と鹿島神宮と多氏

図13は茨城県潮来市の大生西古墳郡の第一号古墳後円部中央の埴輪列中にあった大甕である。灰白色軟質の須恵器で、口縁部を欠くがほとんど完形に近いまま出土したが、底部は故意に欠いてあった。灰白色軟骨の須恵器で内面に渦巻文が捺押され、裏面に敲目文がある。胴径四三センチ、高さ四三センチの大甕である。発掘責任者の大場磐雄はこの古墳の時代を、「中央では五〜六世紀つまり中期後半に置かれることとなるが、中央から離れた周辺地帯という点を考慮しても六世紀中葉位と推定せざるを得ない」と、「大生西第一号墳の年代と諸問題について」で書き、この大甕の出土した百数十基の古墳が密集している大生西古墳郡について、次のように書く。

この地は古く大生原村大字大生で、『和名抄』の行方郡大生郷に当ることはほぼ疑を容れることは出来ない。私はこの古墳群については大生神社の存在を顧みる必要があろうと思う。大生神社は『延喜式』や『風土記』には見えないけれど、鹿島神宮と特別の関係があり、大生神社の御斎神事に鹿島神宮より物忌の参向する特殊の神事があって、神宮との縁故も深く、その由緒には鹿島神宮の跡宮との伝えさえ存して、古来特別な神社であることは、別に詳述したから今更加えないが、その由緒の中に大和の多邑に坐す多坐弥志理都比古神社との関係を述べているとおり、大生神社は鹿島神宮を奉斎した多氏一族の鎮座奉祀にかかり、鹿島郡と相対して行方郡内における同氏一族の根拠地であったことは明白である。即ち多氏一族の来住によって大生神社も大生郷も生じたものであり、従ってここに存する百数十基の古墳群も、多氏一族の奥津城と推定することは当然の帰結ということが出来よう。殊に第一号、第二号墳をはじめ、数基の前方後円墳は、多氏一族中の歴代首長級の墳墓であり、彼等が中央より遠くこの地に来住した唯一の記念品ともいうべきものである(7)。

大生西古墳群と大生東古墳群と合わせると一八〇基以上の古墳群だが、大場磐雄は「多氏一族の活動は九州を起点として東方各地に拡がり、特に東国においてその繁栄を見ている」とし、「筆者は昭和二四年茨城県大洗町磯浜の鏡塚を発掘した。ここは仲国造の奥津城と推定されたが、その内容からして、時期的に見て五世紀前半と考えられ、まだ多氏一族の初期的発展期で、大陸文化接収の前段階であると考えられた」と書くが(8)、鏡塚古墳は茨城県の出現期の大型古墳（全長一〇五・五メートル）である。『茨城県の地名』（日本歴史地名大系・8）も「鏡塚古墳群」について、「鹿島神宮を奉斎した多臣の一族の仲国造の一族の治所でもあり、その一族の墳墓」と推定している。

鹿島神宮の宮司の東家蔵の「鹿嶋大明神御斎宮神系代々」（一般に「当禰宜家系譜」と言われている）の「常元の条」を大場磐雄は示す（この文書の奥書には、「旧系図令乱脱令以斎宮之旧記口宣案校正之書改者也。文明五年癸巳七月廿五日、中臣連家長」とある）。

人皇五十一代平城天皇之御宇東夷乱虐正三位左大将室貞卿蒙　勅命引率官軍東征則于常陸国行方郡嶋崎在陣　于時為戦場加護捧春日大明神幣帛於営中来斎宮戌子連当禰宜中臣常光依勅宣祭祀之大生大明神是也　惟時大同元年十一月十四日也　因茲大生大明神之祭祀毎歳十一月十四日十五日十六日二夜三日代々斎宮並当禰宜勤行之　大生宮者南都自大生邑大明神遷座　故号大生宮。

同二年東夷尽帰　皇化国家更無兵事愁故因

勅自大生宮遷座于鹿嶋大谷郷因旧事　斎宮家貞王連中臣常元祭祀之故大生神印当宮神璽因　勅奉納斎宮之宮内掌宮中宮外政令有口宜

この記事に「大生大明神」の創始は「平城天皇之御宇」とある。この創始について大場磐雄は次のように書く。

創祀について何故大同年間説を立てるに至ったか。これについて考慮されることは関東から東北にかけての社寺の縁起中、特に東夷征伐に関係あるものは、不思議な程大同年間創祀説が多く流布していることである。これは坂上田村伝説と清水寺の縁起とがその中心を成しているようである。……何れも説く所は東夷征伐に関係し且つ南都から春日明神を遷幸するという点が共通しているので、或いは大同伝説が変形して結合しているとも推定される。またかかる鹿島本宮と齟齬する所伝が説かれていることは、鹿島神宮と別個の創祀である点を強調せんがための一手段として、たまたま大同年中説を結びつけたかもしれない。……何れにしても史的価値は存しないといって差支《さしつかえ》あるまい。

このように書いて大場磐雄は、「そこで問題となるのは大生神社の称は南都の大生邑が鎮座せられ、多氏一族本貫の地とせられていたところである。つまり常陸の大生神社がこの多村から遷祀されたということは、神社を奉斎したオフ一族の常陸移住を物語るものに外ならない」と書いている。(8) このように大生古墳群などの常陸の主要古墳や「鹿嶋大明神御斎宮神系代々」からなどからも、多氏は五世紀初頭から大和王権から派遣され、常陸へ入っている。

鹿島神宮の祭祀氏族であった多氏と大生神社

太田亮も昭和三年（一九二八）刊の『日本古代史新研究』で、鹿島神宮を多氏が祭祀していた理由の一つとして、「奥州で一番鹿島の分社の多い即ち十一もある磐城郡の国造が此氏（多氏）であった事は古事記に明記されて居る」と書いている。また『常陸国風土記』香島郡条に、

天の大神の社、坂戸の社、沼尾の社、合せて三処《ところ》を、惣《す》べて香島の大神といふ。

とある記事の「天之大神社」についても、

風土記に此神を天之大神社とあるが、此の大と云ふのは古くは多の意味で大氏の神社と云ふのではなかつたかと思ふ。風土記には総べて此氏を多と書かず大と書いて居る。茨城郡条に大臣族黒坂命とある如く又続紀でも東国の多氏の部曲を大部と書いて居る。大と書くのが東国の書き習はしだつたかと思ふ。

とも太田亮は書いている(9)。

鹿島神宮宮司の東家の中臣連家長の書いた、前述の「鹿嶋大明神御斎宮神系代々」には、「大生神印当宮神霊因」と書かれており、「大生神」の「神霊」が鹿島神宮の神霊になっている。このような事実は鹿島神宮の年間神事からもいえる。大場磐雄は前述の『常陸大生古墳群』所収の「大生神社の考察」で、鹿島神宮宮司の東家所蔵の「御斎出輿年中大祭之図」と題する図から検証して、鹿島神宮の「年中の祭儀中で物忌の出輿されるのは、次の六度のみであった」と書く。その「六度」は次の祭事である。

一、正月七日夜　　本宮祭
二、四月十一日夜　奥宮祭
三、五月五日　　　流鏑馬祭
四、七月十日夜　　大宮祭
五、七月十一日夜　将軍祭
六、十一月十五日　大生宮祭

明治七年の大生神社棟札の裏書には、「十一月二夜の祭には鹿嶋の宮より御斎渡輿祭の宮人数十人渡り来て大幣帛を捧げ献る事古実なり」とあり、大生宮祭の祭事には明治初年まで鹿島神宮の神官が行き、祭事にかかわっていた。このことは「古実」とあるように古くからの行事で大生神社と鹿島神宮は強く結びついている。

図14は現在の鹿島地方と古代の鹿島想定図である。『常陸国風土記』の香島郡条の「天の大神の社、坂戸の社、沼尾の社、合せて三処《ところ》を、惣《す》べて香島の大神といふ」とある記事とこの神社の配置の場所から見ても、現在の鹿島神宮の前身は「天の大神社」で、

大生神社──→天の大神社（鹿島神宮）

といえる。

「羽入氏書留由緒」も「鹿嶋大明神御斎宮神系代々」と同じに大同二年（八〇七）に「大生宮より今のかしま本社へ御遷座」とあるのは、前述した（二四四頁～二四六頁）大場見解のような事情と考えられるが、大場見解と違って神護景雲二年（七六八）に春日大社に御神体を遷座したから、神護景雲

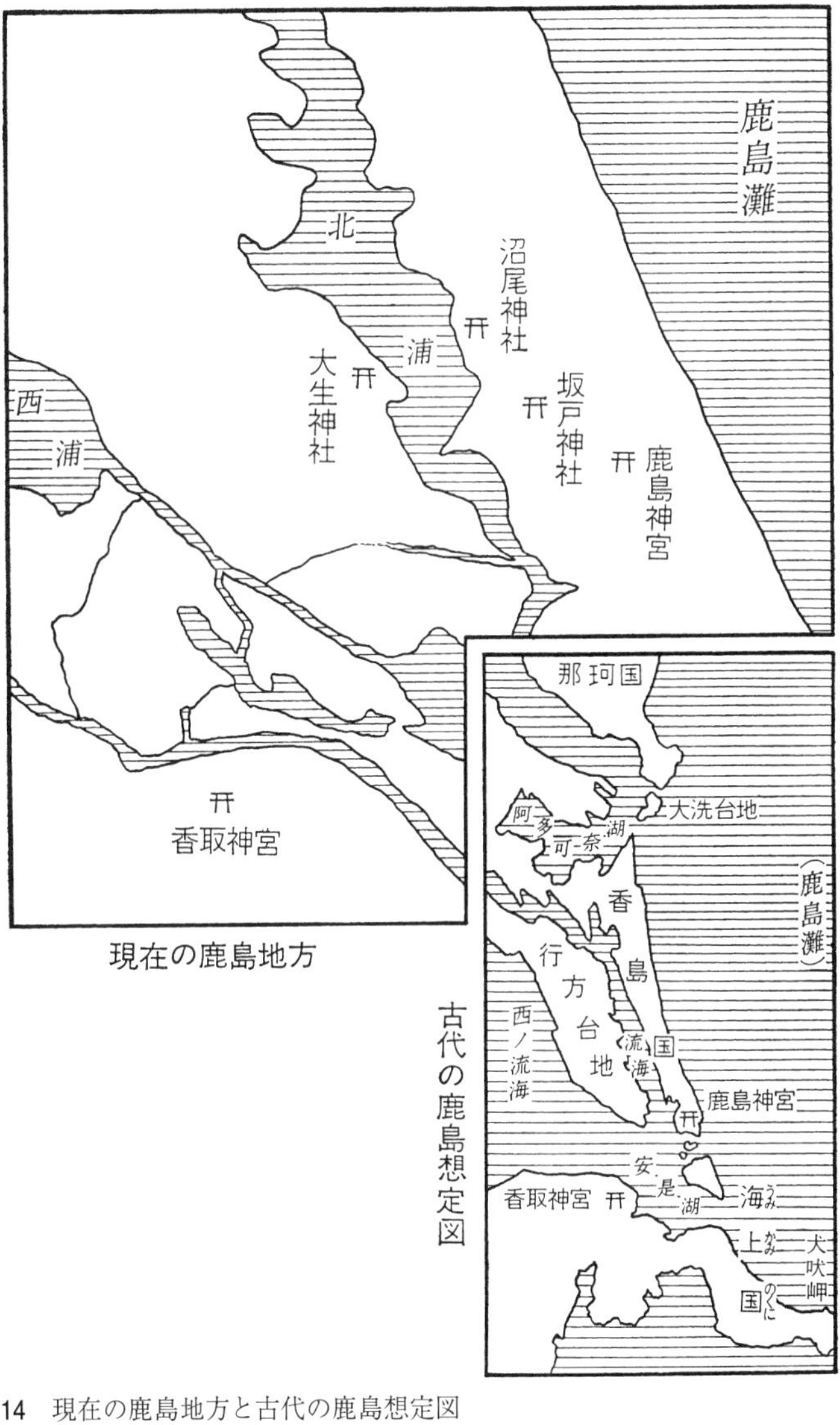

図14　現在の鹿島地方と古代の鹿島想定図

二年後のある時期に、大和国の本社の多神社から分霊を遷座したことを、前述の文献は書いているとも推測できる。いずれにせよ鹿島神宮の伝える諸文献や茨城県の古墳などの考古史料からも、多氏及び多氏系氏族と常陸国と鹿島神宮の関係は明らかである。

常陸・磐城にある装飾古墳と九州との関係

前述したが甕信仰は九州の筑紫・肥前・肥後地方にある。平安時代後期の『多神宮注進状』には多神宮の神宮に、「禰宜従五位下多朝臣常麻呂　祝部正六位上肥直尚弼」とあり、多氏は肥前・肥後の国とかかわる。そこで問題になるのは茨城県の装飾古墳である。

図15は東北・北関東の主な装飾古墳の配置図である。この図で明らかだが、装飾古墳はなぜか太平洋側にあり、茨城県は多氏の仲国造の那賀郡・行方郡に集中しており、福島県でも海辺の多氏の磐城国造の支配地にある。

玉利勲は『装飾古墳紀行』で「九州の各地の装飾古墳を見たあと、茨城県勝田市にある虎塚古墳を手はじめに東国各地を巡歴」したが、「東国の装飾古墳で目につく」のは、「まず、そのほとんどが太平洋岸に集中している」と書き、九州にある「連続三角文、同心円文をはじめ、人物像など、九州の壁画を写しとったような図文もまた多かった。東国の装飾横穴墓を歩きながら、しばしばはるかなる九州の墓室を想起せずにはおれなかった」。「多くの研究者もまた『墓室を各種の壁画で飾るという習俗は、大局的に考えれば、九州地方の壁画古墳の系統を受けたものといえるであろう』(大塚初重氏「壁画のある横穴墓の系譜」「歴史読本」七五年七月号)という認識ではほぼ一致している」と書いている[10]。

そして装飾古墳の関係氏族として多氏を取り上げている論者として、斎藤忠・大場磐雄と私の論考を取り上げ、私説については次のように書いている。

大和岩雄著『日本古代試論』（七四年七月）は、オホ氏に関する本格的な研究書であるが、そこでも海洋的性格をもつオホ氏と、装飾古墳との深いかかわりが論じられている。中に、次の一節がある。「磐井の〝反乱〟後、大和政権に臣従した北九州勢力は、六世紀に水軍を主力にして関

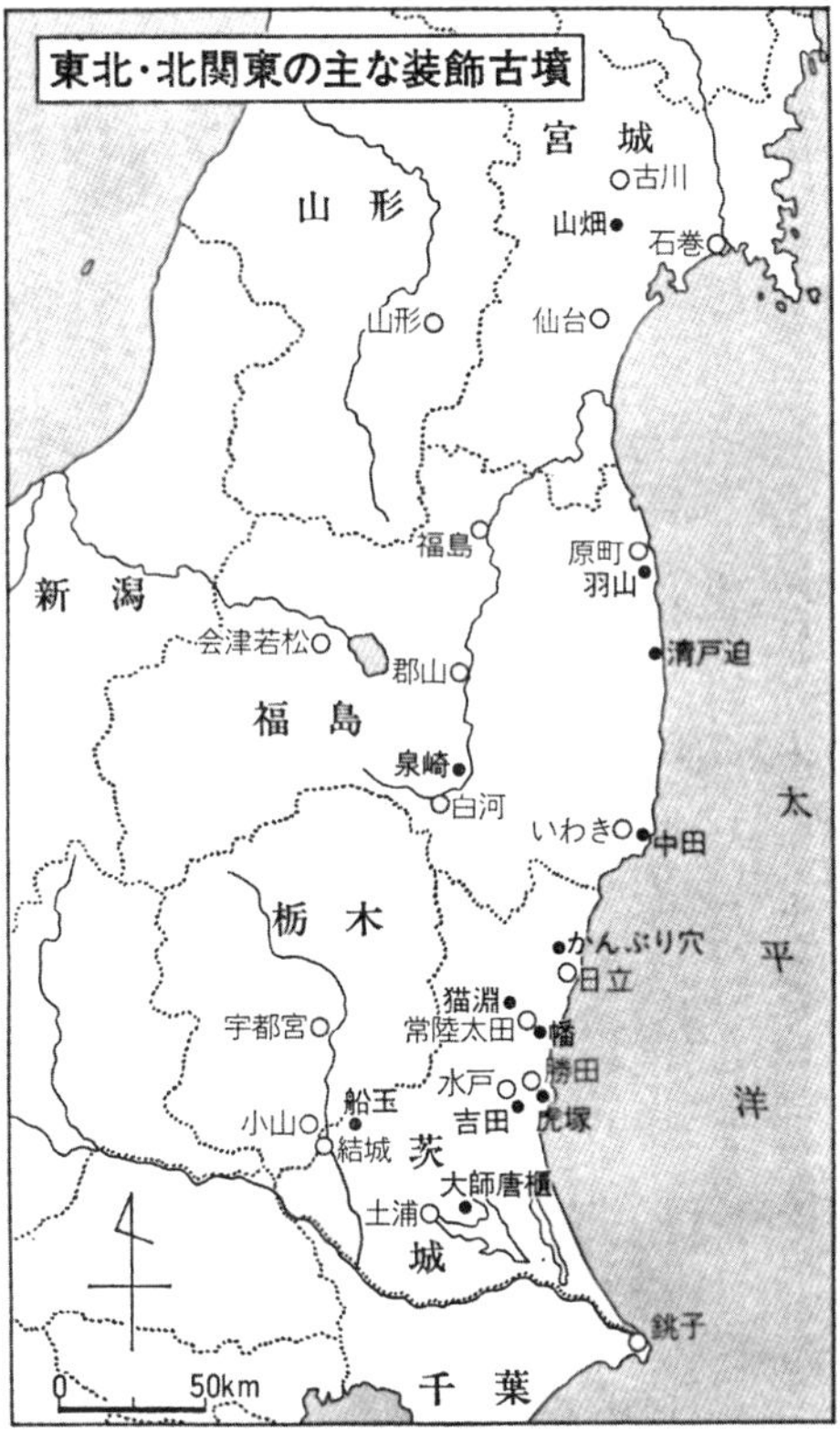

図15　東北・北関東の主な装飾古墳（●印）

東に進出し、常陸に本拠を置きさらに東北へ進出した。（中略）北九州の兵力は遥か遠いエゾ地征討の役割を課せられたのであろう。装飾古墳が両地域のみにある謎も、九州と常陸の年代のズレからみても、このように解釈することによって解けるのである」[11]

斎藤・大場・大和らの見解について、反論として玉利勲は井上辰雄・辺見端の見解を紹介しているが、井上辰雄の「装飾横穴墓をめぐる豪族とその性格」（「えとのす」一三号、一九八〇年）の反論は四つある。

一、九州の有明海、不知火海沿岸の装飾古墳は筑紫君、日置氏、火君の勢力圏と重なっているが、火君を除く筑紫君と日置氏は明らかに多氏系ではない。つまり装飾古墳を営む氏族は、かならずしも多氏一族とは限らぬという主張。

二、かりに「一歩譲って多氏系氏族が装飾古墳の造営者とするならば、中央の多氏本族がどうして装飾古墳を造らなかったか」という反論。

三、東国の装飾横穴墓は「神話」や「天語歌」を伝承する丈部《はせつかべ》の分布する地域に多いから、丈部に依るという見解。

四、九州の装飾古墳は豪族の中央政権に対する最後の抵抗の象徴であり、東国とは政治的性格が相異しているという見方。

この論考に私は賛同できない。一の主張では火（肥）君は多氏一族なのだから、火（肥）国の人々が歌う杵（鹿）島節を『常陸国風土記』に依れば、多氏と同族の常陸仲国造の始祖が率いる軍兵が歌舞しているのだから、この主張は認められない。二の反論は中央の多氏本族の古墳はまったく確認されていないのだから、「中央の多氏本族がどうして装飾古墳を造らなかったか」と反論すること自体が無理である。三の丈部《はせつかべ》説では「装飾古墳」を井上辰雄は関東まで拡大して論じている。しかも丈部は、関東と言っても武蔵国造で、装飾古墳のある常陸とは遠く離れており、説得力は薄い。丈部は大塚徳郎が『国史大辞典・11』で書いているように、「宮廷で雑用に使役された民」。または「使部の前身で、大王に近侍し、杖を持って宮廷の警護、または雑用に使役され、さらに、大王の命を地方豪族に伝達する使者ともなった民」であり、井上見解は無理である。四の九州の装飾古墳の装飾を中央政権に対しての抵抗の象徴と見る見方も、一方的見方で認め難い。

辺見端は「東北地方における装飾古墳の分布について」(東北学院大学『東北文化研究所紀要』一二号)で、東北の装飾古墳が営まれたのは六世紀末から八世紀前半なのに、鹿島社を奉載して蝦夷征伐に加わった氏族が東北に入るのは、その後の平安初期(八世紀末)であった。従って「文献に現われた古氏族」は平安初期以降だから、「装飾古墳の分布に多氏や鹿島社などの分布を関連付ける説は、その根拠がない」と断じている。この論者は鹿島社は奈良の春日大社に鹿島神が移った後の鹿島社を前提に論じており、論考そのものに問題があり、説得力がない。『常陸国風土記』の香島郡、さらに行方郡・茨城郡・那賀郡の記事をよく読んでから論文を書くべきだ。

井上・辺見の両氏の批判は受入れ難いが、本書のタイトルは『日本神話論』であり、「タケミカヅチ神」を論じる章だから、装飾古墳と多氏の問題はここで止めるが、**図15**が証しているように、装飾古墳は常陸と磐城の多氏系氏族、『記』の神武天皇記が書く「常道の仲国造」「道奥の石城国造」の地に、大部分がある事実、また九州の装飾古墳も多氏系氏族の火君・大分君の地にあるのだから、井上・辺見説は成り立たない。

平安時代の鹿島神宮藤原氏祭祀に非協力の事例

タケミカヅチを武神・雷神に『記』『紀』神話で仕立て、この神を常陸から奈良の春日の地に移して祖神にしたのは、藤原・大中臣氏だが、王権神話ではこのように書かれていても、実際の鹿島神は違っていた。その事は勅撰書の『三代実録』の貞観八年（八六六）正月二十日条に掲載されている記事からもいえる。この記事は冒頭に、「常陸国鹿島神宮司言、大神之苗裔神卅八社、在二陸奥国一」と冒頭に書いて、郡ごとの三十八社の数を次のように記す。

菊多郡一、磐城郡十一、標葉郡二、行方郡一、宇多郡一、日理郡二、宮城郡三、黒河郡一、色麻郡三、志太郡一、小田郡四、牡鹿郡一。

鹿島神宮の苗裔神三十八社のうち磐城郡のみ十一社あり、他は一社が六郡、二社と三社が各二郡、四社が一郡で、磐城《いわき》郡のみ十一社と異例に多い。理由は『記』が多氏と同祖と記す「道奥の石城国造」の支配地が磐城郡であったからである。この事実からも鹿島神を祭祀していたのが多氏であった事が証される。『三代実録』の貞観八年（八六六）正月の記事は、鹿島神宮司の請願記事である（原文は漢文だが読み易くして示す）

古老に聞くところによれば、延暦（七八二〜八〇五）から弘仁（八一〇〜八二三）まで鹿島神宮の封物を割《さ》いて苗裔神に奉幣していたが、それ以後、奉幣が絶えたため陸奥国の鹿島神が祟り、それが甚だしいので、嘉祥元年（八四八）に彼の地に奉幣に向かった。ところが、陸奥国は旧例にないと称して関に入るのを許さないので、宮司らは関の外の河辺で幣物の祓を行なって帰ったが、その後も神の祟りはやまず、神宮の境内でも疫病が拡がったから、陸奥国に下知して、関の出入りを許し、諸社に奉幣し、神の怒りを解くようにしてほしい」と、請願してきた。

と『三代実録』は書いている。『新抄格勅符抄』の延暦二十年（八〇一）九月二十二日の官符には、鹿島神と香取神の封物を割いて「春日祭料」にしたとあるが、「前の如く」とあるから、常陸国の鹿島から大和国の春日に神が移った神護景雲二年（七六八）以降にも、「春日祭料」を春日大社に送っていたように、常陸の鹿島大社は陸奥の鹿島神社にも祭料を奉幣していたのである。しかし春日大社には送っても陸奥の鹿島神社には祭料を送らなくなったので、陸奥の鹿島神は、「為レ祟、物怪寔繁」と『三代実録』は書き、そのため常陸の鹿島大社は嘉祥元年（八四八）に祭料を持った奉幣使を陸奥に派遣したが、「不レ聴レ入レ関」とも書く。関を開かないのは関守の役人たちも同調したからで、更に関守だけでなく陸奥の国司も陸奥の鹿島神宮側に同調したから、常陸の鹿島大社は政府に上進せざるを得なかったのである。

さらに鹿島神宮司は、「神宮の二十年に一回の修造の用材すべてを、那賀郡が供していたが、神宮に遠い山の木を運ぶのは大変だから、神宮の閑地に生育の早い樹を植えて用材にしたい」と要望してきたと、『三代実録』は書いている。那珂郡は『記』がオホ氏系と書く「常道《ひたち》の仲国造」の地である。なぜ九世紀の中頃の平安時代まで、『三代実録』が書く、

採二造レ宮材一之山在二那賀郡一。去レ宮二百餘里、行路峻嶮、挽運多レ煩

の場所から、百五十年ほど前から鹿島神宮の用材を運んでいたのに、急に「去宮二百餘里、行路峻

峻、挽運多レ煩」と称して、「宮辺閑地、且栽栗樹」を鹿島大社の周辺に植えて用材にしたいと、朝廷に「望請」したのか。理由は磐城国造と同じ多氏系の常陸の那賀国造が、磐城国造らの行動に応じて、那賀郡からの用材供出に応じなくなったからであろう（この事については拙著『神社と古代王権祭祀』所収の「鹿島神宮」で詳細に論じた）。

この時期は神護景雲二年（七六八）に鹿島神宮から御神体を移し、春日大社を藤原・中臣氏の氏神にしてから（『続日本紀』宝亀八年〈七七七〉七月十六日条に、氏神の鹿島神を正三位にしたとある）九十八年後の事例である。この事実は東北の鹿島神を信仰していた人々は、藤原・中臣氏用になった鹿島神社・春日大社のタケミカヅチ・『記』『紀』の書く建御雷神・武甕槌神を、百年後も認めなかった事を証している。『記』『紀』の書く王権神話のタケミカヅチは、紙上の作られた神であったことを、勅撰書の『三代実録』の記述が明らかに証している。

従来の日本神話論に欠けていた決定的視点

『常陸国風土記』香島郡条に「神の社《やしろ》の周匝《めぐり》は、卜氏《うらべうじ》の居《す》む所なり」とあり、「年別《としごと》の四月十日に、祭を設《ま》けて酒のみす。卜氏の種属《やから》、男も女も集会《つど》ひて、日を積み夜を累《かさ》ねて、飲み楽《たの》み歌ひ舞ふ」とある。また香島郡の冒頭に、

古老《ふるおきな》のいへらく。難波の長柄《ながら》の豊前《とよさき》の大朝《おほみや》に駅宇《あめのしたしろ》しめしし天皇のみ世、己酉の年、大乙上《だいおつのかみ》中臣（　）子、大乙下中臣部兎子《うのこ》等、惣領《すべおさ》高向の大夫《まへつきみ》に請《こ》ひて、下総《しもつふさ》の国、海上《うみかみ》の国造《くにのみやつこ》の部内《くぬち》、軽野より南の一里と、那賀の国造の部内、寒田より北の五里とを割《さ》きて、別《わ》きて神の郡《こほり》を置きき。

とあるが、「難波長柄豊前大朝駅宇天皇」は孝徳天皇、「己酉年」は大化五年（六四九）である。この記事から推測できるのは、藤原鎌足が政権の中枢に居た頃である。第四章で述べたが（一八二頁〜一八三頁）、増尾伸一郎・中村英重・三宅和郎らが述べている見解は藤原氏の視点のみであり、真実を見ていない。

横田健一の『日本古代神話と氏族伝承』と題する論文集は、三八〇頁のうち約一〇〇頁近くの枚数を取って、「中臣氏と卜部」を論じている。その終りに次のように書いている。

これまで、鹿島神宮の神官・宮司が中臣氏一族で占められていること、香島の神郡が中臣氏一族の請いによって建郡されたこと、香島社周辺に中臣氏一族の前身とみられる卜氏のすんでいること、常陸一帯に中臣氏・卜部氏が住んでいること、藤原氏の氏神で最も大切な重い位置を占めているものは鹿島神、ついで香取神であり、祖神天児屋根命にまさっていること、のちに藤原氏の氏神として最も大きな地位をしめる春日神社でも、もとは鹿島神社を勧請したと考えられること、などを述べてきた。

しかし大きな疑問は、なぜ常陸や下総のような京から遠隔の地に、最も大切な氏神が鎮座しているのか。そもそも中臣氏はどういう理由で鹿島・香取神社と関係が出来たのか、という疑問である。(12)

横田論文は鹿島神を多氏が祭祀していたことも、多氏が中臣《なかつおみ》で、その中臣の配下に卜部（後の中臣連）が居たことも、気付かずにこの論考を書いているが、この論考を発表したのは、昭和四六年（一九七一年）一月刊の『日本書紀研究』（第五冊・塙書房）であり、四十四年前の論考だから、やむを得ない。横田健一は宮地直一・上田正昭・松前健・田村圓澄の論考を紹介し、田村見解について（『藤原鎌足』二六頁、一九六三年・塙書房）、「藤原鎌足が常陸の中臣氏に生まれ、中央宮廷の祭祀をあずかる中臣氏の家に身を寄せるようになった。それが遠く鹿嶋の神タケミカヅチの神を中央に勧請するようになった理由とされる」と書き、田村見解をヒントにして、結びに次のように書いている。

私は今までの学説に対して、中臣氏は常陸の香島社を奉斎する卜部から出て、宮廷の雨師的司祭者として立身したのではないかと推定したい。従来、鎌足が常陸の生まれだという『大鏡』の説は、とるにたりないとされてきた。しかし私は、鎌足が常陸で生まれたのではなく、大和の高市郡大原あたりで生まれたにせよ、こうした説の生ずる背景に、中臣氏が常陸の卜部氏を母胎としていたことがあるのではないかと思う[12]。

碩学の田村圓澄や横田健一は四、五十年前に、このような見解を述べて、理由として、

一、春日大社は藤原・中臣の祖神のトップに、鹿島神宮から移したタケミカヅチ神を、もっとも重視して氏神として祀っていること。

二、藤原・中臣氏は元は卜部だが、『常陸国風土記』に依れば、鹿島神宮の周辺に卜部が居住していたこと。

三、鹿（香）島郡は常陸の中臣氏の要望で、孝徳朝に新郡として作られたこと。

などをあげている。しかし第四章（一七五頁〜一八六頁）で仲臣について述べたように、

一、常陸国で祀っていたカシマ神は「甕神」で、仲（中）臣のオホ氏が祭祀していたこと。

二、香（鹿）島郡は仲（那珂）国造の地を大部分わけて作られた神郡だが、仲国造の「ナカ」

は仲（中）臣の「ナカ」であり、この配下の卜部が「中臣連」になったから、「仲臣《なかつおみ》」でなく「中臣《なかとみ》」に「連《むらじ》」がつくこと。

三、そのことは同じ「仲臣《なかつおみ》」の春日氏の本拠地に、鹿島神が遷座したことが証している。

四、勅撰書の『三代実録』の貞観八年（八六六）正月二十日条に、『記』が多氏同族と書く「道《みち》奥《おく》の石城《いわき》国造」（『三代実録』は「磐城郡」と書き、鹿島神社が「十一社」あると書く）の磐城郡や、菊多郡・標葉郡・行方郡・宇多郡・亘理郡・宮城郡・黒河郡・色麻郡・志太郡・小田郡・牡鹿郡が、郡内で祀る鹿島社の苗裔神への奉幣を本社が中止したので、陸奥国の鹿島神が本社に対して祟ったとあるが、磐城郡には鹿島社が十一社だが、他は一社が六郡、二社と三社が各二郡、四社が一郡で、多氏のイワキの地に鹿島神が圧倒的に多い事からも、鹿島神の本来の祭祀は多氏であることは明らかである。

五、『三代実録』の記事に依れば、鹿島神宮の本社の用材はナカ国造のナカ郡から出していたが、神社の周辺に生育の早い樹を植えて用材にしたいという要望を出している。この事実は常陸の多氏に仲（那賀）の多氏が呼応して、平安時代に入っても常陸の鹿島神宮を祭祀している中臣氏に従っていない。

六、さらに鹿島神宮の宮司の東家蔵の「鹿嶋大明神御斎宮神系代々」では鹿島神宮と大和国の多神社・多氏との関係を記しており、前述（二四四頁〜二四八頁）の大場磐雄の「大生神社の考察」や、大生（多）神社へ明治時代まで鹿島神宮の神官が数十人来て「大生宮祭」を行なっている事実からも、本来の鹿島神宮の祭祀氏族がオホ（多・太・大生）氏であったことが証される。

以上述べたのは本章のまとめだが、この事実からもオホ氏関与の『古事記』のタケミカヅチの実像が見えてくる。『紀』が葦原中国平定の武神として書くフツヌシとタケミカヅチを、春日大社でも祭祀しているが、後から加わったタケミカヅチが春日大社では主神になっているのは、藤原・中臣氏の思い入れである。『記』では葦原中国の平定をタケミカヅチのみにして、『紀』や春日大社の祭神より徹底している。そのことは『紀』は「武甕槌神」と書いて「甕」表記があるのに、『記』は「建御雷神」と書いて雷神にしていることからもいえる。「雷神」表記になったのは、『記』が別神の「建甕槌神」を記して、タケミカヅチを二神存在していることにしたからである。

従来の日本神話論は、タケミカヅチは高天原から降臨して葦原中国を平定した武神という視点でのみ論じているが、本章で述べたように本来は甕神である。その原像は**図11・12・13**の縄文時代、古墳時代の甕や、弥生時代の九州の甕棺墓が示している。古代人は「甕」に生命の根源（子宮・母胎）を見ていたが、『記』『紀』の王権神話では藤原氏用に利用されたのである。

『記』の建御雷命と『紀』の武甕槌神の表記が意味するもの

「甕」についての古代人のイメージは母体であり、母胎である。そのことは**図11・12、写真20**が示している。その母胎としての「甕」に「武」を冠して武神にしたのが、『記』の「武甕槌神」である。前述したが長野県には「モタイ」という姓があり、「甕」「母袋」と書くと書いたが（私は長野県出身だが、「甕」表記で「モタイ」という知人が居た）、太田亮の『姓氏家系大辞典・第三巻』は、「甕《モタヒ》」について左のように書く。

信濃の甕氏は佐久郡茂田井邑（茂理郷）より起る。中原姓にして、承久記に甕の中三が見え、太平記巻二十八に甕次郎左衛門を挙ぐ。

と書くが、私の知人は佐久出身であった。

「母袋《モタイ》」について太田亮は、

出羽の豪族にして、又信濃等に在り。

と書き、「ハハフクロ」ともいうと書く。また「母體《モタイ》」という姓についても、

陸前、陸中、羽前、羽後等に此の地名在り。

と書いている。(13)「母體」は地名だが、姓にも「モタイ」という姓があり、漢字表記が「甕」「母袋」「母體」であることからも、「甕」を妊娠していた女性・母と見ていたことが確《たし》められ、縄文時代の**図11・12**、**写真20**に通じることは明らかである。

甕神は本来は女神・妊娠した母胎イメージで、古代人に信仰されていた。そのことは『筑後国風土記』逸文の次の記述からもいえる。

筑後の国の風土記に云《い》はく。筑後の国は本、筑前の国と合せて、一つの国なりき。昔、此の両《ふたつ》の国の間の山に峻《さか》しく狭《さ》き坂ありて、往来《ゆきき》の人、駕《の》れる鞍韉《したくら》を摩《す》り尽《つく》されき。土人《くにひと》、鞍韉尽《したくらつく》しの坂と曰《い》ひき。三《つぎ》に云はく。昔、此の堺《さかひ》の上に麁猛《あらぶる》神あり。往来《ゆきき》の人、半《なかば》は生き、半は死にき。其の数極《いた》く多《さは》なりき。因《よ》りて人の命尽《いのちつくし》の神と曰《い》ひき。時に、筑紫君・肥君等占《うら》へて、筑紫君等が祖甕依《みかより》姫を被《はふり》と為《な》して祭らしめき。それより以降《このかた》、路行く人、神に害《そこな》はれず、是《これ》を以《も》ちて、筑紫の神と云ふ、四《つぎ》に云はく。其の死にし者を葬らむ為に、此の山の木を伐《き》りて、棺《ひつぎ》輿を造《つく》作りき。こ

れに因《よ》りて山の木尽《つく》さむとしき。因りて筑紫の国と曰《い》ひき。後に両《ふたつ》の国を分《わか》ちて、前《みちのくち》と後《みちのしり》と為《な》す。

この記事は三つの説を紹介しているが、一番目の説を「三に云はく」、三番目の説を「四に云はく」とあることについて、岩波書店版（日本古典文学大系本）は注で、「別の記事に風土記記事を接続させて筑紫の説明四説を挙げたための記事順位。もと『一云』『或曰』の如くあったもの」と書いている。

この『風土記』の「筑紫」国号の地名伝説で、私が注目したいのは、「筑紫君等が祖甕依姫」である。筑紫君が祖を甕依姫にしているのは、筑紫（筑前・筑後）国の甕棺墓の風習を連想させるが、甕依姫の「甕」は女性・母性イメージであり、男性・父性イメージではない。『記』は「建甕槌命」を陶器を作る陶邑出身の意富多多泥古《おほたたねこ》命の父にして、同じ「タケミカヅチ」を「建御雷命」と書き、「甕神」と「雷神」の二神にしている。この発想は、

女神——建甕槌命——カミロミ
男神——建御雷命——カミロキ

という思考・見解に依っている。このような『古事記』の見解に対して、『日本書紀』の編者には神を「カミロキ」「カミロミ」と見る、古くから語り伝えられていた列島の人々の発想は薄かった。理由は渡来の史官が深く関与していたからである（そのことは森博達の『日本書紀の謎を解く——述作者は誰か』が詳述している）。

本章は「鹿島神宮の祭神武甕槌神の実相」と題して、私見を述べたが、本章は前章とセットの

『記』『紀』掲載のタケミカヅチ神話に対する私見である。この私見で特に主張したかったことを示す。
一、なぜタケミカヅチは『記』は雷神、『紀』は甕神なのか。
二、なぜ、藤原・中臣氏は常陸国で祀る鹿島神宮の祭神を、大和国の春日の地に移し、氏神の主神として祀ったのか。
三、理由は藤原・中臣《なかとみ》氏は、仲臣《なかつおみ》の多氏・春日氏の配下の、対馬出身の卜部だったからである。
以上の主張を、第五章、第六章の軸として私見を述べた。

第七章

「御諸山」といわれた日神祭祀の三輪山

仲臣の春日氏と同じ仲臣の多氏が祀る「春日宮」

第六章で常陸国の鹿島神宮の祭神タケミカヅチは、仲臣《なかつおみ》の多氏が祀っていた神と書いたが、その神は大和国の仲臣の春日氏の地に移されている。移したのは仲臣の輩下で卜占を行なっていた中臣《なかとみ》連である。

多（太）氏と春日氏は神と人との仲を執り持つ「ナカツオミ」だが、多氏の祀っていた神社も「春日宮」といわれていた。江戸時代に書かれた『和州五部神社神名帳大略注解』（略して『和州五部神社誌』）は、『多神宮注進状』（久安五年［一一四九］三月十三日、多神宮の禰宜従五位下多朝臣常麻呂らが国司に提出した書）を引用している。その『多神宮注進状』には、

号二社地一曰二太郷一定二天社封一　神地旧名春日宮（当神社與二河内国日下県社一共所祭神二同一神格一互得二春日宮一）

とある。「多神宮」が元は「春日宮」であった理由について、『多神宮注進状』は「後為十市県、十市県主系図ヲ参考スヘシ」と注している。その十市県主系図には、

事代主神 ― 鴨主命（亦曰天日方命） ― 大日諸命（亦曰武研貴彦両地北命／春日県主　大社祝） ― 大間宿禰（春日県主） ― 春日日子（春日県主） ―

―豊秋狭太彦――五十坂彦――大日彦――倭絙彦
　春日県主　　　孝昭天皇御世春日県改名　　十市県主　　十市県主
　　　　　　　　云十市県　詔五十坂彦為県主

とある（「十市県主系図」のうち、十市県主のみを記して他の人物名は略した）。

日本古典文学大系『日本書紀・上』（岩波書店）の補注は、「十市県主系図などの記載をそのまま信ずるわけにはいかないが、なんらかの古い伝承が系図に残されていると思われる」と書き、「十市県主系図や多神宮注進状に記されているように春日県が十市県に改められたか、あるいは春日県主氏が磯城県主氏または十市県主氏に併合されたか、いずれかによって、春日県がかなり早く消滅したことは事実であったろう」と書いて、「十市県」の前に「春日県」があったことを認めている。多神社が元は「春日社」であったのは「春日県」を代表する神社であったからであろう。前述（一六八頁）で示したが、多神社の地は弥生時代から御諸山の春分の朝日を飛鳥川河畔から拝する聖地であったから、「春」を「日」に冠して「春日」と書くのにもっともふさわしい祭祀場であった。

多（太）氏の始祖の神武天皇の皇子の神八井耳命は、皇位を弟に譲って神事に専念したと『記』『紀』が書くことからも、多神社が「春日宮」であったことは無視できない。平安時代後期に書かれた『多神宮注進状』はさらに武恵《たけえ》賀《が》前《まへ》命（「神八井耳命五世孫」）について、

改二作神祠一奉二斎祀珍御子命皇御孫命。祈宝天津日瓊玉命天璽鏡剣神等一。号二社地一。曰二太郷一。定二天社封一。神地。旧名春日宮。

と書き、「旧名」の「春日宮」を改めて「太郷」の「太」を取って、「太神社」という社名に改めてい

る。このように「中臣《なかつおみ》」のオホ氏も「春日《かすが》」社名の神社を祭祀していた事実からも、春日氏と多氏の密接さがわかる。常陸の太（多）氏（春日氏）の祀る神タケミカヅチが、大和の春日氏の地に移され、両氏は「仲臣《なかつおみ》」であったから、その配下の卜部から成り上った中臣《なかとみ》（藤原）氏が、祭政のどちらの権力も握った時期になると、多・春日氏ら「仲臣」の神を、物部氏の祖神のフツヌシと共に中臣・藤原氏が氏神にして祀ったのである。

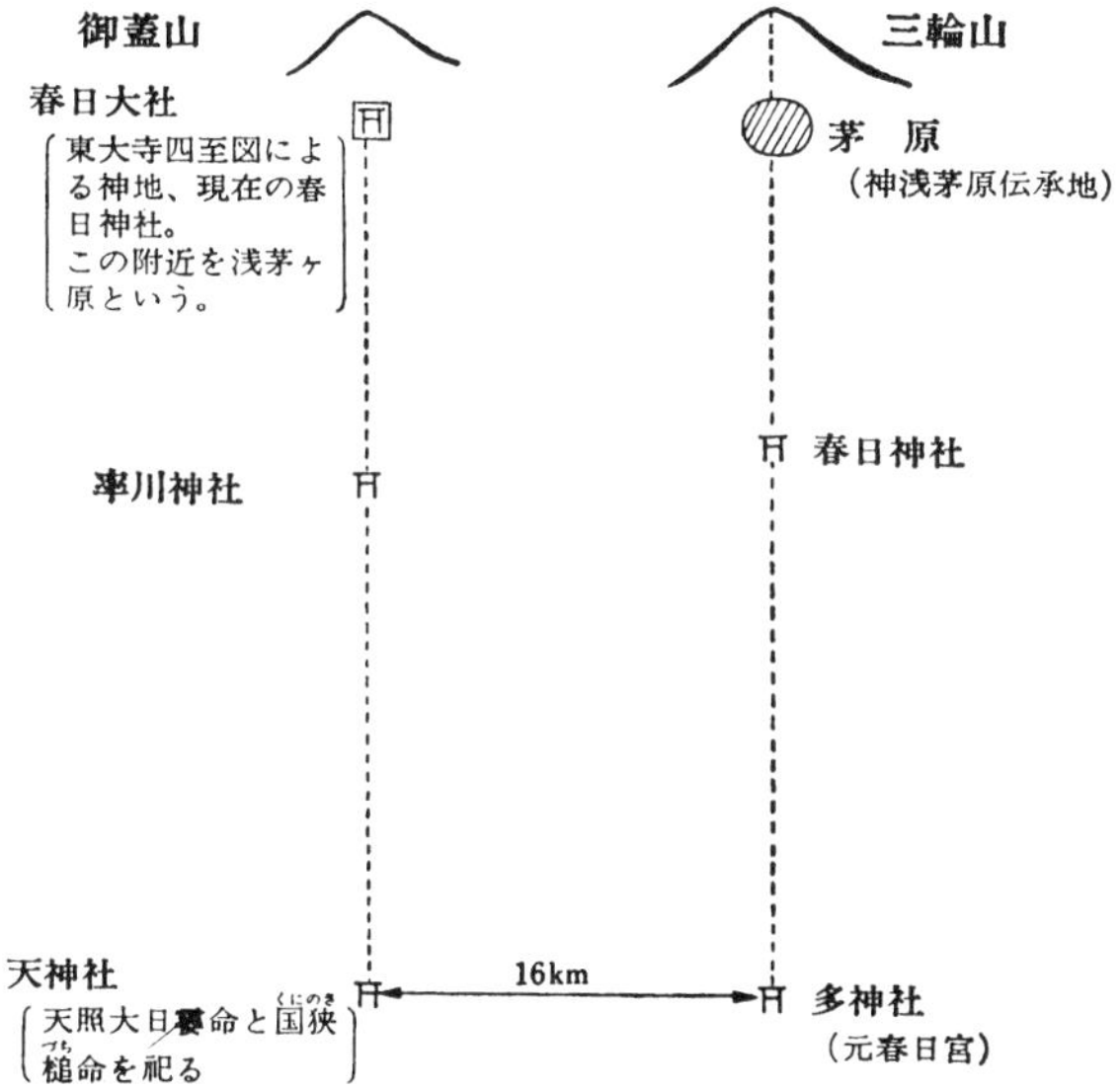

図16　元春日宮の多神社と春日大社の関係

　自家の祖神の「アメノコヤネ」と女神の夫婦神に、タケミカヅチとフツヌシを架上して、春日大社を創始した藤原・大中臣氏の行動そのものが、藤原・大中臣氏の出自が、仲臣の多（太）氏・春日氏や、古くからの名家の物部氏より、出自が低かったことを証している。

　小川光三は『大和の原像』で**図16**を示して、次のように書いている。

　奈良春日大社の社伝によると、この社の遷宮は神護景雲二年（七六

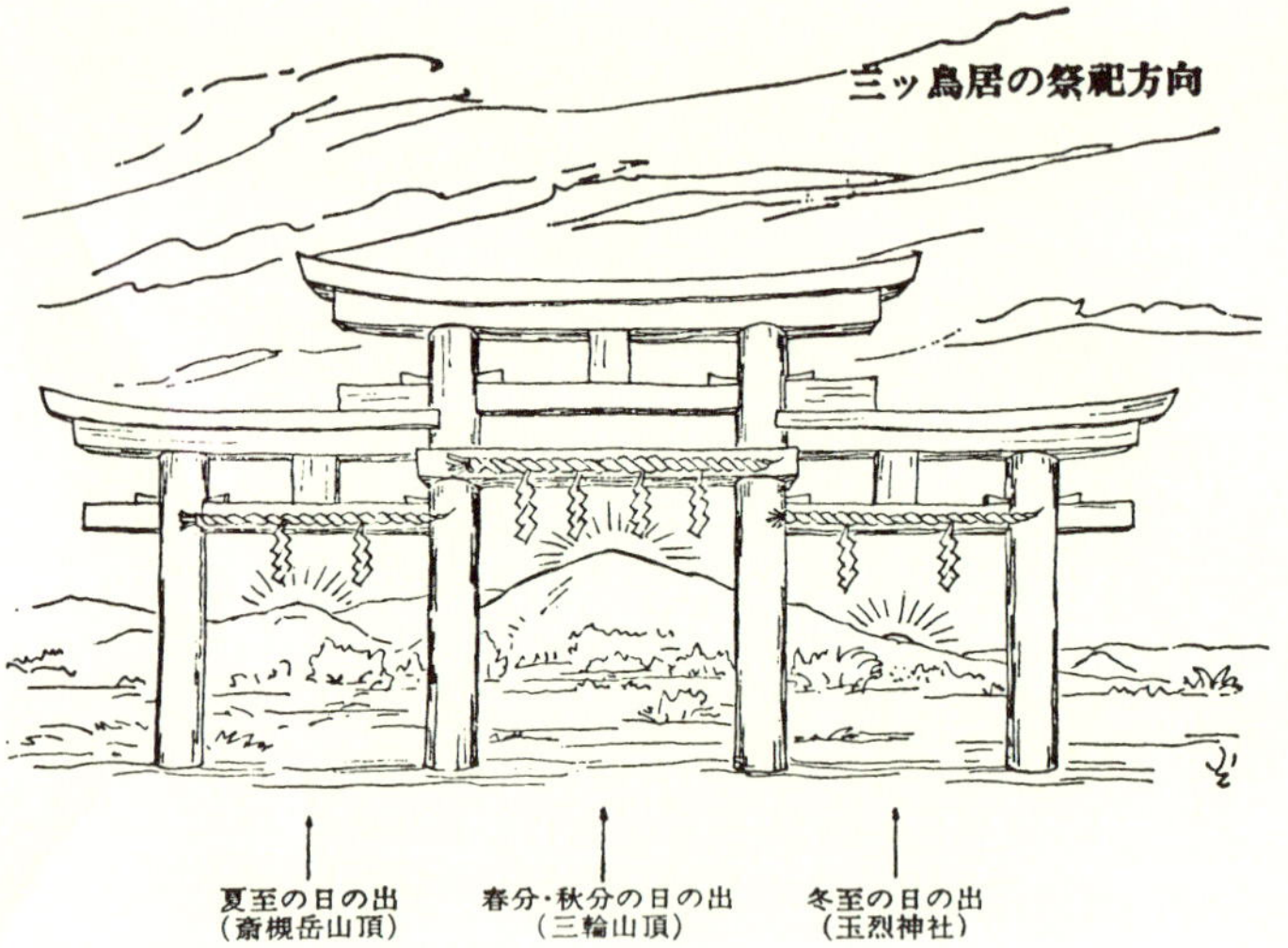

図17　大神神社の三ッ鳥居が示す日神祭祀

八）とされている。しかし続日本紀や万葉集、正倉院に遺る東大寺四至図等によってその以前より御蓋《みかさ》山の祭祀が行われていたことは広く知られているが、この山もまた三輪山と同様日の出の信仰につながるものであることは、春日曼荼羅に多く描かれている御蓋山頂にかかる日輪の図によって明らかである。多神宮注進状にも、春日の中臣氏（仲津臣）が古くは多の神を斎る主、つまり多氏の出であったとあり、『新撰姓氏録』によれば春日臣も島田臣（神八井耳命を祖とする多氏の同族）も仲臣《なかつおみ》という前姓から、春日、島田の姓を賜ったとあることも興味深い[1]。

と書いている。そして三輪神社の「三ッ鳥居」は、かつては三輪山の山麓の春日神社の地にあったと推定して**図17**を示し、「今日では鳥居は通路に設ける門の如く考えられているが、特定の人々以外やたらに神前に近づけなかった古代には、人々はこれを透して拝したに違いない。三輪の三ッ鳥居はその前に拝殿があり、鳥居の内側は禁足地で、鳥居を透して拝す、と言う古式の遺存する好例である」と書いている。

奈良の御蓋山と三輪山山頂にある日向神社

仲臣の多氏と春日氏の祭祀する神社が、共に「春日宮」といっていたが、三輪山と御蓋《みかさ》（春日）山の山頂には『延喜式』「神名帳」に載る「大社」の「日向神社」がある。鹿島神が白鹿に乗って遷幸し、浮雲峰に天降りしたという伝承があるから、日向神社は鹿島神宮遥拝のための神社と言われているが、日向神社の前面には、ほぼ正方形で周囲を石積みで囲った祭祀場がある。この祭場から神殿を拝せば、その方位は、ほぼ東南東の冬至日の出方位で、その方向に伊勢国度会郡の伊勢神宮があり、常陸国の鹿島の方向とは逆である。

東大寺の創建者良弁は「金鷲」といい、東大寺の前身金鷲寺は東大寺の東の山、御蓋山にあった（『日本霊異記』中巻・第二十二）。村山修一は東大寺の大仏造立について『東大寺要録』の「大神宮禰宜平日記」にもとづき、「(本地) 盧舎那仏＝大日如来＝日輪の思想が発現し、これが大仏造立と根本理念とされた」と、『三輪流神道の研究』の序説で書いている。**写真21**は「春日曼荼羅図」の部分だが、日向神社が山頂にある御蓋山の方向から朝日が昇っており、冬至日の出方位の伊勢には、伊勢神宮がある。

写真21の「春日曼荼羅図」の部分である朝日が山頂から昇る絵は、藤原・中臣氏の春日神社の信仰

でなく、それ以前の春日氏の仲臣《なかつおみ》が祭祀した日向神社の信仰である。大和の二カ所の日向神社が仲臣の多氏・春日氏の信仰であることは無視できない（三輪氏は、拙著『神社と古代王権祭祀』所収の「大神神社」で述べたように、欽明朝以降に登場した陶邑出身のオホタタネコを始祖とする渡来系氏族）。

この御蓋山山頂にある日向神社に対応するのが、三輪山山頂にあった日向神社だが、両社は共に『延喜式』「神名帳」の「大社」で、三輪山山頂にあった日向神社の「日向」の正面、春分の日の出方位に、伊勢神宮が鎮座している。

写真21　春日曼荼羅図部分

『紀』の垂仁天皇二十五年三月条の本文に、大和の笠縫邑で祭祀していた日神を、伊勢に移したという記事が載る。垂仁天皇の時代は史実ではないが、この伝承は大和の王権の日神祭祀が、伊勢に移ったことを示している。移った理由は大和の地で拝する朝日は、大和の東の伊勢の海から昇ると見られていたからである。

元永二年（一一一九）に山田首積善が書いた『大神崇秘書』には、次のような記述がある。

高宮亦曰二上宮一、在二三輪山峯青垣山一、無二神殿一有リ二大杉一称二奥杉ト一是也。神名帳云大神坐日向神社一座。

この『大神崇秘書』は、山頂（「山峯」は山頂のこと）にある日向神社について、さらに次のように書く。

孝昭天皇御宇御鎮座也。天皇元年四月何日上卯前夜半、峯ノ古大杉上ニ有リ下如キ二日輪ノ一之《コレ》火気上放レテ光照スレ山ヲ、其暁神天降リ宮女ニ託宣シ謂フ我レハ日本大国主命也、今遷リ二来レリ此国一ニ也。

『大神崇秘書』より百五十年ほど後の文永二年（一二六五）に大神家次が書いた『大神分身類社鈔』は、

三輪上神社一座　神名帳云、神座日向神社一座、大、月次、新嘗

日本大国主命　神体杉木

と書いている。注記の「神名帳云」は『延喜式』の「神名帳」のことだが、「三輪上神社」として日向神社のことを書くのは、三輪神社を「三輪下神社」と書いているからである。「日本大国主命」を祭神と書くのは、『大神崇秘書』が日向神社の祭神を「日本大国主命」と書いているからで、「神体杉木」と書くのも、『大神崇秘書』が「峯ノ古大杉上ニ有リ下如キ二日輪ノ一之《コレ》火気上放レテ光照スレ山ヲ」と書いているからである。

山頂の日向神社には社殿がなく「古大杉」が神体で、その神木に「日輪」が降臨する。『万葉集』巻第二―一五六歌に「十市皇女の薨ぜし時に、高市皇子尊の作らす歌三首」（十市皇女は天武天皇七年四月に急死）が載るが、三首のトップに次の歌が載る（原文で示す）。

三《み》諸之《もろの》　神之神須疑《すぎ》　已具耳矣自得見監乍共　不《い》寝夜叙多《ねぬよるぞおほき》

この歌については、「三諸の　神の神杉」と詠むが、次の「已具耳矣自得見監乍共」については、約十種に及ぶ試訓があるが、どれも確かではない。「不寝夜叙多」は「いねぬ夜ぞ多き」と詠まれている。確かな詠みの部分だけを見ても、高市皇子の詠む「三諸の神の神杉」は三諸山山頂の日向神社の御神体の「大杉」である。この杉について『万葉集』には次の歌が載る。

味酒《うまさけ》を　三輪の祝《いはひ》が　いはふ杉　手触れし罪か　君に逢ひがたき（巻第四―七一二歌）

神奈備《かむなび》の　三諸の山に　斎《いは》ふ杉　思ひ過《す》ぎめや　苔生《こけ》むまでに（巻第十三―三二二八歌）

杉を「神杉」「斎《いは》ふ杉」と詠んでいるが、神木の杉のある山は「三諸」「三諸の山」と詠み、「祝人」については「三輪」と書き、「三諸」は山、「三輪」は祝人と分けている。この使い分けについては後述するが、日向神社は神殿が無く、「神杉」「斎ふ杉」に降臨する日神祭祀の神社で、国つ神でなく天つ神である。高市皇子が御諸山の神に祈ったのも、国つ神の大物主神でなく天つ神の日神が降臨する神杉である。一般に「三輪山」と言い、国つ神の代表神の大物主神を祀るのが三輪神社と見られているが、天武・持統朝までのこの山は、天皇霊・日神の坐《いま》す聖山であった。

天皇霊の宿る日神祭祀の三輪山と少子部氏

岡田精司は一九六六年に発表した「河内大王家の成立」の第六章、「三輪山信仰の背景」で国つ神の大物主神を祀る以前の三輪山信仰は、天皇家と「密接な関係をもっていた」と書き、理由を三つあげている。

第一は、『紀』の崇神十年紀の「倭迹々日百襲姫《やまとととひももそ》」についてである。「彼女は崇神の叔母にあたるから、この説話は皇族女性の大神神社祭神への奉仕が、説話化したもののように見られる。奈良時代以前には皇女が神に仕えるのは、天皇家の祖廟たる伊勢神宮に奉仕する斎王の他には、例のないことであった。しかし、右の話からでは、大神神社にもいつの時代にか、斎王奉仕の行われたことも疑われる」と書いている。

第二に、「崇神四十八年紀」に天皇が二皇子のどちらかに皇位を継承させるための「夢占《ゆめうらない》」が、「御諸山」の山頂で行なわれたことを取上げ、岡田精司は「この説話の成立時代には問題があろうが、この説話のできた時代には、この山が大王の地位と不可分の関係にあると、考えられていたらしい」と書いている。

第三に、敏達天皇十年二月に蝦夷の首長らが、「三諸岳《みもろ》」（三輪山）に宿る天皇霊に服従を誓った記事を例示して、「三輪山と天皇霊というものが、密接な関係にあるものとして考えられてくる。これは先の夢占の説話での皇位と三輪山との結びつきとも関連してくるであろう」と書いている(2)。

和田萃も岡田精司が書く御諸（三輪）山山頂での皇位継承者を決める為の夢占の儀式と、山頂に式内大社の日向神社があることに注目して、

毎年、春が巡《めぐ》り来るたびに、国見儀礼が行なわれていたと推定される。また山麓では祭場が設けられて、素朴な日神祭祀が行なわれていた。そして、大王系譜の形成とも密接に関わることであるが、大王を日神の後裔とする観念が次第に醸成されてくると（アマテラス大神を皇祖神とする観念は、最初的には持統朝に確立する）、大王の国見儀礼の場である三輪山の頂上が、大和における日神祭祀の祭場ともなり、大王の娘が巫女となって、日神祭祀に預ったであろう。

と書いている。(3) 前川明久も「天皇家の神話伝説」で、三輪山では日神祭祀が行なわれていたと書いている。(4)

三輪山とその用辺の祭祀遺跡を発掘調査した考古学者の寺沢薫は、「三輪山の祭祀遺跡とそのマツリ」と題した論考で、左の表を示す。

段階	年代	主な祭場	遺構	遺物
第一段階	四世紀後半～五世紀前半	三輪全域	中州露天	土師器・韓式系土器・須恵器・碧玉製品・硬玉製勾玉・剣形鉄製品・滑石製模造品など。
第二段階	五世紀後半～六世紀初頭	三輪全域←狭井川～大宮川間	磐坐	須恵器・滑石製模造品・子持勾玉・土製模造品など。
第三段階	六世紀前半～七世紀初頭	狭井川～大宮川間←禁足地	磐坐岩上	須恵器・子持勾玉・滑石製模造品（臼玉主体）・土製模造品など。
第四段階	七世紀前半～	禁足地	長方形土壇	須恵器。

この出土遺物から寺沢薫は「三輪君の出自は、四世紀にまでさかのぼる可能性も考えるべきである。初期ヤマト王権による三輪山祭祀の一端を王権のもとで掌っていた三輪君が、陶邑の渡来系集団と関係をもちえたのも、堅牢な祭器としての須恵器を陶邑から調達し奉献させた事情によるものではないか」と書き三輪君を在地氏族と見ている。(5) しかし後述するが三輪君は伽耶から渡来した陶器製作工人

集団で、河内の陶邑に定着した（弥生式土器の系統を引く土師器《はじ》に対し、千度以上の高温で焼き上るのが陶器で、渡来人でなくては作れなかった）。この陶邑出身のオホタタネコを始祖とするのが三輪（大神）氏である。この三輪氏は日神祭祀を行なっていた多氏の配下の須恵器製作工人であったのが、欽明朝以降に台頭し大物主神の祭祀氏族となり、祭祀が変更したのである。

寺沢薫が示す三輪山祭祀の第一段階は、多氏祭祀の日神祭祀であった。その事は新しい祭器の須恵器も登場するが、多く使用されていたのは従来の土器である事が示している。第二段階から土器は須恵器のみになっているのは、第二段階以降に陶邑の須恵器生産が本格化し、オホタタネコを始祖とする須恵器製作集団が三輪山周辺に移住して、直接祭器の須恵器を製造したからと考えられる。そして祭祀も従来の山から昇る日神祭祀でなく、山そのものの祭祀になったのであろう（山を祭祀する信仰は韓国に多いことは、拙著『神社と古代民間祭祀』所収の「白山比咩神社――「シラヤマ」と「ハクサン」と古代朝鮮」で書いた）。

三輪山祭祀は本来は日神祭祀であった事は、日向神社が示しているが、日神祭場は飛鳥川の川畔の多（太）の地であった（今も多神社の鳥居は多神社でなく、御諸〈三輪〉山に向いて立てられていることが、証している）。この日神祭祀が六世紀前半の継体朝以降に山そのものを祀る祭祀が架上されて、六世紀中葉から、かつて須恵器製作工人の「長」であった三輪氏が、オホ氏に代って台頭し、推古朝には禁足地のみの祭祀になり、遺物は須恵器のみになったのである。

オホ氏が三輪氏以前の祭祀氏族であったことは、雄略天皇七年七月の左の記事が証している。

天皇、少子部連《ちいさこべむらじ》蜾蠃《すがる》に詔《みことのり》して曰《のたま》はく。「朕《われ》、三諸岳《みもろのをか》の神の形を見むと欲《おも》ふ。汝《いまし》、膂力《ちから》人に過《す》ぎたり。自《みづか》ら行きて捉《とら》へ来《まゐこ》」とのたまふ。蜾蠃答へて曰《まを》さく。「試《こころみ》に往《まゐ》りて捉《とら》へむ」とまうす。乃《すなは》ち三諸岳に登り、大蛇《をろち》を捉取《とら》へて、天皇に示《み》せ奉る。天皇、斎戒《ものいみ》したまはず。其の雷虺虺《かみなりひび》きて目精《まなこ》赫赫《かがや》く。天皇、畏《かしこ》み、目を蔽《おほ》ひて見たまはず。殿中《おほとののうち》に却《しりぞ》き入《い》り、岳《をか》に放《はな》たしめたまふ。仍《よ》りて改《あらた》めて名を賜《たま》ひて雷《いかづち》とす。

「三諸岳」は三輪山のことだが、神は蛇体の雷神である。この神を捕えてきたのは少子部連だが、少子部連は多氏と同族と『記』の神武天皇記は書いている。この事実からも多氏系氏族の少子部連が三諸（輪）山の神を捕えて来たのは、多氏系氏族と三諸山の神との関係を示している。この記述では蛇体の雷神になっているのは、日神が国つ神になったからである。しかし雷神になっていることが問題である。雷神には日神的要素があることは、第八章で書くが、日神から雷神になっても、三諸山の神を捕えるのは多氏系氏族であることからも、多氏系氏族の三輪山との深いかかわりがわかる。

三輪（大神）氏の出自は韓国とする諸見解

益田勝美は一九七五年に「法政大学文学部紀要」に掲載した前述の「モノ神襲来」で、「モノ神」としての大物主神を論じ、オホタタネコがオホモノヌシという神の子である理由として記す神話は、孫晋泰の『朝鮮民譚集』（一九三〇年、後に『朝鮮の民話』と改題、一九五六年）、今西龍「朱蒙伝説及老獺稚伝説」（同氏『朝鮮古史の研究』一九三七年所収）に掲載の民譚・伝説と共通すると書いている。[6]

また三品彰英の「東洋神話学より観たる日本神話」（『日鮮神話伝説の研究』一九四三年）の記述を引用し、韓国から渡来し河内の茅渟県陶邑の人たち（オホタタネコは陶邑出身）が伝えた「始祖の伝承が、三輪山説話のなかみにあたるものであったのだろう」と書いて、オホタタネコの始祖のオホモノヌシの神話は韓国人が伝えたと書いている。(6)

松前健は一九七五年に「三輪伝承と大神氏」と題する論文を発表し、三輪伝承は、「朝鮮、旧満州（中国東北地区）、中国、安南などに分布し、多くの場合、王朝の始祖の英雄や豪傑などの出生伝説となっている」と書き、「その大筋は、（イ）ある娘のもとに見知らぬ男が毎夜訪れ、女は懐妊する。（ロ）男の素性を知ろうとして女は男の衣のすそに針と糸巻の糸を縫いつける。（ハ）男は逃げ去るが、女またはその親族は、糸巻の糸をたどってすみかに行くと、怪物（ふつう獺《かわうそ》とか蛇のような水棲動物）であることがわかる。（ニ）怪物は死ぬが、女は其の子を生み、子供は後に偉人や名家の祖となる——という形である」と書き、大物主神の神話は韓国から来た渡来氏族の大三輪氏（オホタタネコを始祖とする大神氏）が伝えたと書いて、

大三輪（大神）氏は、神別を称しているにもかかわらず、不思議と朝鮮半島と関係深い氏族であった。七世紀ごろ朝鮮半島に派遣された使節や将軍の名に、この大神氏の一族の人物が多いことは注目すべきことである。大化元年（六四五）百済に派遣された三輪君東人、同五年（六四九）に新羅へ派遣された三輪君色大、天智二年（六六二）新羅に遠征した三輪君根麻呂、天武一二年（六八三）大使として高句麗に派遣された三輪引田君難波麻呂などがそうである。外交に通じた氏族とみなされていた。(7)

と述べており、「渡来氏族としての大神氏とその伝承」では、三輪氏の始祖は陶（須恵）邑出身だが、「須恵器の製作技術は朝鮮半島伝来のものであることは、周知の事実」と書く。そして三輪氏伝承の

「オダマキ型神話」の源流は、「アジア大陸」にあり、「多く王族、名家の始祖の伝説となっていることは、鳥居龍蔵、高木敏雄、今西龍、松本信広、三品彰英など、多くの学者の論じるところであった」と書き、三輪氏の始祖のオホタタネコの伝承の、「赤土を床辺に撒くのは、朝鮮の神迎えの行事の記憶があったと考えてよい」と書き、朝鮮の「洞神や城隍神、山神などの祭祀に当って、神域や祭主の家の門戸に赤土を撒き、禁縄《クムチュル》（シメ縄）を張るのは、朝鮮の南北に見る広い風習である。日本には、そうした風習は余り見当らない」と書いている(8)。

そして大物主神が化した丹塗矢神話のタタラヒメ神話の「タタラ」について、次のように書く。

タタラは鍛冶に用いるフイゴのことである。後世でも金屋の徒のことをタタラ師といい、仕事場をタタラ場というが、三輪山山麓に金屋《かなや》という地名があり、古くから鉄鍛冶が行われた形跡があることは意味深い。恐らくタタラヒメはタタラを踏む鍛冶部《かぬちべ》、冶金工《やきんこう》の職能的な女神か、伝説的な巫女の名であったろう。

タタラという名も、『日本書紀』の継体紀、推古紀などに、踏鞴《たたら》の津、多多羅原、多多羅邑、多多羅城などという地名が、南朝鮮にあることや、『新撰姓氏録』諸蕃の部に、多多良公（任那系）の名があることから見ても、朝鮮系の語であることが判る。

恐らく三輪や、その近くの穴師などの鍛冶部は、朝鮮半島系の韓鍛冶であり、彼等も河内・和泉方面から、大神氏の大和入りとともに、その地に入って来たかも知れない(8)。

と書いているが、私は大神氏は渡来の陶人集団の長と見ている。この松前健の見解、特に「タタラ」に関する指摘は無視できない。

吉井巌は「崇神王朝の始祖伝承とその変遷」で、次のように書く。

『記』の三輪山伝承において、赤土を床の前にまき散らすという発想、麻糸が手許にミワ（三巻き）残ったとする発想は、三輪氏が常に粘土と親しみ、粘土巻を用いていた生活のなかで生み出されてきたものではなかったか。また麻糸が常に鍵穴を通って外へ出るという表現は、北方狩猟民族における神霊の通い路としての天窓の表現に通ずるものであるが、わが国の住居において鍵穴はきわめて珍しい表現の素材である。このように珍しい鍵穴の表現が用いられていることも、三輪氏が新しい渡来民の技術である須恵器生産にかかわる氏族と考えることによって理解する道がひらかれてくる。

このように吉井巌は書いて、三輪氏は渡来氏族と結論している[9]。

また山尾幸久は『日本古代王権形成史論』で次のように書く。

三輪君氏の始祖大田田根子が「美努村」または「陶邑」から三輪の地に迎えられたという記紀の伝承は、三輪君氏がある時期に和泉から移住した事実を核とするものであろう。この一族が三輪山祭祀を直接に相当する時期については、五世紀代と想定する所見もあるが、三輪高宮家系図の検討によって提起されている欽明朝説、三輪山祭祀遺跡出土須恵器の特徴の検討から提起されている六世紀中葉説が傾聴に値すると思われる。思うに三輪君氏は、五世紀中葉ごろに始まる伽耶系統の生産集団の渡来の一部分として渡来し、陶邑において三輪山祭祀に用いる醸造用須恵器などを製作していたのであろうが、六世紀前半に王権によって三輪山祭祀集団としてこの山麓に移住せしめられたのであろう。絶大な威力をもつ祟り神を三輪君氏が元来祭祀していた〝始祖

神〟と見ることに、私は懐疑的であって、祭祀を媒介とする系譜観念の成立を想定するほうが合理的であろう。(10)

と書いている。

松倉文比古は「御諸山と三輪山」と題する論考で、『記』『紀』の「御諸山」と「三輪山」表記を検証した結論として、「御諸山とする表記では、本来、大物主神と関係するというのではなく、一つの祭祀の場としての性格がみられ、三輪山とするときには、なんらかの形で大物主神と関係する傾向が指摘できるようである」と結論し、次のように書く。

従来、「御諸山（岳）」をイコール「三輪山」と解し、両者を一括して三輪山あるいは三輪氏にまつわる所伝として扱う傾向があったが、必ずしもイコールの関係ではなく、『記・紀』、とりわけ『書紀』においては書き分けられているようである。「御諸山（岳）」とする所伝では、基本的には大物主神と関係しない内容を特徴とし、そこでは多く天皇家（大王家）との関係を強調するものといえる。……三輪氏が具体的にその祭祀に関与するようになるのは、六世紀以降のことと考えられ、そこで始めて「三輪山」という名称が用いられるようになるものと考えられる。

また「『御諸山』が天皇家の管理を放れ、三輪氏による祭祀のもとで、『三輪山』と称されるようになるのは、六世紀以降のことと推察され、それは三輪氏が須恵器という新しい土器と祭祀に係わる氏族であったというのみでなく、内廷と結ばれていたことに因るものと考えられる」と書いている。(11)

以上、益田勝美・松前健・吉井巌・山尾幸久・松倉文比古らの見解から見ても、六世紀中期の欽明朝以降に多氏から三輪氏に祭祀氏族が変り、日神祭祀から国つ神（雷神）祭祀に変ったのである（三輪氏以前の祭祀氏族が多氏であったことは以上の論者は書いていない)。

『記』『紀』は「御諸山」と「三輪山」を区別して書く

『記』『紀』は「御諸山」と「三輪山」に書き分けている。この書き分けは無視されているが、無視できないので、事例をすべて示す。

「御諸山」表記(『古事記』)

○「吾をば倭の青垣の東の山の上に伊都岐《いつき》奉れ」と答へ言《の》りたまひき。此《こ》は御諸山の上に坐す神なり。(神代記)

○御諸の　厳白檮《いつかし》がもと　白檮《かし》がもと　ゆゆしきかも　白檮原童女《はらをとめ》(雄略記)

○御諸に　つくや玉垣　つき余《あま》し　誰にかも依《よ》らむ　神の宮人(雄略記)

『御(三)諸山』表記(『日本書紀』)

○「吾は日本《やまと》国の三諸山に住《す》まむと欲《おも》ふ」といふ。(神代上、第八段一書の第六)

○大虚《おほぞら》を践《ふ》みて御諸山に登ります。(崇神紀、十年九月条)

○会明《あけぼの》に、兄豊城命、夢の辞《ことば》を以《も》ちて天皇に奏《まう》して言《まう》さく。「自《みづか》ら御諸山に登り、東に向きて、八《や》廻弄槍《たびほこゆけ》し八廻撃刀《たちかき》す」とまうす。(崇神紀、四十八年正月条)

○弟活目尊《おといくめ》、夢の辞《ことば》を以《も》ちて奏して言《まう》さく。「自ら御諸山の嶺に登り、縄を四方《よも》に絙《は》へ、粟を食《は》む

雀を逐《を》ふ」とまうす。（崇神紀、四十八年条）
○蝦夷等……朝廷に進上《たてまつ》りたまふ。仍《よ》りて御諸山の傍《ほとり》に安置《はべ》らしむ。未だ幾時《いくとき》を経ずして、悉《ことごと》く神山の樹を伐る。（景行紀、五十一年八月）
○天皇、少子部《ちいさこべ》連蜾蠃《すがる》に詔《みことのり》して曰《のたま》はく、「朕、三諸岳の神の形を見むと欲《おも》ふ。……乃《すなは》ち三諸岳に登り、大蛇《をろち》を捉取《とら》へて、天皇に示《み》せ奉る。（雄略紀、七年七月）
○蝦夷綾糟《えみしあやかす》等、乃《すなは》ち泊瀬《はつせ》の中流《かはなか》に下《くだり》て、三諸岳に面《むか》ひて、水をすすりて盟《ちか》う。（敏達紀、十年二月）
○三輪君逆《さかふ》を殺さむと在《おも》へり。……逆君知りて、三諸岳に隠れぬ。（用明紀、元年五月）
以上が「御（三）諸山（岳）」の『記』『紀』表記だが、次に『記』『紀』の「三輪（美和）」表記を示す。

「美和（山）」表記（『古事記』）
○美和の大物主神、見愛《みめ》でて……。（神武記）
○美和山に至りて神の社《やしろ》に留《とど》まりき。故、其の神の子とは知りぬ。故、其の麻の三勾《みわ》遺《のこ》りしに因《よ》りて、そこを名づけて美和と謂《い》ふなり。（崇神記）

「三輪」表記（『日本書紀』）
○……此《これ》大三輪の神なり。此の神の子、即ち加茂君等・大三輪君等、又姫蹈鞴《たたら》五十《い》鈴《すず》姫命なり。（神代紀上、第八段一書の第六）

○宴竟《うたげをは》りて、諸大夫《もろもろまへつきみ》等、歌《うたよみ》して曰《いは》く。

味酒《うまさけ》　三輪の殿の　朝門《あさと》にも　出《い》でて行《ゆ》かな　三輪の殿門《とのと》を

といふ。ここに天皇歌して曰はく。

味酒　三輪の殿の　朝門にも　押し開かね　三輪の殿門を

とのたまふ。即ち神宮の門を開きて幸行《いでま》す。所謂《いはゆる》大田田根子《おほたたねこ》は、今の三輪君等が始祖《はじめおや》なり。（崇神天皇紀、八年十二月条）

○大三輪社を立てて、刀・矛を奉《たてまつ》りたまふに、軍衆《いくさびとども》自《おのづ》から聚《あつま》る。（神功皇后摂政前紀）

○衣縫《きぬぬひ》の兄媛《えひめ》を以《も》ちて大三輪神に奉《たてまつ》る。（雄略天皇紀、十四年三月条）

○是の歳、百済の太子余豊《よほう》、密蜂の房四枚《すよひら》を以《も》ちて、三輪山に放ち養ふ。（皇極天皇紀二年条）

○志紀上郡の言《もう》さく。「人有りて三輪山に猿の昼睡《ねぶ》るを見て……」（皇極天皇紀三年六月条）

このように『記』『紀』は「御諸山」と「三輪山」を使い分けているが、「美和」「三輪」の表記は氏族のミワ氏に用いており、山と区別している。山は「御諸山」である。『記』は「御諸山」のみだが、『紀』は「三輪氏」の「三」の影響で、「御諸」と「三諸」が混在しているが、音としては「ミモロ」は山名、「ミワ」は氏族名と、はっきり区別している。この『記』『紀』の区別をまったく無視して、ほとんどの日本神話学者、日本古代史学者は、「ミワ山」「ミワ氏」と書いて論じているのは問題である。理由はミワ氏以前の祭祀氏族、日神・天皇霊を祀っていた神八井耳命を始祖にする多（太）氏を無視し、三輪氏のみを祭祀氏族と見ているからである。

次に『万葉集』の表記を検証する（検証には一九七四年、平凡社刊の『万葉集総索引』を用いた）。「ミモロ」は「御諸」が一例、「三諸」が十六例、「三毛侶」が二例、「見諸」が一例である（合計二十例）。「ミワ」は「三輪」が八例、「三和」「美和」が各一例であり、『万葉集』も「ミモロ」が計二十例で、「ミワ」の十例に対して倍である。この事実からも、一般に「ミワ山」と言っているが、『記』『紀』『万葉』の時代の人々は「ミモロ」山と言っていた。その「ミワ」でなく「ミモロ」の山・神を詠んだ二十例のうち、

三諸山（巻第十一―二四七二歌、巻第十三―三二二七歌）
三諸之山（巻第十三―三二二八歌、三二三一歌）
三諸の神名備《かむなび》山（巻第三―三二四歌、巻第七―一三七七歌、巻第九―一七六一歌、巻第十三―三二六八歌）
三毛侶《みもろ》の山（巻第十一―二五一二歌）
三諸の神（巻第二―一五六、巻第九―一七七〇歌、巻第十三―三二二七歌）
三諸の人の守る山（巻第十二―三二二二歌）
木綿かけ祭る三諸の神（巻第七―一三七七歌）

の十四例は、「ミモロ」の山をすべて神の宿る聖なる信仰の山として詠んでいる。「ミモロ」について『角川古語大辞典』（第五巻）は次のように書く。

「み」は接頭語。「もろ」は「むろ（室）」の意か。平安以降は「みむろ」の形で普通。①、神が来臨する場所。また、その神をいつき祭るもの。具体的には、神木・神籬《ひもろき》・山・神社などで、神霊が降りて来てつくと考えられていて、神霊を迎えるために設けた。「美母呂《みもろ》に築くや玉垣」（記

歌謡・九四)「わが宿に御諸を立てて枕へに斎瓮《いはひへ》を据ゑ」(万葉・四二〇)「木綿懸ける祭る三諸の神さびて斎ふにはあらず人目多みこそ」(万葉・一三七七)。②、①の意味から、神の降臨する山や岳。古くは三輪山《みわのやま》または、明日香 橘寺《たちばなでら》東南方のみわ山などをいった例がある。「美母呂《みもろ》の厳《いつ》白檮《かし》が本」(記歌謡・九二)。

このように『角川古語大辞典』は書いているから、「御諸山」という山名は特別の意味をもった山名である。『記』は「海を光《そら》して依り来る神」が、「吾をば倭の青垣の東の山の上にいつき奉《まつ》れ」と言ったと書き、「山の上」を強調しているが、この「東の山」に「いつき奉られた」神を、

此《こ》は御諸山の上に坐《いま》す神なり。

と書いており、この記事でも山名は「三輪山」ではなく「御諸山」である。『記』だけでなく『紀』の神代上下巻(巻一・二)も、「御諸山」と書いて「三輪山」とは書かない。この事実は日神と天皇霊の宿る山だったからで、このミモロ山から昇る日神を祭祀していた多(太)氏から、多氏の配下の渡来系氏族の三輪氏に祭祀氏族が変って、大物主神信仰になったのである。

奈良県の石見と八尾の鏡作坐天照御魂神社

鎌倉時代前期の一二二〇年代に成立した叡尊が書いたといわれる『三輪大明神縁起』にも、三輪大明神は、

於二天上御名一天照也。

と書き、この「天照」という日神は、

於二大和国三輪山一者大神大明神申、於二伊勢国神道山一者申二皇大神一」

と書いている。このように鎌倉時代に入っても、地上の名は「三輪大明神」だが、天上の名は「天照大神」だと書いており、この所見も日向神社の存在が、このように書かせているが、この鎌倉時代前期の文献は「三輪大明神」と書いている山の名は「御諸山」、祭祀氏族を「三輪氏」と書き分けていることから、古い祭祀の実体が推測できる。「御諸山」を祭祀していたのは多氏である。

『延喜式』「神名帳」は奈良県磯城郡田原本町八尾の鏡作坐天照御魂神社を記すが、この神社は元は、磯城郡三宅町石見にあり、敏達天皇（在位・五七二年～五八五年）の頃に現在地に移っている。現在は石見の地には鏡作坐天照御魂神社が管理する小祠があるが、この小祠のすぐ南に石見遺跡がある。この石見遺跡からは、昭和五年（一九三〇）に寺川が決壊し、翌年の復旧工事で、人・家・盾などの形象埴輪や円筒埴輪、加工された木版・木片・須恵器などが、多数出土した。また昭和四十一年（一九六六）に付近の宅地化に際して発掘調査すると、以前の発見地のすぐ南西方で、盾・馬・鹿・水鳥・家・人物・円筒埴輪などが出土した。埴輪群の外側には幅六メートル、深さ八〇センチの溝状遺構があり、そのなかからも埴輪片、方孔円板木製品、人形状木製品などが出土した。これらの遺物から推測されるのは、直径三〇メートル程度の不整円形の周囲に、人物・動物・器材・家・円筒埴輪の完成品を並べ、木製品を樹立し、その周囲に幅六メートルの堀をめぐらしていたと見られる。

埴輪列の内側は封土の痕跡もなく、平坦地であった可能性が強いから、古墳や埴輪製作所跡といったものでなく、きわめて特異な遺跡・祭祀遺跡である。埴輪の大半は須恵質で、伴出する須恵器の形合から五世紀から六世紀初頭の遺跡と推定されている（『日本古代遺跡便覧』『奈良県の地名』）。石野博信は「四、五世紀の祭祀形態と王権の伸張」（「ヒストリア」七五号）で、石見遺跡の祭祀は、「祭天の儀を背景とする天的宗儀の色彩をもつ」と書いている。

問題はこのような遺跡をもつ地にあった天照御魂神社が、なぜ石見から現在地の八尾に移ったかである。私は『日本の神々・4（大和）』（谷川健一編・白水社）に掲載した「鏡作坐天照御魂神社」で、現在地について鏡作坐天照御魂神社の宮司夫人の熱心な観測によれば、立春の前日の節分に三輪山の頂上から朝日が昇り、立春・立冬には夕日が二上山の雄岳・雌岳の間の鞍部に落ちると書き、この事実から言えるのは、石見から現在地に移住したのは、立春・立冬の三輪山から昇る朝日、二上山に落ちる夕日を、天照御魂神と見立てたから、石見から現在地へ移ったと書いた。

中国の暦法では冬至を暦元といい、重要な暦法上の基点であったが、前漢の武帝の元封七年（紀元前一〇四年）五月に「太初元年」に改元し、立春正月思想に拠って暦年の始を冬至から立春に改めた。その後、前漢を倒した王莽の治政の十六年間、曹叡の明帝の二年間、唐の則天武后の十年間を除いて、清朝までの二千年余は立春正月であった。この事実から推測すると、石見の地で行なっていた冬至祭祀を、中国の祭祀を受入れた王権が（私は敏達天皇の王権と推測している）、御諸（三輪）山の山頂付近から昇る立春の朝日遥拝地へ、祭祀場を移した場所が現在の天照御魂神社と私は推測する。石見と八尾の天照御魂神社の位置から、朝日・夕日が昇り沈《しづ》む山について、私が調べた図を次頁で示す。

図18の山あてからみて、日神の日の出、日の入り（朝日・夕日）を遥拝する地に、神社（祭祀場）を置いたと推測できる。和田萃は「三輪山祭祀の再検討」で、次のように書いている。

奈良盆地の中・南部、いわゆる国中《くんなか》に住んでいた者の実感として、明け方の三輪山の山容と夕

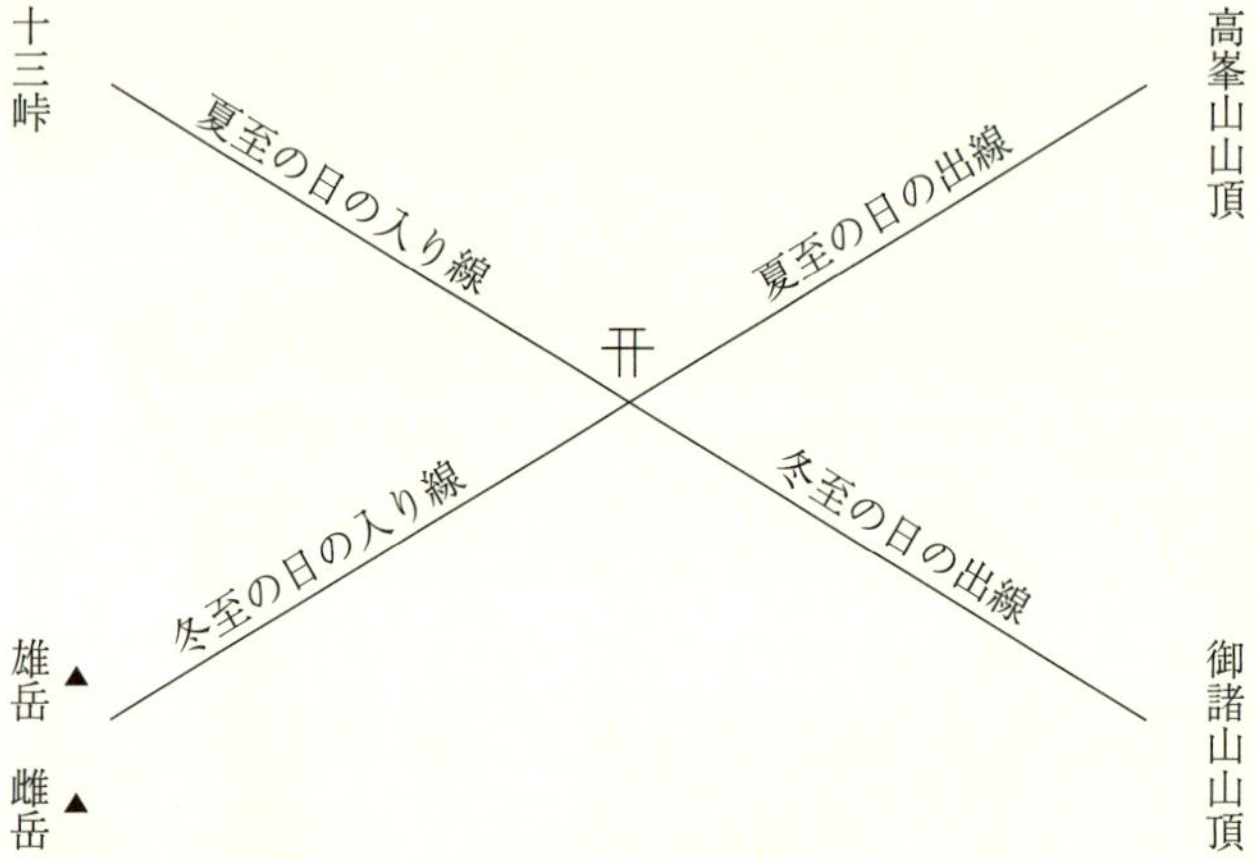

図18-1　石見の天照御魂神社の日神遥拝線

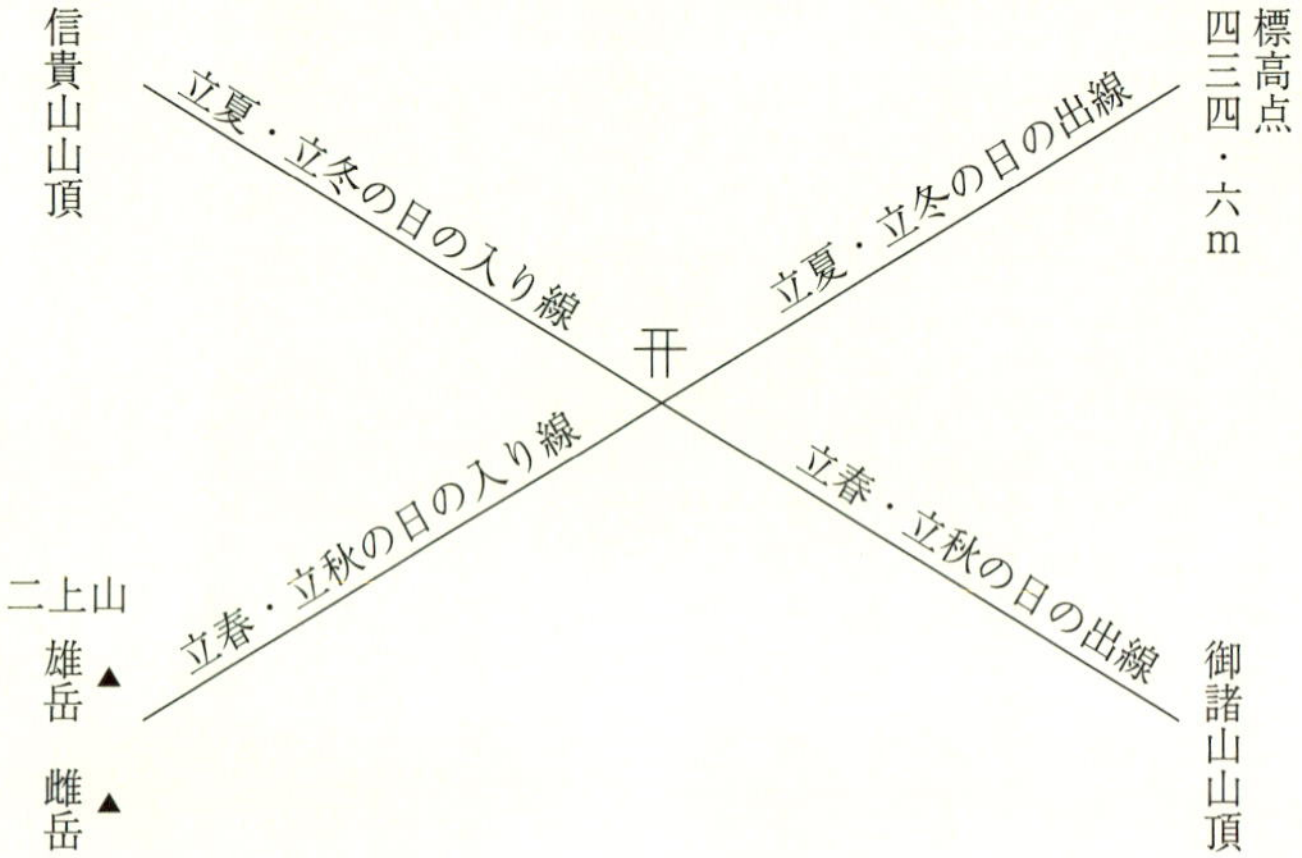

図18-2　八尾の天照御魂神社の日神遥拝線

日を浴びた二上山の姿は実に印象的である。現代人である我々ですら、何かしらこの二つの山に神々しさを感じる。こうした実感は、私のみならず国中に住む多くの人々に共通したものである。国中の人々が、大神神社を「三輪さん」と呼んで広く信仰するのも、三輪山に対する敬虔な気持に根ざす所が大であるし、また、ダケノボリなど、二上山をめぐる民俗的信仰にもうかがえる。こうした現代人の実感から、古代の人々の信仰を云々するのは、方法論として問題のあることは重々承知しているが、古代においても、三輪山西麓一帯に居住する人々が、三輪山から差し昇る太陽に対して敬虔な気持ちを抱き、素朴な日神信仰を育んで、山麓に祭場を設けて祭祀するに至ったと推測できよう(3)。

このように和田萃は書いているが、多神社の東西南北には鳥居が立っていた。今は**写真19**（一六八頁）で示した東の鳥居のみが残っているが、この鳥居は御諸山（三輪山）がすっぽり入る位置にあり、御諸山祭祀の神社であることを証している。多神社の祭神は母子神だが、母神を「天疎向津媛命」と平安時代後期に書かれた『多神宮注進状』が書いているのは、御諸山から昇る日神に向う女神（日女）だったからである。

日向神社の信仰を出雲神話に変えた『記』『紀』神話

大物主神は『紀』の神代上第八段一書の第六に載るが、大物主神の神名だけの活動記録ではない。

大国主神、亦《また》は大物主神と名《まを》し、亦は国作《くにつくり》大己貴《あなむち》命と曰《まを》し、亦は葦原醜男《あしはらしこを》と曰し、亦は八千戈《やちほこ》神と曰し、亦は大国玉神と曰し、亦は顕国玉《うつしくにたま》神と曰す。

神代上第九段一書の第二の次の記事は、

……帰順《まつろ》ふ首渠者《かみ》は、大物主神と事代主神なり。乃《すなは》ち八十万神《やほよろづ》を天高市《あめのたけち》に合《あつ》めて、帥《ひき》ゐて天《あめ》に昇り、其の誠款《まこと》の至《いた》りを陳《まう》す。時に高皇産霊《たかみむすひ》尊、大物主神に勅《みことのり》したまはく、「汝、若し国神を以《も》ちて妻とせば、吾猶《なほ》し汝を疏心《うとき》有りと謂《おも》はむ。故、今吾が女三穂津姫を以《も》ちて、汝に配せ妻とせむ。八十万《やほよろづ》神を領《ひき》ゐて、永《とこしへ》に皇孫《すめみま》の為に護り奉《まつ》るべし」とのりたまひ、乃《すなは》ち還《かへ》り降《くだ》らしめたまふ。

とあり、『紀』の大物主神の活動記事は第九段の一書の第二の記事のみである。『記』には大物主神は登場しない。「御諸山の上に坐る神」について『記』は次のように書く。

大国主神、愁《うれ》ひて告《の》りたまひしく。「吾独《われひとり》して何《いか》にか能《よ》く此の国を得《え》作らむ。いづれの神と吾と、能《よ》く此の国を相作らむ」とのりたまひき。是の時、海を光《てら》して依り来る神ありき。其の神の言《の》りたまひしく。「能《よ》く我が前を治《おさ》めば、吾能《よ》く共に相作り成《な》さむ。もし然《しか》らずば国成り難《がた》はむ」とのりたまひき。爾《ここ》に大国主神曰《まを》ししく、「然《しか》らば治《おさ》めたてまつる状《さま》は奈何《いか》にぞ」とまをしたまへば、「吾をば倭《やまと》の青垣の東の山の上にいつき奉《まつ》れ」と答えのりたまひき。此は御諸《みもろ》山の上に坐《いま》す神なり。

この『記』の神話では、大国主神が出雲で「国作り」をしていた時の話になっているが、「海を光《てら》して依り来る神」と書き、日光表現であり、大物主神とはどこにも書かず、「倭《やまと》」の「御諸山の上に坐す神」と書くのみである。『紀』は前述の第八段の一書の第六の記事の後に、次の記事を載せる。

国の中に未だ成らざる所は、大己貴《あなむち》神、独《ひと》り能《よ》く巡《めぐ》り造《つく》りたまひ、遂に出雲国に到りたまふ。（中略）「今しこの国を理《をさ》むるは、唯吾一身《ただわれひとりみ》のみなり。それ吾と共に天下《あめのした》を理《おさ》むべき者、けだし有りや」とのたまふ。時に神《あや》しき光、海を照し、忽然《たちまち》に浮び来る者あり。曰《のたまは》く、「もし吾在《あれあ》らずば、汝《いまし》何ぞ能《よ》く此の国を平《ことむ》けむぞ。吾が在《あ》るに由《よ》りての故に、汝その大き造《なせ》る績《いさをし》を建つることを得たり」といふ。この時に大己貴神問ひて曰く。「しからば汝は是《これ》誰ぞ」とのたまふ。対《こた》へて曰く。「吾は是汝が幸魂《さきたま》・奇魂《くしたま》なり」といふ。大己貴神の曰く。「唯然《しか》なり。すなはち知りぬ。汝はこれ吾が幸魂・奇魂なりといふことを、今し何処《いづこ》に住《すま》らむと欲《おも》ふ」とのたまふ。対《こた》へて曰く。「吾は日本国《やまと》の三諸《みもろ》山に住《すま》らむと欲《おも》ふ」とのたまふ。此《これ》大三輪の神なり。此《こ》の神の子、即《すなは》ち甘茂《かも》君、大三輪君等、又姫蹈鞴《たたら》五十鈴《いすず》姫命なり。

この記事にも『記』と同じに「大物主神」の神名はなく、「三諸山に住らむ」とあり、「三輪山」と書いていないから、『記』と同じ意図による。大物主神は御諸山でなく三輪山にかかわる神である。「大三輪の神」「大三輪君」とあるのは、最終編纂時に追記した記事であることは、前文には「三輪山」「大物主神」と書いていない事が証している。

本居宣長は『古事記伝』で、「吾をば倭の青垣の東の山の上に拝《いつ》き奉《まつ》れ」と、海から寄り来た神が言ったことについて、次のように述べている。

思ふに、東方の山と云ことならば、東之青垣山とあるべきに、青垣を上に置て、東ノ山とあるは、一ッの山ノ名を指セるが如くも聞ゆ、故考るに、神名大神社《オホミワノ》の次に、神坐日向神社《ミワニマスヒムカ》(大月次新嘗、貞観元年に、従五位上を授奉らる、三代実録に見ゆ)あり、此ノ社三輪山の巓《ミネ》に在て、今高宮と称すと或書に云り、然らば御諸山《ミモロヤマ》の旧名日向山《モトノナヒムカシヤマ》と云しか。(若シ然らば、此記に東山とあるに似て、彼ノ神社の日向をも、比牟加志《ヒムカシ》と読むべし、旧名《モトノナ》のたま〳〵此ノ神社にのこれるなり、日の出る方を東《ヒムカシ》といふ

も、即チ日向の意なり）

和田萃も「三輪山祭祀の再検討」で、この本居宣長の見解は引用していないが、古代において「三輪山の頂上に、式内大社の神坐日向神社が祀られ、月次祭や新嘗祭の官幣に預かっていたとすると、代表的な国ツ神であるオホモノヌシ神を祀る祭祀と明らかに異なった祭祀形態が浮かび上ってくる。それは、山の頂上で祀られ、「日向」の語からも推測されるように、日神信仰の要素の濃い祭祀であろう」と書いている[3]。

『記』の神代記には「大物主神」は登場しないが、出雲の大国主神の国造りに神名は書かないが「海を光《てら》して依り来る神」が出雲の国造りに協力して、「吾をば倭の青垣の東の山の上にいつき奉《まつ》れ」と言ったとあるが、本来の神話は「海」は出雲でなく伊勢で、その神は「海を光《てら》して依り来る神」なのだから日神である。その日神が鎮座したのは「倭の青垣の東の山」と書くがその山は御諸山で、御諸山の山頂の日向神社の地である。この事実からも国つ神の三輪山の大物主神の神話でない。天つ神・日神の御諸山神話である。その神話を国つ神神話に変えて、出雲の海を照らしてあらわれ、大国主神の国造りを助けたと書いているが、「神《あや》しき光、海を照らし」は、日神、具体的には海から昇る朝日表現である。

持統天皇の伊勢行幸に猛反対した三輪高市麻呂

前述したが平安時代末期の元永二年（一一一九）に、山田首積善が書いた『大神崇秘書』には、

高宮亦曰二上宮一、在二三輪山峯青垣山一、無二神殿一有リ二大杉一称二神杉一ト是也。神名帳云大神坐日

向神社一座。孝昭天皇御宇御鎮座也。天皇元年四月何日上卯前夜半、峯ノ古大杉上ニ有リ下如キ二日輪ノ一之火気上放テレ光照スレ山ヲ、其暁神天降リ宮女ニ託宣シ謂フ我レハ日本大国主命也、今遷リ二来レリ此国ニ一也。

とある。日向神社の「大杉」に降臨したのは、「如キ二日輪ノ一」と書く。しかし「光照スレ山」の神を『記』『紀』は「大国主神（大物主神）」にしているから、この神に「日本」を冠して日神にしている。『大神崇秘書』より百年ほど後に、叡尊が書いたといわれている『三輪大明神縁起』は、三輪大明神を「於二天上御名一天照也」と書き、伊勢の天照大神と同じだと書いている。このように鎌倉時代になっても御諸山の神を「アマテラス」と見て、伊勢で祀る日神と同じと書く見解が、文献に堂々と書かれている事実は見過せない。この事実から見て、持統天皇六年（六九二）三月の持統天皇の伊勢行幸について、三輪朝臣高市麻呂のとった行動が問題になる。『日本書紀』の持統天皇六年二月十九日条に、次の記事が載る。

是の日に中納言直大弐三輪朝臣高市麻呂、上表《ふみたてまつ》りて敢《あ》えて直言《ただにまう》して、天皇の伊勢に幸さむとして、農時を妨《さまた》げたまふことを諫争《いさ》めまつる。

伊勢行幸の旧暦の三月三日は、新暦では一カ月おくれの四月初めで、桜が咲く頃で農作業の始まる時期だが、農繁期とはいえない。しかし持統紀に依れば、「農時の妨げ」になるから伊勢行幸をやめるべきだと、三輪朝臣高市麻呂が「諫争」の上表を出したと書いている。この上表を見て、天皇は三月三日に伊勢に行幸する予定だったが出発せず、この三日に「浄広肆広瀬王・直広参当摩真人智徳・直広肆紀朝臣弓張等を以《も》ちて、留守官とす」と持統天皇紀は書いているから、伊勢行幸をやめたのではなく、出発をおくらせただけである。この事実について、高市麻呂がとった行動を持統天皇紀六年三月三日条は、次のように書く。

是《ここ》に、中納言大三輪朝臣高市麻呂は、其の冠位《かがふり》を脱《ぬ》ぎて、朝《みかど》に擎上《ささ》げて、重《かさ》ねて諫《いさ》めて曰《まう》さく。「農作《なりはひ》の節《とき》、車駕《きみ》、以動《いでま》すべからず」とまうす。

「冠位を脱ぎて」とあるから、行幸をやめず強行することがわかって、高市麻呂は中納言の職を辞したのである。天皇は三日後の六日（辛未）に伊勢へ出発している。そのことを持統天皇紀は次のように書いている。

辛未《しんび》に、天皇、諫《いさめ》に従ひたまはず、遂に伊勢に幸す。

問題は高市麻呂の「諫」である。「諫」の理由を持統天皇紀は「農作の節」と書くが、三月初旬は今の四月初旬である。前述したが農作業が始まった「春耕」の時期で、農敏期とはいえないから、この時期を『紀』の書く理由で反対したとしたら、天皇の行幸は冬しかできない。

高市麻呂の伊勢行幸に反対した真の理由は、本章で書いたように、御諸山が天皇霊・日神の宿る山であったからである。そのことは御諸山の山頂に日向神社があった事や、『紀』の敏達天皇十年二月の記事が証しており、前述（二七三頁）した高市皇子の歌からも言える。この近くにある古くからの日神・皇祖霊の宿る山へ行幸せずに、前例のない伊勢行幸を決行しようとしたから、反対したのであり、高市麻呂は上申書で、歴代天皇が行なわない異例の伊勢行幸をするなら、近くの皇祖霊・日神の山への参拝を主張したのである。しかし高市麻呂の意見はすべて無視され、出発日はおくらせたが行幸はやめなかったので、三輪高市麻呂は天皇の前で「冠位を脱ぎ」、官職をやめるという、無礼きわまりない行為をとったのである。この持統天皇の伊勢行幸に対しての三輪高市麻呂の強い反対と、その反対行動について、『紀』は「諫《いさめ》に従ひたまはず、遂に伊勢に幸す」と書き、高市麻呂の無礼な行動を「諫」と書いて正当にしているのは、当時の奈良の人々は、多神社の鳥居や山頂にあった日向神社が示すように、日輪・皇祖霊が山頂の神杉に宿る山と見ていたからである。『記』『紀』の王権神話では日神信仰の地は伊勢に移ったが、大和の民衆にとっては、御諸（三輪）山は朝日の昇る日神信仰の聖山であった。

天皇、諫に従ひたまはず、遂に伊勢に行幸す。

と持統天皇紀は書く。高市麻呂の伊勢行幸反対の発言を『紀』は「諫言」と書くが、諫言を「農時の妨げ」の意のみに『記』は書いているが、本章で書いたように、天皇霊・日神の山の三輪山祭祀をないがしろにしての伊勢行幸と見て、高市麻呂は「冠位を脱ぎて」までして、強く反対したのである。その行動を藤原万里（麻呂）は『懐風藻』に載る詩で賞讃している。

「春日宮」といわれた多神社の地にあった笠縫邑

「仲臣の春日氏と同じ仲臣の多氏が祀る『春日宮』」という見出しで、本章の冒頭で書いたが、多神社について『多神宮注進状』は「旧名春日宮」と書く。『紀』の綏靖天皇二年正月条の注記に、

五十鈴依媛を立てて皇后としたまふ。一書に云はく、磯城県主が女川派媛といふ。一書に云はく、春日県主大日諸が女糸織媛なり。

とある。この「春日県主」について小学館版の『日本書紀・一』の頭注は、「春日は奈良市春日山の山麓地帯」と書いて、春日大社の所在地のみと書いているが、岩波書店版『日本書紀・上』は次のように書く。

和州五郡神社神名帳大略注解所引の十市県主系図によると、孝安紀に見える十市県主五十坂彦の譜に、孝昭天皇の時代、春日県が十市県に改められたとあり、同注解に引く久安五年の多神宮注進状にも春日県は後に十市県に改められたとある。したがって十市県主系図では、十市県主の系を春日県主につなげ、綏靖紀の一書に見える春日県主大日諸や糸織媛などの家系も記してある。このように書いて「春日県主」の「春日」は「奈良市春日山の山麓地帯」と見ずに、

十市県主系図や多神宮注進状に記されているように春日県が十市県に改められたか、あるいは春日県主氏が磯城県主または十市県主氏に併呑されたかいずれかによって、春日県がかなり早く消滅したことは事実であったろう。

このように書かれていることからも、「春日県」は御諸（三輪）山山麓から多神社のあたりを、言っていたのであり、多神社は御諸山山頂から昇る春分の朝日（春日）を拝する地として、弥生時代から（一六六頁参照）の聖地であった。したがって多氏の始祖の神八井耳命の伝承は、『記』『紀』は神武天皇の皇子として二代目の天皇になるべきだったが、皇位を実弟に譲位して、まつりごとでも「神まつり」に専念したと書いている。この祭祀とは前述（一六八頁）した位置からしても、**図10・写真19**から見ても、また一六六頁で述べたがこの地は弥生時代から、御諸山から昇る朝日（日神）祭祀の聖地であった、「春日宮」という社名にふさわしい地に、多神社はあった。今も多神社の鳥居は、多神社でなく三輪山に向いていることからも（一六八頁・**写真19**）、そのことは証される。

『紀』の崇神天皇六年条に左の記事が載る。

天照大神・倭大国魂二神を並びに天皇の大殿の内に祭る。然《しか》るに其の神の勢を畏《おそ》れ、共に住み

たまふこと安からず。故、天照大神を以《も》ちて豊鍬入《とよすきいり》姫命に託《つ》け、倭の笠縫邑《かさぬひむら》に祭り、仍《よ》りて磯堅《しかた》城《き》の神離《ひもろぎ》を立つ。

そして垂仁天皇二十五年三月条には、「天照大神を豊鍬入《とよすきいり》姫命より離《はな》ちまつり、倭姫命に託《つ》けたまふ」とあり、倭姫は「大神を鎮め坐《ま》させむ処を求め」、菟田《うた》・近江・東美濃を巡《めぐ》り、伊勢の五十鈴川のほとりに斎宮《いつきのみや》を建て、「磯宮」と言ったとある。大和国にあった日神を祀る「笠縫邑」の推測地は、明治維新前は二カ所だったが、明治に入って一カ所加えられた。古くからの伝承地は多神社のある多郷にあった（磯城郡田原本町多）。江戸時代からこの地には笠縫神社があり、近鉄橿原線の「笠縫駅」もここにある。もう一カ所は『記』の神武天皇紀が多臣と同族と書く「都祁《つげ》直」の支配地の「ツゲ」の入口（「大和高原」といわれている）の桜井市笠にある「笠山荒神社」とその周辺と見られていた。ところが『大和志料』（明治二十七年完成・大正三年刊）を編纂した大神神社宮司の斎藤美澄が、江戸時代の『三輪神社略縁起並独案内』に載る、「目原社、慶長年中に天照皇太神宮此所に御鎮座ありし所なり」とある記事を根拠に、笠縫邑所在地ではないかという個人見解を発表したが、古くから語り伝えられた説とは違う。江戸時代の文献を根拠にする個人見解より、古くから人々が語り伝えてきた見解を私は採る。古くからの二説はいずれも祭祀に専念するため、皇位を弟に譲ったと『記』『紀』が書く、神八井耳命を祖とする「仲臣」の多氏の地であるから、私は笠縫邑は多の地にあったと推定する。

日神を祀る場所をなぜ「笠縫邑」と書くのか。「カサ」は「笠」「傘」と書くが石上堅の『日本民俗語大辞典』は「カサ」について、「竹の骨の傘は、太陽神の後光をかたどって、その憑代《よりしろ》」と見られていたと書き、「井原西鶴の『諸国ばなし』に、和歌山県の掛作観音の貸し傘が、熊本県の奥山家に飛んで、古老の鑑定で、伊勢外宮日の宮の御神体だとして祀られた」と書いている。日神と見られたのは円型だから「笠」も同じに日神と見立てられたのであろう。

「笠」を「縫」とは笠を作ることだが、笠を日神と見立てれば、日神の誕生・朝日が「笠縫」であり、多神社の近くの笠縫邑は御諸山から昇る朝日遥拝地であり、一致する。この地が「春日」と表記されていたのは深い意味があり、この地に弥生時代から居住していた氏族が、初代天皇の皇子で、「マツリゴト」の「政」を弟に譲り、「祭」に専念した皇子を始祖にしている多（太）氏である。この『記』『紀』の記述は見過せない。

国つ神の大物主神を祀る三輪氏は、河内の陶邑で陶器を製作していた、韓国の伽耶出身のオホタタネコの子孫で、御諸山の日神祭祀を古くから行なっていた多氏の配下に入って、大和に来た（その時期と御諸山祭祀への関係は、二七六頁に掲載した考古学者の寺沢薫の表を見てほしい）。そして欽明朝以降に台頭して、日神信仰から国つ神信仰に変った祭祀を主導し、御諸山を三輪山と称し、三輪氏といい、成上って「大神氏」と表記した。しかし三輪氏は「三諸岳」の神を捕えられなかった。雄略天皇紀七年七月条は、「三諸岳」に登り大蛇の形をした雷神を捕えてきたのは、多氏と同族の少子部氏であったと書く。この事例からも、古くからの御（三）諸山祭祀は多氏系氏族であったことは明らかで、本来は日神祭祀氏族であったから、その神社を「春日宮」と言ったのである。そのことは、神社の位置が春分の日、御諸山山頂から昇る朝日を拝する位置にあることと、多神社の鳥居が多神社でなく三輪山に向いていることから言える。そのことは**写真19**（一六八頁）が示している。

第八章

雷神・丹塗矢神話に秘された実相

『延喜式』「神名帳」の「雷神」表記の神社の検証

御《み》(三)諸《もろ》山の神が雷神であったことは、前述(二七七頁〜二七八頁)した雄略天皇紀の七年七月条に、少子部連が雷神の御諸山の神を捕えて天皇に見せたので、天皇から「雷《いかづち》」という名を賜わり、少子部雷と言ったという記事が載るが、「御諸山」表記は日神祭祀の山であった時の表記で、国つ神の大物主神の祭祀になって「三輪山」と書く。雄略天皇紀はその二つの表記が混在して、「三諸山」と書いているが、『延喜式』「神名帳」に載る雷神を祀る神社を示す。

山城国乙訓郡
乙訓坐大雷《ヲトクニニマスオホイカツチ》神社　名神大。月次新嘗。　京都府長岡市井ノ内南内畑
賀茂別雷《カモワケイカツチ》神社　亦若雷。名神大。月次相嘗新嘗。　京都市北区上賀茂本山

大和国添上郡
鳴雷《イカツチ》神社　大。月次新嘗。　奈良市春日野町

大和国広瀬郡
穂雷《ホノイカツチ》命神社　奈良県北葛城郡広陵町安部

大和国忍海郡
葛木坐火雷《カツラキニイマスホノイカツチ》神社(二座)　並名神大月次相嘗新嘗　奈良県北葛城郡新庄町笛吹

大和国宇智郡
火雷《ホノイカツチ》神社　奈良県五條市御山町

和泉国大鳥郡
火電《イナヒカリ》神社　大阪府堺市陶器北
伊勢国度会郡
雷電《イカツチ》神社　三重県度会郡小俣町掛橋
遠江国磐田郡
豊雷命《トヨイカツチミコト》神社　静岡県磐田市見付
豊雷売命《トヨイカツチメミコト》神社　〃
生雷命《イクイカツチミコト》神社　〃
但馬国気多郡
雷《イカツチ》神社　名神大　兵庫県豊岡市佐野
対馬島下県郡
雷命《イカツチ》神社　長崎県下県郡厳原町阿連

乙訓坐大雷神社は「火雷神社」と書く文献もあるが、『山城国風土記』には賀茂建角身命の子神の玉依姫と丹塗矢の神婚で、賀茂別雷神を生んだとあるから、賀茂別雷神を「亦若雷」と「神名帳」は書いており、両神社は父子神である。

鳴雷神社は『三代実録』の貞観元年（八五九）七月五日条に、すでに「響雷神《なるいかづち》」と書いているが、大和の春日神社とかかわる神である。穂雷命神社については、本来は「火雷神」であったのが、「火」が「穂」に変ったと見られている。雷光は「火」だが、雨を降らせ穂を実らせるからである。葛木坐火雷神社の祭祀氏族が笛吹氏だから、祭神を火雷大神と笛吹連の始祖神の天香山命にするが、本来は夫婦神か母子神の雷神であったろう。天香山命は雷神とは無関係である。宇智郡の「火雷神社」は「火」が冠されており忍海郡の火雷神と同じである。

和泉国の火電《いなひかり》神社はかつての陶邑の地にあり、現在は陶荒田神社に合祀されているから、陶邑出身の三輪氏の祖オホタタネコとかかわる神社である。三輪山の神の大物主神が雷神と見立てられていることは、前述した雄略紀の記事が示している。伊勢国度会郡の雷電神社は『式内社調査報告・第六巻』は六箇所の比定地を示し、小俣町の神社にしている。遠江国磐田郡の豊雷命神社・豊雷売命神社・生雷命神社については、『式内社調査報告・第九巻』は、明治三十九年刊の『神社明細帳』掲載の左の由緒を示す。

創立年月日不詳。延喜式神名帳ニ所載ノ遠江国磐田郡豊雷命神社豊雷売命神社生雷命神社是也。往古ハ三神各社ニ鎮坐アリシヲ年月不知、一社ニ合祭セリト云ヒ伝フ。風土記伝ニハ豊雷命豊雷売命ハ相殿ニ鎮リ坐テ、生雷命神社ハ天神山中ノ雷塚ト云ヘル所ニ坐テ、地主神ト称シ社無シトアリ。

豊雷命・豊雷売命は夫婦神で、生雷命は御子神であろう。

但馬国の雷神社は『続日本後紀』の承和九年（八四二）十月乙亥条に、「但馬国気多郡雷神預官社」とあるが、『延喜式』「神名帳」で雷神で「名神大社」なのは、山城国と大和国のみであるから、但馬国の「名神大社」は他の地方の雷神とは相違している。

以上述べた「神名帳」の雷神は都のあった大和国と山城国、伊勢神宮の所在地の伊勢国と、畿内の和泉国以外では、ほとんど祀られていない。畿内以外では遠江国と但馬国と辺境の対馬島のみである。

この事実から見ると雷神は地方の一般大衆の祀る神ではなかったといえる。『続日本紀』慶雲三年（七〇六）七月二十四日条に、「丹波・但馬の二国に山の災あり。使を遣して幣帛を神祇に奉《たてまつ》らしむ。即ち雷の声忽《たちま》ち応《こた》へて、撲《う》たずして自《おのづか》ら滅《き》えぬ」とある。但馬とあるから但馬国の雷神社とかかわるかもしれないが、この『続日本紀』の記事からも雷神はタタリ神であり、タタリを鎮めるために祀っているのである。

三輪氏の祖神の大物主神の丹塗矢神話の詳細は後述する。この神話には、「謂《い》はゆる丹塗矢は、乙《おと》訓《くに》の郡の社《やしろ》に坐《いま》せる火雷神《ほのいかづち》なり」と『山城国風土記』にはあり、丹塗矢（火雷神）と玉依比売の聖婚に依って生まれたのが、山城国の賀茂別雷神社の祭神である。「神名帳」は「若雷」と書く。両社は「名神大社」だが、大和国忍海郡の「名神大社」の葛木坐火雷神社（二座）は、大和の葛城から賀茂氏・秦氏と共に山城国へ移ったが、大和国の葛城で祭祀していた元宮が、葛木坐火雷神社である。大和国広瀬郡・忍海郡・宇治郡の雷神も葛木坐火雷神社にかかわり、山城国・大和国の雷神を祀る神社は、添上郡の鳴雷神社以外は、秦氏にかかわっている（これらの事例の詳細は後述する）。

和泉国大鳥郡の火雷神社は秦氏と共に韓国の伽耶から渡来した陶人が居住した「陶邑」で、陶人が祀っていたから、陶荒田神社に合祀されている。但馬国の雷神社は新羅から渡来した新羅王子の天之日矛が定住した但馬国の神社で、天之日矛にかかわる神社であり、伊勢と遠江の神社以外は渡来氏族（主に秦氏）にかかわっている。

雷神を祀る神社は東は関東になく、西は現在の京都府・奈良県・大阪府の畿内にあるだけで、他は伊勢・遠江・但馬と対馬である。伊勢・遠江・但馬は地方といっても都に近い地方だが、対馬は違う。

島であり、しかも都からもっと遠い所にある島に祀られている雷神である。この雷神は丹塗矢としてあらわれているから、丹塗矢伝説について書く。

山城国で丹塗矢神話を伝える賀茂氏と秦氏

『山城国風土記』に次の記事が載る。

玉依日売、石川の瀬見《せみ》の小川に川遊びせし時、丹塗《にぬり》矢、川上より流れ下りき。乃《すなは》ち取りて、床の辺《へ》に挿《さ》し置き、遂《つい》に孕《はら》みて男子を生みき。

とあり、その「丹塗矢」について、

謂《い》はゆる丹塗矢は、乙訓《おとくに》の郡《こほり》の社《やしろ》に坐《い》せる火雷《ほのいかづち》神なり。

と書き、丹塗矢に依って生まれた子は、天に昇ったが、その子は「賀茂別雷命《かもわけいかづち》」だと書く。『記』の神武天皇記には左の記事が載る。

大后《おほきさき》と為《せ》む美人《をとめ》を求ぎたまひし時、大久米命曰《まを》ししく。「此間《ここ》に媛女《をとめ》有り。是《こ》を神の御子と謂《い》ふ。其の神の御子と謂ふ所以《ゆえ》は、三島湟咋《みぞくひ》の女、名は勢夜陀多良比売《せやだたらひめ》、其の容姿《かたち》麗美《うるは》しかりき。故、美和の大物主神、見感《みめ》でて、其の美人の大便《くそ》為《ま》れる時、丹塗矢に化《な》りて其の大便《くそ》まれる溝より流れ下りて、其の美人の富登《ほと》を突きき。爾《ここ》に其の美人驚きて、立ち走り伊須須岐伎《いすすきき》。乃《すなは》ち其の矢を将《も》ち来て、床の辺に置けば、忽《たちま》ちに麗《うるは》しき壮夫《をとこ》に成《な》りて、即ち其の美人を娶《め》して生める子、名は富登多多良伊須須岐比売命《ほとたたらいすすきひめ》と謂《い》ひ、亦《また》の名は比売多多良伊須気余理比売《ひめたたらいすきよりひめ》と謂《い》ふ。是《これ》を以《も》ちて神の御子と謂《い》ふなり」とまをしき。

とある。『山城国風土記』の記事は丹塗矢を雷神と明記しているが、『古事記』（神武天皇記）は雷神と明記していない。『日本書紀』は前述したが雄略天皇紀に、三諸（三輪）山の神は雷神と書いているから、丹塗矢＝雷神である。しかし雷神なのに川を流れてくる。理由は大物主神・賀茂神などの国つ神神話だから、天空を飛ぶ矢が川を流れる矢に、変られたのであろう。

三輪山の神は雷神だから丹塗矢としてあらわれている。そのことは雄略天皇紀（七年七月条）が示しているが、賀茂の神も雷神であることは『山城国風土記』が記している。京都の賀茂神は大和国の葛木《かつらぎ》（城）山の山麓から来たことを、『山城国風土記』は次のように書く。

賀茂《かも》建角身命《たけつのみ》、神倭石余比古《かむやまといはれひこ》の御前《みさき》に立ちまして、大倭《やまと》の葛木《かつらき》山の峯に宿《やど》りまし、彼《そこ》より漸《やうやく》に遷《うつ》りて、山代の国の岡田の賀茂に至りたまひ、山代河の随《まにま》に下りまして、（中略）「狭小《さちいさ》くあれども、石川の清川なり」とのたまひき。仍《よ》りて、名づけて石川の瀬見の小川と曰《い》ふ。その川より上りまして、久我《くが》の国の北の山基《やまもと》に定《しづ》まりましき。その時より名づけて賀茂と曰《い》ふ。

この記述で明らかだが、大和国の葛木から賀茂氏は山城国へ移住しているが、大和国の賀茂氏について『新撰姓氏録』（弘仁五年〈八一四〉成立）は、次のように書く。

賀茂朝臣。大神《おほみわ》朝臣と同じき祖。大国主神の後なり。大田《おほた》田禰古《たねこ》命の孫、大賀茂都美《つみ》命、賀茂神社を斎《いつ》き奉《まつ》りき。

この「賀茂神社」は『延喜式』「神名帳」が書く、大和国葛上郡の「高鴨阿治須岐託彦根《あぢすきたかひこね》命神社名神大。月次相嘗新嘗」だが、この神社は『山城国風土記』（逸文）が書く「大倭の葛木山の峯に宿る」神である。この「大倭の葛木山」の神が山城国へ移ったのだが、移った理由は神社の所在地の「御所市御所宮前町腋《わき》上《かみ》」の「腋上」がヒントになる。さらに三輪の大物主神の丹塗矢伝承が、山城国の賀茂の雷神信仰と結びつく理由にもなる。

大和国の葛城の「腋上」については、『新撰姓氏録』の山城国諸蕃のトップに載る「秦忌寸」に、次の記事がある。

弓月君、誉田天皇諡《おくりな》は応神の十四年に来朝《まゐ》りて、表を上りて、更に国に帰りて、百廿七県の伯姓《たみ》を率て帰化《まゐ》り、幷《また》、金銀玉帛種《くさぐさ》々の宝物等を献《たてまつ》りき。天皇嘉《め》でたまひて、大和の朝津間《あさつま》の腋上《わきかみ》の地を賜《たま》ひ居《を》らしめてたまひき。

賀茂氏が祀る鴨神社の地が、秦氏が最初に居住した地にあることに、私は注目している。

加藤謙吉は『秦氏とその民』所収の「葛城地方の秦氏と山背移住」の章で、文献例を示して検証し、秦氏は「五世紀代の腋上の地や忍海郡、あるいは葛下郡の南部地域に集団的に居住し、葛城氏滅亡後のある時期にその大半が王権の手によって山背に移住させられたという事実を伝えたものと解して誤りないであろう」と葛城氏滅亡に関連して論じている。そして「葛城氏を構成した主要勢力は、五世紀後半～末期にすべて滅亡したと推断してよいであろう」と書いて、「山背の秦氏の二大勢力を形成した深草と葛野の秦氏のなかには、ともに大和の葛城、とくに腋上の地からの移住者がいたと考えてよいのではないか」と書き、「葛野のグループは、王権の手により、直接葛城地方から葛野の地へ送り込まれた人々と推察される」と書いている(1)。

『新撰姓氏録』によれば三輪氏と同じにオホタタネコを祖とする賀茂氏も、秦氏と共に大和国の葛城の腋上から、山城へ移住したのである。『山城国風土記』は、可茂《かも》の社《やしろ》。可茂といふは、日向の曽の峯に天降りましし神、賀茂建角身《たけつのみ》命、神倭石余比古《やまといはれひこ》の御《み》前《さき》に立ちまして、大倭《やまと》の葛木《かつらき》山の峯に宿《やど》りまし、彼《そこ》より漸《やうやく》に遷《うつ》りて、山代《やましろ》の国の岡田の賀茂に至りたまひ、

と書き前述したが、大和国の葛木《かつらき》（城）から賀茂氏は山城国へ移住しているが、賀茂氏の葛木の本拠地も秦氏と同じ腋上であることは、無視できない。

秦・賀茂の両氏は共に大和国の葛城の腋上に住み、山代国岡田の賀茂に住んでいる。岡田の地には式内社の岡田鴨神社（京都府加茂町字鴨村）がある。承和三年（八三六）二月五日付の山城国葛野郡高田郷長解案（平松文書）には、高田郷内の土地の売人として相楽郡賀茂郷在住の「大初位上秦忌寸広野」の名があり、鴨神社のある岡田には秦忌寸広野以外にも秦氏が居る。秦広野の土地を買った人物も秦姓であり、保証人もすべて秦姓だから、岡田と太秦の秦氏の交流の強さを示している。このことは最終居住地の賀茂氏の賀茂川流域と、秦氏の桂川流域が近接していることが証しており、拙著『神社と古代王権祭祀』所収の「賀茂神社」で詳述したが、秦氏は京都の賀茂神社の祭事に関与しており、賀茂氏と秦氏は密接である。理由は山城のカモ氏もハタ氏も、原郷が大和国の葛城で、大物主神の丹塗矢伝承を伝える三輪氏と親しかったからである。

しかし賀茂氏は三輪氏のように韓国の伽耶からわが国に渡来した帰化人の集団・氏族ということはできない。「カモ」は土着の賀茂氏を意味する。秦氏は拙著『秦氏の研究』『続・秦氏の研究』で述べたように、当時の土着の人々にない特殊の技術をもっていた工人集団であったから、帰化氏族といえるが、賀茂氏は秦氏と同じ渡来氏族とはいえない。

秦氏が伝える「丹塗矢」と「鳴鏑矢」の神話

『秦氏本系帳』（『三代実録』元慶五年〈八八一〉三月二十六日条によれば、この日に松尾神社の祝部の氏人が『秦氏本系帳』を提出したとある）の原文を、和文化して記す。

> 秦氏の女子、葛野河に出て衣裳を漱《そそ》ぎ濯《あら》ふ時、一矢有り。上より流れ下る。女子、之を取りて遷《かへ》り来たり、戸上に刺し置く。是に於て女子、夫無くして妊《はら》み、既《すで》にして男子を生む。（中略）
> 戸上の矢は松尾大明神なり。

この「戸上の矢」は前述の「丹塗矢」である。秦氏が賀茂氏と親しく、賀茂神社の祭祀にかかわっていることは、拙著『秦氏の研究』や、拙著『神社と古代王権祭祀』に掲載の「賀茂神社」で詳述した。

三品彰英は『古代祭政と穀霊信仰』所収の「閼英考付考御阿礼考」で、賀茂神社の御阿礼祭が、韓国の神話・伝承に類似しているのは、秦氏が賀茂神社の祭儀に関係していたからだと書き、前述した『秦氏本系帳』の「秦氏女子」が葛野（桂）川を流れてきた松尾大明神の形代の丹塗矢によって妊娠した話や、「斎宮式新造炊殿忌火祭に、葛野秦氏の童女が祭儀に参与することが見え、又『寛平御記』に賀茂臨時祭の際、まず松尾を拝する旧例が記されて」いることから、これらの資料は賀茂氏が「秦氏と深い関係を持っていることを示唆している」と書き、丹塗矢神話について、韓国の伽耶（金官伽耶）の始祖王首露の出生譚を、次のように書く。

> 洛東江の河口の水辺で一人の両班の娘が洗濯をしていると、ふと足の踵をつつくものがある。

振向いて見ると、それは一匹の鮎であったので、乙女は好奇心にかられ、鮎を盥《たらい》に容れて持帰ったが、それが縁となって、その娘は懐胎し、やがて立派な男の子を生んだ。これが首露王である。

このように書いて丹塗矢神話は伽耶神話が元ではないかと見ている(2)が、秦氏にかかわるから韓国に源流があったとしても、丹塗矢の「丹塗」は日光表現であり、国つ神神話に用いたから、川を矢が流れてくる神話になったが、川を流れる矢など矢の意味がない。

『記』の応神天皇記の新羅王子の天之日矛伝承に、沼辺で昼寝をしていた女性の女陰を日光が射して、「妊身《はら》みて、赤玉を生みき」とあり、

其の玉をもち来て、床の辺に置けば、即《すな》ちに美麗《うるは》しき嬢女《をとめ》に化《な》りて……

とあるが、前述の『記』『風土記』の記事は、共に

其の矢を将《も》ち来て、床の辺に置けば、忽《たちま》ちに麗《うるは》しき壮夫《をとこ》に成《な》りて……

とあり、「矢」が「玉」になっているだけで、まったく同じである。天之日矛はわが国に来た新羅の王子であり、「其の玉」は日光に感精した女性が生んだ「赤玉」で、「赤玉」の「赤」は丹塗矢の「丹」と重なる。この日光感精伝承が国つ神伝承に変えられ、日光が丹塗矢になったのである。

『延喜式』「神名帳」の山城国葛野《かどの》郡条に、左の神社が載る。

木島《このしま》坐天照御魂《みむすび》神社　名神大、月次相嘗新嘗

この神社は一般に「木島社」「元糺《ただす》社」と言われているが、京都市右京区太秦森ヶ東町にあり、秦氏が祭祀する神社である。『記』の神代記に左の記事が載る。

大山咋《おほやまくひ》神、亦の名は山末之《やますえの》大主《おほぬし》神、此の神は近淡海《ちかつおほみ》国の日枝《ひえ》の山に坐《いま》し、亦葛野《かどの》の松尾に坐《いま》し

て、鳴鏑《なりかぶら》を用《も》つ神ぞ。

「鳴鏑」は「鳴鏑矢」のことだが、日枝（比叡）山の四明岳と松尾大社の日崎峯は**図19**のような関係になる。この線上に糺《ただす》社と元糺社があり、天照御魂神社が「元」の「タダス社」である。「タダス」

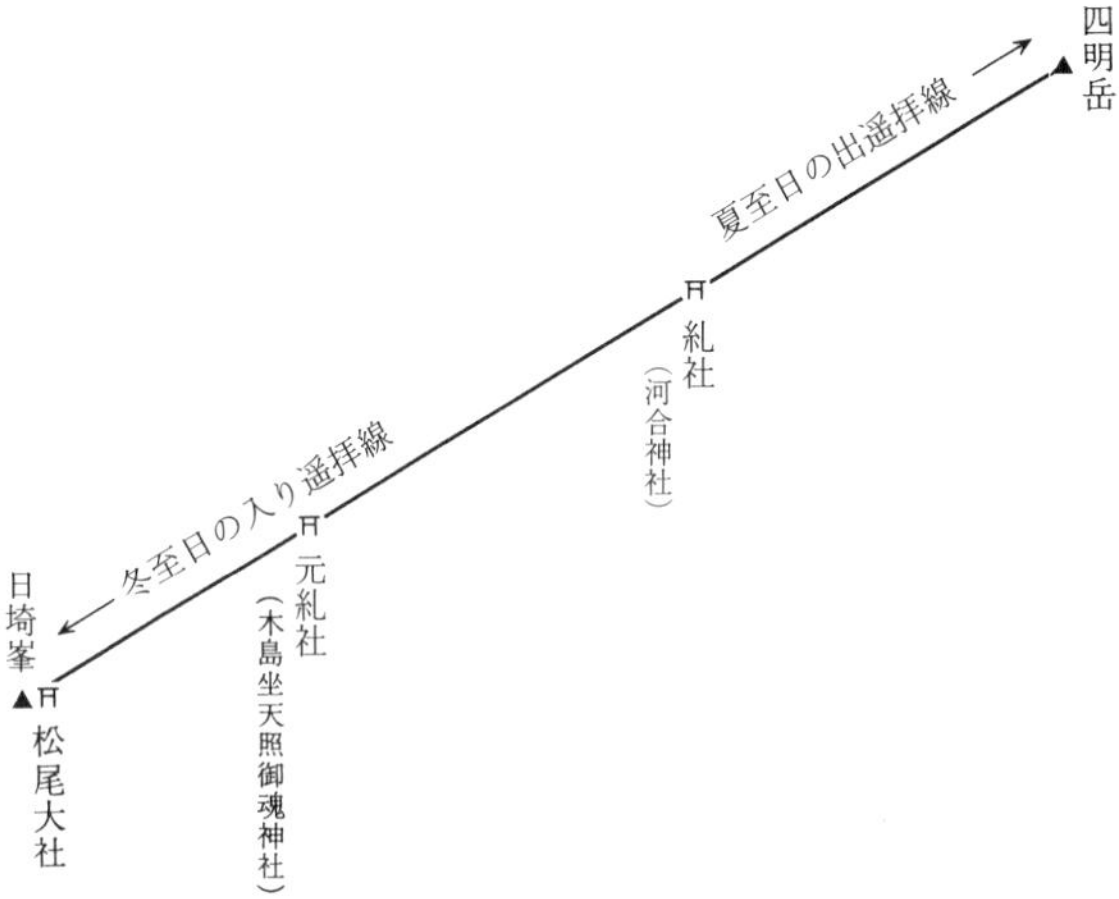

図19　鳴鏑矢が飛ぶ方位の関係図

とは「一直線に射す」の意である。一般に「タダス」は下鴨社の森の呼称として有名だが、「糺の神」（『枕草子』）、「ただすのみや」（『新古今集』）と呼ばれたのは下鴨社でなく河合神社（式内社「鴨川合坐小社宅神社」）である。『太平記』には「河合森《ただすもり》」（巻十五）、「河合《ただす》」（巻十七）とあり、『拾芥抄』『色葉字類抄』は「只州社《ただすしゃ》」とあるから、賀茂川と高野川の合流する河合の只州の意と一般に言われているが、この表記は宛字に過ぎない。「タダス」は「タダサス」の意である。『古事記』は天孫ニニギが日向の高千穂峯に降臨した時、

朝日の直刺《たださ》す国、夕日の日照《ほて》る国、故、此地は甚吉《いとよ》き地

と言ったと書く。「直刺す」が「タダス」である。

図19を見れば「元糺社」も「糺社」も朝日・夕

日の「直刺す」「日照る」地にある。このような「朝日の直刺す」「夕日の日照る」地を、わが国の古代の人々は聖地・祭場にしたことは、序章で述べた（三四頁〜三五頁）。

『古事記』は景行天皇の「纏向《まきむく》の日代《ひしろ》の宮」を、

朝日の日照る宮　夕日の日影《かげ》る宮

と書いており、『皇太神宮儀式帳』は伊勢の国を、左のように書く。

朝日の来向《きむか》ふ国　夕日の来向ふ国

このように古代日本人の信仰は朝日・夕日であり、各神社の地は朝日を御諸（三輪）山、夕日を二上山に拝する地である。特に**図10**（一六八頁）で示したように、多神社は春分の朝日が御諸山山頂から昇るのを拝する地だったから、「春日宮」と言われたのである。元の名が「春日戸神社」の「天照大神高座神社」も、**図3**（六二頁）で示したように、住吉神社から拝する春分の朝日の昇る位置に、天照大神高座神社の御神体が鎮座する洞窟（天の岩屋）がある。この洞窟は**図1**（五五頁）が「本社弁天」と書く山頂に近い所にあり（第一章で書いたが江戸時代は弁財天社になっている）、洞窟は朝日誕生の母胎・子宮としての「天の岩屋」と見立てられていた。

沖縄の『おもろさうし』には「太陽《てだ》が洞窟《がま》」という表現が多く登場する。太陽は東の洞窟から昇って西の洞窟に沈み、夕日は地下（母胎）で復活し、東の洞窟から朝日として昇る。『記』『紀』の天の岩屋神話は、そのことを示しているが、天照大神高座神社を東の基点として、真西に直線を引くと住吉大社があり（六二頁の**図3**を参照）、さらにその線を引くと淡路島の式内社の石屋神社に至る（正確には直線上に並ばず、ややずれるが、古代人は地図に線を引かないから、一般の人々の方位観では東西線上にあった)。石屋神社の本来の神体は「明神窟」という洞窟であり、天照大神高座神社の洞窟は「秘門窟」といわれ、弁財天信仰と習合し市杵島姫を祀る「岩戸神社」といわれた(市杵島姫は本地垂迹説ではインドの弁財天)が、この洞窟から朝日として誕生し、石屋神社の洞窟に夕日として沈む。この洞窟は墓であり、子宮である(そのことは母胎・子宮を表現している沖縄や韓国の**図2**(六〇頁)が示している)。

このような古代人の朝日・夕日観に依っているのが、前述した鳴鏑矢の飛ぶ方位である。この「矢」は「日光」だから、朝日の昇る日枝山から、葛野の松尾山に飛ぶが、松尾山麓には秦氏の氏神を祀る松尾神社がある。

秦氏祭祀の木島坐天照御魂神社と藤原氏

松尾大社は京都市右京区嵐山宮町に鎮座するが、『秦氏本系帳』(『三代実録』の元慶五年〈八八一〉三月二十六日条に、松尾神社の祝部が「本系帳」を提出したとあるのが『秦氏本系帳』)だが、その『秦氏本系帳』に載る「松尾祭事」は、左のように書いている。

天下坐二松尾日埼一又云、日埼岑

「日埼岑」は**図19**で示したように四明岳から昇る夏至の日の出遥拝地であり、この神社の東北東に秦氏の祭祀する木島坐天照御魂神社がある。天照御魂神社に隣接して、秦氏の氏寺で、国宝指定第一号の弥勒菩薩半跏思惟像のある広隆寺がある。神社は広隆寺境内の最東端にあり、神仏習合時代は広隆寺の鎮守神であった。

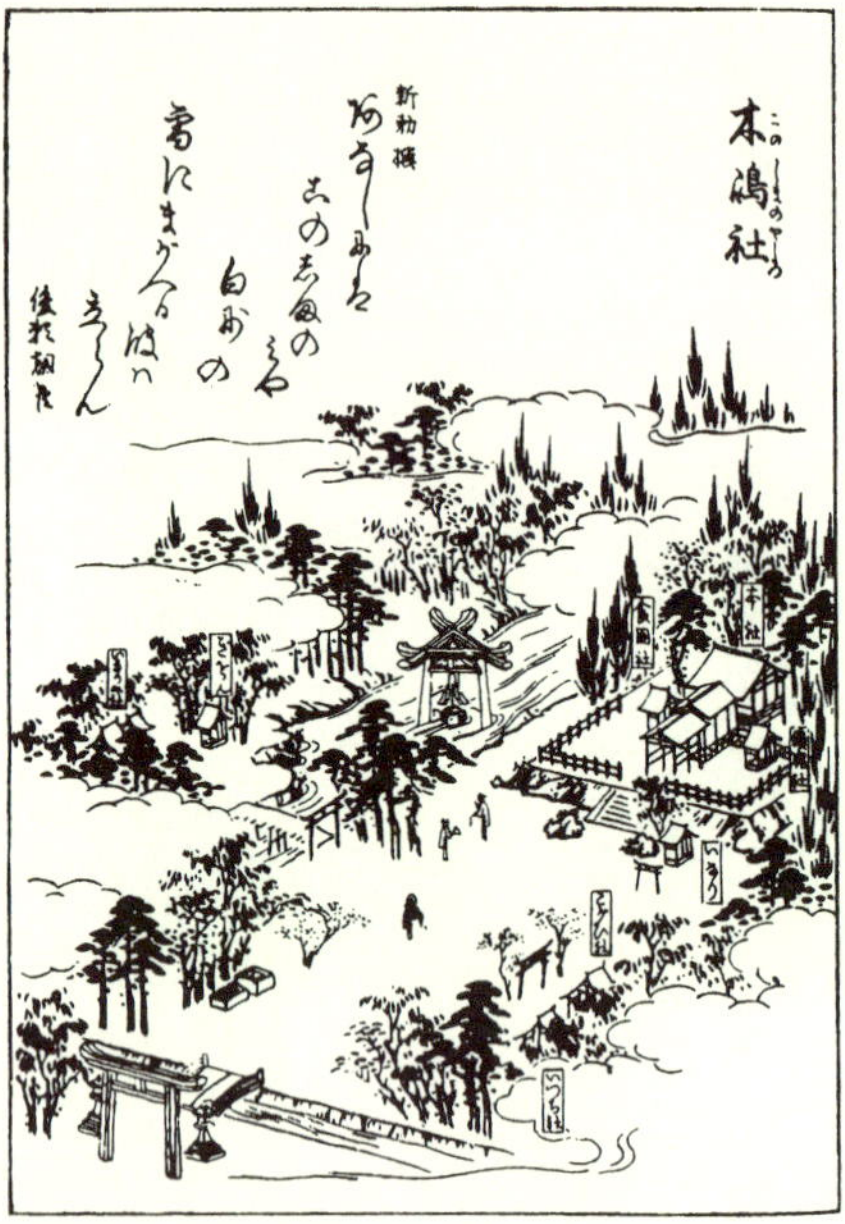

図20　木島坐天照御魂神社の図

図20は江戸時代の安永九年（一七八〇）刊の『都名所図会』に載る木島坐天照御魂神社の図だが、「木島社」とある。川の中にあるのが「三柱鳥居」だが、なぜかこの鳥居は三方に向いている。その方向は図21のようになる。

夏至の日の出・日の入り方位は四明岳・松尾山（日埼峯）であり、冬至の日の出・日の入り方位は稲荷《いなり》山と愛宕《あたご》山であり、稲荷山は冬至の朝日の昇る方位である。この地には秦氏が祭祀する稲荷神社があり、冬至の夕日の落る愛宕山も秦氏が関与する聖山である。真北方位の双ヶ《ならび》丘（右京区御室）には、一ノ丘の頂上に一基、一ノ丘と二ノ丘の鞍部に五基、三ノ丘周辺に一三基の古墳が確認されている。日本歴史地名大系27『京都市の地名』は、双ヶ《ならびが》丘《おか》古墳群について、一ノ丘頂上（標高一一六メートルの一ノ丘がもっとも高く、二ノ丘・三ノ丘と低くなっている）にある古墳は、太秦《うずまさ》の蛇塚古墳の石室に次ぐ大規模なもので、「他の古墳に比べて、墳丘や石室の規模が圧倒的に大きく、しかも丘頂部に築造されているところからみて、嵯峨野一帯に点在する首長墓の系譜に連なるものであろう。（中略）築造の年代は、蛇塚古墳に続いて七世紀前半

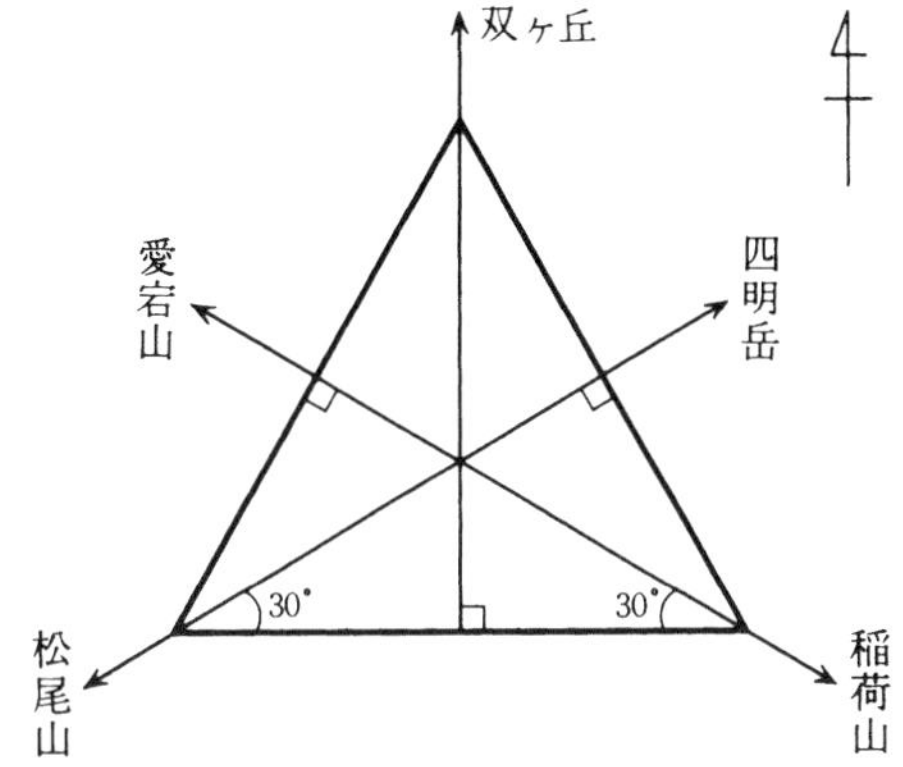

図21　三柱鳥居が示す方位

頃と推定される。（中略）双ヶ丘古墳群は、その所在地からみて、秦氏との関連が考えられる」と書いている。(3)

このように双ヶ丘は三柱鳥居の北方位だが、この北方位に嵯峨野一帯を支配していた秦氏の葬地がある。この事実からも冬至・夏至の朝日・夕日と秦氏の首領の葬地を遥拝する門として、三柱鳥居はある。

この神社は国宝第一号の弥勒菩薩半迦思惟像のある秦氏の氏寺の広隆寺内に鎮座していたが、現在は神仏分離で隣接している。神仏習合時代には広隆寺境内の最東端にあった。この神社の西に近接して式内社の、

大酒神社　元名大辟神

が鎮座する。この神社は中世には広隆寺桂宮院の鎮守社であった。

『新撰姓氏録』の「未定雑姓」の山城国に、

大辟　津速魂命後也

とある。佐伯有清は『新撰姓氏録の研究・考証篇第六』で、「大辟の氏名は、『延喜式』神名帳、山城国葛野郡条に、『大酒神社（元名大辟神）』とみえ、また『続日本後紀』嘉祥二年九月丙寅条に『奉レ授二山城国葛野郡大辟神従五位下一。縁下屢有二霊験一所レ祈必応上也』とみえる大辟神社（京都市右京区

太秦蜂岡町）の名と関係があろう」と書いているが[4]、広隆寺桂宮の鎮守社になっている。播磨国にも大辟神社（式外社）があるが、祭神は秦河勝と秦酒公である。「大辟」が「大酒」になったのは、秦酒公の「酒」をとったからであろう。

『新撰姓氏録』の山城国の大辟氏は秦氏系氏族なのに「津速魂命後也」とある。津速魂神は、『新撰姓氏録』左京神別上の冒頭に、

藤原朝臣　津速魂命の三世孫　天児屋命自《よ》り出づ。

とあり、次に「大中臣朝臣　藤原朝臣と同じき祖」とある。「津速魂命《つはやむすび》」を始祖にするのは『新撰姓氏録』では、藤原・大中臣朝臣以外では、大和では大家臣・添県主、摂津では津島・椋垣・荒城朝臣、河内国で菅生朝臣・中臣高良比連・平岡連・川跨連ら九氏に限定され、他の二十九氏は「天児屋命」または「大中臣同祖」と書かれており、「津速魂命」を始祖とする藤原・大中臣氏を含む九氏は、撰ばれた氏族といえる。ところが未定雑姓の大辟氏に「津速魂之後也」とあるのはなぜか。

大辟（酒）神社は『続日本後紀』嘉祥二年（八四九）九月十六日の条に、大辟神はしばしば霊験があり、祈ると必ず応《こたえ》があるので従五位に叙すとあるが、『広隆寺由来記』によれば朱雀天皇のとき従三位、天慶四年（九四一）五月十五日に正三位、天喜三年（一〇五五）十一月二十日に正二位、延久元年（一〇六九）四月二十五日には正一位の極位に昇っている。『新撰姓氏録』の成立の弘仁五年（八一四）六月一日より後代のことだが、この異例の昇進は藤原・大中臣氏がバックに居たからであろう。『新撰姓氏録』では「大辟氏」は「未定雑姓」であっても、天児屋命でなく特例の「津速魂命」の後裔にしているのは、バックに藤原・大中臣氏が居たからである（そのことは後述する）。

天照大神高座神社祭祀の春日戸氏と藤原氏

『新撰姓氏録』に載る「大辟氏」を「津速魂命の後なり」と書く記事の前に、

　春日《かすか》部《べ》主寸《すぐり》　津速魂命の三世の孫、大田《おほた》諸《もろ》命の後なり。

とある。この記事は藤原朝臣・大中臣朝臣について、次のように書いているのと似ている。

　藤原朝臣　津速魂命の三世孫　天児屋命自《よ》り出《い》づ。

「天児屋命」が「大田諸命」に変っているだけである。『新撰姓氏録』は藤原氏出自の母をもつ萬多親王（桓武天皇皇子）と、右大臣藤原園人、参議藤原緒嗣が編纂者のトップに居て編纂された勅撰書である。この『姓氏録』に「新撰」を冠した書は、『記』『紀』が藤原・中臣氏の始祖神とする「アメノコヤネ」に「ツハヤムスビ」を架上し、藤原・大中臣氏と同族でも特別に親しく重視する氏族のみを、「ツハヤムスビ」の後裔として、「アメノコヤネ」を始祖とする同族と区別している。その「ツハヤムスビ」を始祖とする氏族に、「未定雑姓」であっても、大辟氏と共に載る「春日部主寸」が載ることは、無視できない。

　岸俊男は『日本古代籍帳の研究』所収の「日本における『戸』の源流」と題する論考で、「春日戸《かすかべ》村主《すぐり》」について論じているが、「春日部主寸」の「部」は「戸」、「主寸」は「村主」であることを岸論文は論証し、本貫地は河内国高安郡と書く。そして「『戸』の源流」について論じ、「日本における『戸』および編戸の源流は朝鮮から渡来した人たちの集団」と結論している[5]（このことは第一章の六四頁でも述べ、伽耶出身と書いた）。

なぜ渡来氏族の「春日部（戸）主寸（村主）」が藤原・大中臣氏と同族として、『姓氏録』に載るのか。第一章で述べたが河内国高安郡には、

天照大神高座神社二座　並大、月次新嘗 元名、春日戸神

がある。「神名帳」は高安郡十座のうち、この神社以外に「春日戸社坐御子神社」を記す。この「春日戸」は「春日部」のことであるから、『新撰姓氏録』に載る山城国の「春日部主寸（春日戸村主）」も、原郷は河内国高安郡で、山城国へ移住した氏族であろう。

第一章で「『天照大神高座神社』という社名について」「天の岩屋神話の実相を示す天照大神高座神社」「天照大神高座神社の祭祀氏族は渡来氏族」という見出しをつけて、詳細に論じたが、この天照大神高座神社の神宮寺の「教興寺」は「秦寺」と一般に言われており、この「天照大神」を神社名にする神社も、春日戸氏と同じ伽耶出身の秦氏も祭祀氏族であったことを書いた。山城国の春日戸氏と秦氏（大辟氏）が共に藤原、中臣氏と同じ始祖と、『新撰姓氏録』が書くのも、両氏が同族・同系と見られていたからである。問題はなぜ藤原・中臣氏の始祖と同じと称していたかである。

理由の第一は仲臣の多（太）氏と秦氏（春日戸氏）と中臣連の関係である。

平安時代後期の久安五年（一一四九）三月十三日に、多神社（「多神宮」ともいう）の禰宜の従五位下多朝臣常麻呂らが、国司に提出した『多神宮注進状』に、祭神を母子神の二座として、祭神を、

珍子賢津日霊神尊《ウツノミコサカツヒコ》　皇像瓊玉坐《タマスガタニタマ》
天祖賢津日孁神尊《アマツオヤサカツヒメ》　神物円鏡坐《タマシロマルカガミ》

と書く。そして社伝の「社司多神命秘伝」の左の記事を示す。

珍子賢津日霊者天忍穂耳命。河内国高安郡春日部座宇豆御子神社同体異名也。天祖賢津日霊神者天疎向津姫命。春日部座高座天照大神之社同体異名也。

「春日部座宇豆御子神社」は、『延喜式』「神名帳」の河内国高安郡の、

春日戸社坐御子神社

であり、「春日部座高座天照大神之社」は、

天照大神高座神社二座 並大、月次新嘗 元名、春日戸神

である。二座は「春日戸社坐御子神」と「天照大神」の母子神で、多神社と同じだが、多神社は母神を「天疎向津姫命」にしているのは、河内の天照大神高座神社の「天照大神」を「天疎向津媛命」と見ているのだから、『紀』の神功皇后摂政前紀が書く「撞賢木厳御魂天疎向津媛命」を、通説化している摂津国の広田神社の祭神とする説は、成り立たない。

前章で多神社の元の名は「春日社」であったことを書いたが、仲臣は春日氏と多氏であるから、春日戸氏は仲臣の配下に居た。したがって、元は春日戸神社の天照大神高座神社と多神社は、「同体異名」なのである。つまり多神社の母神は天照大神＝天疎向津媛で、多神社も天照大神高座神社も二座で「母子神」であるのは、一般の民衆の信仰が母神の天照大神と日の御子の信仰であったからであり、女神は日神でなく日女・日妻であったからである。多神社の文献は、「天照大神」に「高座」を冠しているように、高所に鎮座する「天照大神」だが、平安時代末期に「春日戸神社」が「天照大神」神社に社名を変えているのは、春日戸氏が藤原・大中臣氏と同祖と主張しているように、かつては仲臣の多氏の配下に居た中臣連が成上った藤原・大中臣氏の配慮に依ると、私は推測している。

元は「春日戸神社」を祭祀する春日戸（部）氏と同族の山城国の春日部氏は、一般の中臣氏系氏族が始祖にする「天児屋根命」でなく、藤原・大中臣氏が始祖にする「津速魂命」を始祖にしている。この事実から見ても、春日戸（部）神社が平安時代に入ってから、「天照大神高座神社」に神社名を変えたのと、春日戸（部）氏が「津速魂命」を始祖にしたことは一致している。そのことを裏付けるのは「天照大神高座神社」は、前述（五二頁〜五六頁）したが春日戸氏と秦氏が祭祀しているが、その秦氏の大辟氏も春日部（戸）氏と同じ「津速魂命」を始祖にしていることが証している。しかし両氏は『新撰姓氏録』で「未定雑姓」（山城国）に入っているのは、伽耶系氏族であったからである。なぜ伽耶系氏族が、一般の中臣氏系氏族が祖にする天児屋命でなく、藤原朝臣・大中臣朝臣・津島朝臣が始祖にする津速魂命を祖にしているのか。そのことは『新撰姓氏録』で『記』『紀』神話に載る藤原・中臣氏の祖神の「アメノコヤネ」でなく、「ツハヤムスビ」という『記』『紀』神話に載らない祖神を例示していることと関連している。

雷大臣命を祖にする対馬出身の中臣氏系氏族

渡来氏族の秦氏の「大辟」や、秦氏系の春日戸村主（春日部主寸）が、藤原・大中臣氏と同じになぜ『新撰姓氏録』では「津速魂命」を祖にするのか。中臣氏系氏族は『新撰姓氏録』では始祖に相違があり、トップを「津速魂命」とするのと「天児屋命」にするのに分かれている。「津速魂命」を始祖にするのは、左京神別上の藤原朝臣で、

出自津速魂命三世孫天児屋命也

と書き、「天児屋命」に「津速魂命」を架上している。一方、天児屋命の後裔の「雷大臣命」を祖とする例がある〈その事例は第四章〈一八七頁〉で示した〉。壱伎直〈右京神別上〉については、

天児屋命九世孫雷大臣之後也

とある。「雷大臣」については『尊卑分脈』の藤原・中臣氏の系図の「跨耳命《あとみみ》」の右註に、「雷大臣命正説也」とあり、下註に、

雷大臣命　足中彦天皇《(仲哀)》之朝廷　大兆之道達亀卜術　賜姓卜部令供奉其事

とある。雷大臣命が亀卜の術に達して、「卜部」の姓を賜ったとあるから、雷大臣命を祖とする氏族は卜部にかかわる。しかし第四章の雷大臣命を祖とする氏族でも、

壱伎直　天児屋命九世孫雷大臣之後也

とあり、『新撰姓氏録』は「右京神別上」に載せているが、

津島直　天児屋根命十四世孫雷大臣命之後也

とある津島直は、摂津国の「未定雑姓」に載せている。壱岐出身の「直」は中臣氏系氏族にしているが、津島出身の直は「未定」にしており、前述した「大辟」「春日部主寸」を「未定雑姓」にするのと同じ発想である。なぜ「雷大臣命」を祖にする津島直が「未定雑姓」になったのかについては、第四章で述べたが『新撰姓氏録』の摂津国神別のトップに、

津島朝臣　大中臣朝臣同祖　津速魂命三世孫天児屋根命之後也

とある津島氏と区別するためであろう。『新撰姓氏録』に載る藤原・中臣氏系氏族で「朝臣」なのは、藤原・大中臣氏以外は、摂津国の津島朝臣・椋垣朝臣・荒城朝臣と、河内国の菅生朝臣の四氏のみで

ある。摂津国の三氏のトップに津島朝臣が載り、藤原・大中臣氏を除いた朝臣の四氏でもっとも重視されているのは津島朝臣である。この事実からも、藤原・大中臣氏は元は卜部の「中臣連」であったという見解は通説だが、前述した卜占の祖の雷大臣命は「亀卜」だが、亀卜は対馬・壱岐の卜部が行なっていた。亀卜の対馬・壱岐出身者で、対馬出身者が「津島朝臣」になり、伊勢国の国司や伊勢神宮の大宮司になっていることは、第四章で「藤原・中臣氏は対馬出身の卜部である例証」「伊勢神宮の大宮司になっている津島朝臣」という見出しをつけて述べた。

このような前述した事例から見ても、元は卜部の中臣（藤原）氏は対馬島出身の卜部と推測できる。したがって対馬（津島）・壱岐出身で宮廷で卜部として奉仕していた氏族は、「津島直」「壱岐直」を名乗り「雷大臣命」を祖にしていたのである。しかし平安時代の初頭の時期には、卜部でない「津島朝臣」は、藤原・中臣氏系氏族のなかで藤原・大中臣朝臣の次に位置する有力氏族になっていたから、「津島」を名乗るが卜占を行なう「直」の姓《かばね》の氏族は、「雷大臣命」を祖にしながら、「未定雑姓」に入れられたのである。

雷神神話と丹塗矢神話は渡来氏族にかかわることは、本章で述べてきたが、第四章で『新撰姓氏録』に載る中臣氏系氏族で「雷大臣命」を祖にする氏族名を例示して、「雷大臣命が祖の中臣氏系氏族と伽耶と亀卜」という見出しで、私見を述べたが、「雷大臣命」は伽耶の王族の「三間奈《みまな》公」も『新撰姓氏録』では祖にしている。「雷大臣命」は神名ではなく人名だが、『新撰姓氏録』の山城国（未定雑姓）に載る「春日部主寸（春日戸村主）」や「大辟」も、伽耶（任那）を元郷にする春日戸村主や秦氏であり、三間奈公と同じである。

以上述べた事実から、藤原・大中臣氏は伽耶の亀卜をもって対馬に来た渡来氏族ではないか、という大胆な推測もできないわけではないが（亀卜・亀信仰が古代伽耶にあることは、三品彰英の見解を第四章〈一八九頁〉で示したし、伽耶出自の秦河勝は聖徳太子がもっとも信頼した重臣であり、欽明天皇紀は冒頭に天皇は即位前に秦大津父を寵愛し、即位すると大蔵省をまかせたと書いている）、亀卜を行なう中臣氏は対馬出身の卜部として、伽耶の先進文化・技術、さらに祭儀・風習を受け入れて、卜部から成り上ったと見たい。春日戸氏や秦氏が藤原氏・大中臣氏と同じに「津速魂命」を始祖にしており、対馬出身の津島朝臣が中臣氏系氏族で藤原・大中臣朝臣に続く第三位の順位にあることも例証になる。

伽耶と倭国の二〜五世紀の交流と「タタラ」

図22は柳田康雄が示す伽耶の「倭系遺跡・遺物分布図」である（『伽耶はなぜほろんだか』所収、一九九一年・大和書房）。弥生時代後期（二世紀〜三世紀）から古墳時代の四世紀〜五世紀の分布図だが、一地域に集中している。

『紀』の神功皇后五年三月条に、葛城襲津彦が、

　新羅に詣《いた》りて、蹈鞴津《たたらつ》に次《やど》り、草羅城《さわらのさし》を抜きて還《かへ》る。是《こ》の時の俘人《とりこ》等は、今の桑原《くわばら》・佐糜《さび》・高《たか》宮《みや》・忍海《おしみ》・凡《すべ》て四邑《よつのむら》の漢人《あやひと》等が始祖《はじめおや》なり。

とあり、「蹈鞴」という地名が残る。「新羅に詣りて」とあるが、この地は新羅でなく伽耶の地である。岩波書店版『日本書紀・上』の補注は、「慶尚南道釜山の南の多大浦。製鉄用の踏《たたら》フイゴもタタラといったので蹈鞴の字であらわす」と書くが、継体天皇二十三年（五二九）四月条に、「多多羅《たたら》等の四

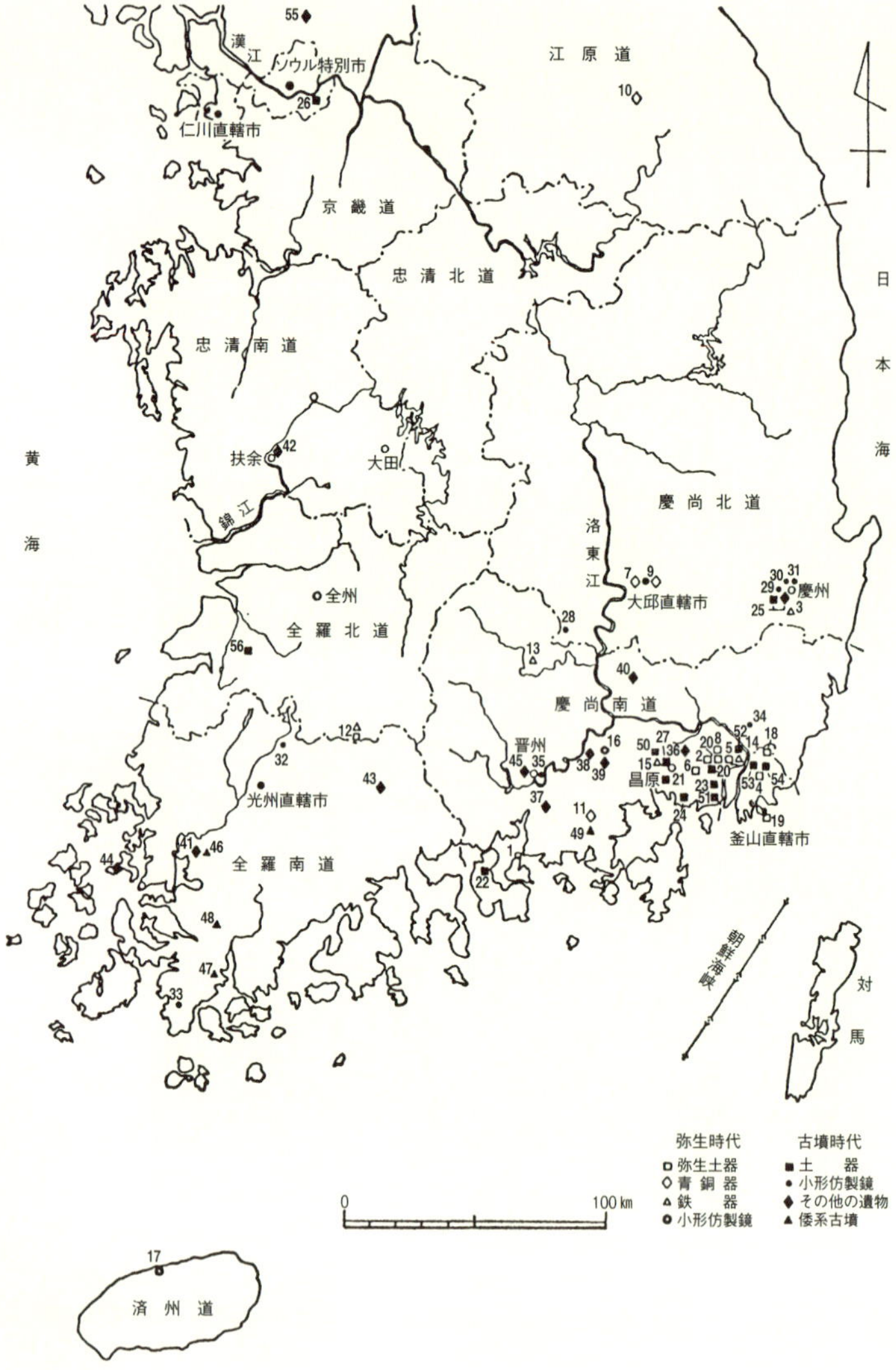

図22　倭系遺跡・遺物分布図

村の掠《かす》められしは、毛野臣の過《あやまち》なり」とあり、敏達天皇四年（五七五）六月条に、新羅が「多多羅」を含む「四邑の調を進《たてまつ》る」とある。さらに推古天皇八年（六〇〇）二月条にも、「多多羅」六城を新羅王が「割《さ》きて」、天皇に「服《まつろ》はむと請《まう》した」とあり、この「タタラ」地名は金海伽耶の地名であり、いつもトップにかかれているが、鍛冶用語である。

問題は前述（三〇七頁）した大物主神が化した丹塗矢神話では、丹塗矢によって生まれた姫が、「富《ほ》登《と》多《た》多《た》良《ら》」また「比《ひ》売《め》多《た》多《た》良《ら》」という名の姫で、この姫が神武天皇の皇后になって、多氏の始祖の神八《や》井《み》耳《みみ》命や、二代目天皇になった神沼《ぬな》河《かわ》耳命の生母になっていることである。

なぜ伽耶の地名で鍛冶用語の「タタラ」の名をもつ女性が、初代天皇の神武天皇の皇后で、多氏の始祖の母の名になっているのか。理由はこの神話が『古事記』のみに載っていることから見て、『記』に関与した仲臣の多氏が無視できない。弥生時代から御諸山祭祀にかかわっていた多氏の配下に、陶器製作工人（河内の陶邑に移住した伽耶出身のオオタタネコを始祖とする三輪氏）が五世紀初頭頃に加わった。この渡来氏族は後に「大神氏」と表記するほど成上ったから、多氏関与の『記』の神武天皇記に、伽耶の「タタラ」地名を名乗る姫が登場したのであろう。「タタラ」の地名は**図22**の「倭系遺跡・遺物分布図」の密集地域にある。

三品彰英は「対馬の天童伝説」で、次のように書いている。

朝鮮古地名の例では蹈鞴津（神功紀）、多多羅村（敏達紀）などがあり、わが国では山城国綴喜郡の任那人の帰化部落の多々羅、神功皇后の遺跡地である筑前の多々羅浜、百済王族の帰化地である周防の多々良浜などが古くから有名であるが、その他にもなお少なくない。

（中略）

山城の多多羅の任那帰化人が金の多多利を献上したという『新撰姓氏録』の所伝などからしても、その帰化人がタタラの地名にふさわしく鍛冶に関係ある氏族であったことが、まず考えられよう。この山城の場合に限らず、タタラの地名はかつてそこに鍛冶師がいたこと、およびそれが古代文化研究上特別の注意を要すべきことなどについてはすでに先学の教示を経たところである。(6)

このように三品彰英は書くが、『新撰姓氏録』の「山城国諸藩」の「任那《みまな》」の条に、

多々良公《たたらのきみ》、御間名《みまな》国主《こにきし》、爾利久牟王《にりくむよ》自り出づ。天国排開広庭天皇諡は欽明の御世に、投化《まゐ》りて、金の多々利《たたり》、金の乎居等《をけら》を献《たてまつ》りき。天皇、誉《ほ》めたまひて、多々良公の姓を賜ふ。

とある。「任那」は伽耶だが、伽耶王の子が「タタラ公」なのだから、前述の丹塗矢神話の「タタラ姫」は任那（加耶・加羅）にかかわる。

三品彰英は前述の記事を対馬の「天童伝説」に関連して述べている。「天童伝説」は対馬の「竜良《たてら》峯」にかかわるが、三品は「タテラ」は「タタラ」のことと書いている。タ行の「タ」が「テ」に転じたのだが、「竜良峯」について三品論文は左のように書く。

タテラ山系は古来有名な、しかも最古の鉱山地帯であった。白鳳二年、対馬島から始めて銀が産出し、朝廷でも倭国最初の銀のゆえをもって諸社に奉納の儀が行なわれ、ついで文武天皇の五年には同島から金を貢したので、為に大宝の建元があり、朝廷からは三田首五瀬が対馬に遣わされ、黄金を冶するのことを行なっている。

タテラ山のある矢立《やたて》山系一帯には銀・鉛・錫の鉱物が産出し、今日なお採掘の趾が所々に残っ

ている。矢立山の北麓にある佐須村樫根には銀山神社があり、その西麓の久根には銀山上《かなやまのへの》神社があって、ともに式内の古社である(6)。

「タテラ」は「タタラ」の転だが、対馬にはこのようにタタラ信仰がある。**図22**で見れば明らかだが、対馬は九州より韓国の伽耶に近いから、伽耶の「タタラ」が対馬人の信仰の山の名になっていることに、私は注目している。

対馬の天童信仰と対馬の雷命神社の検証

三品彰英の書く対馬の「天童伝説」を、永留久恵は「対馬の民俗信仰」で「天道《てんどう》信仰」と書き、「対馬固有の信仰である天道信仰」は日神信仰に穀霊・祖霊の信仰が加わった信仰と書いている。そして「この天道の祭祀には社がなく、神籬《ひもろぎ》・磐座《いわくら》の祭場で儀式が行なわれ」、神職として「祈禱を行なう者」と「亀卜を行なう者」が居たと書くが(7)、前者は仲臣《なかつおみ》・後者は卜占を行なう元卜部の中臣《なかとみ》連に重なる。

永留久恵は貞享三年（一六八六）撰の『対州神社誌』に載る天道信仰の「縁起」を紹介している。

> 対馬州醴豆郡内院《ないいん》村に、照日某と云者有り、一人の娘を生す。天武天皇之御宇白鳳十三年甲申歳二月十七日、此女日輪の光に感じて懐妊し、男子を生す。其子長するに及び聡明俊慧にして知覚出群、僧と成りて後巫祝《ふしゅく》の術を得たり。朱鳥六壬辰年十一月十五日、天道童子九歳にして上洛し、文武天皇御宇大宝三癸卯年、対馬州に帰り来る。
> 霊亀二丙辰年、天童三十三歳也。此時に当て、元正天皇不豫有り、博士をして占はしむ。占に

曰、対馬州に法師有り、彼能く祈る。召して祈らしめて可なりと云。天皇詔して之を召さしむ。天道則ち内院の某地より壱州の小まきへ飛び、夫《それ》より筑前国の宝満嶽に至り、京都へ上洛す。(7)

この記事は「神仏習合」時代に書かれているから対馬の「天道童子」は、「僧と成りて後巫祝の術を得たり」とあり、「巫祝」が天道法師の職であったことを証しているが、「照日某」と云う女性が、「日輪の光に感じて懐妊し、男子を生す」とあり、日光感精伝承である。「日輪の光」は三輪や賀茂の神話では国つ神神話で、「丹塗矢」になっているが、前述(三〇七頁)したが「丹塗矢」は賀茂神話では雷神になっている。この丹塗矢＝雷神は、日神の御諸山の神が、「三輪山」と書かれ国つ神の大物主神の宿る山になると、前述(二七七頁〜二七八頁)した雄略紀の記事のように、雷神になっているのと同じである。

対馬には下県郡の式内社に「阿麻氏留《あまてる》神社」(下県郡美津島町小船越《こぶなこし》)があるが、「雷命《いかつち》神社」(下県郡厳原町阿連《あれ》)という式内社もあり、対馬の人たちはこの雷神に亀卜を重ね、特に重視して信仰していることを、永留久恵が『日本の神々・九州』所収の「雷命神社」で詳論している。永留久恵はこの神社の祭神は「雷命というのは……これが祭神のはずなのに、当社の祭神は雷大臣命《いかつおみのみこと》とされている」と書き、「雷大臣という歴史上の人物らしく仮構したのは、対馬卜部《うらべ》が神祇官において中臣氏の配下になったことから、中臣氏の同族とするよう系譜を改めたためである。すなわち『新撰姓氏録』には、津島直。天児屋根命十四世孫、雷大臣命之後也。とあり、平安朝初期(九世紀初頭)にはこの所伝が固まっていたものとみられる」と書いている。(8)

「中臣氏の配下になったことから、中臣氏の同族とするよう系譜を改めた」という永留見解は、『新撰姓氏録』（右京神別上）には「壱岐直」も「天児屋命九世孫雷大臣之後也」とあるから、一般的見解である。この通説（中臣氏配下説）には問題がある。第四章の「藤原・中臣氏は対馬出身の卜部である例証」「伊勢神宮の大宮司になっている津島朝臣」という見出しで詳述したが、「中臣氏の配下」でなく、藤原・大中臣氏の同族と見られていたから、大中臣朝臣と共に伊勢神宮の大宮司に津島朝臣も任命されたのである。この事実からも、藤原・大中臣氏が「元卜部」としている卜部は、『尊卑分脈』の中臣氏系図では、雷大臣命が亀卜之術によって「卜部」の姓を賜ったとあり、亀卜は対馬と壱岐の卜部が宮廷に出仕して行なっている。壱岐直については、

壱伎直　天児屋命九世孫雷大臣之後也

と『新撰姓氏録』にあるが、壱岐島の式内社には雷神を祀る神社はない。しかし対馬島の下県郡に「雷命《いかづち》神社」（下県郡厳原町阿連）が式内社として所在している。このことからも卜部の祖とされている「雷大臣命」は、対馬の人々が祀る雷神信仰とかかわっている。

永留久恵は『日本の神々・九州』所収の対馬島の「雷命神社」について、「雷命神社のある阿連《あれ》の里は、下県の西海岸にあり、対馬における亀卜発祥の地と伝えられている。社地を雷大臣の住居の跡と称し、宮司の橘氏をその後裔という」と書き、「社のない聖地であったが、近年社殿が造営された」と書く(8)。

江戸時代の貞享三年（一六八六）に書かれた『対州神社誌』には、左のように書かれている。

八龍大明神。神躰無之。榧木《かやのき》を祭来る也。勧請之義不相知。

祭礼之儀六月八日、十一月八日、村中より巫を以て神楽仕る。

神仏習合時代に書かれているから、雷神が「八龍大明神」になっているが、「神躰無之」と書かれているのだから、社殿のないのは当然である。

「雷命神社」は厳原町阿連《あれ》以外に、厳原町豆酘《つつ》にも「雷神社」があるが、この神社を祭祀する岩佐家の「卜部系譜」には、阿連の橘氏を雷大臣の直系として、岩佐家を庶流としているが、両家とも亀卜を行なう神主家である。『尊卑分脈』の中臣氏系図では、亀卜の祖の雷大臣が卜部の姓を賜り、「中臣」を名乗ったとあるが、その伝承に依って、彼らが祀る神社を雷神としている事実は無視できない。ところが雷神と共に日神を「オヒデリサマ」と言って、共に信仰している。『対州神社誌』は次のように書く(8)。

　日照大明神。神躰無之、楠を祭る。

　勧請来歴不相知。

　神地は麦三斗蒔程、雑木有之、村より辰方六町程之所に有り。

　十一月九日、村中より之《これ》を祭る。

十一月八日に「八龍大明神」、翌日の九日に「日照大明神」の祭事を、神殿のない場所で行なっていた事実も見過せない。

国つ神神話用に作られた丹塗矢・雷神神話

なぜ対馬では雷神と日神を共に祀るのか。共に祀るのは本来は日神祭祀であったからである。「神名帳」によれば、雷神を祀る神社は前述(三〇三頁〜三〇四頁)したが、畿内に集中しており、タカミムスビ神社と共通している。ということは『記』『紀』神話で作文された神だからである。『山城国風土記』のカモ神話では丹塗矢は雷神と見立てられている。

図23は福岡市拾六町《ついじ》のツイジ遺跡から出土した、板状木製品に描かれた丹塗矢の絵である。この絵でも丹塗矢は『古事記』の神武天皇記が書く大物主神神話と同じに女陰を突いている。この絵は奈良時代後半の出土品だから、『記』『紀』神話が書かれた以降に描かれている。この出土遺物について「考古学ジャーナル」（一九八一年九月号）は、次のように書いている。

福岡市教育委員会が発掘調査を続けている西区拾六町のツイジ遺跡で、古代農業祭祀の溝杭と見られる木器が見つかった。8世紀後半（奈良時代）の水田跡から出土、長さ86cm幅5cm厚さ1.6〜1.8cmの板状で片方の先端が丸い。そこに女性性器に弓矢が突き刺さったような線刻絵は、湾曲

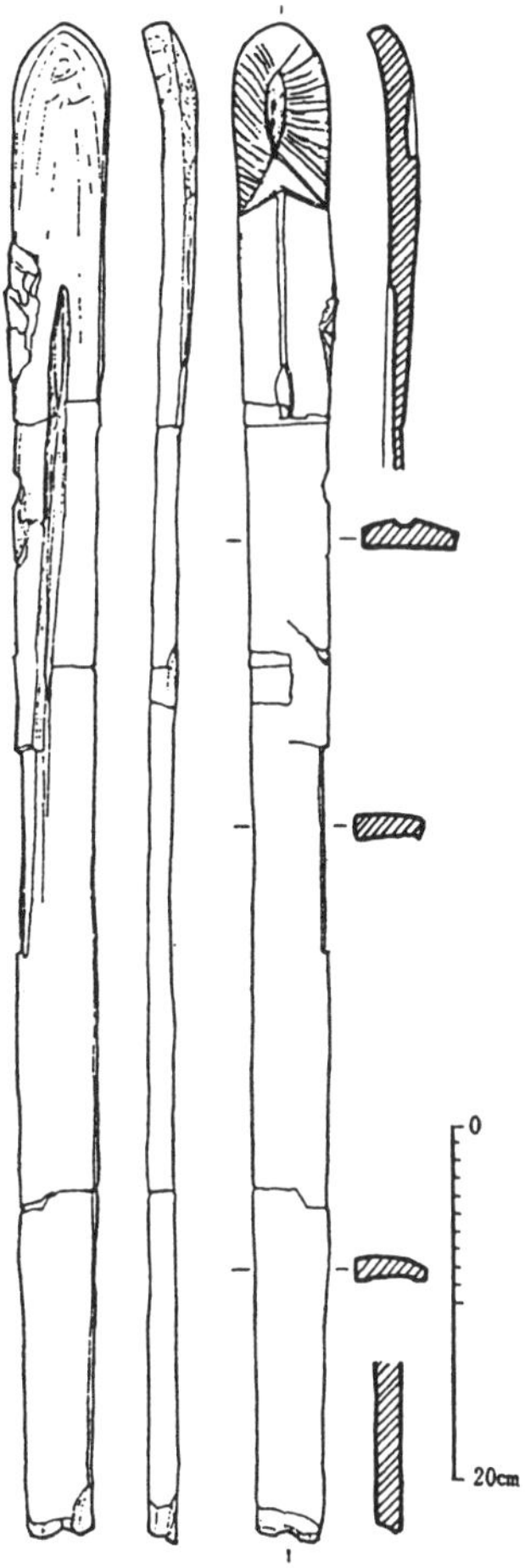

図23　福岡県拾六町ツイジ遺跡出土の板状木製品

した先端部の裏面を丸く削り、その中央に細長い楕円形の穴を彫り込み、穴を中心に先端全面に放射状の線が彫ってある。先は先端部の穴に向けて彫られて、矢羽も描かれている。（中略）同じ水田から見つかっている木製人形や鳥などとの関連から、この木器は農耕祭事に使われたことは確実。

この記述の矢は「丹塗」ではないが、矢が射る「先端部の穴」は女陰で、大物主神の丹塗矢神話と共通する。『記』の神武天皇記の丹塗矢神話では、原文は、

将来其矢　置於床辺　忽成麗壮夫。

とあるが、応神天皇紀の天之日矛の日光感精伝承では、次のように書かれている。

将来其玉、置於床辺、即化美麗嬢子。

「矢」が「玉」、「壮夫」が「嬢子」に変っただけで、表現意図はまったく同じである。この事実からも「天之日矛」の「日」が「丹塗」、「矛」が「矢」に変ったのである。天之日矛伝承は、

新羅国に一つの沼有り。名は阿具奴摩《あぐぬま》と謂《い》ひき。此の沼の辺に、一賤《あるいや》しき女昼寝しき。是の日《ひ》虹の如く耀《かがや》きて、其《そ》の陰上《ほと》を指《さ》ししを、亦一賤《またあるいや》しき夫《をとこ》、其の状《さま》を異《あや》しと思ひて、恒《つね》に其の女人《をみな》の行《おこなひ》を伺《うかが》ひき。故に、この女人、其の昼寝せし時より妊《はら》みて、赤玉を生みき。

という日光感精伝承だが、日光に感精して生れたのが「赤玉」だから、丹塗矢が男根表現なら、「赤玉」は「赤子《あかこ》」「日の御子」である。丹塗矢神話は前述（三一一頁〜三一二頁）したように、渡来氏族の秦氏伝承や、韓国の伝承とかかわっているが、日光感精伝承も新羅王子の話で、いずれも韓国にかかわっている。この事実は見過せない。

丹塗矢神話・雷神神話にある外来要素は、具体的には韓国、といっても伽耶と私は見ている。新羅王子となっている天之日矛の日光感精伝承も、伽耶は新羅に併合されたから新羅の王子になっているが、本来は伽耶神話であろう。なぜなら丹塗矢神話・鳴鏑矢神話・雷神神話・日光感精伝承は、伽耶出身の秦氏がかかわるからである（わが国の固有信仰と見られる神社信仰、特に庶民が信仰する八幡神・稲荷神・白山神は、秦氏が祭祀する神であることは、拙著『秦氏の研究』『続・秦氏の研究』で詳述した）。

『記』『紀』神話の日神は「天照大神」である。この日神を祀るのは伊勢神宮だが、養老年間から天平年間（七二〇年～七五〇年）までの内宮の大宮司には、大中臣朝臣と津島朝臣が居る（一七三頁～一七五頁）。津島朝臣は皇祖神の日神を祀っているが、一方で卜部の津島直らは雷神を祀っている。『記』『紀』神話では日神の国つ神化したのが雷神だが、雷神を人物化したのが前述（一八七頁）した、中臣氏系譜の亀卜を行なう卜部の中臣連の祖の「雷大臣命」である。

横田健一は「中臣氏と卜部」と題する長文の論考で「雷大臣命」を詳細に検証し、

以上考察してきたところでは、イカツオミ＝雷大臣は、半ば以上神話伝説的な人物で実在性に疑問があるが、奈良朝、平安初期には、かなり広くその子孫と称するものが各地にいて、その神功朝における活動の伝説を信じていたことがわかるのである。その活動というものには司祭者的なそれが濃厚であった。とくに『尊卑分脈』の跨耳命すなわち雷大臣が、大兆の道を習い亀卜の術に達し、卜部の姓を賜わり、その事を供奉したとある伝説は、後代の中臣氏や壱岐卜部氏などが、その亀卜の術の創始者として頭に浮かべ、その神話像を凝縮し尊崇していた存在であった。(9)

と書いているが、対馬の卜部を無視している。

『延喜式』「神名帳」には壱岐島には雷神を祀る神社が一社もないのが、対馬島にはあり、雷神と日神祭祀を行なっている事実は、雄略天皇紀で、日神であった御諸山の神が雷神になって少子部氏に捕われる話と通じる。雄略紀の記事は、日神が国つ神の大物主神に、『記』『紀』の王権御用神話で変えられたので、日神が雷神になり、丹塗矢に化した大物主神が川を流れてくる神話になったのであろう。この丹塗矢は山城国の賀茂神話では雷神になっているが、『日本霊異記』（延暦六年〈七八七〉に原撰本が成立し、何度か増補されて現行本が成立している）のトップに「雷を捉へし縁」と題して、雄略紀の少子部氏が再び登場して雷神を捕えてくる。雄略紀では天皇は雷神を見て眼をおおい逃げているが、『日本霊異記』では捕えた雷神は天皇への献上物になっており、零落している。このような雷神の民間伝承からも、雷神と日神の関係がわかる。

雷神神話と藤原・大中臣氏の秘された出自

第六章の冒頭で述べたが『紀』の武甕槌神が、『記』では建御雷命・建御雷之男命とある。この相違は葦原中国平定の武将として登場する『紀』のフツヌシとタケミカヅチが、『記』ではタケミカヅチのみになって、フツヌシが消えている。第六章で述べたが、本来の葦原中国平定神話はフツヌシのみの、一神の神話であった。その神話に新しくタケミカヅチが加えられたのは、『紀』の本文記事が示している（フツヌシと神々の会議できまった後に、タケミカヅチが名乗り出て新しく加えられている）。ところが『記』はフツヌシが消されて、タケミカヅチのみになっている。

しかも『記』はタケミカヅチは二神おり、一神は「建御雷命」と書く雷神で、もう一神は「建甕槌神」と書く甕神である。甕神が古い神で雷神が新しい神であることは第六章で書いたが、本章で更にそのことを証する。拙著『新版・古事記成立考』『古事記成立の謎を探る』で書いたが、原『古事記』の成立は持統朝である。そのことは本書の第一章で成立の理由説明をした。現存『古事記』（序文のついた『古事記』）は正史の『日本後紀』（弘仁三年〈八一二〉六月戊子条）の、

参議従四位下紀朝臣廣濱、陰陽頭正五位下阿部真勝等十余人、読㆓日本紀㆒。散位従五位下多朝臣人長執講。

とある記事の「多朝臣人長《ひとなが》」が、講義のために自家にあった原『古事記』を資料とした。その『古事記』を世に出すために、序文を人長の祖父か曽祖父の太安麻呂の名で作文した。多人長が「日本紀を読む」とあるが、この講議の記録の『弘仁私記』に依れば、神代紀を講義したから、現存『古事記』では『紀』と違う独自性を現存『古事記』で示すために、神代記の神話に工作した。その事例の一つがタケミカヅチの神話である。私はタケミカヅチを「雷神」と「甕神」の二神にして示したのは、多人長と推測している。本来のタケミカヅチは「甕神」であった。「雷神」は新しい神である。

この雷神の「雷」の名をもつ雷大臣命を、元卜部であった藤原・中臣氏は系図で卜部の祖として、自家の系譜上で重視しているが、雷神は新しい国つ神である。

『続日本紀』大宝元年（七〇一）四月丙午条に、

勅して、山背国葛野郡の月神・樺井神《かにはゐ》　木嶋神《このしま》・波都賀志神《はつかし》等の神稲、今より以後、中臣氏に給《たま》ふ。

とある。「月神」は葛野坐月読神社。「樺井神」は綴喜郡の樺井月神社。「木嶋神」は木島坐天照御魂

神社。「波都賀志神」は乙訓郡の羽束師《はつかし》坐高御産日神社であり、日・月神とタカミムスビ神が、中臣氏に給されている。当時の都は奈良にあったのに、これらの神社は山城国にあり葛野郡は秦氏の本拠地である。木嶋神（木島坐天照御魂神社）は秦氏が祭祀する日神だが、これらの神社の「神稲」が中臣氏に給されたのが問題である。

この大宝元年四月丙午（三日）の前、三月甲午（二十一日）条に、藤原不比等は正三位大納言になっているが、養老四年（七二〇）に六十三歳で崩御しているから、大宝元年は四十四歳であった。大納言になった三月二十一日の直後の四月三日に、前述の神社の神稲を「中臣氏に給ふ」とある。神事は中臣氏が行なうから中臣氏に給されているが、時期から見ても不比等が大納言になったことと連動している。

この「中臣氏に給ふ」の神社が問題である。「中臣氏に給ふ」とある「月神」「日神」「高御産日神」は壱岐・対島にある。式内社の壱岐島壱岐郡には「月読神社名神大」があり、木嶋神は日神だが、対馬島下県郡には「阿麻氐留《あまてる》神社」があり、波津賀志神社はタカミムスビを祀るが、『延喜式』「神名帳」の対馬島下県郡のトップに、「高御魂神社名神大」が載る。対馬のタカミムスビ神は「名神大社」である。このように『続日本紀』の大宝元年（七〇一）の中臣氏に給された神稲の神社は、対馬と壱岐の宮廷卜部出身地に限定されているが、月神以外の日神アマテラスと、『紀』が「皇祖」を冠するタカミムスビは、対馬にある。この事実からも対馬の重視がわかり、元卜部の藤原・中臣氏が対馬出身であることを、この記事が証している。

さらに『続日本紀』によれば、『日本書紀』の成立は養老四年（七二〇）五月二十一日で、藤原不比等は同年八月三日に亡くなっており、死の直前、二カ月前に成立しているから、不比等の死の前に成立させたことは明らかである。ところが伊勢神宮の『二所太神宮例文』に載る「大宮司次第条」に、「津島朝臣大庭　養老四年十二月七日任。在位九年」とある（津島朝臣が伊勢内宮の大宮司になっていたことは、他にもあり、「大宮司次第条」や『続日本紀』に載っていることは前述〈一七三頁～一七四頁〉した）。津島朝臣大庭の伊勢神宮の大宮司任命は、不比等の死の直後であるのは、不比等の遺言で任命されたのであり、不比等が津島朝臣を重視していたことが推測できる。

『続日本紀』によれば和銅七年（七一四）十月に、従五位下津島朝臣真鎌が「伊勢守」に任命され、六年後の養老四年（七二〇）八月に津島朝臣大庭が伊勢神宮内宮の大宮司になっている。前述（一七四頁）したが『続日本紀』によれば津島朝臣堅石は慶雲三年（七〇六）十一月に従六位下で津島連であったのが、二年後の和銅元年（七〇八）正月には三階級特進して従五位下になり、「連」から「朝臣」になっている。そして和銅七年（七一四）には津島朝臣真鎌が「伊勢守」になっているが、後代の『新撰姓氏録』でも藤原・大中臣朝臣と始祖は同じで、多数の中臣氏系氏族のうちで対馬朝臣は、藤原・大中臣氏以外ではトップに載っている。この事実からも藤原・大中臣朝臣は対馬の卜部出身といえる。そのことは本章で書いた雷神・丹塗矢神話の検証からも言えるし、平安時代初頭の藤原氏が編纂の主導をした『新撰姓氏録』が藤原・大中臣・津島朝臣の始祖神を、「アメノコヤネ」でなく、ムスビ神を始祖神にしていることで証している。

本章は「雷神・丹塗矢神話に秘された実相」と題して論じたが、藤原・大中臣氏は対馬出身の氏族だから、韓国、特に伽耶と深くかかわっていることが無視できない。そのことは前述したが伽耶出身の秦氏・春日戸氏が、祖を藤原・大中臣氏と同じ津速魂命を祖にしており、伽耶の王族で帰化した三間名（任那）公が、多くの中臣氏系氏族と同じに雷大臣命を祖にしている事実からもいえる。この事実は藤原・大中臣氏が対馬の卜部出身と見ることで、初めて説明できる。

本章では「雷神・丹塗矢神話に秘された実相」についての新知見を述べたが、この見解は第四章の藤原・中臣氏の出自の追加論証である。藤原・中臣氏が対馬の卜部出身であることは、本書の後で書き下す『藤原・中臣氏の研究』で、新知見を加えて示す。

第九章

新視点から見た
天の岩屋神話の実相

天の岩屋隠れ神話と宮廷の大嘗祭・新嘗祭

三品彰英は『建国神話の諸問題』所収の「天ノ岩戸がくれの物語」で、「日の神の岩戸がくれという観念は、冬至における日の神の死」であり、「岩戸の中から招禱迎えられる日の神は、再生した太陽であり、天照大神は冬至点に位置した太陽神の面を示している」と書き、新嘗の祭りのために奉仕する日女としての天照大神が岩屋隠れする神話は、冬至祭の儀礼の神話化と、「天ノ岩戸がくれの物語」で書いている(1)。守屋俊彦も『記紀神話論考』で、「大分県の国東半島では、旧暦十一月二十三日にお日待が行なわれる。一晩おこもりしながら、あけ方太陽を拝んで解散する。十一月二十三日といえば、冬至の頃である。おそらくは、太陽の光が一年の中で最も衰弱する冬至の頃にその復活を願う儀礼の残影かと思われる。そこで、このお日待の儀礼をずっと過去にさかのぼらせてみると、そこから天岩屋戸神話の一つの映像が浮かび上ってくるのではないだろうか」と書いている(2)。

宮廷では冬至の前日には鎮魂祭・当日に新嘗祭が行なわれるが、土橋寛は『古代歌謡と儀礼の研究』で、「天岩戸の祭式は死者に対する呪術的儀礼であり、鎮魂祭は生きている天皇に対するそれであるが、……古代の生命観においては、衰えた生命力を強化することがタマフリであり、その限りにおいては死者と生命力の衰えた生者の間に、本質的な区別はないのである。鎮魂祭が十一月の冬至の季節に行われるのは、この時期に天皇の生命力が衰亡の極に達するからであり、それは自然の衰亡とくに太陽の衰亡との連帯観に基づくのである。……とすれば天岩戸の神話は、冬至における太陽の蘇生を促す年毎のタマフリ的祭式として、まさに鎮魂祭の起源説話ということができるわけである」

と述べている。[3] 上田正昭も『日本神話』で、鎮魂祭の呪法と天岩屋神話の「結びつきは濃厚」と書き、「天石窟戸への日の神の神ごもりは、十一月における太陽の衰微を象徴する神話であった。そこで、内部生命力を充実し、日の神の活力を復活させる呪法がなされるのである」と書き、そのような呪法を「タマフリ」とし、天岩屋の前での天鈿女《うずめ》の女陰を出しての神がかりの踊りを、その呪法と書いている。[4]

以上の諸見解からも、天岩屋隠れ神話は鎮魂祭・大嘗祭にかかわるが、鎮魂祭・大嘗祭は、冬至祭と冬至祭の前夜祭である。そのことは『記』『紀』の天の岩屋隠れ神話は、第一章で紹介した記述の前に、次に示す記事が載ることからも言える。『記』は須佐之男命が、

大嘗《おほなへ》を聞看《きこしめ》す殿《との》に屎《くそ》まり散らしき。故、然《しか》すれども天照大御神はとがめず。……猶《なほ》その悪しき態《わざ》止まずて転《うた》てかりき。天照大御神、忌服屋《いみはたや》に坐《ま》して、神御衣《みそ》織らしめたまひし時、其の服屋《はたや》の頂《むね》を穿《うが》ち、天の斑馬《ぶちこま》を逆剝《さかは》ぎに剝ぎて墮《おと》し入るる時に、天の服織女《はたおりめ》見驚きて、梭《ひ》に陰上《ほと》を衝《つ》きて死にき。
故是《かれここ》に天照大御神見畏《みかしこ》みて、天の石屋戸を開きて刺許母理《さしこもり》ましき。

と書き、『紀』の本文も次のように書いている。

天照大神の新嘗《にひなへ》きこしめさむとする時を見て、則ち陰《ひそか》に新宮《にひなへのみや》に放屎《くそま》る。又天照大神の方《まさ》に神衣を織りて斎服殿《いみはたとの》に居《ま》しますを見て、則ち天斑駒《あめのぶちこま》を剝《さかはぎ》にし、殿の甍《いらか》を穿《うが》ちて投げ納《い》る。是の時に、天照大神驚《おどろ》動き、梭《ひ》を以《も》ちて身を傷《いた》ましめたまふ。此《ここ》に由《よ》りていかりて、乃《すなは》ち天石窟《あまのいはや》に入りまし、磐戸《いはと》を閉《さ》して幽居《こもりま》す。故、六合《くに》の内常闇《うちとこやみ》にして、昼夜の相代《あいかはるわき》も知らず。

『紀』の一書の第二は次のように書く。

日神の新嘗きこしめさむとする時に及至《いた》りて、素戔嗚尊、則ち新宮《にひなへのみや》の御席《みまし》の下に、陰《ひそか》に自《みづか》ら送糞《くそま》る。日神、知《し》ろしめさずして、径《ただ》に御席《みまし》の上に坐《ゐ》たまふ。是《これ》に由《よ》りて日神、体挙《みみこぞ》りて不平《やくさ》みたまふ。故、以《も》ちて恚恨《いかりうら》みたまひ、廼《すなは》ち天石窟《あまのいはや》に居《ま》しまし、其の磐戸《いはと》を閉《さ》したまふ。

この『記』『紀』の記事からみても、「大嘗（新嘗）」の祭儀が天の石屋（窟）神話になっている。

松前健は「日本古代の太陽信仰と大和国家」で、「鎮魂祭が一種の冬至祭であることは、すでに多くの学者が論じたところである。冬至は、北半球の多くの民族によって、『太陽が死んで復活または再誕する日』とされていた。岩戸の前の『火処焼《ほところ》き』（『日本書紀』）とか『庭燎《にはひ》を挙《あ》げ』（『古語拾遺』）とかいって、大きく火を焚いたと伝えていることも、世界に広い『冬至の火祭り』を思い起こさせる。一年中で最も日の光の薄く、日の短い冬至の頃が、『太陽神の魂が遊離し、死ぬ日』であると考え、ここに大きな火祭りを行ない、衰えた光熱を再び盛りかえし、またタマフリを行なって、その復活を図ったのであろう」と書く[5]。

松前健は「北半球の多くの民族」と書くが、南半球でも拙著『神と人の古代学—太陽信仰論—』で詳述したが、インカでは冬至の祭りをもっとも重要な祭儀としていた（この祭儀は後述する）。この冬至祭の反映が天の岩屋神話である。この神話は日神が岩屋に隠れて出る神話だが、岩屋入りは「死」、岩屋から出るのは「再生」と解されている。

インカのマチュ・ピチュ遺跡の日神祭祀と日女《ひるめ》

インカでは冬至の祭りをもっとも重要な祭儀としていた。インカの暦では南半球の冬至の月の六月を、「インティ・ライミ」（「インティ」は太陽、「ライミ」は祭り）といい、この月に太陽を祀る祝祭を行なう（南半球は北半球の冬至が夏至、夏至が冬至で逆である）。カトリック教徒になっている現代でも、アンデス一帯では「インティ・ライミ」と呼ばれる太陽祭が、冬至に行なわれており、インカの太陽信仰は根強く残っている。なお夏至の十二月も「カパック・インティ・ライミ」と呼ばれ、冬至と同じ太陽の祭りが行なわれている。

インティ・ライミを行なう祭場のインティ・ワタナはスペイン人によってほとんど破壊されたが、遺跡そのものがスペイン人に発見されなかったため、山岳都市のマチュ・ピチュ遺跡には、インティ・ワタナが完全に残っている。**写真22**がインティ・ワタナで「太陽をつなぐ柱」といわれている。

今から七十六年前、私が小学校六年生の時だが、ある本を読んでいた時、「宮中都市」と言われていたインカのマチュ・ピチュ遺跡の写真を見て驚き、行って見たいと思い、四十年ほど前に妻と行った。当時はあの広い遺跡に十人ぐらいしか、来場者は居なかった。

マチュ・ピチュ遺跡は**写真22**のインティ・ワタナ（太陽をつなぐ柱）があるから、単なるインカの古代都市遺跡ではない。太陽祭祀の神殿都市である。この神殿都市を発見したのはアメリカ人のハイラム・ビンガムだが、ビンガムは周囲の洞窟から一七三体の遺体を発掘した。一五〇体は女性で、二三体の男性は大部分老人の遺体であったが、女性の遺体はアクヤクーナ（「太陽の処女」の意）と呼ばれる若い女性の遺体であった。アクヤクーナはインカ帝国の各地の首長たちの娘の中で、特に美しい少女が選ばれ、アクヤワシと呼ばれた修道院のような特別な施設に入り、糸つむぎ、機織り、神酒（チチャ酒）の作り方から、神々の祭祀に必要なことを学び、十四歳頃になると首都のクスコに行き、インカ皇帝に拝謁して審査を受け、「太陽の処女（アクヤクーナ）」になった。そして太陽神殿で一生、神に仕えた。もし不倫を犯せば、生き埋めなど残酷な刑に処せられた。

写真22　ペルーのマチュ・ピチュの「インティ・ワタナ（太陽をつなぐ柱）」

一五〇体の女性の遺体は「アクヤクーナ」の遺体だろうが、マチュ・ピチュ遺跡の最上部から更に三〇〇メートル登ったけわしい岩陰のテラスから、アクヤクーナの中から特に選ばれた高位の太陽の処女、ママクーナの墓が発見された。ママクーナはアクヤクーナを指導し、取締る役であったが、このママクーナの遺体のそばから銅の凹面鏡と銅の掻爬器と毛抜き用のピンセットが出土した。凹面鏡は普通の化粧用の鏡としては使えないし、作るのも平面鏡よりむずかしい。狩野千秋は「謎の宮中都市マチュ・ビチュ」でインカのインティ・ライミ（太陽の祭）に（狩野はインティ・ライミは「毎年六月の夏至の日におこなわれる」と書くが、前述したが南半球では「夏至」でなく「冬至」である）神官が大きな腕輪にはめこんだ凹面鏡を太陽にかざし、本綿の布に火をおこし、この「聖火」を太陽神殿とアクヤクーナの館に運び、一年中ともしていたことから、この「聖火」のための凹面鏡と推測している。(6) しかし神官の腕輪にはめこまれている凹面鏡は、ちいさいから焦点が合い（曲率がちいさい）、「聖火」をとることができたが、ママクーナの遺体と共に出土した凹面鏡は、腕輪にはめこまれた凹面鏡とちがって大きく、火は取れない。それにいけにえであるヤーマを焼いて清めるために、「聖火」をとる祭儀には、アクヤクーナ・ママクーナは参加せず、男の神官のみで行なうのだから、凹面鏡は別の用途に使われたのである。

インティ・ライミは冬至祭だが、チャールズ・ベルリッツは『謎の古代文明』（一九八九年・紀伊國屋書店）で、**写真23**の「太陽神殿」を示し（今は屋根がなくなっている）、「太陽神殿」の中にある「神座《かみくら》」の台座（**写真24**）を示す。**写真24**は太陽神殿の台座に冬至の朝日が射《さ》し込んだ瞬間の写真である。私は冬至の朝日の差し込む「神座」をベッドと見る。そのベッドに、選ばれたアクヤクーナの一人が横たわり、ママクーナが彼女の陰毛を毛抜き用のピンセットで抜き、掻爬器で女陰を開き、凹面鏡で冬至の朝日を受けたと見る。**写真24**は日神（冬至の朝日）と聖婚するベッドで、その聖婚のための器具・神器であったから、ママクーナの遺体と共に埋葬されたと、私は推測する。

このような日神との聖婚秘儀は、『記』『紀』神話の天の岩屋神話と重なる。インカの祭儀は冬至の日だが、岩屋神話も冬至の日である。また『記』『紀』の天の岩屋神話によれば「死」の原因も、性交行為によっているからである。『記』は梭で女陰を突いたと明記しているが、女陰を突かれたのを皇祖神の天照大神にするのをはばかって服織女にしている。『紀』の本文は天照大神にしているから、

写真23　マチュ・ピチュの太陽神殿

写真24　太陽神殿に冬至の朝日が差し込んだ瞬間

梭で「身を傷《いた》ましめたまふ」と書いて、天照大神の女陰を突いたとは書かない。しかし本来の神話は日女としての天照大神の女陰を突いた神話で、この神話は日神の死と再生神話だから、太陽の死と再生を代表する冬至とかかわっており、インカの冬至の祭儀とダブルイメージである。

松前健は「古代王権と記紀神話」と題する論考で、「大嘗卯の日の前日の鎮魂祭が、日神天照大神の岩屋隠れ（死）及びその魂の招き返しのための祭りであるとすると、大嘗祭は、若々しい新生の太陽の誕生の祭である。即ち前者の対象が死せる古い太陽であるとすれば、後者の対象は、その復活・再誕した新しい太陽であると言えよう。原始的な冬至祭の『日の御子降誕』の儀礼を、王権祭式として採用し、これに『太陽神の裔の天降りとそれによる国土の統治の由来』を物語る神話を結びつけたのが、大嘗祭なのであろう」と書いているが(7)、大嘗祭は冬至の日、鎮魂祭は冬至の前日に行なわれる。冬至の前日は日照時間のもっとも短かい日で、冬至の日から日照時間は一日ごとに長くなる。したがって一年間の日神（太陽）を人に譬《たとえ》れば、この時期が日神の死と再生（岩屋に入り、つまり死に、新しく誕生して墓〈岩屋〉から出る）の日なのである。この冬至祭を北半球だけでなく南半球でも行なっていたが、「アクヤクーナ（太陽の処女）」はわが国の「日女《ひるめ》」で、天照大神は「アクヤクーナ」の日女から成り上った日神である。

宮廷祭祀の鎮魂祭の祭儀と天の岩屋神話

『記』『紀』の天の岩屋隠れは「神話」だが、インカのマチュ・ピチュの日神祭祀儀礼は実際に行なわれていた（私が書いたのは推論だが、**写真22・23・24**、特に**写真の23・24**については、冬至の朝の日神との聖婚儀礼の場所と見るのが通説である）。神話と実際の祭祀儀礼は区別しなければならないから、天の岩屋神話が作られた原因の鎮魂祭・大嘗祭を検証する。この祭儀はインカの冬至祭と同じ冬至祭（大嘗祭）と、前日の祭儀（鎮魂祭）である。鎮魂祭について『古語拾遺』は左のように書く。

凡《およ》そ鎮魂の儀は、天鈿女《あめのうづめ》命の遺跡《あと》なり。然《しか》れば則《すなは》ち御巫《みかむなぎ》の職《つかさ》は旧《もと》の氏《うぢ》を任《め》す応《べ》し。而《しか》るを今、選《えら》ぶ所を他氏《ほかのうぢ》とす。

『古語拾遺』は平城天皇の勅命で大同二年（八〇七）二月十三日に、天皇に献上した書だから、献上者の斎部広成は『日本書紀』が書かない、古くからの家伝を天皇に訴え、知らせている。松前健はこの『古語拾遺』の斎部広成の文章を、「鎮魂祭の原像と形成」で引用して、「天石窟戸の前で、アメノウズメが踊った歌舞が、この鎮魂祭の起源であり、したがってこの祭における御巫のツキウケ（宇気槽を衝く）の所作は、現在は御巫の職掌となったが、本来はウズメの子孫の猨女君氏が行なうべきものであった」と書いている。(8)

「ツキウケ」について松前健は、「宇気槽を矛（後には榊となる）で衝くのは、一種の陰陽合精を象徴した呪術」と書くが、具体的に言えば男女の性交表現である。この時に歌われる神楽歌に、

上《のぼ》ります　豊日孁《とよひるめ》が　御魂欲《みたまほ》す　本《もと》は金矛《かなほこ》　末《すえ》は木矛《きほこ》

とある。「豊日孁《とよひるめ》」は『紀』本文が日神を「大日孁貴《むち》」と書くのと重なり、『記』『紀』の天の岩屋神話の「稚日女」「服織女」「天照大御神」とダブルイメージである。「金矛」「木矛」の「矛」について、『紀』本文は天の岩屋神話で、

猨女君が遠祖天鈿女命、則ち手に茅纏《ちまき》の矟《ほこ》を持ち、天石窟戸の前に立ち、巧《たくみ》に俳優《わざをぎ》を作《な》す。

と書く。岩屋神話で女陰を突いた「梭」は、男根表象であることは前述したが、「梭」の原型は「矟《ほこ》」であり「梭」と同じ男根表象であり、前章の**図23**で示した丹塗矢も同じである。松前健は鎮魂祭で行なわれる祭儀について、次のように述べている。

『年中行事秘抄』に、「賢木を立て廻《めぐら》し、その中に船（ウケフネ）を伏せ、御巫《みかんなぎ》この船上《ふねのうえ》に登り、金を以て木に付け、歌ひ合せて舞ひ、猿女亦舞ふ」と記され、また『江家次第』に「御巫宇気《うけ》を衝き、槽《ふね》の上を衝《つ》くなり」とし、その傍注に、「衝宇気神遊儀也。神代之巻ウケ舟フミトドロカス儀也」と記し、また「以二賢木一衝二艚上一也」と記されている所作である。この御巫の持つ矛は、後世には『江家次第』に「付《ケタル》レ鈴賢木《さかき》」と記されているように、榊に変わったが、古くは矛であったのであろう。『古語拾遺』では、ウズメは「手には鐸《さなぎ》を着けたる矛を持ち」と記されているが、『延喜式』には実際に祭具としてサナギ一具があげられている。『貞観儀式』では、「御巫覆二宇気槽一立二其上一、以レ桙撞レ槽」と記され、この場合の桙は、榊なのか矛なのかわからない。古くは棒や木の枝をホコと呼んでいたからである。

鎮魂祭では、このツキウケの所作は、ウズメの後裔である猨女ではなくして、御巫の職掌となり、猨女は後で歌舞をするだけになったが、これは『古語拾遺』のいったように、猨女がするのが本来であったろう。おまけに、鎮魂祭と天石窟神話とが密接な結びつきを行なっているのは、その内容がともに「日神の死と復活」という観想を中核としていることである。[8]

長い引用になったが、『江家次第』の、

衝宇気神遊儀也。……以二賢木一衝二艚上一也……

とある記事も、『貞観儀式』の、

御巫覆㆓宇気槽㆒立㆓其上㆒、以㆑桙撞㆑槽

とある記事も、同じ表現だが、「賢木」「桙」は男根表現、「艚」「槽」は女体表現で「衝」「撞」は「性交」を示している。「賢木」「桙」は前述した神楽歌の「本は金矛　末は木矛」の矛でもある。問題は「衝宇気」「以㆓賢木㆒衝」とある「衝」だが、白川静の『字通』によれば「衝」は「突きあたる」「向う」の意である。この「衝」は本書第三章のタイトル、「伊勢神宮の祭神『橦賢木厳之御魂天疎向津媛』」の「橦賢木厳之御魂」の「橦」である。

「以㆑杵橦㆑槽」の「杵」は男根、「槽」は女陰で、性交表現であり、「杵」は「賢木」「丹塗」「雷神」「日神」で、いずれも「橦」にかかわっている。このような神事を「日神の死と再生」というのは、古代人は「橦」の所作の一例の矢が射すのが、死をもたらすと共に、それを性交行為と見たからである。

巫女埴輪・巫女を描いた土器絵画とウズメ

『記』は岩屋入りした日神を出すため、ウズメが、「神懸《かむがか》りして、胸乳を掛《か》き出で、裳緒《もひも》を番登《ほと》に忍《お》し垂《た》らす也《なり》」と書く。女陰露出の表現は古墳時代の埴輪に見られる。辰巳和宏は**図24**の古墳時代中期後半

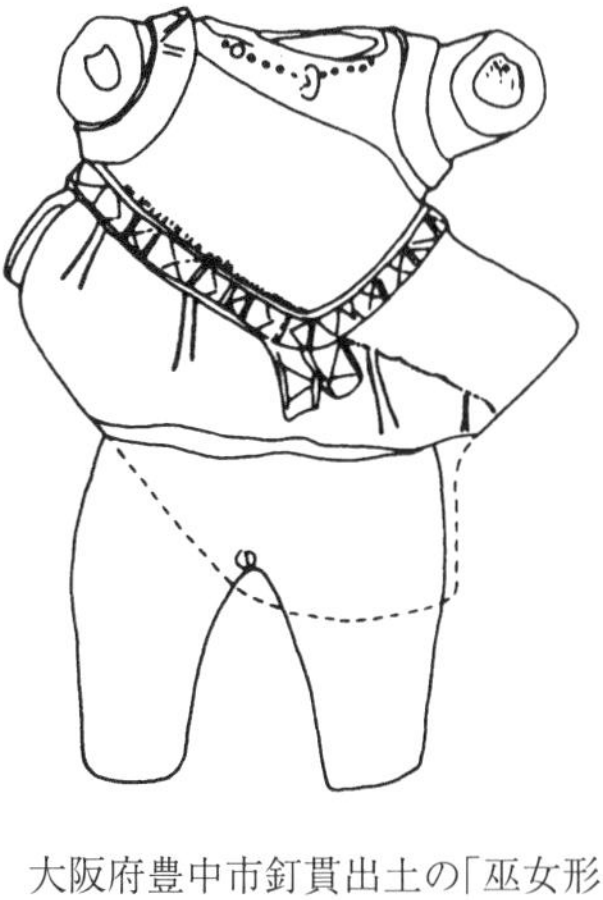

図24　大阪府豊中市釘貫出土の「巫女形埴輪」

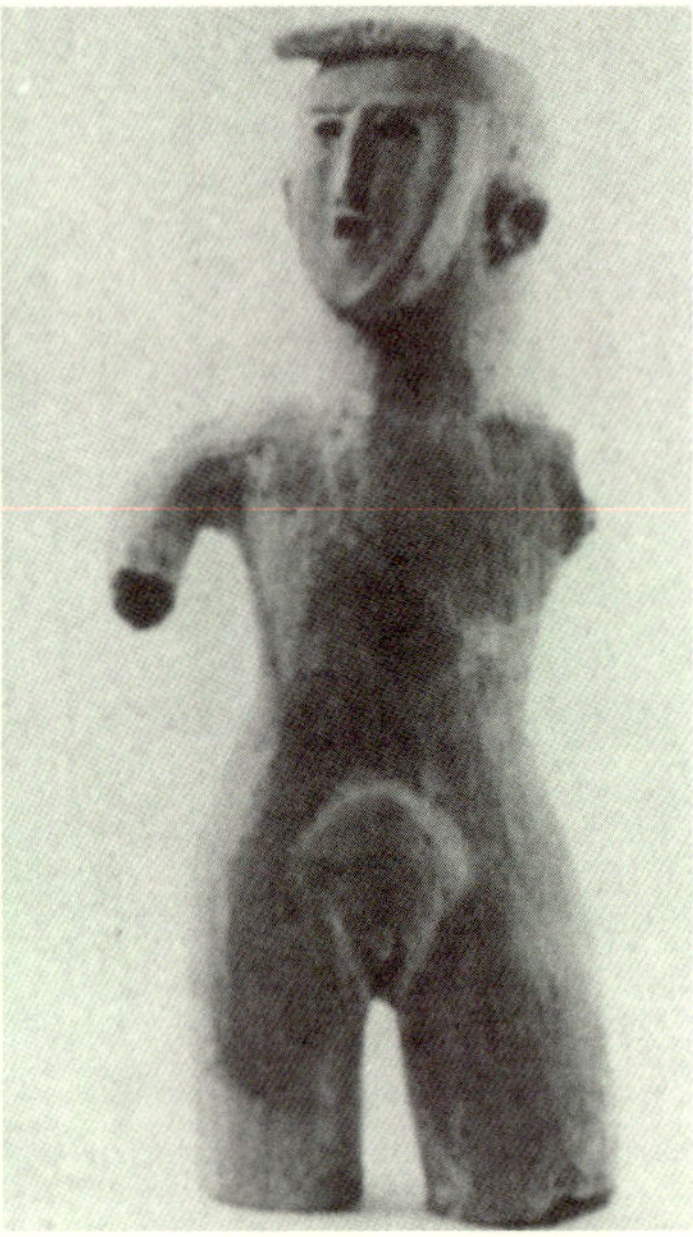

写真25　栃木県鶏塚出土の女陰を露出した埴輪

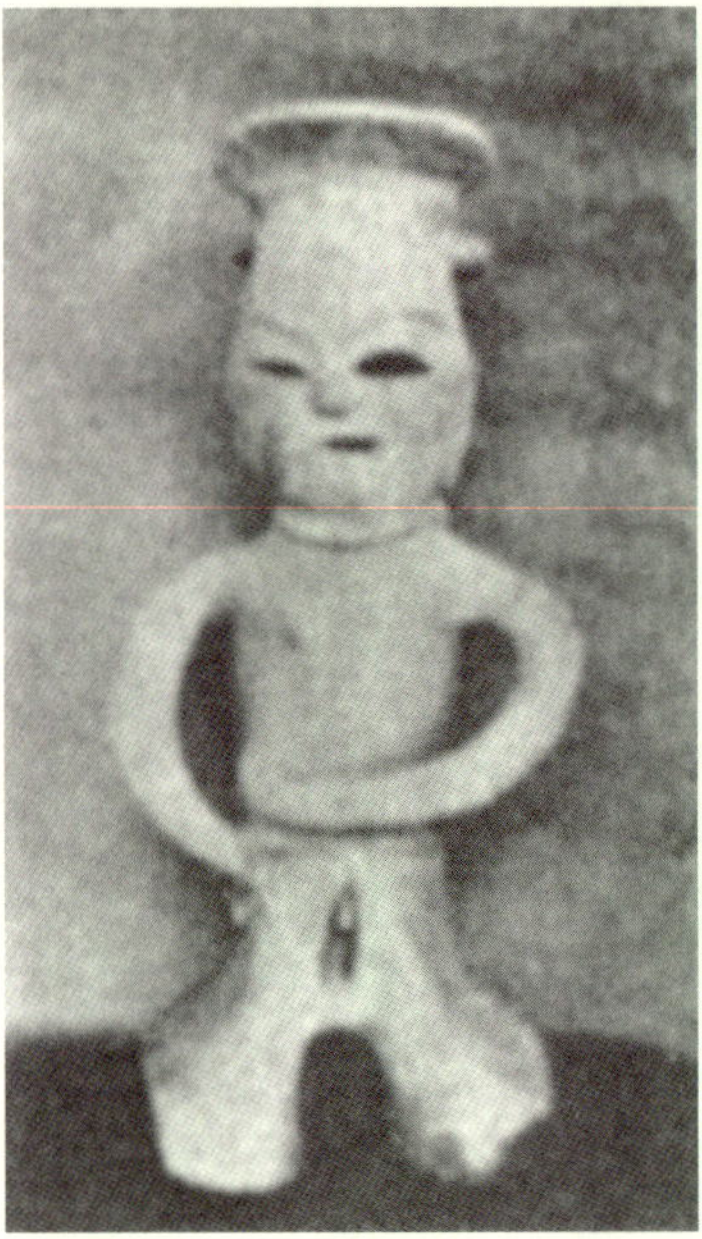

写真26　茨城県雨引村出土の女陰を露出した埴輪

から後期後半の埴輪（大阪府豊中市釘貫出土）を、「巫女形埴輪」と書き、「女陰を露呈した姿態は祭儀に臨んで巫女がとる一般的な姿であった」と書くが、[9] 古墳時代中期後半は五世紀末で雄略朝の頃である。このような埴輪は大場磐雄の論文「性器をあらわした埴輪」にも紹介されている。[10] **写真25**は栃木県那賀郡大内村の鶏塚出土の古墳時代後期の埴輪だが、陰部は朱で塗られており、**写真26**の茨城県西茨城郡雨引村出土の埴輪にも女陰が見られる。これらの埴輪の頭上のかぶりものからみて、「巫女埴輪」だが、陰部が極端に誇張されていることからも、陰部露出が巫女とかかわることを示している。関東の「巫女埴輪」は関西の「巫女埴輪」にくらべて女陰を誇張しており、**写真25・26**はともにクリトリスまで強大化して示している。このような女陰強調の女性は普通の女性でなく、巫女・神妻（日女《ひるめ》）イメージで造形されており、女陰を露出した『記』『紀』神話の天鈿女や、女陰を突かれたのが原因で岩屋（洞窟）入りした、日女から日神に成り上った「天照大神」と重なる。

大場磐雄は**写真25・26**の女陰露出の巫女埴輪と、男根を露出した埴輪は、対《つい》で出土しているが、男性の埴輪は破損しているので、同じ造形の群馬県佐波郡剛志村出土の勃起した男根表現のある埴輪を示して、男女の性器表現埴輪を「除魔の役割を担った像」と書く[10]が、この見解には同調できない。性器露出表現にまったく「除魔」の意図がないとは言えないが、別の意図が強い。古墳上にあることが問題である。古墳は墓としての洞窟である。洞窟・岩屋は古代人にとって、子宮イメージであったことは、詳細は後述するが、天の岩屋神話の「石屋」はそのことを証している。

ウズメは『記』が書く天の岩屋の神話だけでなく、神代紀（下）の一書の第一では猿田彦の前に立って、

天鈿女乃《すなは》ち其の胸乳《むなち》を露《あらは》にし、裳帯《もひも》を臍《ほそ》の下に抑《おした》れて、咲噱《あざわら》ひて向ひ立つ。

とあり、猿田彦の前でも女陰を開示しているが、ハンス・ペーター・デュルは『再生の女神セドナ』で、**写真27**のイングランドのセント・デイヴィッド教会のシーラ・ナ・ギグ像を示し（このような像が教会にあることが問題である）、「バウボが陰門を見せることでデーメーテールにわからせようとしたのは、あんたの娘ペルセポネーは永遠に冥界に留まらなければいけないのではなく『再生』するのだよ、ということだった。……もともと女神は股を開くことによって、中へ入ってくる者を再生させる体勢

写真27　イングランドのシーラ・ナ・ギグ像

を取っている」と書いているが、[11] 日神を岩屋（洞窟・墓）から出した（再生させた）のは、ウズメが女陰を出して踊ったのを見て神々が笑ったのがきっかけであり、女陰開示は岩屋隠れ〈死〉した日神を再生させており、シーラ・ナ・ギグの所作と重なる。

　ハンス・ペーター・デュルは、シーラ・ナ・ギグの写真を示した注記で、「日本の太陽女神アマテラスは侮辱を受けて洞窟に閉じこもるが、神々の哄笑によって外へおびきだされ、アメノウズメノミコトが陰門と乳房を曝しているのをおかしがる。この話は明らかに植物の古い再生儀礼を反映している」と書いており、[11] ハンス・ペーター・デュルも、天の岩屋隠れ神は、太陽の死と再生神話だと書いている（しかし「侮辱を受けて」の洞窟入りという見解には賛同できない）。その事は『記』『紀』が、日神天照大神が岩屋に隠れた時、岩屋から出てくるように、「常世の長鳴鳥」の鶏を鳴かせたことと関連しているので、そのことを次に書く。

古墳上の雄鶏埴輪が示す死と再生の神話

男女の性器露出埴輪のある古墳が「鶏塚」と言われているのは、古墳上に鶏形埴輪が多数置かれていたからだが、『記』『紀』神話では日神が岩屋入りすると、『記』『紀』（本文）は同文で、「常世の長鳴鳥を聚《あつ》め、互に長鳴きせしむ」と書く。なぜ日神が隠れた岩屋の前で鶏に「長鳴せし」めたのか。夕日の日没は日神の死だが、日神の太陽は朝日となって東から昇る。誕生である。鶏に「長鳴きせし」めるのは朝日の誕生をうながすためだから、日神の隠れた岩屋（岩屋隠れは落日表現）から出ることをうながすためでもある。古墳上に鶏の埴輪を多数置いたので「鶏塚」と言われているのも、古代人は死者は再生すると信じていたからであろう。

写真28　掖上鑵子塚古墳出土の鶏埴輪

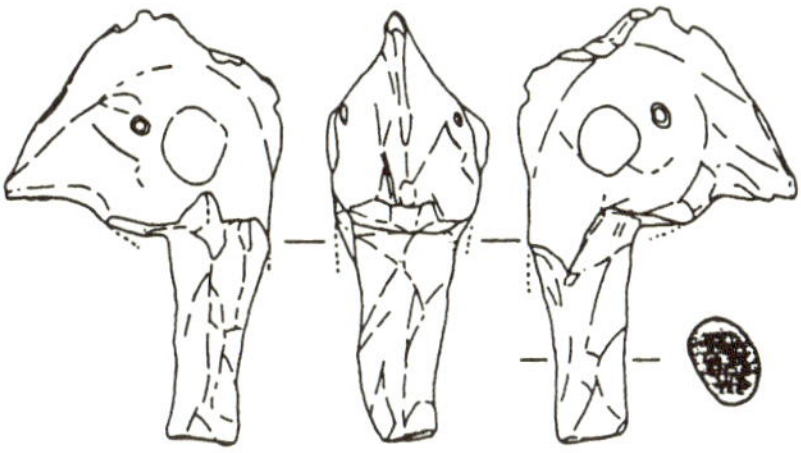

図25　唐古・鍵遺跡出土の土製鶏頭

写真28は奈良県御所市の五世紀前半の掖上鑵子《わくがみかんす》塚古墳の鶏の埴輪だが、鶏の埴輪は弥生時代から造形されている。**図25**は奈良県の弥生遺跡とし

て最大規模の磯城郡田原本町の唐古・鍵遺跡の弥生後期の祭祀用円形土壙（径約一メートル）から、他の祭祀用土器と一緒に出土した土製の雄鶏の頭部である。この遺跡に近い三世紀前半と言われている発生期のもっとも古い石塚古墳の周濠からも、トサカの部分を赤く塗った**図26**の鶏形木製品が、他の祭祀用土器と共に出土した。

拙著『天照大神と前方後円墳』（一九八三年）で書いたが、わが国最古の石塚古墳の鶏形木製品出土地の近くから、私は三輪山山頂から昇る冬至の朝日を拝した。朝日は三輪山山頂にぴったりではないが、山頂のごくわずか右から昇った。雄鶏は日の出直前に鳴く、太陽の再生を告げる鳥だから、日神が岩屋入りすると長鳴鳥に「長鳴き」させたのである。

福岡県小郡市の三国丘陵にある津古生掛古墳は、九州最古といわれている三世紀末の古墳だが、この古墳の周濠からも鶏形土器が二体出土している。この祭祀用鶏形遺物の出土した三国丘陵には、四基の前期古墳があるが、奥野正男はこの四基の古墳のうち津古生掛古墳・津古一号墳・津古二号墳は、「そこから東南約四キロに所在する神奈備型の城山山頂から西北西にほぼ三〇度の線上にあり、城山山頂から上る冬至の日の出線上（夏至の日の入り線上）に並んでいる」と書いている。そしてこれらの古墳のある山の中腹に、「日ノ子神社」と呼ぶ神社がある

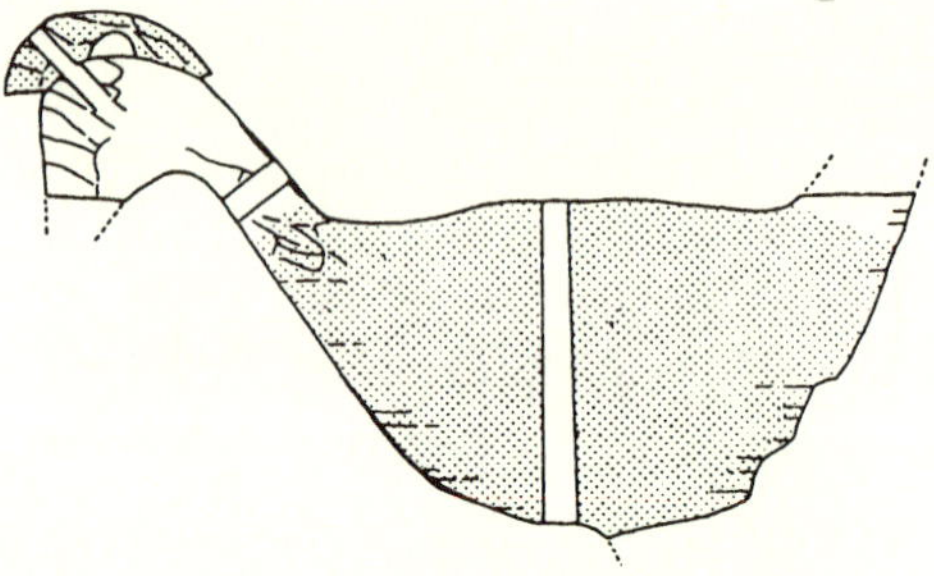

図26　桜井市石塚古墳出土の鶏形木製品

ので、「太陽祭祀とのかかわりを伺わせる」と書くが、(12)「日ノ子」は「日の御子」の意である。

また、尾関章も「美濃の前期古墳は二至二分にかかわる」と書き、「この鶏頭埴輪の出土した柄山古墳と伊吹山山頂を結ぶ線は正確な東西（二分）線をなしていた」から、この柄山古墳は伊吹山山頂の春分・秋分の日の出遥拝の「祭壇として用いられた」古墳として、鶏頭埴輪が置かれたのではないか、と書いている。そして「朝鳥明神《あさどり》」の冬至祭について、次のように書く。

私は、昨年の冬至の夜明けに、日合塚の真西約一〇キロ地点の揖斐川の出口に鎮座する朝鳥明神で今も行われている冬至の祭りを体験することができた。古墳を背景にした岩座の前には鳥居があるのみで神殿・拝殿などは無く、この古式にして素朴な聖地の前では天を突く巨大な「陽迎《ひむか》え」のかがり火が焚かれ、青竹がはじける音が山々を揺さぶり、濃尾の野を越えた遥か先、瀬戸の山並みに昇る冬至の陽光が鶏鳴三声と「オー」という叫び声とともに榊に下げられた海獣葡萄鏡によって捕えられ、美濃の大地に迎えられるのである。(13)

「朝鳥明神」の「朝鳥」とは鶏のことであり、「陽迎《ひむか》え」とは冬至の朝日を迎えることである。冬至の朝は一年間のうち、もっとも代表的な朝だが、宮廷の鎮魂祭も冬至に行なわれる。天の岩屋神話は鎮魂祭の神話化と言われているが、天の岩屋神話に登場する「常世の長鳴鳥」の雄鶏が、「互に長鳴き」するのは、死んだ日神の再生（岩屋〈墓〉に入った夕日が、墓であり母胎である岩屋から朝日となって誕生）をうながしている。古代人にとって墓は単に死者の埋葬の場所ではなかった。

「再生」には前提として「死」がある。そのことを天の岩屋神話もインカの冬至祭祀も示しており、母胎としての岩屋での性交秘儀が伴なっている。またわが国では神話でも古墳でも鶏が登場するが、この神話・祭事は冬至とかかわり、死と再生を示している。

古代エジプトの天の岩屋としての神殿祭祀

古代のエジプトの人々の死生観は、太陽の一日の行動、朝日としてあらわれ、夕日になって消えるのと重ねていたから、「死者の書」は太陽は夕方になると舟に乗って「ドゥワト（冥界）」に入ると書く。しかし「死者の書」が「日のもとに出現する書」と言われているのは、「ドゥワト」としての洞窟を再生のための子宮と見立てていたからである。この考え方は『記』『紀』神話の「天の岩屋」と重なる。その「ドゥワト」を母胎と見立てた絵が、**図27**である。この絵は地下室の天井に描かれているが、**図27**の絵についてアンドレ・ポシャンは、

> 「復活のため」といわれる部屋は、中庭の中央にあり、その天井には、毎年の冬至の日に、太陽ラーを生みおとす自然の象徴である女神ヌートが描かれている。この太陽神ラーの光線が、復活の象徴としてオシリスの麦を発芽させるのである。(14)

と書き（傍点は引用者）、さらに「女神ヌート

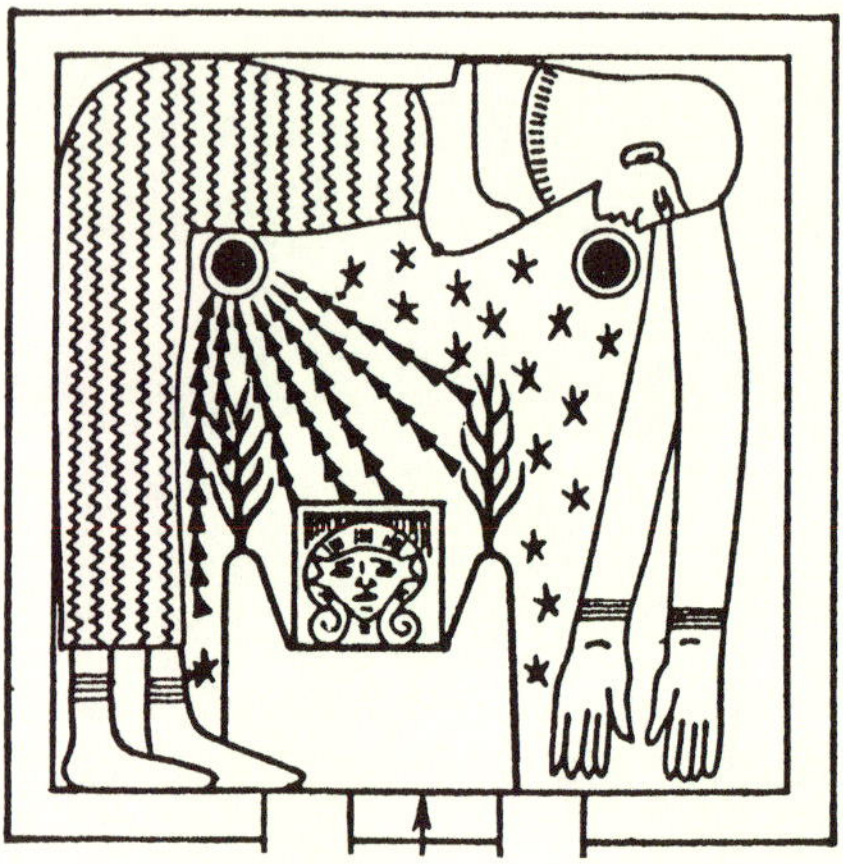

図27　エジプトのヌート女神が，冬至に口から太陽を呑み込み，女陰から太陽を生み出し，ハトホル女神を石棺からよみがえらせている図

による、太陽の毎日の出産が表わされている。再生された太陽の光線が、ひとつの石棺の上に落ち、そこから女神ハトホルの頭が現われ、二本の植物が芽を出している」と書いている。[14]

このような石棺から女神ハトホルが現われている絵は、「死と再生」をはっきり示している。口の前にある太陽のまわりには星が描かれており、日没さらに夜を表現しており太陽の死を示している。口は墓の入口で、ヌート女神の体内は墓・岩屋だが、母胎でもある。だから女神の膣部から誕生した朝日が描かれ、朝日は棺のハトホル神をよみがえらせている。このハトホル女神の体は、『記』『紀』神話の「天の岩屋」である。

茂在寅男は『古代日本の航海術』で、**図28―1・2**を示す。**図28―1**は福岡県うきは市吉井町の珍敷塚古墳の「天鳥船」といわれている壁画であり、**図28―2**はエジプトのアメンヘテプ二世時代（紀元前一四六〇年頃）のセム・ネジエム墓の壁画だが、この二つの壁画を示して、茂在寅男は「互いに遠隔の地に、時代も離れて住んだ二種類の人達の間には、なんらかの思想の伝達があったに違いない」と書き、古代人は「想像もで

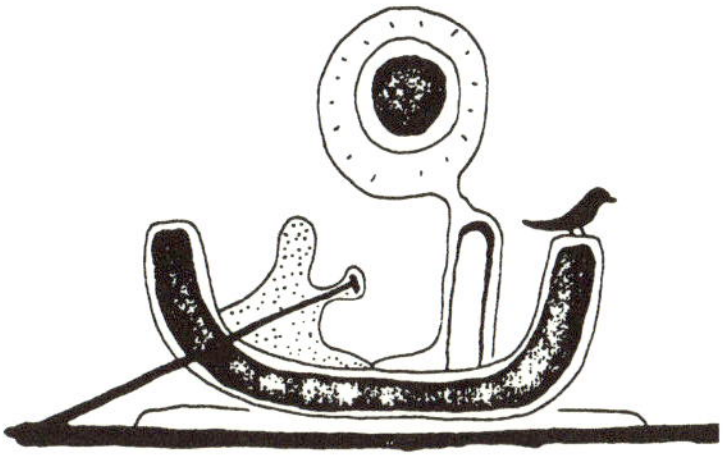

図28-1　福岡県の珍敷塚古墳の「天鳥船」といわれている壁画

図28-2　エジプトのテーベのセム・ネジェムの墳墓の壁画

図29　西の山の洞窟（ドゥワト）へ入る太陽の舟

きないほどの長距離を移動したのではないか」とみて、エジプトの絵の表現がわが国に影響したと書いている。[15] この見解には賛成できない。エジプトでもわが国でも共通認識があったからである。前述したが洞窟（岩屋）を日神（太陽）の入る墓と見るが、墓は母胎（子宮）とわが国の神話でも見立てられていた。そのことはアメリカインディアンの「洞窟のような子宮」観や、**図27**のヌート女神像や、わが国の神話や絵画表現が示している。川（ナイル川）や海（太平洋・日本海）に深くかかわる民族にとって、日神（太陽）を運ぶのは舟であったから、エジプトと日本にほとんど同じ絵が、共に墳墓に描かれているのである。太陽は毎日死と再生を繰り返しているが、太陽は夕日となって岩屋（墓）に入るが、墓としての岩屋は、子宮に見立てられていたから、天の岩屋神話でも、岩屋へ入った理由を男根表象の梭で女陰を突くという、性交表現で示している（「突く」表現は「死」と「性交」を示す）。このような表現は古代のわが国とエジプトでも共通で、**図27**・**28**の表現で示す神話は、日神の死と再生神話であることを証している。

図29のエジプトの『死者の書』には、西の山の洞窟に入る太陽の舟が載るが、太陽の舟は洞窟（夜・冥界）を十二時間、西から東に向かって航行する。このような壁画を「ドゥワト（冥界）にあるものの書」というが、「ドゥワト」は単なる死者の国ではない。『死者の書』が「日のもとに出現する

書」と呼ばれているように、再生のために通る洞窟であり、子宮である。日神が天の岩屋へ入る前に性交表現があるのも、死んで入る墓・「天の岩屋」が、再生の母胎・子宮であったからである。そのことは、前述した**図27**のエジプトのハトホル神殿の天井画が示している。

太陽神殿で有名なのはエジプトのカルナックのアメン・ラー神殿である。この神殿は紀元前二〇〇〇年〜前一八〇〇年の第十一・十二王朝時代に建てられ、第十八・十九・二十王朝（紀元前一五六七年〜紀元前一〇八五年）から末期王朝（紀元前一〇八五年〜紀元前三〇四年）にいくたびか改築されている。現在のアメン・ラーの太陽神殿の最古の神殿の東に、紀元前一四八〇年頃にトトメス三世が建てた祝祭殿があり、その左側に階段があり、その階段を昇ると、**図30**の「太陽の高殿」と呼ばれている祭壇がある。

この「太陽の高殿」について、ジェラルド・S・ホーキンズは『巨石文明の謎』で、次のように書いている。

一つの階段をのぼって行った。傾斜が急で、狭くて、側面のかこいがない。やが

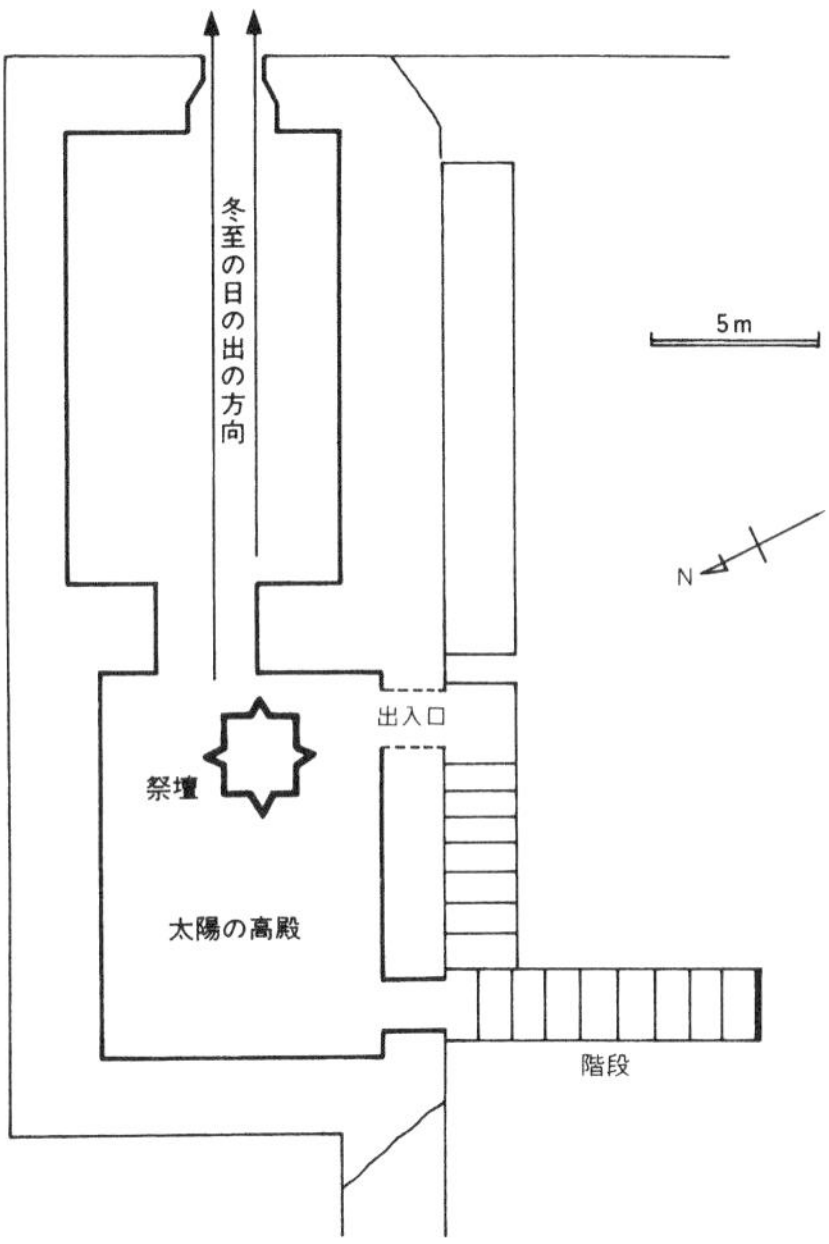

図30　エジプトのカルナックの太陽の高殿の祭壇には冬至の朝日が射し込む

て空まで吹き抜けの小さな部屋へ出た。「太陽の高殿」と呼ばれている部屋である。壁に長方形の穴があいていて、その正面に雪花石膏の正方形の祭壇があった。この屋上神殿は、地平上に昇る太陽の神ラー・ホル・アクティをまつったものだった。壁には穴に向かって片ひざを突き、昇る太陽を迎えようとするファラオの絵が描かれてあった（引用者注「ファラオ」はエジプト王トトメス三世のこと）。（中略）ここなら高くて、視界を妨げるものはない。神官天文学者が観測をして、太陽の運行を調べることもできたろう。(16)

このように書き、「ファラオが太陽観測をおこなったのは、ここにちがいない」と書き、**図30**を示している。このカルナックのアメン・ラー大神殿に、私は一九九六年に行き「太陽の高殿」に昇った。今は吹き抜けだが、かつては屋根のある部屋であったことを、自分の目で確かめたが、ホーキンズは天文学者だから太陽を「日神」と見ず、エジプト王も「観測」したと書いて**図30**を示している。しかし私は「冬至の日の出の方向」と書くホーキンズの見解は採らない。「祭壇」とホーキンズが書く場所も、人が神を祀るための「祭壇」と見て、人に主体を置いているホーキンズ説には賛同できない。古代エジプト人は現代人とはものの見方・考え方は違う。人でなく神が主体であった。ホーキンズの書く矢印は古代エジプト人の立場からすれば、逆にすべきである。祭壇は冬至の朝日を受けて行なう秘儀の祭壇である。秘儀は、天の岩屋神話で冬至の日に行なう秘儀と結びつく。日神と日女（神女）との聖婚秘儀であった。

古代メソポタミアとエジプトの「太陽神殿」

図27（三六〇頁）のヌート女神の絵は、太陽は夕方ヌート女神に呑みこまれ、翌朝、朝日として生み出されると考えられていた。アンドレ・ポシャンは**図27**の絵について、「毎年の冬至の日に、太陽神ラーを生み落す自然の象徴である女神ヌートが描かれている。この太陽神ラーの光線が、復活の象徴としてオシリスの麦を発芽させる」と書いている。ヌートは毎夕太陽を呑みこみ、毎朝「昨日より若返った太陽」を産む。太陽を産むときに流したヌートの血が、暁の空をピンク色に染めるといわれているが、毎日の太陽の死と再生に対し、一年の太陽の死と再生の象徴が冬至だから、アンドレ・ポシャンは**図27**の絵を冬至の太陽と見ている。この冬至の太陽の死と再生神話が、『記』『紀』の書く天の岩屋神話であることは、『記』が「大嘗」、『紀』本文・一書の第一が「新嘗」の日として書くことから言える。**図27**の絵では夕日が女神オシリスの口に入ろうとしている。この絵は天の岩屋神話の女陰を突いて石屋に入る神話と重なり、オシリスの女陰から出てくる朝日は、日神が朝日となって出て来たのと同じである。『記』はこの時、ウズメが女陰を開示したと書くのも、**図27**の絵と重なる。

私は拙著『神々の考古学』の第三章の「太陽神殿と聖婚秘儀」で「ピラミッドは巨大な棺であり、一種のドゥワト（冥界）だが、ドゥワトが再生のためにあるように、ピラミッドは巨大な再生装置である」と書いて、「そのピラミッドのモデルは、古代メソポタミアのジッグラト（聖塔）だと書いた。**図31**の左の建物がバビロンのジッグラト（バベルの塔）の復元図である。

井上芳郎は『シュメル・バビロン社会史』で、古代メソポタミアの「神殿の女王たる神婦」につ

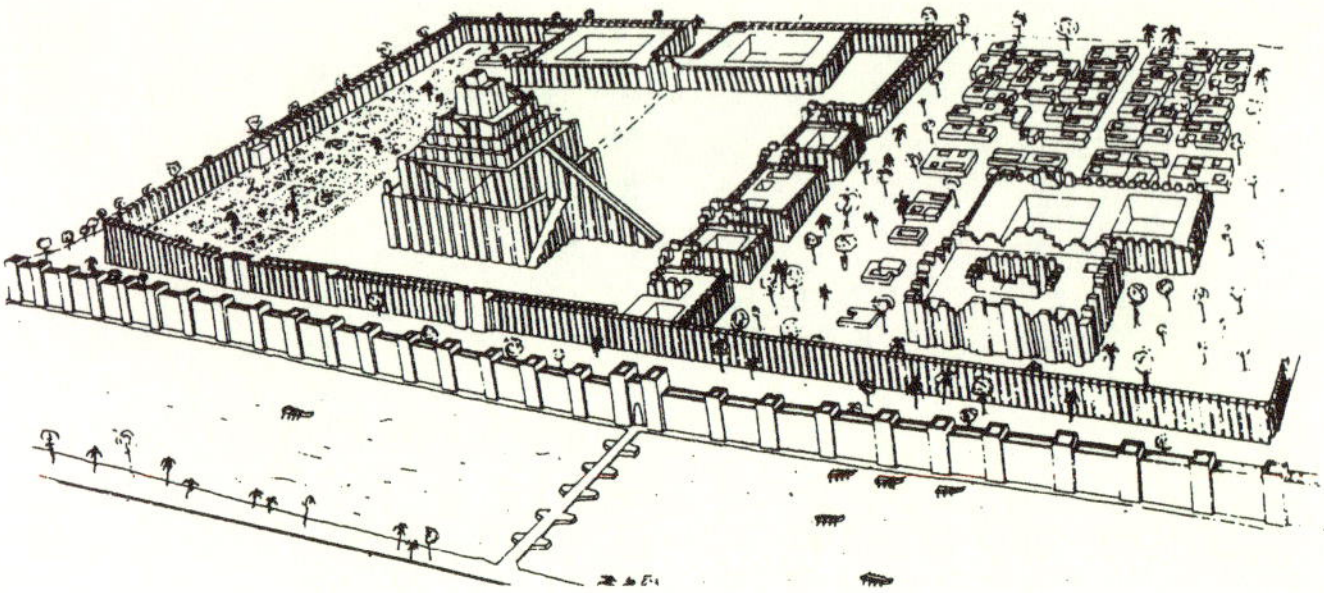

図31　バビロンのジッグラト（バベルの塔）の復元図

いて、紀元前二三五〇年ほど前のラガシ王朝のグデア王の祈願文にもとづいて、神婦・神妻は王女や貴族の娘たちがなること、宮殿内の円形にかこまれた「ハレム（密室）」に居ることを述べている。円形の密室の中は、さらに周壁でかこまれており、その「周壁の中央に、琥珀《こはく》で鏤《ちりば》めた寝床を置く」と書く。そしてその寝床に「最高神婦」が横になっていると書き、そして、

　安らかな眠りの間に、神が天より太陽の船に乗じ、聖河を降って、ジッグラトの東方の窓から入り、この神婦に憑《かか》り降るというのが、この時代の信仰形式であった。

と書いている[17]（傍点は引用者）。**図31**が「ジッグラト」だが、ジッグラトの最上層に居る神婦を「ニナ」という。「ニナ」を井上芳郎は「最高神婦」と書くが、天の岩屋神話の日女としての天照大神・天の服織女も、「ニナ」である。

　メソポタミアのジッグラトの最頂部の寝殿に、太陽の船に乗って来た神が入り、ベッドに居る神婦（日妻・日女）と日神が聖婚する神話は、表現が相違していても、天の岩屋神話と重なり、岩屋がメソポタミアでは「ジッグラト」、エジプトでは「太陽神殿」になっている。太陽神殿の聖婚秘儀の例をあげれ

ば、ヘリオポリスの太陽神殿に奉仕する最高神官の娘（妻ともいわれている）が、日光に感精して「日の御子」を生んだ。この「日の御子」たちが初期王朝時代の第二王朝（紀元前二八九〇年頃～前二六八六年頃）の、初代・二代・三代のファラオたちだという伝承がある。

エジプトの第四王朝時代（紀元前二六一三年～前二四九四年頃）がピラミッド建設の全盛期で、ギザの三つのピラミッドも第四王朝時代に建造されているが、第五王朝時代（紀元前二四九四年～前二三四五年）になると、ピラミッドとともに太陽神殿が作られており、ファラオたちはピラミッドよりも太陽神殿の建造に力を入れた。理由は、第五王朝の初代ウセルカフ王、二代サフラ王、三代ネフセルラ王の三人のファラオが、太陽神殿に仕える高級神官の妻レドジェデトと太陽神ラーとの間に生まれた三つ子といわれていたからである（ドイツのベルリン博物館所蔵の「ウェストカー・パピルス」にそのことが記載されている）。第二王朝のファラオたちにも同じような伝承があるが、第五王朝のファラオたちは「サー・ラー」と名乗った。「サー」は息子、「ラー」は太陽であり、「太陽の子」の意である。日本の天皇を「日の御子」というのと同じである。しかし「日の御子」は日神を女としているが、エジプトの場合は日神が男であるのがちがう。

日本の場合も本来はメソポタミアやエジプトと同じに日神は男であり、アマテラスはその日神と聖婚する日女（日妻）だから、『紀』は日神を、神代上の冒頭で、

大日孁貴《おほひるめむち》と号《まう》す。一書に云はく、天照大神といふ。

と書くのである。日女《ひるめ》の「女」を「孁」という漢字にし、上に「大」を付し、下に「貴」を付して、文字の上で日神らしく仕立てているが、この表記からも「日女」を天神に仕立てたことは明らかであ

る（日女が日神に成り上ったが、その理由は第三章で詳述した）。

アイルランドとエジプトの天の岩屋的祭儀

天の岩屋神話にかかわる宮廷祭祀が大嘗祭・新嘗祭であることは前述したが、この祭祀の「嘗」表記から、収穫・生産視点から論じる論者もいるが、基本は神話と同じに日神にかかわる。具体的には日照時間がもっとも短いが、この日から長くなる冬至の祭儀の前日と当日の祭儀が、前述の祭儀である。この祭儀はわが国だけでない。全世界共通であった。そのことは拙著『神々の考古学』『神と人の古代学』で詳述した。その二著で述べた事例を示す。

天の岩屋隠れ神話は冬至にかかわることは、本章の冒頭で書いたが、紀元前三三〇〇年〜三〇〇〇年頃のアイルランドの羨道墓は、窓から冬至の朝日が長さ一八メートルの羨道に差し込み、墓室に達している。私は一九九三年にこの遺跡を訪れたが、ニューグレンジ遺跡の管理事務所が作成したパンフレットの説明文を訳すと、次のような記述が載る。

ニューグレンジは墓である。約五〇〇〇年前の石器時代後期に建てられた。建立者については、農耕し繁栄したこと以外にはほとんど知られていない。建立者にとってニューグレンジは墓以上のものだったと信じられている。ニューグレンジは祭儀の中心地であった。考古学者はこの種の墓を「羨道墓」というが、それは墓室に通じる通路のためである。（中略）通路に入る前に訪れる人が気づくのは、入口の上方のすき間である。「屋根部分の窓」と呼ばれているが、この「屋根部分の窓」からは、一年のうちで最も昼が短い冬至の朝日が、日の出の時に差し込む。五〇〇

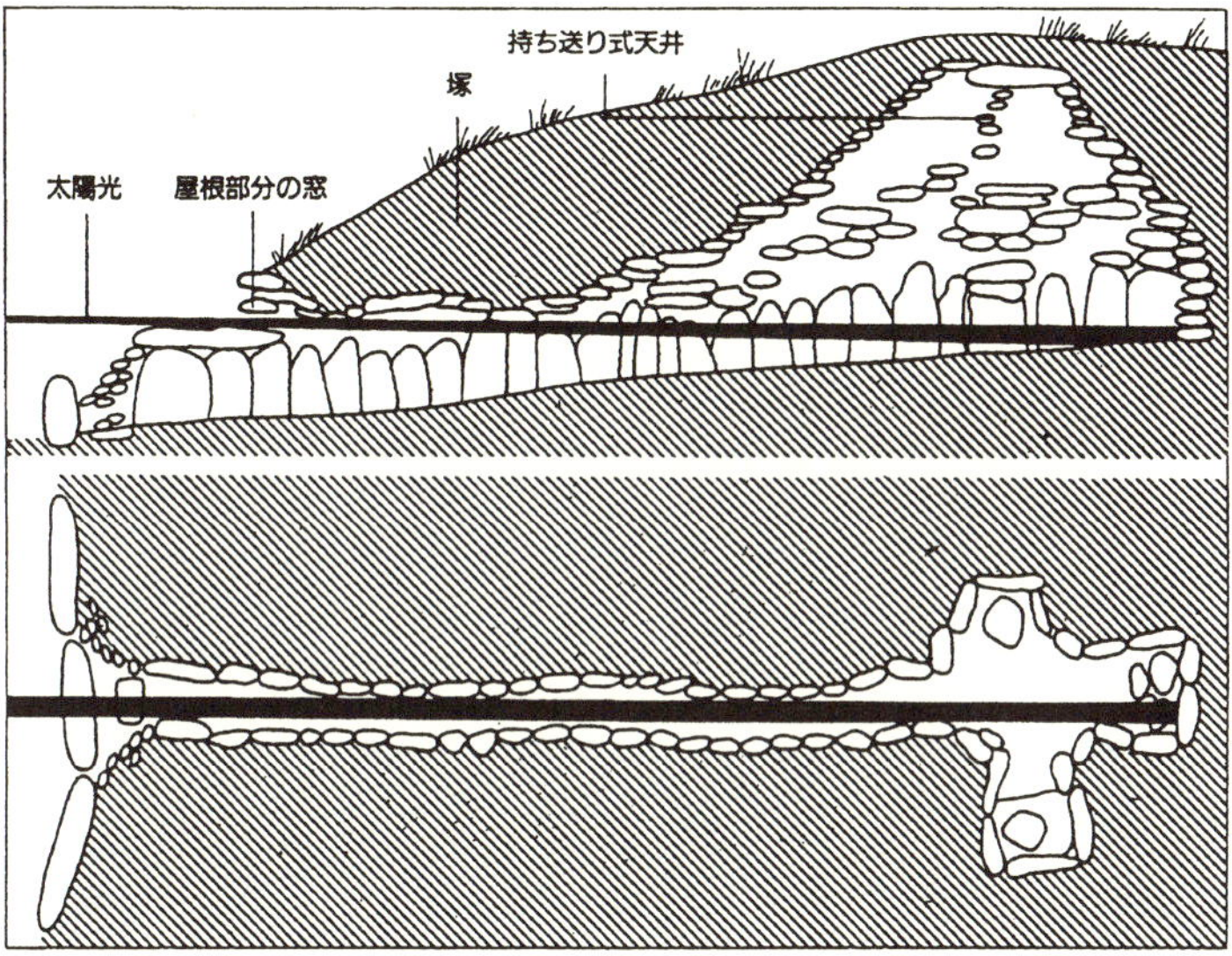

図32　冬至の前後の数日間、朝日はニューグレンジの円形羨道墓の奥室まで差し込む

〇年前の人々は、おそらくニューグレンジに集まって、冬至の日の出を見たのであろう。人々は新しい年を祝うのみならず、死後の再生を信じ、祝ったのかもしれない。

ジュニファー・ウエストウッドは『ミステリアス』で**図32**を示し、冬至の朝日は、ニューグレンジの「祖先の遺骨が入れられていた」と見られる「洞窟ホールの真正面にある石の鉢のところまで到達した」と書く。そして、

冬至は一年のうちで最も日照時間が短い日であり、ここを起点に新しい一年がはじまり、土にふたたび生命の力がそそぎこまれはじめる日である。とすればこのときニューグレンジでは、太陽によって宇宙的な卵に生命の力が吹き込まれ、死と再生

の永遠のドラマが展開されたと考えていいのではなかろうか？[18]
と書いている。さらにニューグレンジが「卵形」をしているのは、「子宮のシンボル」と見て、古墳を古代の人々は母胎と見ていたからだと書いている。この見解は第一章で書いた安寧天皇の御陵を『紀』が「御陰《みほと》井上陵」と書き、**図2**（六〇頁）で示した韓国と沖縄の墓が、子宮・女陰表現をしているのと、洋の東西を問わず共通している。

カルナックのアメン・ラー大神殿の祝祭殿の東に、アブ・シンベルの大神殿と同じラムセス二世が建立したラー・ホルアクティ神殿の廃墟がある。ジェラルド・S・ホーキンズは『巨石文明の謎』で、「ラー・ホル・アクティ神殿の廃墟を通して、冬至の日の出を枠取る南東門に望む」と書き、

私は門を通して向うを見た。視線の先には何本かのヤシの木が散在していた。それらのヤシの木の向うには、遠く低い断崖が焼けつくような黄色い砂漠をふちどりして、輝きながら盛り上がっていた。ファラオたちや神々の彫像は、石の目で遠く東の方を見つめながらそこに立っていた。私は、この線が何らかの天体を差しているのにちがいないと思う。これらの彫像は、何らかの天文現象のために据えてあるのだ。[19]

と書いている。私はこの地にも行ったが、新王国時代のラムセス二世の建造したアブ・シンブル大神殿の例から見ても、同じ王が建造したこの太陽神殿（ラー・ホルアクティ神殿）にも、ラー・ホルアクティやラムセス二世の像があるから、ジェラルド・S・ホーキンズが、「この神々の彫像の石の目は何らかの天体を差している」と書くのは、冬至の朝の昇る太陽（日神）を見ていたからと推測する。そのことは**図30**の祭壇に冬至の朝日が射し込むことからいえる。

エジプトの初期王朝時代（紀元前三〇〇〇年頃～前二六八〇年頃）の第一・第二王朝の頃のヘリオポリスの太陽神殿は、日神と日女の聖婚秘儀の場であったが、古王国時代（紀元前二六八〇年頃～前二一八〇年頃）の第三王朝になると、太陽神殿以外にメソポタミアの聖塔《ジッグラト》の影響による階段ピラミッドが作られた。この巨大建造物は第四王朝になると、さらに巨大化してピラミッド時代と言われた。ピラミッドは太陽神殿と王墓の二つの意図で作られているから、ピラミッド学者らも墓の要素を認めながらも、墓と断定しないのである。第五王朝になると第四王朝のピラミッドとは別に太陽神殿が作られるようになり、ピラミッドは作られなくなった。そして太陽神殿は作られても、ジッグラトの聖婚秘儀は行なわれなくなり、神殿に冬至や夏至の朝日が射し込むように設計しても、奥室のファラオ像や太陽神の像を照らすためで、聖婚秘儀のベッドとしての祭壇は作られなくなった。このように変化しているが、アイルランドとエジプトの古代の遺跡を見ても、古代人の考えることは洋の東西を問わず変らない。そのことは北半球だけでなく、二至（冬至・夏至）二分（春分・秋分）が逆の南半球のインカでも同じである。

天の岩屋神話と死と再生表現の白山《しらやま》祭儀

天の岩屋神話が日神の死と再生神話であることは、民俗学者が注目する奥三河の霜月神楽の「白山《しらやま》祭儀」からも言える。柳田国男は「稲の産屋《うぶや》」で「三州北設楽《したら》の山村に、近い頃まで行なわれていた霜月神楽の中に、シラ山と称する奇特な行事があった。数多の樹の枝や其他の材料を以て、臨時の大きな仮山を作り、前後に出入りの口を設け、内には桟道を懸渡《かけわた》し、志願ある者をして其中を通り抜けさせた。是を胎内くぐりといふ言葉もあり、又障り無くこの行為を為し遂げたことを、生れ清まけりと呼んで居たとも伝へられる」と書いており、[20]折口信夫は「山の霜月舞」で、白山《しらやま》は「此に這入《はい》つて生れ出る」または「生れ変る」ものと書いている。[21]

宮田登は『原初的思考』と題する論考で、白山から出てきた人たちを見物していた老婆が、「ほら見よあんなに多数赤ん坊が出た」と言っていたから、「白山に入って出ることを、人間の誕生になぞらえている」と書き、白山から出てきた人（神子という）たちが、白山の橋に使われていた米俵を背負い、両手に扇子を持ち、さらに口に一本くわえて船を漕ぐ真似をすることについて、「扇子は翼を意味し、口にくわえたのは稲穂だという。すなわち鳥の姿をして、稲穂をくわえ、誕生してきたことを意味する舞いなのである。こうした白山の儀礼が、人間の誕生と稲霊の再生を象徴することは、ほぼ間違いないように思われる」と書いて、「白山《しらやま》」の「シラ」は「誕生」と「再生」と見ている。[22]

谷川健一は「産屋の砂」で福井県の立石半島の産屋が出産の後に焼かれる理由について、「三河の花祭のとき白山《しらやま》という小屋をつくり、その中に亡者姿の人間を入れ、あとで小屋をこわして誕生をうながすという儀式がある。……古代において誕生は、新生というよりはむしろ再生と考えられていた」と書いている。[23]これらの見解はすべて民俗学者の見解だから、神話の天の岩屋に比定していないが、この「白山」は「天の岩屋」とダブルイメージである。

白山祭儀を霜月祭儀というが、「霜月」とは旧暦の十一月（新暦では十二月）で、冬至の月であり、霜月祭は冬至祭であった。前述したが宮廷の鎮魂祭は霜月に行なわれるのも冬至祭で、宮廷祭儀の鎮魂祭は宮廷の霜月祭・白山祭儀だが、この鎮魂祭の「御窟殿」（御窟院）は天の岩屋であり、白山である。柳田国男は「白山」を「稲の産屋《うぶや》」と書くが、谷川健一は「墓」と見て、柳田国男が「誕生」と見るのを、「再生」と見ている。仏教民俗学者の五来重も、柳田国男らが論じる「白山《しらやま》」を「産屋《うぶや》」でなく、「殯《もがり》」と見ている。「殯」は葬儀の準備が整うまで、遺体を棺におさめて仮に置いておくこと、または場所をいうが、この「白山」を加賀の白山《はくさん》の神事と重ねて、「擬死再生」の神事と「布橋大灌頂と白山行事」で五来重は書き、「白山」を再生の母胎・子宮と書く(24)。

第一章の**図2**(六〇頁)で示したように、沖縄・韓国の墓は入口が陰門・膣、奥室が子宮に見立てられている。また安寧天皇の陵墓は、「御陰《みほと》井上陵」といい、墓の形は**図2**に似ている。この事実からも天の岩屋・ミホト陵・「白山」祭儀は結びつく。民俗学者は「白山《しらやま》」を「産屋《うぶ》」と見るが、仏教学者で修験道・山岳仏教研究家の五来重は「殯《もがり》」(葬儀の準備などが整えられるまで、遺体を棺におさめてしばらく置いておくこと、またはその場所)と見て、「白山」行事を疑死再生の儀式と書く(24)。

折口信夫は「山の霜月舞」で三河の「シラヤマ」祭儀を、「這入つて生れ出る」神事と書き、「洞穴」を「かま」と書き、「かまから出ると復活の形になる」と書く。そして「東北では、かまくらと言ふて、小正月に雪の洞窟」を作って「入つて出る」のを、死と再生の儀礼と書いている(21)。

白山《しらやま》に関する以上述べた見解からも、白山は死者が入る殯屋《もがりや》・墓だが、産屋《うぶや》でもあり、人体で言えば母の胎内・子宮である。この白山と『記』『紀』の天の岩屋との関連については、前述の論者たちはまったくふれていないが、王権神話の天の岩屋神話の原話は、文字無き時代から列島の庶民たちが伝えてきた、墓を産屋・子宮と見立て、死者は母胎に戻って嬰児となって再生すると信じていた事に依る。したがって「白山《しらやま》」を柳田国男は「産屋《うぶや》」と見るが、似た見解を折口信夫・宮田登もしているが、単なる誕生譚ではない。「産屋」であり「墓」である。したがって私は「死と再生」とみる谷川健一・五来重の見解を採る。

この白山祭儀は霜月に行なわれるが、霜月は旧暦の十一月（新暦では十二月）で、霜月祭は冬至祭であった。冬至は日照時間のもっとも短い日だが、この日から日照時間は日毎《ひごと》に長くなる。古代の正月は冬至正月で、冬至の日が「元旦」であった。日照時間がもっとも短い日は太陽の死であり、この日から長くなるのは太陽の再生である。太陽（日神）は夕日となって沈み、朝日となって昇り、毎日、死と再生を繰り返している。奥三河の霜月祭は、その日神の死と再生を稲の収穫（死）と関連させ、再生祈願をこめての祭事である。「稲の産屋」といわれたが、稲の収穫の時期に「白山」を作っているから、この「産屋」の「白山」は「墓」でもあった。天の岩屋は「白山」である。

本章は「世界的視点」と書いたが、主にインカとエジプトの古代太陽信仰・日神祭儀と、わが国の天の岩屋神話について論じた。私は『記』『紀』神話は王権神話だと書いた。そのことは天の岩屋神話にもあるが、この神話の基底には文字無き時代からの神語《かみかたり》が秘められている。『記』『紀』神話では、女神の日神の岩屋隠れ神話になっているが、本来の神話は男神の日神神話であった。女神の日神は皆無ではないが、本章で述べたインカ・エジプト・アイルランドの日神は男神である。女神の日神は異例だが、特に女神が皇祖神になっているのはさらに異例である。女神の日神が世界神話で皆無ではないが、わが国の神話では単に日神であるだけでなく、皇祖神の面が強い。なぜ、男神でなく女神の皇祖神＝日神なのか。そのことは第一章で述べた。

出雲の「加賀の潜戸」神話と『記』『紀』神話

『出雲国風土記』嶋根郡の「加賀の神崎」の条に、佐太の大神は枳佐加比売命《きさかひめ》が、「金の弓矢」で、「『くらき窟《いはや》なるかも』と詔りたまひて、射通し」た結果生まれたと書く。「金の弓矢」は「天照真良《まら》建雄神《たけを》」と言われており、男根表象である。「窟《いはや》」は女陰・子宮表象である。

加藤義成は『出雲国風土記参究』で、矢は男神で、枳佐加比売が洞窟に矢を放ったのは、枳佐加比売との聖婚を意味しているとし、その聖婚に依って佐太大神が生まれた神話と書く(25)。水野祐も『出雲国風土記論攷』で、金の矢に化身したという「麻須羅神《ますら》」と「枳佐加比売《きさか》」の聖婚と、佐太大神の出生譚がこの神話だと書く(26)。

「マスラ神」は「マラ」(男根)の神、「キサカ姫」の「キサカ」は「キサ貝」のことだが「キサ貝」(赤貝)は一般に女陰《ほと》の隠語である。「催馬楽《さいばら》」(奈良時代の民謡を平安時代に歌曲にしたもの)に次の歌が載る。

我家はとばり帳も　垂《た》れたるを。大君来《き》ませ　聟《むこ》にせむ。御肴《おんさかな》に　何よけむ。鮑《あわび》　栄螺《さざえ》か　石陰子《かせ》よけむ　鮑　栄螺か　石陰子よけむ。

「とばり帳も垂れたる」とは、「寝室」をいう。この寝室に「大君」が来たから、聟にしようという意味だが、この「大君」は天皇や皇族をいうのではない。この場合は「良家の若殿」ぐらいの意味である。「アワビ」「サザエ(サダオ)」「カセ(貽貝・ジメ貝・ウニ類)」については、熊谷直好の『梁塵後抄《りようじんこうしよう》』のこの歌の解釈は、「次つぎに陰門に似たる貝をならべ云へるなり」とあるように、女陰《ほと》のことである。『和名類聚抄《わみょうるいじゅうしょう》』（略して『和名抄』。平安時代の承平年間〈九三一～九三七〉に書かれた、わが国最初の分類体の漢和辞書）は、「石陰子《かせ》」「蚫《あわび》」「栄螺《さざえ》」は「都比《つび》」（女陰）に似ていると書いている。

松本清張は『私説古風土記』で、出雲の「加賀の潜戸」（「加賀の神崎」にあるから「加賀の潜戸」というが、「加賀」は「カガヤク」の「カガ」で太陽光輝を示している）を見て、「この洞窟のかたちは女陰に似ている」、「矢は男性の象徴である。女性の洞窟を矢が射るのは、性交を意味する。原形はこれだろう」と述べている。そして加賀の潜戸神話の「金の矢」は「男根」、「キサカヒメ」の名は女陰表現と書き、さらにこの神話の洞窟そのものも、女陰を示していると書いている(27)。松本清張の「女陰」表現は、「子宮」を含めた意味をこめているが、洞窟の入口の穴と、洞窟そのものとは区別すべきだろう（洞窟の入口は性交を行なう「膣」であり、洞窟は胎児を宿す「子宮」であり、天の岩屋神話の岩屋である）。

谷川健一は「出雲びとの風土感覚」と題する論考で、

加賀の潜戸をおとずれて、そこで分かったことは、洞穴が、東西に向いているという事実であった。洞穴の西の入口に船をよせてみると、穴の東の入口がぽっかり開いている。そのさきに的島と呼ばれる小島が見える。その的島にも同じように東西につらぬく洞穴があって、的島の洞穴の東の入口の開いているのが見える。つまり、加賀の潜戸と的島の二つの洞穴は東西線上に一直線に並んで、もし的島の東から太陽光線が射しこむとすれば、その光線は的島の洞穴をつらぬき、さらに加賀の潜戸の洞穴もつらぬくということが分かった。そこで私は、三度目に、加賀をおとずれたとき、船にそなえつけてある羅針盤を借りて方向をはかってみると、二つの洞穴の方向は、真東にむいているのではなく、やや北のほうにずれていることが分かった。したがって、それは夏至の太陽がのぼる方向にむいている。夏至の太陽は的島の東に姿を現わし、的島の洞穴と加賀の潜戸を一直線に射しつらぬく。そのときに、それは黄金の弓矢にたとえられたのであり、太陽の洞穴から、佐太の大神は生まれ出たのであった。私はこの事実を知ったとき、古代の出雲びとが造化の妙ともいうべき、この自然の地形に並々ならぬ関心をよせたことがよく理解されたのであった。二つの洞穴が一直線上に並ぶという自然地形はそうざらにはない。しかしそれよりもそうした地形に興味をよせ、神話を誕生させた古代出雲びとの想像力に私は脱帽した(28)。

このように谷川健一は加賀の潜戸について書いている。本書で冬至と夏至の朝日・夕日祭祀について、さまざまな角度から詳論したが、『記』『紀』の天の岩屋神話の岩屋かくれは、「大嘗」の時のことと『記』は書き、『紀』も本文・一書の第二は「新嘗」の日のことと書く。この「大嘗」「新嘗」は冬至祭である。加賀の潜戸は夏至にかかわると谷川健一は書くが、天の岩屋も加賀の潜戸の神話も、太陽（日神）の死と再生神話である。そして岩屋・洞窟は墓であり、母胎である。したがって**図2**の沖縄・韓国の墓、特に韓国の墓は母胎だが、天の岩屋も墓で母胎だから死と再生の神話になっている。

「洞窟のような子宮」神話と天の岩屋神話

ミルチャ・エリアーデは『神話と夢想と秘儀』の第八章「地母神と宇宙的な聖体婚姻《ヒエロガミー》」で、アメリカ・インディアンのズーニー族の神話について書く。天界と大地の双生児は、四つの《洞窟のような子宮》を通って生まれるとし、第三の《洞窟のような子宮》は、「膣に当る胎または生殖ないし妊娠の場所」であり、第四の《洞窟のような子宮》は「覆いのとれる最後のもの（洞窟）ないしは分娩の胎」と呼ばれていると書く。そして「ここでは光は朝日のよう」であると書いている。[29]『記』『紀』の天の岩屋神話と直接には結びつけていないが、「岩屋」は「洞窟」であり、さらに「洞窟のような子宮」と見立てることは、私が本章で述べてきた見解と共通している。「天の岩屋」から出た日神は朝日であり、第四の《洞窟のような子宮》と「天の岩屋」は重なる。またエルアーデは次のようにも書いている。

坑道は河口と同じように地母神の子宮と同じものにされてきている。バビロニアにおいては、ブウ（Pû）という言葉は《河口》と同時に《膣《ヴアギナ》》を意味している。エジプトではビィ（bî）という単語は膣と同時に《ある鉱山の坑路》を表わしているし、同様にシュメール語のブル（buru）は膣と《川》を意味している[29]

「坑道」は人工の「洞窟」だが、エルアーデが「地母神の子宮」と見立てていることは見過せない。「天の岩屋」は「高天原」に王権神話では所在すると書かれ、「天」が冠されているが、「天」を取れば安寧天皇陵の「御《み》蔭《ほと》井上陵」と重なって「御蔭」といわれる膣・子宮イメージの墓であり、「地母神の子宮」でもある。死は再生のための母胎（子宮）回帰と、洋の東西を問わず見られていたが、さらにミルチャ・エルアーデは、次のように書いている。

もし鉱山の坑路や河口が地母神の膣に同一化されていたとすれば、明らかに、同じシンボリズムは洞穴や洞窟にもいっそう有力な理由をもって当てはまるはずである。ところで洞窟は、旧石器時代以来、宗教的役割を果たしてきたことが知られている。先史時代において洞窟はしばしば迷路と同じものとされたり、儀礼的に迷路に変えられたりしたが、同時にイニシエイションの舞台であり死者を埋葬する場所でもあった。いっぽう迷路のほうは地母神の肉体と同質的なものとされていた。迷路ないし洞窟へ入りこむことは、大いなる母への神秘的な回帰――すなわちイニシエイションの儀礼と同様に葬送儀礼が追求している目的――と等しいのだ。[29]

このようなエリアーデの見解は、

洞窟のような子宮――地母神の子宮――大いなる母への神秘的な回帰であり、天の岩屋神話はこの地上の洞窟・岩屋を、「高天原」という天界へもちあげているが、本来は地上の墓・洞窟の神話であり、それが洋の東西を問わず古代人の共通の認識であった。

ハンス・ペーター・デュルは『再生の女神セドナ』で、「洞窟の女神ヌート」について、

多くのエジプトの棺底、あるいは蓋の内側には、受胎の姿勢の女神ヌート――女神ネイトとも言われる――が描かれ、ときには棺の下部全体が「母」と称される。女神は死んだ息子が胎内に受け入れる。つまりこれは少なくとも性的色あいを帯びた行為である。ときおりこのことがほの見えてくるのは、次のような事態があるからである。受胎の体勢にある母が一糸まとわずに待ち望んでいるのが、死んだ息子にして愛人が彼女の体の中で新たに生まれることである。（中略）洞窟の女神としてのヌートが問題になっている。正確に言えば、胎が洞窟になっている女神であり、その中で毎夜太陽が若返るのである。[30]

と書いているが、この記述は**図27**（三六〇頁）のヌート女神の絵の表現と重なる。エジプトでは太陽は太陽の母で妻でもあるヌート女神に、夕方呑みこまれ、翌朝、東の空へ再び生み出されるといわれ

ている。図ではヌート女神が大地を覆い、太陽を口から呑み込み、女陰から再び生み出された太陽の光は石棺の上に落ち、女神ハトホル（ヌートは地上では「太陽の目」のハトホルになる）の頭が現れ、二本の大麦を発芽させている。この絵はデンデラ神殿の中庭にある「新しい年の聖堂」の天井に描かれているが、この絵のもつ意味から、アンドレ・ポシャンは「復活の殿堂」と呼ぶべきだと書いている(14)。

ヌート女神の口元の太陽（夕日）のそばには星が描かれ、女陰から出る太陽（朝日）には日光表現があり、棺から再生するハトホルが描かれている。この発想は、日神の死と再生神話の『記』『紀』の天の岩屋神話と同じである。

本章では日本神話の「天の石屋神話」を、洋の東西を問わず、さまざまな視点から論じたが、古代人の考える死生観は万国共通であり、その根底には死と再生の輪廻観を、朝日・夕日に重ねていることは明らかで、岩窟・石屋は母胎と見なされていた。『記』『紀』の王権神話は、その母胎・洞窟を天上の高天原に置いたのである

第十章

ウズメ・サルタ神話と伊勢の日神信仰

ウズメの「ウズ」の通説と渦巻表現について

第九章で述べたが、宮廷祭儀の鎮魂祭で御巫が撞く矛（桙）・賢木は、男根表象である。前述（三五二頁〜三五三頁）したが、宮廷祭儀を書く『年中行事秘抄』『江家次第』は、これらの祭儀の矛・賢木は「橦」と書いている。第三章のタイトルの「伊勢神宮の祭神『橦賢木厳之御魂天疎向津媛』」の冒頭の「橦」は「賢木厳之御魂」に冠されているが、「賢木厳之御魂」の形代《かたしろ》が、御巫が撞く矛・賢木であり、『記』の降臨神話の降臨の司令神の「高木神（高御産巣日神）」で、天照大神は橦《つ》かれる天疎向津媛だが、天の岩屋神話で女陰を出して踊るウズメと重なり、日女《ひるめ》である。日女が成上って日神になり、持統天皇と重ねられて皇祖神になった。

「ウズメ」の「ウズ」について、西郷信綱は『古事記注釈・第一巻』で、「ウズは『命の、全けむ人は、畳薦《タタミコモ》、平群《ヘグリ》の山の、熊白檮《クマカシ》が葉を、ウズに挿せ、その子』（景行記）、『斎串《イクシ》立て、神配坐《ミワス》ゑ奉《まつ》る、神主部《カムヌシ》の、ウズの玉蔭《タマカゲ》、見れば羨《トモ》しも』（万、一三・三二二九）とあるウズで、木の枝葉や花などを頭に挿したものをいう。ウズメはウズを頭に挿した女、すなわち神女・巫女のいいである」と書いている。(1)このような見解が通説になっているが、ウズメの「ウズ」について通説とは違う見解を、鎌田東二が『ウズメとサルタヒコの神話学』と題する著書で、左のように述べている。

　ウズメと海との関係はどうか。『古事記』に次のような神話が載せられている。ウズメはサルタヒコを伊勢に送っていったが、そこに到り、海の魚たちを呼び集めて「汝らは天神《あまつかみ》の御子に仕へるか」と問いつめると、みな口々に「仕えます」と誓った。だが、海鼠だけ返事をしなかった。そこでウズメノミコトは海鼠に「此の口や答《こたえ》せぬ口」と言って、小刀でその口を切り裂いた。そのために今なお海鼠の口が裂けているのだという。

これはアメノウズメと海人・海女文化とのつながりを物語る神話である。ウズメは海を支配する力をもつ渦女ではないか。

谷川健一氏はウズメの「ウズ」は海蛇を指すと述べているが、海蛇と渦との形態類似や隠喩関係を考えると、「ウズ」は文字通り海の渦であり、その渦の化身であるかのごとき海蛇なのではないか。(2)

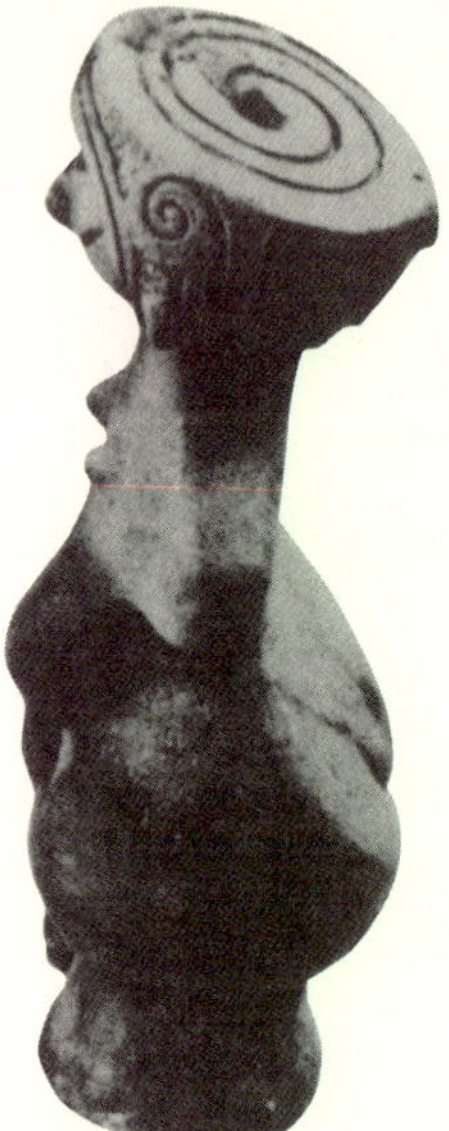

写真29　国宝に指定された「縄文のヴィーナス」（縄文中期・長野県茅野市棚畑遺跡）

写真29は国宝に指定された「縄文のヴィーナス」と言われている、縄文時代中期の土偶（長野県茅野市棚畑遺跡出土）だが、頭上に渦巻表現がある。高さが二七センチもあり、他の土偶にくらべて抜きんでて大型である。通常の土偶はばらばらにこわされているのに、全身どこを調べても傷らしいものはない。また、この土偶は特に穴を掘ってその中に安置されているから、普通の土偶ともちがった特別扱いの土偶である。**図33**（長野県諏訪郡富士見町藤内遺跡）には頭部の裏面にとぐろを巻いた蛇の造型が見られる。**写真29**の「縄文のヴィー

ナス」の渦巻文様と、**図33**のこのとぐろを巻いた蛇表現は、共に頭上に表現され、時期も縄文時代中期で、同じ八ヶ岳山麓から出土しているから、同じ意図による表現と考えられる。

藤森栄一は縄文土器や土偶の蛇表現について、「蛇は晩秋、霜と共に地上から消える。すなわち死である。長い冬の間に地下で睡っていることは人々は知らない。そして、五月の陽光とともに、まったく秋と同じ姿でどこからともなくやってくる。死をのりこえて生とつながっている。……蛇は生から死、そしてよみがえって生をうむ。永遠の起死回生の神の化身だったのである」と書く(3)。梅原猛も「蛇は殻をぬぐ、その殻をぬぐことを、古代人は『生きかえる』と考えた。蛇は殻をぬいでおのれの古い肉体を捨てて天に帰り、新しい肉体につけかえてこの世に帰ってくる。蛇こそは、あらゆる動物の死と再生という原理をはっきりとこの世で見せてくれる典型的な動物である」と書いている(4)。この蛇表現の**図33**と渦巻表現の**写真29**は同じ意図による表現だが、**写真29**の「縄文のヴィーナス」の渦巻表現は、とぐろを巻いた蛇表現以上の神聖性をもった造型といえる。したがって三八八頁〜三八九頁で示すが、渦巻文様を女陰部分に洋の東西を問わず古代人は造型しているから、私はアメノウズメの「ウズ」を、日本神話学者や国文学者らの主張する（通説化している）、頭に挿す「ウズ」説より、渦巻の「渦」と見る。

図33　蛇を頭にのせた縄文中期の土偶（長野県富士見町藤内遺跡）

ジル・パースは『螺旋の神秘』と題する書で、「すべての生命のもっとも根源的な無形の母胎である水が、一時的とはいえ、一定の間安定した形を保って生み出す渦の流れにこそ、生命形成の根源形態があるというべきかも知れない。渦巻形式をとるすべてのエネルギー、物質または意識のいとなみの中に、この生命の根源形態が反映している」と書く。(5) J・C・クーパーは『世界シンボル辞典』で「アメリカ・インディアンのズーニー族の神話では、生命は渦巻く水から生まれる」といわれていると書き、「中国と日本では、渦巻きは龍と結びついて創造力の中心とされる。シュメールの海蛇の

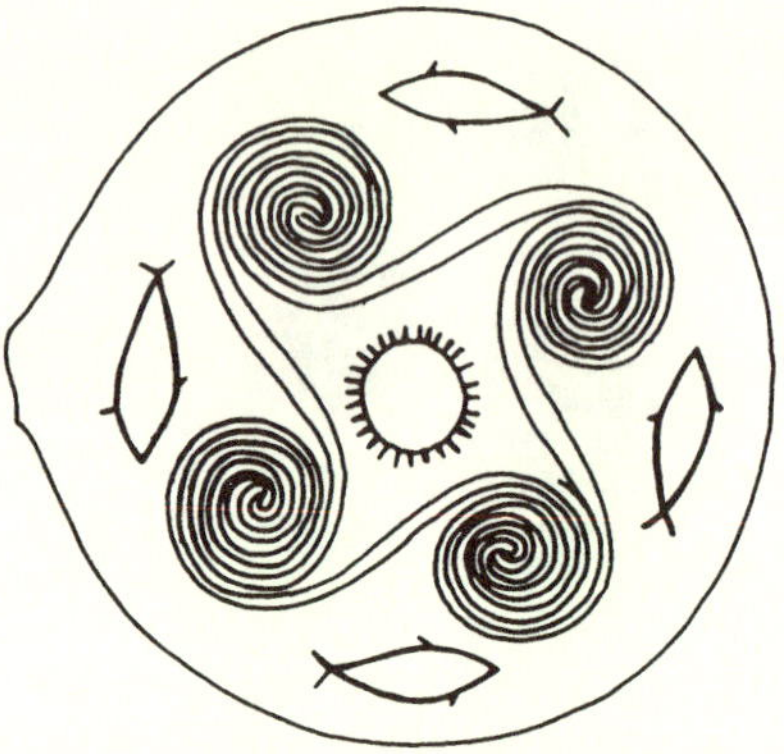

図34　ギリシアのキュクラデスの紀元前2700年頃の土器文様

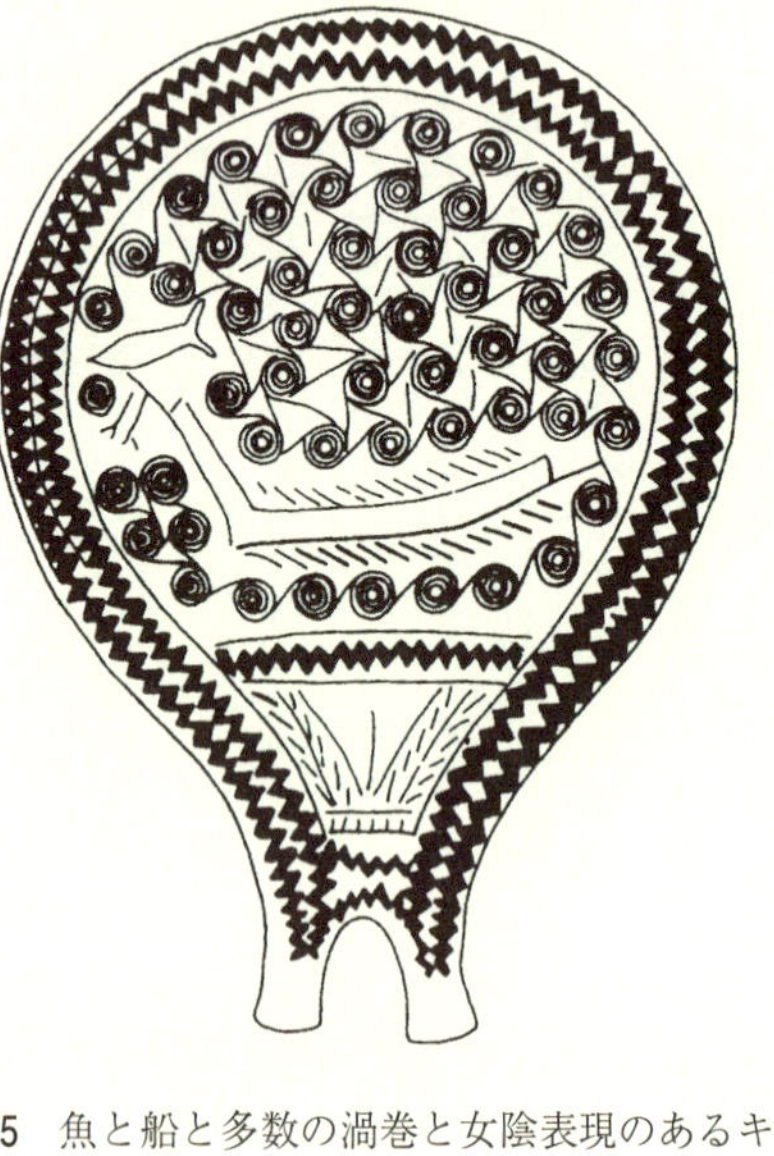

図35　魚と船と多数の渦巻と女陰表現のあるキュクラデスの土器文様

女神は渦巻きと結びついているのは、[6]谷川健一がウズメの「ウズ」を海蛇と重ねるのと共通する。[7]前述の**写真29**の「縄文のヴィーナス」の頭上表現は、死と再生を繰り返す蛇を抽象化して渦巻文様としたのである。**図34**は紀元前二七〇〇年頃のギリシアのキュクラデス群島出土の土器文様だが、同時代のキュクラデス群島出土のフライパン型土器の**図35**には多数の渦巻文と舟と魚の表現があり、「フライパン型」というが、この造型は女体表現で女性の女陰部にあたる位置に女陰表現がある。ウズメは伊勢・志摩の海人が祀る女神だが（『記』の神代記は「島の速贄献る時に、猨女君等に給ふなり」と書くが「島」は「志摩」である）、以上述べた例からも、場所は東洋と西洋の相違はあるが、同じ海人伝承であるから、ウズメの「ウズ」は渦巻く「渦」として表現されている。

『記』『紀』のウズメ神話の「ウズ」の意味と「渦巻」

『古事記』の天の岩屋神話はウズメについて、

神懸《かみがか》りして、胸乳《むなち》を掛《か》き出で裳緒《もひも》を番登《ほと》に忍《お》し垂《た》れき。

と書き、前述したが『紀』の第一の一書も、

其の胸乳を露《あらは》にし、裳帯《もひも》を臍《ほそ》の下に抑《おした》れて咲噱《あざわら》ひて向《むか》ひ立つ

と書く。『記』は岩屋から日神が出てくる前の行為、『紀』は猿田彦の前に立った時の行為だが、いずれも女陰を開示している。この女陰開示は渦巻表現とかかわり、ウズメの「ウズ」と、このウズマキの「ウズ」がかかわっている。**写真30**は縄文晩期の土偶（青森県弘前市十腰内遺跡出土）だが、女陰に渦巻文があり、縄文中期の**図36**の土偶（東京都八王子市楢原遺跡出土）にも女陰部分に渦巻表現がある。

図36　粘土玉が入った縄文中期の中空土偶（八王子市楢原遺跡）

写真30　子宮部分を渦巻文で表現した縄文晩期の岩偶（青森県弘前市十腰内遺跡）

図37　テッサリア（ギリシア）の紀元前6300年～紀元前5700年頃の太母像（セスクロ遺跡）

この中空土偶には粘土玉が入っているが、粘土玉は胎児表現である。女陰に渦巻表現をするのはわが国の古代人だけではない。

ジル・パースは『螺旋の神秘』で「すべての生命のもっとも根源的な無形の母胎である水……渦の流れにこそ、生命形成の根源形態である」と書く。(5) 図37はギリシア北部のテッサリアのセスクロ遺跡出土(紀元前六三〇〇年~五七〇〇年頃)の、「子供を抱く王座の女神像」だが、ジル・パースは渦巻文を蛇表現と見て、「蛇女神」と書いている。この女神には女陰・子宮のある腹部に渦巻が施文されており、縄文土偶と共通している。

写真31はブルガリアのトラキア出土の、紀元前四〇〇〇年頃出土の太母像である。ハンス・ペーター・デュルは『再生の女神セドナ』で、「これは明らかに仮面をつけている。……冥界の死の女神であるだろう。彼女のデルタ部分には陰門の上に二重渦巻がひとつある。これは死と再生のシンボル、つまり大女神の体内へと死に、その結果再生するということのシ

写真31　トラキア(ブルガリア)の紀元前4000年頃の太母像

ンボルなのだろうか」と書いている。[8] エリッヒ・ノイマンの『グレート・マザー』は**写真31**の陰部の渦巻表現について、「性器三角部には、両端が上と下に巻いている螺旋の象徴がある。これによってわれわれは、抽象化傾向の中に働いている本質的な内容に達する。このように表現された女神は、決して単なる豊饒の神でなく、同時にかならず死の女神であり、死者の女神である。彼女は大地の生命の母として、彼女から生まれ出て、また彼女のうちに戻り、沈んでいくものたちすべてを支配している。このため、トラキアの女神は——墓の中で発見されたのだが——腹部に、間断なく上昇し下降する螺旋形をもっている。それは彼女が生と死の両方の女王であることを示している」と書いている。[9]

このような事例からも渦巻表現には特別な意味があり、洋の東西を問わず女陰に渦巻表現があることと、『記』『紀』の女陰関係神話で特に自ら女陰を開示した神話は、ウズメ神話のみであることは無視できない。詳細は後述するが、本来は伊勢の海人が信仰していた女神で、ウズメの「ウズ」は漢字表記の「渦」と推測できる。

ジル・パースが「すべての生命のもっとも根源的な無形の母胎である水……渦の流れにこそ、生命形成の根源形態」と書いていることは、前述したが、[5] そのことは『延喜式』（九二七年成立）に載る大祓《おおはらい》の祝詞が証している。その祝詞は、「さくなだりに落ちたぎつ速《はや》川の瀬《せ》に坐《いま》す瀬《せ》織津《おりつ》比咩《ひめ》といふ神」が、罪や穢《けがれ》を「大海原に持ち出でむ」とあるが、「さくなだりに落ち」は滝の表現で、「たぎつ速川の瀬」は水の渦巻くところである。『万葉集』（巻第六—一〇三四歌）に、

古《いにしへ》ゆ　人の言ひ来《け》る　老人《おいひと》の　変若《をち》とふ水そ　名に負《お》ふ滝の瀬

とある。「変若」は若返ることをいうが、滝の瀬の水が「変若水」である。滝の瀬は渦を巻き、渦巻

は逆転旋回するから、老人は若返り、死者はよみがえる。滝の水は大海原に流れ込むが、大祓の祝詞にも、

荒塩《あらしを》の塩の八百道《やほじ》の八塩道《やしをじ》の　塩の八百会《あひ》に坐《いま》す速開都比咩《はやあきつひめ》といふ神　持ちかか呑《の》みこむ

とある。「塩」は「潮」で荒潮の会う所の速開都比咩とは、開いた穴が速く廻る状態で、「渦潮」であり、「穴」が「速開都比咩」という女神名であるから、「穴」は「女陰」である。この「渦の穴」が「かか呑みこむ」とあるが、「かか」は蛇の意で、蛇のとぐろも渦巻である。

渦巻に呑み込まれた罪や穢は、気吹戸主《いふきとぬし》神によって速佐須良比咩の居る根の国・底の国に放たれ、速佐須良比咩は「持ちさすらひて失いこむ」とあるのは、海上の渦潮（速開都比咩）の吸飲・集中と、海底（根の国・底の国）の渦潮の吐出・分散を表現している。罪・穢をもった人は海の渦に巻き込まれ（死に）、洗われて清浄な人に生まれ変る。老人は変若《をち》水によって若返るといわれているが、滝の渦（瀬織津比咩）・海の渦（速開都比咩・速佐須良比咩）は死者をよみがえらせる変若水である。ウズメは女陰開示をして岩屋（墓）へ入った日神を岩屋から出している。死者を再生させていることからも、ウズメの「ウズ」は「渦」表記の「ウズ」といえる（通説の「ウズメ」の「ウズ」見解は後述する）。

『記』『紀』神話のウズメの女陰開示が示す意味

沖縄の古い伝承を伝えた『琉球由来記』に、鬼を退散させるため娘が着物のすそを開いて女陰を見せた。すると鬼が「お前の下に血を吐く口があるが、それは何か」と聞いたので、娘は「下は鬼を食う口、上は餅を食う口」と言った。その発言に驚いた鬼は、後ずさりして背後にあった崖から落ちて

死んだ、という伝承・民話である。このような民話は前述した女陰の渦巻表現や、ウズメの女陰開示と関係がある。

吉野裕子は『日本古代呪術』所収の「女陰考——呪術における女陰——」と題する論考で、沖縄では冬十二月の行事として、家ごとに蒲葵《びろう》の葉や、月桃《たんにん》の葉でくるんだ「鬼餅」をあつらえるが、この行事は前述の『琉球由来記』に依ると書き、「沖縄には、『火開《ほうはい》、々々《ほうはい》』（又は「火排、々々」）といって火に向って女陰を見せると火が鎮まる、という呪いがある。本土でも火事のときには女の腰巻を火に向けて振るのがいい、ということになっている。これは多分本物《ほんもの》の代りを腰巻がつとめたのであろう」と書いている。そして「ボウ」は本来は女陰のことで、このホー（女陰）の形を彫った石を、昔は村々の境界に立てていたと書き、「ハイ」は開く・拡げるの意だから、女陰をあけひろげて見せることを、「ホーハイ」と書く。さらに「沖縄の正史にみえる陣頭巫女の記録を、記紀の猿田彦に対する天鈿女の陰部露出神話と、女は戦《いくさ》の先がけ、という沖縄の俚諺に照し、恐らく陣頭にたった沖縄の巫女もそのようにしたであろう」と書いている[10]。谷川健一も、

> 沖縄では「女《いなぐ》は戦《いく》さのさちばえ（魁《さきが》け）」という諺がある。島津藩の琉球侵略のとき、琉球の巫女群が侵略軍にたいする呪詛をおこなったのは「おもろ」にも出ている。また琉球王府が八重山を侵略したとき、その先頭に立ったのが久米の君南風《きみはえ》という巫女であったことは有名である。それどころか、明治十年の西南戦争のときにも、鹿児島の女性たちは、厳冬の候に双肌《もろはだ》をぬいで先頭に立ち、出征する夫や兄を見送ったという。

と書いている。夫や兄の先頭に立ったのは、沖縄の陣頭巫女と同じ行為であり、「厳冬の候に双肌を

ぬい」だのは、「天鈿女乃ち其の胸乳を露《あらは》にし」である。「島津藩の琉球侵略のとき、琉球の巫女群が侵略軍にたいする呪詛をおこなった」と谷川健一は書くが、(7)「双肌をぬいで」「胸乳を露にし」ただけでなく、吉野裕子が推測するように陰部も露出したのであろう。谷川健一の書く「久米の君南風《きみはえ》」は吉野裕子が書く、陣頭巫女たちの「長《おさ》」である久米島の君南風のことである。この「キミハヘ」の「ハヘ」について、嘉味田宗栄は『琉球文学発想論』で、「ハヘイロネ」「キミハヘ」など「ハヘ」と同じ意味で、祭祀の時に神が憑く女性についていう表現で、「もともと同じ性格をもつ一種のシャマンを言った表現」と書いている。(11)

アイルランドのケルト神話には、ルグ神の生れ変りの半神的戦士のク・フーリンが、戦いの熱によって体を灼熱させ、都に向かってすさまじい勢いで突進してくる面前へ、王妃を先頭に百五十人の女たちが、女陰を露出してあらわれたので、灼熱したク・フーリンの体は冷え、ク・フーリンの攻撃をくいとめたという。百五十人の女たちの先頭に居て、女陰を露出したケルト（アイルランド）神話の王妃と同じに、ギリシア神話では、リュキアの地を不毛にしようとして攻めてきたペレロポンを追い返すために、リュキアの女たちも女陰を露出して退散させている。

ケルト神話の王妃は百五十人の女たちの先頭に居て、女陰開示をしたというが、沖縄の陣頭巫女たちの先頭に立って「君南風《きみはえ》」（琉球王の王女がなる）と同じ女陰開示をしている。沖縄の八重山群島の武富島では、嵐になると漁民の女たちは、出漁した夫や兄弟の安否をきづかって、浜辺に草を集めて女体像をつくり、芋を女陰の形にして股に挟み、天候の回復を祈ったという。この伝承と似た話はフランスにもある。フランスの農婦たちはスカートを高くまくりあげて嵐を追い払っている。

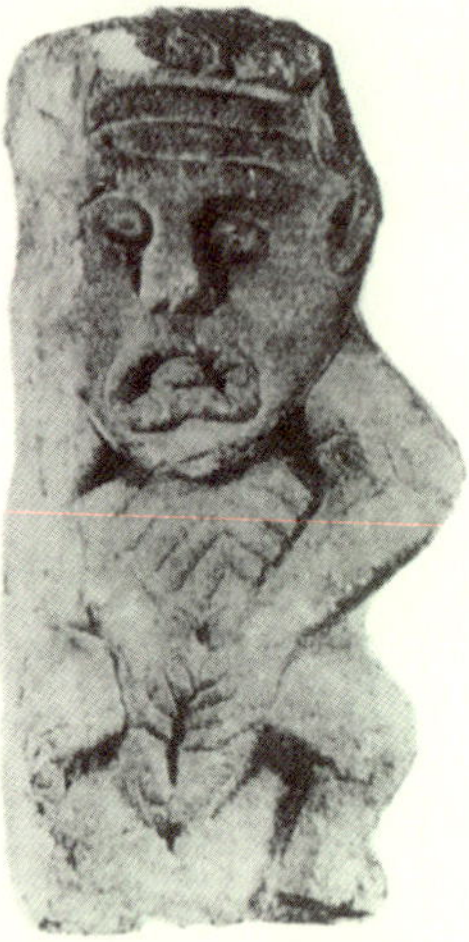

写真32　ケルトのシーラ・ナ・ギグ

写真33　性器を露出する女性像

女陰を開示した像で有名なのは、イギリスのセント・メアリ＝セント・ディヴィド教会の十二世紀のシーラ・ナ・ギグ像だが、シーラ・ナ・ギグの言葉の由来は不明である。バーバラ・ウォーカは『神話・伝承事典』（一九八八年・大修館書店）で、「陰唇――女」の意味と書いている。シーラ・ナ・ギグ像はアイルランド人の信仰であったから、十六世紀以前に建立されたアイルランドの教会には、普通に見られた石像である。十九世紀になっても多くは原型をとどめていたが、ヴィクトリア朝時代に大部分は破壊されるか埋められた。埋められた像のうち偶然に発見されたのが、**写真32**の像である。アイルランドのケルト人の風習に、一般に戸口を守るのに女陰の形に似た呪物を打ちつける習慣があったが、**写真32**はアイルランドのカヴァン教会にある十二世紀のシーラ・ナ・ギグ像だが、この女陰開示は、アイルランド・イギリスだけでなく、フランスでも見られる。**写真33**は十三世紀に作られた女性像だが、**写真32**と違ってこの像は屋外でなく、フランスのモンベローの聖母訪問教会の後陣に今もある。**写真34**はイタリアのミラノのトサ門の上にある、十二世紀に製作された石像だが、スカートを持ちあげて女陰を開示している。これらの造形のうち**写真33**は十三世紀に製作された像だが、今も教会にある事実は無視できない。特に**写真34**は単に女陰開示だけでなく男根状の棒を持って、性交表現をしている。

ギリシア神話には、英雄ペレロポンが怒ってリュキアの地を不毛にしようとして出かけたとき、リュキアの女たちは女陰を露出してペレロポンを押し返している。ハンス・ペーター・デュルは『再生の女神セドナ』で「フランスの百姓女はスカートをまくり上げることによって嵐を追い払った。（中略）陰門の形に裂目を入れた貝殻は、南イタリアでは邪視へのお守りである」と書いているが(12)、このような風俗は前述した沖縄や鹿児島の例と同じである。サルタヒコに対してのウズメの女陰開示も同じ意味であるように、洋の東西を問わず始原の女性（太母）像には、女陰に渦巻表現がある。この事実からも、ウズメの「ウズ」を「渦」「渦巻」と解すると、『記』『紀』神話という王権神話が隠している、というより切り捨てている、文字無き時代から語り伝えられていた「民俗」の神話が見えてくる。

写真34　ミラノのトサ門の上の12世紀の石像

猿田彦を祖神にする宇治土公の日神信仰

『古事記』はサルタヒコについては、次のように書いている。

上は高天の原を光《てら》し、下は葦原中国を光す神。

『紀』神代の下巻の一書の第一も、

口・尻、明《あか》り耀《て》れり。眼は八咫《やたの》鏡の如《ごと》くにして、絶然《てりかがやけること》赤酸醤《あかかがち》に似れり。（赤酸醤は赤いほおずきのこと）

と書き、『記』『記』はいずれも太陽光輝を表現している。猿田彦の眼を「八咫鏡の如く」と『紀』が書いているのは、伊勢神宮の現在の神体の「八咫鏡」が日神表象だからである。ところが猿田彦の猿は太陽とかかわる。松前健は「日本古代の太陽信仰と大和国家」で次のように述べている。

天孫降臨に出て来る、顔と尻の赤い、鼻の長大なサルダヒコも、天のヤチマタにおいて光り輝き、眼は八咫鏡《やたのかがみ》のようであったと『日本書紀』に語られ、一種の猿形の太陽神格であったらしい。この神を伊勢の五十鈴川まで送り届け、またその名を負うと伝えられる、猨女君《さるめのきみ》の遠祖アメノウズメは、恐らく、もともと伊勢の地主神としての、原始的太陽神サルダヒコに仕える巫女の神格化であり、この巫女を出す猨女君は、もとは伊勢出身の氏族であったのであろう。

（中略）

この女神が『日本書紀』の天孫降臨章の一書に、光り輝やくサルダヒコの前で、裸身をあらわし、媚態を示して、この神をなびかせたという伝承は、天石窟戸神話における、アマテラスの前での行為と、全く同じである。もともとこうした呪儀は、この猨女の巫女が家伝として伝えていた「太陽神復活」のための鎮魂《たまふり》呪術であり、もとは皇祖神アマテラスに対してではなく、太陽男神サルダヒコに対する呪術であったのであろう(13)。

松前健は猿田彦を日神と見ているが、猿田彦は伊勢神宮（内宮）の祭祀氏族（大内人）の宇治土公の始祖神であり、私も松前見解の猿田彦日神説を採る。日神の猿田彦に対して鈿女は日女で、カミロキがサルタ、カムロミがサルメ（ウズメ）である。サルタの巨大な鼻表現は男根表象であることは、後述する。

伊勢市中村町の五十鈴川畔に「興玉《おきたま》の森」といわれている台地がある。今は森になっているが、かつては人工の丘で、地元の人たちは「興玉の丘」「宇治土公の丘」「猿田彦の丘（森）」とも言っている。宇治土公は伊勢内宮の大内人だが、猿田彦を祖神にする地元の豪族である。この丘の上には約三メートル×一メートルの平石があり、周囲は注連縄《しめ》が張られている。なぜこのような場所が作られたのか。この丘からは**図38**のように鼓ヶ丘に落ちる冬至の夕日、高倉山に沈む夏至の夕日が拝せるからである。今は「森」になって朝日・夕日は拝せない。土盛りされて平石が置かれた場所が、今も「拝所」と言われているのは、この場所がかつては内宮と外宮の神体山の冬至と夏至の夕日を拝する場所であったからである。しかしそれだけの目的で人工の丘がこの場所に作られたのではない。そのことを『日本の古代遺跡・三重』が、次のように書いている。

高倉山の山頂には、大型の横穴式石室をもつ高倉山古墳が所在する。伊勢神宮の神域に当たる

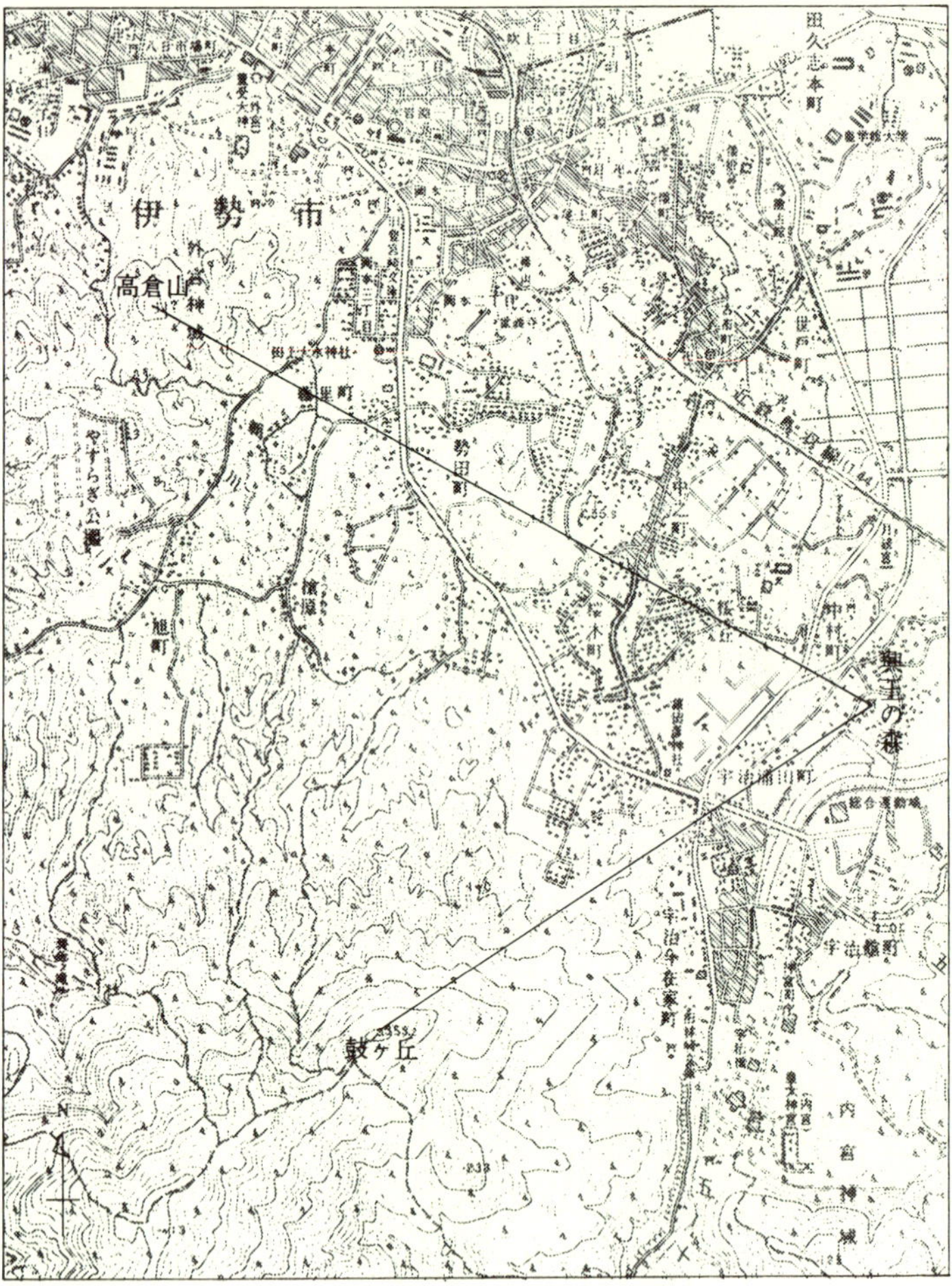

図38　興玉の森と鼓ヶ丘・高倉山の冬至・夏至日没線

ため、自由な立入りはできないが、径三〇メートル以上の円墳で、石室は全長一八・五メートル、玄室《げんしつ》長九・七メートル、幅三・三メートル、高さ四・一メートルを測り、玄室の大きさは奈良県の丸山《まるやま》（旧名・見瀬《みせ》丸山）古墳につぐ規模といわれている。（中略）中世にはすでに開口していたようで、「天の岩屋」に擬せられて信仰の対象となっていた(14)。

石室の長さは現在発見されたなかでは全国順位が第五位。玄室の面積は第一位である。横穴式石室をもつ古墳の開口部は、一般に南に向く南北軸である。理由は中国の子午線重視の方位観・南北重視の思想を受け入れて築造されたからである。したがって高倉山古墳の開口部は「異質」だと、考古学者の白石太一郎は「日本神話と古墳文化」で書いている(15)。理由は東に向くからだが、東と言っても海から昇る冬至の日の出方位であることに、私は注目している。

伊勢の海から昇る冬至の朝日は、興玉の丘を通してわが国最大の横穴式石室のある高倉山山頂の古墳を照らす。この古墳の入口を開けば被葬者を射し、第三章の平原遺跡の被葬者の**図6**（一三四頁）と関連する。この古墳のある山頂のみを「日鷲山」と言うが、「日」が冠されていること、またこの巨大な横穴式石室は中世には開口していたが、「天の岩屋」「天の岩戸」と言われていたことは無視できない。

岡田精司は「伊勢神宮の起源」で、「外宮神域高倉山々頂の天岩戸古墳」は、「鎌倉時代頃すでに暴かれており、……大和の石舞台古墳に匹敵する……これ程のものを、一一五米の山頂に築くだけの力を持つようになり、彼等の聖地高倉山々頂に造ったことは、度会《わたらい》氏の実力誇示の意味を多分にもつであろう」と書く(16)。度会氏は伊勢神宮外宮の禰宜を世襲する氏族だが、伊勢へ入って伊勢津彦を伊勢から追放した天日別命を始祖とするから、内宮の大内人の猿田彦を始祖とする宇治土公のような、古くからの土着氏族ではないが、王権神話の『記』『紀』が日神・皇祖神とする天照大神を祭神とする、伊勢皇大神宮の祭祀以前の氏族であることでは共通する。

度会氏は「礒部度会」というが、『皇太神宮儀式帳』は、「初二神郡度会多気飯野三箇郡一本記行事」の執筆者に、「大内人無位宇治土公礒部小《を》紲《なは》」が載る（○印は引用者）。雄略朝に王権をバックに伊勢に入った度会氏と土着氏族の宇治土公が共に「礒部」を名乗ったことを証している。ところが度会氏が禰宜である外宮の「土御《つちみ》祖《おや》神社」という末社について、大治三年（一一二八）六月の宮符は別宮に昇格し「土宮」になったと書く。この「土宮」について伊勢神宮の禰宜の桜井勝之進の著書『伊勢神宮』は、次のように書いている。

> 土宮はめずらしく東向きの宮である。また、豊受大神宮の域内でありながら鳥居があることも多賀宮とはちがっている。別宮昇格によって正殿を大きく造替するにあたって、南面に変更するかどうかと、かれこれ評議した当時の閣議の状況は『長秋記』にくわしいが、「昔より東向きにすえ奉る。何ぞ改定すべけんや」という権中納言宗能卿の前例尊重論が通って、改定をみなかったという。……御卜《みうら》によって決しようという内大臣や参議の提案が通らないで、前例尊重という伝統主義が勝ったのは記憶にとどめておきたいことの一つである。(17)

「土宮はめずらしく東向きの宮」と書くのは、伊勢神宮に別宮・摂社・末社・所管社の順で、多くの神社があるが、すべて南面しているのに、この土宮のみ東面しているからである。私はこの土宮の方位を現地で確かめたが、「東向き」と言っても真東でなく高倉山の山頂（日鷲山）の古墳の開口部と同じ、東南東の冬至の日の出方位である。土宮は元は「土御祖《みおや》宮」というのは、内宮の大内人の宇治土公の御祖《みおや》を祀る神社だからである（○点は引用者）。この神社が渡会氏が禰宜として奉仕する外宮で祀られ、他の外宮の神社が真南に向いているのに、唯一東面し、東面も東南東の冬至日の出方位に向いているのは、冬至・夏至方位の日の出・夕日遥拝の興玉の丘・興玉神信仰と一致している。この事実も無視できない。

猿田彦神を日神として祀る伊勢海人の信仰

宇治土公の祖神は前述した猿田彦だが、松前健は『日本神話の新研究』で次のように書く。

　猿は古代日本人に取って、一種の太陽神の霊獣であったらしい。サルダヒコは、紀では大神と自称している。天のやちまたにいて、鼻長く背丈高く、口尻明《て》り耀《かがや》き、眼は八咫鏡のごとくであって、絶然としてほおずきのようであるとか。上は高天原を光《てら》し、下は葦原中国を光《てら》す神であるとか形容され、一見して太陽神格らしい特色を有する。……南アジアの民族にも、猿と日神を関係づけているものがある。印度ベンガルのスイリ人や、ケウニハルのブイヤス人のごとき非アリヤン民族で猿神は崇拝され、太陽神ボラームと同一視されている。

　（中略）

　日本では、猿が日神の象徴であるとする信仰は今では余り残っていないが、かつては行なわれていたらしい痕跡がある。日光東照宮の祭では、二荒山神の祭式の引継ぎと思われるが、以前は本物の猿がその行列に加わり、またこの二荒山と関係を持つ猿牽も存在していたらしい。この二荒山を中心として関東、東北に亙って分布している猿丸大夫の伝説には、みな朝日長者とか、朝日姫が関係している。林羅山の二荒山神伝（「羅山先生文集」巻一）には、容貌猿に似ているため猿麻呂（猿丸）と名づけられた一人物が、二荒山の神を助けて、蜈蚣《むかで》に現じて攻めてきた赤城の神を撃退し、彼も神と祀られるのであるが、その祖母は朝日長者の女であるといい、その朝日姫が二荒山の三所神の一として祀られていることを記している。朝日姫や朝日長者が、太陽崇拝に関係した名であることはいうまでもない。柳田先生も説かれる通り（「神を助けた話」）、日光という山の名も、あながち二荒の字の音読と見るよりは、勝道上人が中禅寺の湖岸に修行する時、夢に峯頭の大日輪を見、乃ち日輪寺を創立したという補陀洛山草創起立修行記（続群書類従釈家部）にある縁起などから見て、元来ここは太陽崇拝の行なわれた地であったからであろう。(18)

長い引用になったが松前健はこのように書いており、ジェラルド・E・ホーキンズは、『巨石文明の謎』でエジプトのアモン・ラー大神殿について書き、この大神殿には「ラー・ホル・アクティをまつった神殿がある。この神の名は、日の出、地平上の太陽の輝きといったような意味である。この付近の遺跡で、ある考古学者は四匹のサルの彫像を発見している。サルが夜明けを迎えるという話は、古代エジプトの伝説であった」と書く(19)が、「サルが夜明けを迎える」とは朝の日の出を迎えることで、猿は日の出の時に声を上げる。

『紀』の神代紀（巻二）の一書の第一は猿田彦について、次のように書く。

天八達之衢《あまのやちまた》に居り、其の鼻の長さ七咫《ななあた》、背の長さ七尺余《ななさかあま》り。当《まさ》に七尋《ななひろ》と言ふべし。且《また》、口尻明《あか》り耀《て》れり。眼は八《や》咫鏡《たのかがみ》の如《ごと》くにして、絶然《てりかがやけること》赤酸醬《あかかがち》に似れり」とまうす。

口尻が「明《あか》り耀《て》れり」、眼が太陽象徴の「八咫鏡」のようで、全身が照り輝やくのが、赤いほおずき（赤酸醬）のようだという表現は、太陽表現だが、単に天上に照る太陽でなく、昇る朝日、真赤に輝く日の出の太陽表現であることに、注目すべきである。図38で興玉の丘を起点として内宮の神体山の鼓ヶ岳の山頂に沈む冬至の夕日、外宮の神体山の高倉山の山頂（日鷲山）に沈む夏至の夕日を拝することが出来ると述べた。「興玉の丘」は猿田彦を祭祀する宇治土公の祭祀場だから、前述したが「猿田彦の丘（森）」とも言われているが、「興」表記は「おきる、おきあがる」「おこす」「おこる、はじまる、あらわれる」の意だから（白川静『字通』）、「興玉」は海から起（興）きて昇る玉（魂）、朝日である。

『記』の降臨神話は、天孫を葦原中国へ案内した「猿田毘古神」について、次のように書く。

猿田毘古神、阿邪訶《あざか》に坐《ま》す時、漁《すなどり》して、ひらぶ貝に其の手を咋《く》ひ合はさえて、海塩《うしほ》に沈み溺れたまひき。故、其の底に沈み居たまひし時の名を、底度久御魂《そこどくみたま》と謂ひ、其の海水《うしほ》のつぶたつ時の名を、都夫多都《つぶたつ》御魂と謂ひ、其のあわさく時の名を、阿和佐久御魂《あわさくみたま》と謂《い》ふ。

サルタヒコは「漁《すなどり》して」とあり、猿は山や野にかかわり海と無関係だが、『記』『紀』神話では、「山幸彦」という「山の神」（火遠理命）は「海底」にある「ワダツミの神（海神）の宮」に、三年間も居住して居る。さらに海神の娘の豊玉姫と結婚し、初代天皇神武の祖父になっている（神武天皇の父のウガヤフキアヘズは山幸彦の子）。このように神話では山人（猿）が海とかかわっており、サルタヒコのアザカの海の神話は、山幸彦の神話と共通する。

「阿邪訶」は松阪市阿坂町（大阿坂町・小阿坂町がある）で、かっての伊勢国壱志郡の地であり、式内社の阿射加《あざか》神社（名神大社）がある。祭神は「三座」とあるから、本居宣長は『古事記伝』で『記』の前述の猿田彦神話の「御魂」の「底度久《そこどく》」「都夫多都《つぶたつ》」「阿和佐久《あわさく》」の三神を祭神にしていると書く。「ソコドク」は「底に着く」、「ツブタツ」は「底から水がつぶつぶ湧き上る」、「アワサク」は「波が白くあわ立つ」ことをいうが、この三神名は海底に沈んで（ソコドク）、海底から湧き上り（ツブタツ）、海上で白く波をあわ立たせる（アワサク）、三つの所作を示しているが、この表現は海から昇る朝日が、海底から海上に昇ってくる段階の表示である。猿田彦については『記』『紀』は、「上は高天の原を光《てら》し、下は葦原中国を光す神」（神代記）で、「口・尻、明《あか》り耀《て》れり。眼は八咫《やた》鏡の如くして、絶然《てりかがやけること》赤酸醤《あかかがち》に似れり」（『紀』下巻、一書の第一）と太陽光輝を表現している。私は「ウズメ」に対して「ウヅヲ」が、「サルタ」の前の名で、前頁の猿田彦の記述は、海に沈んだ夕日が海底から朝日となって登る表現と、推測している。

ウヅヲ・ウヅメとしてのサルタ・サルメ

『記』『紀』神話は、天孫のニニギと国つ神の娘のコノハナサクヤ姫が、「一夜婚」をして「一夜孕」の結果生んだ兄弟について、兄を「海佐知毘古《さちひこ》」、弟を「山佐知比古」と書く（「海佐智毘古」は火照《ほてり》命、「山佐知毘古」は火遠理《ほをり》命という）。弟の山の神のヤマサチヒコは、海底の海神の宮を訪問しており、山の神は海と深くかかわっている。前頁で書いたが山の猿の名をもつ猿田彦に海の神話があるように、山幸彦《やまさちひこ》の神話にも同じ海の神話があり、猿田彦と山幸彦はダブルイメージである。

興玉の丘から拝する冬至の夕日は内宮の神体山鼓ヶ岳の山頂に沈み、夏至の夕日は外宮の神体山高倉山山頂に沈む。この山頂のみを日鷲山といい「日」が冠されていることからも、日神信仰にかかわることは明らかである。伊勢の古代の人々はこの日神は夕方山頂に沈み、翌朝、東の海上から朝日となって誕生するのを見たのであり、海にかかわる伊勢の人々も山と無関係ではない。特に一年のうちで日照時間がもっとも短いが、その日から一日ごとに長くなる冬至を新年とし、もっとも日照時間の長い日を夏至とし、この二つの日を祭事の日にしていたのである。

冬至の夕日が落ちる高倉山山頂（日鷲山）には、前述（三九九頁）した巨大な横穴式石室をもつ古墳があり、この横穴は「天の岩屋」といわれているが、横穴式石室の開口部は中国思想に依る南面であるのに、この巨大横穴のみは前述したが、冬至日の出方位の東南東である。このような異例は前述（四〇〇頁）したが外宮の「土宮」の正面方位にも言える。外宮の神社は末社に至るまですべて南面なのに、土宮のみ東南東の冬至の日の出方位で、日鷲山（高倉山山頂）の古墳の横穴式石室の開口部と同じである。土宮は宇治土公の祖神（猿田彦）を祀り、開口部が冬至日の出方位の古墳の被葬者は度会氏の祖であり、いずれも皇祖神天照大神を祭る以前の「磯部」を称していた氏族である（しかし度会氏は五世紀前半に大和から伊勢に来た氏族で、古くからの土着氏族の猿田彦を始祖神にする宇治土公とは違う）。宇治土公らは外来の方位観の南面を用いず、古い時代の冬至の日の出方向観を、神社・古墳の方位観にしている。この方向観をもつ伊勢の海人たちの祖神は、カミロギ・カミロミ、イザナギ・イザナミと同じ、男女二神のウズヲ（サルタ）・ウズメ（サルメ）なのだから、伊勢の日神信仰を皇祖神アマテラスの日神信仰の視点でのみ論じても、見るべきものは見えてこない。

伊勢の人々は海から昇った太陽は、山に沈むと見ていたから（**図38**参照）、山幸彦が海底の海神の

写真35　クレタ島の紀元前2700年頃の壺

国に行ったという神話を作ったのである。山に沈んだ日神（太陽）は海から昇るからである。山幸彦の火遠理《ほをり》命は神武天皇の父で、『記』は「天津日高日子《あまつひこひこ》波限《なぎさ》建鵜《だけう》葺草不合《がやふきあへず》命」と書き、「天津日高日子」と書くが、「アマ」は本来は「天《あま》」でなく「海」であった。

『記』『紀』神話は王権用として文字で書かれたから、「高天原」という王権用の「天上」を作った。したがって伊勢の人々の海としての「アマ」が、漢字表記では「天」になったのである。

写真35はギリシアのクレタ島出土の紀元前二七〇〇年頃の壺である。この壺絵の貝の上の表現は「ひとで」と見られている。理由は太陽は天上にあって海中にあるはずはないという先入観による。しかしこの表現は海に沈んだ太陽表現である。そのことはクレタ島と同じエーゲ海のキュクラデス群島出土の前述（三八六頁）した**図34**のフライパン型土器文様からいえる。真中の太陽を連続渦巻と四匹の魚がかこんでおり、海中の太陽表現である。クレタ島のミノア文化は紀元前三〇〇〇年紀のエーゲ海のキュクラデス群島の文化の影響を受けているから、このキュクラデスの**図34**の土器文様（紀元前二七〇〇年頃）が、**写真35**のクレタ島の土器文様に継承されているのである。

カール・ケレーニイは『迷宮と神話』で、**図34**について、「四重螺旋記号がしかも原海洋の上に漂っている。それは四匹の魚に囲まれ、中央には太陽をそなえている。……螺旋は、ここでは四分された全体、すなわち宇宙《コスモス》の象徴と化する」と書く。(20) 四つの渦巻（螺旋）は結びつき、その中に太陽が描かれていることからも、同じ文化圏のクレタ島の**写真35**の表現も「ひとで」などではなく、太陽であることは明らかである。

エーゲ海の島々の人たちの土器に表現される海中の太陽表現は、紀元前四五〇〇年頃から、紀元前二七〇〇年～前二二〇〇年頃まで、ほぼ二〇〇〇年間の長期間にわたって見られるから、海にかかわるギリシアの人々は、夜、海に沈み、朝、海から昇る太陽（日神）に、死と再生を繰り返す輪廻を見ていた。その輪廻観は海にかこまれていた日本列島の人々も同じであったろう。前述した藤森栄一・梅原猛が、蛇の渦巻表現に死と再生の輪廻を見たように、海・川の水が作る渦巻にも洋の東西を問わず同じ見方をしていたと考えられる。「サルタ」「サルメ」の「サル」も元は「ウズ」で「カミロキ」「カミロミ」と同じに、「ウズヲ」「ウズメ」であったのであろう。

本来の日本語の「アマ」は漢字表現では「海」であったのを、『記』『紀』の王権神話が主に「天」と書き、「高天原」からの降臨神話を創作し、タテ認識を強調したが、日本神話をタテ認識だけで解釈したのでは、文字無き時代からの民衆の神話を見失なう。（ウズメ・サルタ神話には民衆の神話が秘められている）。

海から昇る朝日・興玉（魂）神としての猿田彦

目崎茂和は『謎のサルタヒコ』所収のパネルディスカッションで、猿田彦を太陽神と見て、次のように語っている。

海辺に立ってみると、この場所というのは朝日が生まれるわけですね。暗闇から海をごらんになっているとわかると思うんですが、赤く染まるときに海原と天とはくっついているわけです。その間から誕生するんです。これはいろんな方が言われていますけれども、まさにアマテラスという信仰も、「天照る」ではなく――生まれる瞬間ってのは「海照る」ですよね。アマは海のアマであって、あの赤い筋のときは海から天が同時に誕生する場面なんですね。いわゆる海人族、海辺に暮らしていた人にとって、猿田彦の神さまとしての太陽神というのは……おそらく世界中の太陽神を信仰するというのは、赤い太陽の瞬間だけなんですね。

（中略）

太陽神とひとことでいうけれども、いつまでも太陽を拝んでいるわけではなく、上がる瞬間、生命の誕生と同じように……それと同時に海と天が分かれる場所だという意味では、海の国から天の国、まさに神の二元性という点では、海辺の神というのは太陽神であるアマテラスを受け入れるのにもちょうどいい素地が、ここにはちゃんとあったのではないかというように思われてならないんですけど。(21)

目崎茂和の発言では、日神信仰は朝日信仰だと言っているが、『古事記』は天孫が降臨する地を「甚吉《いとよ》き国」と書き、理由として、

朝日の直刺《たださ》す国　夕日の日照《ひて》る国

だからと書く。また『皇太神宮儀式帳』は、

朝日の来向《きむか》ふ国　夕日の来向ふ国

と伊勢国について書く。『祝詞式』の竜田神社の条にも、「吾宮は」、

朝日の日向《ひむか》ふ処《ところ》　夕日の日隠《かく》る処

とあり、大和国の丹生大明神の「告文」にも、

朝日なす輝く宮　夕日なす光る宮

とある。山城国の『向日神社記』も、神社の所在地を次のように記している。

朝日の直刺《たださ》す地　夕日の照る地

この朝日・夕日観は江戸時代の民衆にもあったことは、江戸時代の民俗学者の菅江真澄が「水のおもかげ」で、秋田県北秋田郡森吉山麓で行なわれる獅子舞の「居笹羅の事」で、「朝日さす　夕日かがやく」という讃言が言われていると述べている。江戸時代の東北の農民も、朝日・夕日の讃言を述べており、太陽は天上（高天原）に輝くのではなく、朝日・夕日のヨコ意識で、『記』『紀』神話の高天原——葦原中国のタテ意識ではない。そのことは前述（三九七頁）した興玉の丘（森）の位置からもいえる。この丘は人工の丘（現在は遥拝地になっていないので森になっているが、「興玉」とは「沖魂」で冬至と夏至の朝、沖から昇る朝日と、内宮・外宮の神体山に冬至と夏至に落ちる夕日を拝するため、猿田彦を祖神とする宇治土公が造営した聖地）だが、この地以外にもう一つの聖地が伊勢にはあった。それが興玉神社のある二見ヶ浦である。

図39は江戸時代の二見ヶ浦の夏至の日の出を描いた版画である。「興玉神石」と言われている岩は、江戸時代の宝暦年間（一七五一～六三）の地震と大津波で海中に沈み、百年後の嘉永七年（一八五四）

図39　江戸時代の伊勢二見ヶ浦の夏至の日の出

写真36　二見ヶ浦、興玉神社の雄岩、雌岩の間から昇る夏至の朝日（撮影・森下誠）

に描かれた版画が**図39**である。**写真36**は夏至の朝、昇る朝日を二見ヶ浦から撮った写真である。**図40**は二見興玉神社の掛軸の一部で、「猿田彦大神の出現の絵」である。二見ヶ浦の「興玉神石」の上に猿田彦が出現している。「オキタマ」の「オキ」の漢字表記が、「沖」でなく「興」だから、「興玉（魂）」とは昇る「朝日」をいう。この「サルタヒコ」について『古事記』は次のように書く。

図40　猿田彦大神出現の絵（二見興玉神社の掛軸の一部）

日子番能邇邇芸命《ひこほのににぎのみこと》、天降りまさむとする時に、天の八衢《やちまた》に居て、上《かみ》は高天の原を光《てら》し、下《しも》は葦原中国を光《てら》す神、是《ここ》に有り。

この表現は「サルタヒコ」が日神であることを明示している。この記述では天（高天原）と地（葦原中国）を照らす神と書いているが、この日神は海上・地上にあらわれた朝日が照らす天と地である。

サルタ・サルメの男女神を祀る道祖神信仰

伊藤堅吉・遠藤秀男は『道祖神のふるさと』と題する著書で、各地の道祖神の写真を豊富に載せ、サブタイトルを「性の石神と民間習俗」とし、「性神」としての視点で論じている。その著書で遠藤秀男は「祭神と造碑形態」と題して、道祖神を祀る山梨県・長野県・神奈川県の祭神を、次のように分類している。

(1) 山梨県笛吹系……一様に男神を猿田彦命《さるたひこのみこと》、女神を天鈿女命《あめのうずめのみこと》であると言っている。したがって祭礼の日には、二神の名を書きわけた万灯が作られている。

(2) 長野県天竜系……双体像の両脇に、猿田彦と天鈿女の名を刻んだ碑石系列を示している。その知識は、ほとんど『古事記』『日本書紀』によるものである。

(3) 神奈川県足柄系……一部で、伊弉諾神《いざなきのかみ》と伊弉冉神《いざなみのかみ》であると伝えている。この二神は、天《あま》つ神の命を受けて日本の国生みをし、人間の男女を誕生繁栄させたことになっている。

(中略)

このような祭神想定による信仰も、自然に各地で分派・発生して、その地だけの色こい密度を示すようになる。たとえば、山梨県と長野県にまたがる八ガ岳近傍の村々では、この神々を「男女結縁」とか「夫婦和合」の神として回答をよせているし、時には男女両性器をまつって、これを伊弉諾・伊弉冉に当てることもある。(22)

写真37　男根表現の碑に造形された夫婦像(茅ヶ崎市小和田本宿)

この記述によれば道祖神は次のような結びつきになる。

イザナキ――サルタ――男根表象
イザナミ――ウズメ――女陰表象

写真37は昭和三十六年（一九六二）に茅ヶ崎市小和田本宿に立てられた道祖神だが、巨大男根像の中に手をつないだ男女像がある。長野県・山梨県・群馬県・神奈川県などに多くある道祖神像は、主に江戸時代の造立である。神奈川県高座郡海老名町（現・海老名市）にある**写真38**の江戸時代の道祖神は、巨大な男根と女陰（各二）の石像であることからも、前述の結びつきは明らかである。『記』はイザナキ・イザナミの神話で次のように書く。

写真38　男根と女陰の丸彫石神（高座郡海老名町）

其の島に天降り坐《ま》して、天の御柱を見立《みた》て、八《や》尋殿《ひろどの》を見立てたまひき。是《ここ》に其の妹伊邪那美命に問《と》曰いたまはく。「汝が身は如何に成れる」ととひたまへば、「吾が身は、成り成りて成り合はざる処《ところ》、一《ひと》処あり」と答《こた》曰へたまひき。爾《ここ》に伊邪那岐命詔《の》りたまはく。「我が身は、成り成りて成り余れる処一処《ところひとところ》あり。故、此の吾が身の成り余れる処を以《も》ちて、汝が身の成り合はざる処に刺し塞《ふさ》ぎて、国土《くに》を生み成《な》さむと以為《おも》ふ。生むこと奈何《いかに》」とのりたまへば、伊邪那美命、「然善《しかよ》けむ」と答《こ》曰《た》へたまひき。爾《ここ》に伊邪那岐命詔《の》りたまひしく、「然《しか》らば吾《あれ》と汝《いまし》と是《こ》の天の御柱《みはしら》を行き廻《めぐ》り逢《あ》ひて、みとのまぐはひ為《せ》む」とのりたまひき。

『紀』の一書の第一は天孫降臨の条で、サルタヒコについて次のように書く。

已《すで》にして且《まさ》に降りまさむとする間に、先駆者《さきばらひ》還《かへ》りて白《まう》さく。「一神有り。天八達之衢《あまのやちまた》に居り、其の鼻の長さ七咫《ななあた》、背の長さ七尺余り。七尋《ひろ》と言ふべし。且《また》、口尻明《あか》り耀《て》れり。眼は八咫鏡の如くにして、絶然《てりかがやけること》赤酸醤《あかがち》に似《に》れり」とまうす。

『記』と違って『紀』は猿田彦を巨人にし、鼻の長さを「七咫」と書く（咫は周代の長さの単位で約一八センチ。古代日本では親指と中指を開いた長さをいう）。背の長さは「七尋」（「尋」は五尺または六尺。両手を広げた長さ）をいう。背だけでなく特に鼻の長さを書くのは、男根表象として書いているからである。後代の天狗の鼻の長さは、猿田彦神話に依っている。後藤淑は「猿田彦面の系譜で、猿田彦面は室町時代以降と書く[23]が、次のような面がある。

対馬の下県《しもあがた》郡厳原《いづはら》町の厳原八幡宮には、中世の作と伝えられている**写真39**の猿田彦面がある。近世の猿田彦面には**写真40**の埼玉県鷲宮《わしのみや》神社の神楽面だが、いずれも長い鼻で巨大な男根表現だが、梅原猛は前述の『謎のサルタヒコ』所収の講演で、「男根を示している」といい[24]、梅原講演を聞いた吉田敦彦も、猿田彦の長い鼻は巨大な男根表象だと、前述の目崎茂和らの座談会で語っている[25]。この男根表象のサルタはイザナキとダブルイメージであり、女陰表象のウズメはイザナミとダブルイメージだから、男女の道祖神はサルタ・ウズメ（サルメ）、イザナキ・イザナミの男女神のことと言われているのである。

この男女二神の神は第三章で述べた伊勢神宮の祭神、「橦賢木厳御魂天疎向津媛命」とかかわる。この神は男神の「橦賢木厳御魂」と女神の「天疎向津媛命」を合体した神だと書いたが、この男女の神名は次のような関係になり、

カミロキ ―― イザナキ ―― サルタ ―― ツキサカキイツノミマタ（日神）

＝　　　　＝　　　　＝　　　　＝

カミロミ ―― イザナミ ―― サルメ ―― アマサカルムカツヒメ（日女）

という男女神信仰である。この男女神信仰は文字無き時代の人々が語り伝えていた、始原の神々の信仰であった。

人も動物も生きとし生けるものは、すべて男女・雌雄の性別があり、『記』『紀』神話の観念的な唯一神信仰は後代の信仰・神話である。『日本書紀』が神功皇后摂政前紀で、伊勢神宮の祭神を「天照

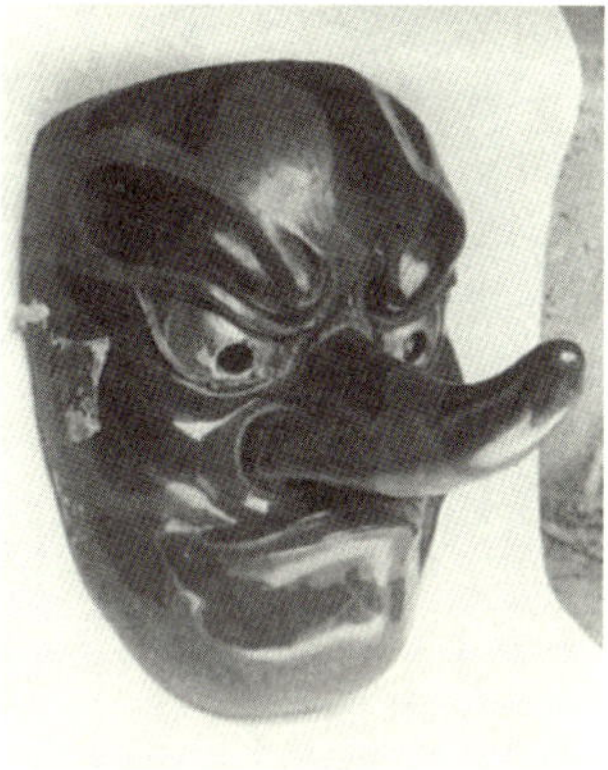

写真39　厳原八幡宮神社の「水王」面の男根表現の鼻

写真40　鷲宮神社の猿田彦面の男根表現の鼻

大神」でなく「橦賢木厳御魂天疎向津媛尊」（この神を広田神社の祭神とする説が成り立たないことは一二三頁～一二五頁で述べた）という、異常に長い神名を書くのは、伊勢で古くから民衆が祭祀していた男女神のカミロキ・カミロミであるサルタ・サルメの男女二神を、ツキサカキイツノミタマとアマサカルムカツヒメという男女神にしたからである。したがってサルタ・サルメ神話に始原の日神信仰がうかがえることを、本章で様々な視点から示した。

なお男神のサルタの視点からは、サルタ・サルメだが、女神のウズメの視点から見れば、ウズヲ・ウズメである。四〇三頁で述べたが『古事記』の神話ではサルタヒコは海底から昇ってくる。この記述は海底から昇る朝日表現であり、**図40**の「猿田彦の出現の絵」と重なる。この絵は**図39**・**写真36**が示すように、猿田彦と朝日をダブルイメージにして表現しており、民衆の視点からはサルタは日神《ひのかみ》、サルメは日女《ひるめ》である。

終章

日本神話論で無視できない十の問題

一、本来の降臨神話は天孫でなく天子であった

ある日本古代史学者は、「天照大神が、子の天忍穂耳尊を葦原中国へ降臨させようとしたが、急死したので、天孫の瓊瓊杵《ににぎ》尊を降臨させた」と書いている。この見解を別の古代史学者が著書で紹介し、賛同しているが、『記』『紀』のどこにも天忍穂耳命が「夭折」したので、天忍穂耳尊の子で天照大神の孫の瓊瓊杵尊を降臨させた記事はない。

『日本書紀』本文は最初から「皇孫天津彦彦火瓊瓊杵尊」を降臨させたと書き、一書の第一は『記』と同じに理由は書かず、孫が生まれたので子を孫に変えて降臨させたとのみ書く。問題なのは一書の第二である。この記事は「天子」と「天孫」を混同して書いている。タカミムスビとアメノコヤネとフトタマを、

> 天津《あまつ》神籬《ひもろき》を持ちて葦原中国に降《くだ》り、亦《また》吾《あ》が孫の為に斎《いは》ひ奉《たてまつ》るべし」とのたまひ、乃《すなは》ち二神をして、天忍穂耳尊に陪《そ》従へて降《くだ》らしめたまふ。

と書く。「吾が孫」と書いているのに、「子」のオシホミミを降臨させたと書いているのは、『紀』の編者は天孫降臨を前提に書いているが、子のオシホミミを降臨させる神話があったからである。その神話を一書《あるふみ》として載せたが、載せた人物は「天孫降臨」の意識であったから、「子」（天忍穂耳）を「吾が孫」と書いてしまったのであろう。

一書の第二は天子のオシホミミを葦原中国へ降臨させたと書いたから、高天原に居たオシホミミの妃のヨロヅハタ姫がニニギを生むと、葦原中国に降臨していた天子（オシホミミ）を高天原へ戻して、

生まれたばかりの嬰児の天孫（ニニギ）を降臨させている。この孫の降臨の司令神は天照大神になっているが、天子降臨の司令神は高皇産霊尊で、天孫降臨の司令神が天照大神で、司令神が相違している。一書の第二の記事から見ても、天子降臨神話が天孫降臨神話に変ったことが推測させるが、なぜか「子」が「孫」に変った理由について『記』『紀』はまったく述べていない。

第一章で「持統天皇十年の異例の『孫』の皇位継承会議」「『記』の『天照大御神』表記と持統朝の皇位継承会議」「『日並皇子』の軽皇子を詠んだ人麻呂の歌」という見出しをつけて論じたが、前例のない孫の軽皇子を皇位につけるため、原『古事記』の天子降臨を「天孫」の降臨に変えたのである。

『記』『紀』が明記しているが、神武天皇以来歴代の皇位継承者は、七〇頁の系図で示したように、皇子か兄弟が皇位を継承するのが通例であった。したがって葛野王（壬申の乱で天武天皇と戦った大友皇子〈七〇頁の系図の弘文天皇〉の長男）は第一章掲載の「持統天皇十年の異例の『孫』の皇位継承会議」という見出しで述べたが、「神代より以来、子孫相承《う》けて天位を襲《つ》げり」と発言して、「子」だけでなく「孫」を含めての降臨を示して、前例のない孫（軽皇子）への皇位継承を主張している。したがって原『古事記』の降臨神は天孫になっている。この天孫降臨神話の載る原『古事記』は、会議に出席した皇族・重臣たちには配布してあったから、その記事を前提に「神代以降」の降臨神話をもち出しているのである。この神話では天孫降臨の司令神は男神の高木神（タカミムスビ）と女神の天照大神の男女二神だが、女神を重視しているのも、天照大神を持統天皇に重ねているからである。

『記』『紀』の降臨神話は天孫ニニギの降臨だが、本来の降臨神話は天子であった事は、『古事記』の神代記が証している。アマテラスは「天安河の河原に、八百万《やほよろづ》の神を神集《つど》へて」、

「此の葦原中国は、我が御子の知らす国と言依《ことよ》さし賜《たま》へりし国なり」

と言っており、建御雷神も大国主神に、

「天照大御神、高木神の命《みこと》以ちて、問ひに使《つか》はせり。汝《いまし》が宇志波祁流《うしはける》葦原中国は、我が御子の知らす国ぞと言依《ことよ》さし賜《たま》ひき。故、汝《いまし》が心は奈何《いか》に」とのりたまひき。

と言っている。この問《とい》に対して大国主神は、

「恐《かしこ》し。此の国は天つ神の御子に立奉《たてまつ》らむ」

と答えている。また事代主神・建御名方神を服従させた後にも、建御雷神は大国主神に、

「汝《いまし》が子等、事代主神、建御名方神の二はしらの神は、天つ神の御子の命の随《まにま》に違《たが》はじと白《もう》しぬ。

汝が心は奈何《いか》に」

と問うており、その問いに大国主神は「僕《あ》は違はじ」と答えている。このように「天つ神の御子」が降臨するのであって、「御孫」が降臨するのではない。そのことは、

爾に天照大御神、高木神の命以《も》ちて、太子正勝吾勝勝速日天忍穂耳命に詔《の》りたまひしく。「今、葦原中国を平《ことむ》け訖《を》へぬと白《もう》せり。故、言依《ことよ》さし賜《たま》ひし随《まにま》に、降《くだ》り坐《いま》して知らしめせ」とのりたまひき。

と、「太子」（御子）の降臨を明記している。

二、嬰児の天孫が一夜婚する不合理な降臨神話

『記』の例を示したが『紀』の降臨神話にも、左の記事が載る。

高皇産霊尊、因りて勅《みことのり》して曰《のたま》はく。「吾《われ》は天津《あまつ》神籬《ひもろき》と天津磐境《いはさか》と起樹《おきた》て、吾が孫の為に斎《いは》ひ奉《たてまつ》るべし。汝天児屋命《いましあめのこや》・太玉命《ふとたま》、天津《あまつ》神籬《ひもろき》を持ちて葦原中国に降《くだ》り、亦《また》吾が孫の為に斎《いは》ひ奉《たてまつ》るべし」とのたまふ。乃ち《すなは》二神《ふたはしらのかみ》をして、天忍穂耳尊《あめのおしほみみ》に陪従《そ》へて降《くだ》らしめたまふ。

この記事は不可思議な記事である。「吾が孫の為に斎ひ奉るべし」と、繰り返し二度も「吾が孫」と明記しながら、孫の瓊瓊杵《ににぎ》尊ではなく、

天忍穂耳に陪従《そ》へて降らしめたまふ。

と書き、**孫**でなく**子**の天忍穂耳尊が降臨したと書いている。この書き方は本来は天子降臨神話であったことを示している。このような記述を『日本書紀』の一書の第二が載せているのは、『日本書紀』の編者は天孫降臨神話として掲載したから、「吾孫」と書いた。しかし『日本書紀』の編者が採用した一書の第二に**子**の天忍穂耳尊とあったから、その記事をそのまま載せたので、**孫**と書きながら**子**の天忍穂耳命の神名を書いたのである。その事はこの記事に続く左の記事からもいえる。

是《こ》の時に天照大神、手に宝鏡を持ち、天忍穂耳尊に授《さづ》けて、祝《ほ》きて曰《のたま》はく。「吾が児、此の宝《たから》鏡《のかがみ》を視《み》まさむこと、吾《われ》を視るが猶《ごと》くすべし」。（中略）又勅《みことのり》して曰《のたま》はく。「吾が高天原に御《きこ》しめす斎《ゆ》庭《には》の穂を以《も》ちて、亦《また》**吾が児**に御《まか》せまつるべし」とのたまふ。則ち《すなは》高皇産霊尊の女《むすめ》、万幡《よろづはた》姫と号《まを》すを以《も》ちて、天忍穂耳尊に配《あは》せ妃として、降《くだ》らしめたまふ。

この記事では**孫**のニニギではなく**児**のアメノオシホミミを、天照大神が降臨させたことを明記している。ところがこの記事の後に一書の第二は、左の記事を加えている。

時に虚天《おほぞら》に居《ま》しまして児《こ》を生みたまふ。天津彦火瓊瓊杵尊と号《もう》す。因《よ》りて此の皇孫《すめみま》を以《も》ちて、

親に代《か》へて降《くだ》らしめむと欲《おもほ》し、……然《しか》して天忍穂耳尊、天《あめ》に復還《かへ》りたまふ。故、天津彦火瓊瓊杵尊、日向《ひむか》の槵日《くしひ》の高千穂峰に降到《くだ》りましぬ。

このように一書の第二は**子**が降臨したが、**孫**が生まれたので、「親に代《か》へて降らしめむと欲し」て、葦原中国へすでに降臨していた成人の**子**を高天原へ戻して、嬰児の**孫**を降臨させている。以上の事例からも本来の降臨神話は、天子降臨神話であった（天子降臨神話が天孫降臨神話になった理由については、拙著『新版・古事記成立考』で詳述した）。

そのことを示すのは『記』『紀』が明記している。降臨地での一夜婚《まぐわい》・一夜孕《はらみ》の神話である。『記』は生まれたばかりの嬰児の天孫ニニギが、葦原中国へ降臨すると、

木花之佐久夜毘売《このはなのさくやびめ》を留《とど》めて、一宿婚《ひとよまぐはひ》したまひき。

と書き、「一夜婚」の結果、「一宿《ひとよ》にや妊《はら》める」と書いている。『紀』の本文も「真床追衾《まとこおふすま》」に包まれて降臨した嬰児のニニギが、鹿葦津《かしつ》姫（別名、木花之開耶《このはなのさくや》姫）と一夜婚をして、姫は「一夜にして有娠《はら》みぬ」と書いている。一書の第二・第四・第六も同じ神話を載せるが、一書の第二以外の本文、一書の第四・第六の降臨神話は、特に「真床追衾に包まれ嬰児」を強調している。嬰児を強調しているのに、なぜか一夜婚・一夜孕の記事を載せている。この『紀』の本文・一書の神話は、『記』の神話と共に、神話であってもあり得ない神話である。幼児どころか真床追衾に包まれた生まれたばかりの嬰児が、神話であっても性行為が出来るはずはない。このような神話が載ることは、本来は成人の天子降臨神話であったことを証している。

このような神話が載っているのは、天子降臨神話として作られた王権神話を、急遽、前例のない皇

位に皇子でなく皇孫をつけようとして、天子降臨神話であった原『古事記』の記事を、天孫降臨に変えたからである。したがって高天原からの降臨神話は、その後は天孫の降臨神話として受け取られていた。その神話に宮廷儀礼の真床追衾儀礼を加え、降臨の司令神の女神天照大神を消して、高皇産霊尊に「皇祖」を冠して示したのが、『日本書紀』の神代紀巻二（下巻）の巻頭の記事である。「真床追衾」が新しく記されたので、葦原中国に降臨しての一夜婚・一夜孕神話は、「幼児」でなく「嬰児」になって、神話であっても、より以上あり得ない神話になっている。

この事実について、今までの日本神話論は、私の知るかぎり指摘していないが、この事例は代表的事例の一つに過ぎない。そのことは本書で書いてきたが、『日本書紀』の神代紀には『古事記』と相違して、カミムスビの活動記事がまったく載っていないのも、その一例である。このような事例は『記』『紀』神話に政治的意図が含まれている事を示している。

三、『記』『紀』神話の皇祖神の日神はなぜ女神か

第一章で天照大神は虚像の皇祖神・日神と書いた。一般に日神は伊勢神宮の祭神で皇祖神の天照大神と見られているが、この日神は『記』『紀』神話のみが書いている天照神で、他にも日神は祭祀されていた。延長五年（九二七）に勅命で編纂された『延喜式』「神名帳」には、

阿麻氐留《あまてる》神社、天照神社、天照玉命神社、天照御祖《みおや》神社

が載り、畿内には五社、

天照御魂《みむすび》神社

があり、すべて天照神は男神であった。一例だけ、

天照大神高座《たかくら》神社

という神社が、伊勢神宮の祭神と同じ「天照大神」という神社名で唯一女神である（この神社については五二頁〜五六頁で私見を述べた）。

本来は天子降臨であったのを、原『古事記』が天孫ニニギを軽皇子（文武天皇）に重ねたから、原『古事記』は軽皇子の祖母の持統天皇を、天照大神に擬したのである。

本来の降臨の司令神は第二章で述べた文字無き時代から語り伝えられてきた、カミロキ・カミロミの男女二神で、文字で書かれるようになって、タカミムスビ・カミムスビになったが、この御祖《みおや》神のカミムスビがアマテラス神に神名が変えられたのである。その工作は原『古事記』で行なわれたと私は推測している（天武天皇が日神のカミロキなら、天武天皇の皇后で天皇になった「持統天皇」は、日女のカミロミから成り上った日神である）。そのことは『紀』の日神誕生の記事が証している。イザナキ・イザナミは日神を生んだが、その日神を、

大日孁《おほひるめ》貴《むち》と申《もう》す　一書に云はく、天照大神といふ。一書に云はく、天照大日孁尊といふ。

と書く。日女の「女《め》」を「孁《め》」、上に「大《おほ》」、下に「貴《むち》」をつけて、漢字で日神らしく書いているが、人々の語《かたり》では「オホヒルメムチ」で、日神でなく日女《ひるめ》である。「天照大神」という神名は「一書に云はく」と書いて、ちいさく書いているのだから、『日本書紀』の書き方は『古事記』が「天照大神」を「天照大御神」と書くのと違う。『日本書紀』は「日女」を「日神」らしく見せようとして、文字表記で工夫したのである（私見は原『古事記』の「天照大神」を現存『古事記』が「天照大御神」にした

と推測している）。

一般の「天照神」は男神なのに（詳しくは四九頁に書いた）、皇祖神の「天照大神」は女神なのは、持統天皇という女帝に重ねたからであることも、第一章で書いた。女神の日神の天照大神が伊勢神宮の祭神になったのは、持統朝期である。そのことは歴代天皇の伊勢行幸は皆無なのに、持統天皇のみが三輪高市麻呂の強い反対を押し切って、伊勢行幸を決行していることからいえる（天皇の伊勢行幸は持統天皇の一例のみである）。「天照大神」という神名の日神は、原『古事記』で作文された神名だが、「持統天皇――軽皇子」と「天照大神――邇邇芸命」が重ねられたのである（そのことは六七頁～八七頁で述べた）。したがって民衆とは無縁の天皇のみが祭祀する、異例の女神の日神になっている。

一、日神の天照神は『延喜式』「神名帳」が示すように、すべて男神なのに（特例は天照大神高座神社）、「天照大神」は持統天皇に重ねられた祭神だから、女神の日神になった。

二、伊勢神宮について『延喜式』（巻四、伊勢皇大神宮）は、「凡そ王臣以下、輙《たやす》く太神に幣帛を供することを得ざれ。其《そ》れ三后・皇太子の若《も》し供《そな》ふべきこと有らば、臨時に奏聞《そうもん》せよ」と書く。平安時代中期の文献には、祭祀するのは天皇のみで、皇后・妃・皇太子も許可なしには、供献も出来なかった。

三、このように伊勢神宮は、天皇のみに限定された特殊な祭祀の神社で、平民とは無縁だったから、平安時代後期の康平二年（一〇五八）に書かれた『更級《さらしな》日記』の著者も、

物はかなき心にも、つねに「天照御神を念じ申せ」といふ人あり。「いづこにおはします神、仏にかは」

と書き、「天照大神」が神か仏かも知らなかった。

　現代人にとっては女神で皇祖神の日神アマテラスは常識であるが、平安時代までの人々は、日神は男神で、女神は日女であった。その日女を日神にしたのは日神の天武天皇に対して、日女の天武天皇の皇后が天皇になって（持統天皇）、前例のない皇位を孫に継承させるため、天子降臨神話を天孫降臨神話にし、本来の降臨の司令神の男女神（日神カミロキ、日女カミロミ）の日女のカミロミ（カミムスビ）を日神に成上《なりあが》らせて、「天照大神」という皇祖神を創作したから、日女《ひるめ》の女神が日神天照大神として、『記』『紀』神話に登場したのである。

　明治時代以前の文字を知らない民衆の信仰は、序章で述べたように、真赤な昇る朝日と沈む夕日であって、中天の高天原の太陽（日神）ではなかった。

四、女神・御祖《みおや》神のカミムスビが天照大神に成り上った

　なぜか『紀』からはカミムスビが消えて、タカミムスビは「皇祖」が冠され特別扱いである。『記』は『紀』が消しているカミムスビの活動記事を豊富に載せているが、タカミムスビは降臨の司令神として「高木神」と書かれて登場するだけで、活動記事は載らない。

天の岩屋かくれ神話で常世の長鳴鳥を集めて鳴かした思金神は、高御産巣日神の子とある。また天孫を降臨させる記事に、

　　高御産巣日神、天照大御神の命《みこと》以ちて、天安河の河原に、八百万《やほよろづ》の神を神集《つど》へに集へて。……

　　高御産巣日神、天照大御神、諸《もろもろ》の神等に問ひ。

とあり、「高御産巣日神」とある。また、「高木神」として、

天安河の河原に坐《いま》す天照大御神、高木神の御所に逮《いた》りき。是の高木神は高御産巣日神の別の名ぞ。

と書く記事が載るだけで、カミムスビのような活動記事は『記』には書かれていない。

ところがカミムスビには「神産巣日神」「神産巣日之命」「神産巣日御祖命」という三つの表記があり、タカミムスビと相違して、具体的な行動記事を『記』の神代記は書いている。大国主神の国造りのために舟に乗ってあらわれた少名毘古《すくなひこ》神を、「此は神産巣日の神の御子」と久延毘古《くえびこ》は言い、そのことを「神産巣日御祖《みおや》命に白《もう》し上《あ》げる」と、神産巣日御祖命が、

「此は実《まこと》に我が子ぞ。子の中に、我が手俣《たなまた》より久岐斯《くきし》子ぞ」

と言ったとある。この「御祖命」表記は、スサノヲがオホゲツヒメを殺した記事にも、

殺さえし神の身に生《な》れる物は、頭《かしら》に蚕生《な》り、二つの目に稲種生り、二つの耳に粟生り、鼻に小豆《あづき》生り、陰《ほと》に麦生り、尻に大豆《まめ》生りき。故是《ここ》に神産巣日御祖《みおや》命、これを取らしめて、種と成しき。

とあり、また大国主神が火を鑽《き》り、

是《こ》の我が燧《き》れる火は、高天の原には、神産巣日御祖命の、登陀流《とだる》沃の新巣《にひす》の凝烟《すす》……

と言ったとある記事にも、「御祖神」とある。この「御祖」は母親の意であることは、大穴牟遅《あなむぢ》神（大国主神）の母の刺国若比売《さしくにわかひめ》を「御祖命」と書いていることから言える。大穴牟遅神が殺された時、

御祖の命、哭《な》き患《うれ》ひて、天《あめ》に参上《まゐのぼ》りて、神産巣日之命に請《まを》しし時、乃《すなは》ち𧏛貝比売《きさがひひめ》と蛤貝比売《うむぎひめ》と

を遣はして、作り活かさしめたまひき。爾《ここ》に𧏛貝比売、岐佐宜《きさげ》集めて、蛤貝比売、待ち承《う》けて、
母の乳汁を塗りしかば、麗《うるは》しき壮夫《をとこ》に成りて、出で遊行《あそ》びき。

と『古事記』の神代記は書いている。私はこのカミムスビがアマテラスになったと推測している。というのは、キサガヒヒメとウムギヒメはカミムスビの命令で、高天原から葦原中国に降臨しており、高天原の神々で唯一降臨の司令神だからである。

『古事記』の天孫降臨神話の前に三段階の降臨神話が載る。左の表は二二七頁でも示したが、

派遣する神	派遣される神
神産巣日御祖神	𧏛貝比売・蛤貝比売・少名毘古那神
高皇産巣日神・天照大御神	天菩比神・天若日子・鳴女
天照大御神・高木神	建御雷神・天の鳥船

この降臨神話の後に、天孫邇邇芸命が天照大御神と高木神（高皇産巣日神）の命令で降臨しているが、『古事記』の国譲りの鑽火《きりひ》儀礼で大国主神は、

　是《こ》の我が燧《き》れる火は、高天の原には、神産巣日御祖命の、登陀流《とだる》天《あめ》の新巣《にひす》……

と言っており、高天原の女神は天照大神でなく、神産巣日御祖命である。

大同二年（八〇七）の二月に斎部広成が平城天皇に献上した『古語拾遺』の冒頭にも、

　高皇産霊神〈古語《ふること》多賀美武須比《たかみむすひ》。是《こ》は皇親神留伎命《すめおやかみろき》〉。次に神産霊神〈是は皇親神留弥命《ろみ》〉

とある。この記述の「皇親《すめおや》神留伎命・神留弥命」は、九一頁〜九二頁で書いた聖武天皇らの即位の宣

命の降臨の司令神の「皇親神魯岐（棄）・神魯美（弥）」であり、祝詞の天孫降臨の司令神である。『古語拾遺』によれば、

高皇産霊神——皇親神留伎命
神産霊神——皇親神留弥命

という結びつきになる。『日本後紀』大同元年（八〇六）八月庚午（十日）条に依れば、中臣氏と忌（斎）部氏の祭祀権についての争《あらそ》いを、平城天皇が『日本書紀』の記述にもとづいて査定した。この査定後に平城天皇が斎部広成に忌（斎）部氏の家の伝承を書にして献上するよう命じたので、召問に応じて書いたのが『古語拾遺』である。斎部広成は、『記』『紀』の天孫降臨神話の降臨の司令神タカミムスビとアマテラスを、カムロキ・カムロミに比定するが、平田篤胤は『古史伝』、鈴木重胤は『延喜式祝詞講義』で、

カムロキ＝タカミムスビ
カムロミ＝カミムスビ

と書いているのも『古語拾遺』に依っている。

第三章で伊勢神宮の祭神名の「橦賢木厳之御魂天疎向津媛命」について論じたが、『記』はタカミムスビを「高木神」と書き、神武記は「高木大神」と書いていることは前述した。一四五頁に示した図に本章で述べた事を加えると、左のようになる。

高木神（高木大神）——橦賢木厳之御魂——カミロキ——タカミムスビ
天照大御神——天疎向津媛——カミロミ——カミムスビ

この系譜は始原の男女神の神名の「カミロキ」「カミロミ」を、『記』『紀』神話がこのような神名に変えた事を示している。第三章「伊勢神宮の祭神『橦賢木厳之御魂天疎向津媛』」で、私はこの神名にもとづいた造形は、**写真2〜18、図7〜9**が示すように世界各地の造形に見られることを述べた。男女を性器表現で示している始原の思考は、高木神・橦賢木厳之御魂という表現で男神・女神を示している（そのことは橦賢木厳之御魂が伊勢神宮の祭神名であることが証している）。この日神に対する日女が天疎向津姫＝カミムスビであり、この日女の天疎向津姫（カミムスビ）が日神に成り上ったのが、天照大神である。天照大神の原像は『古事記』が「御《み》祖《おや》神」と書く女神のカミムスビだが、この女神を正史の『日本書紀』が消していることが問題である（そのことは『紀』で消えたカミムスビが、『古語拾遺』で中臣氏の始祖神はカミムスビと明記していることと無関係ではない）。

五、女神カミムスビと藤原・中臣氏の関係

第四章で「タカミムスビの祭祀と藤原・中臣氏」と題し、私の知る限り今迄そのような論考はないが、藤原・中臣氏は対馬島の亀卜を行なう卜部の出身だと推考した。中臣氏については『続群書類従』所収の「大中臣系図」に、

本者卜部也。中臣者主神事之宗源也。

とあり、『尊卑分脈』が、

始而賜中臣連姓（本者卜部也）

と書いている。宮廷卜部は亀卜を対馬と壱岐と伊豆の卜部が行なっていた。中臣氏が対島出身である

例証は第四章で書いたが、津（対）島朝臣大庭が養老四年（七二〇）十二月に、伊勢神宮内宮の大宮司になっており、一七四頁で書いたが、天平・天平勝宝年間に、津島朝臣家虫・小松が大宮司に任命されている。また和銅七年（七一四）には津島朝臣真鎌が伊勢守（伊勢国守）になっている。養老四年八月に藤原不比等が死去しているから、死の直前に伊勢国の国守と伊勢皇大神宮の大宮司に、津島氏を任命したのは藤原不比等であろう。この事実からも宮廷卜部で亀卜を行なっていた中臣（藤原）氏の出身は、亀卜を行なう対馬の卜部出身と推測できる。

斎部広成の『古語拾遺』には、「神産霊神《むすび》」を「皇親神留弥命《すめおやろみ》」のことと書いていることは前述したが、この記事について、

此の神の子は天児屋命。中臣朝臣の祖なり。

と書いているから、

カミロミ――カミムスビ――中臣（藤原）氏の祖

という結びつきになる。

この『古語拾遺』の刊行の七年後の弘仁五年（八一四）に成立した勅撰書の『新撰姓氏録』は、右大臣藤原園人、参議藤原緒嗣が編纂にかかわっている。この書の「左京皇別上」の冒頭に「藤原朝臣」が載る。この事は第五章で書いたが、なぜか、

藤原朝臣、津速魂《つはやむすび》命の三世孫、天児屋命自《よ》り出づ。

とあり、『古語拾遺』が書く「カミムスビ」ではないが、ムスビ神を架上させている。なぜ、天児屋命に「ツハヤムスビ」というムスビ神を架上しているのか。私は『新撰姓氏録』の編纂者の藤原園

人・緒嗣らが『古語拾遺』を読んで、中臣（藤原）氏の始祖神のカミムスビではないが、同じムスビ神を架上したと推測する。

『新撰姓氏録』には多数の天児屋命を始祖とする中臣氏系氏族が載るが、天児屋命に架上されたムスビ神を始祖とするのは、藤原朝臣・大中臣朝臣・津島（対馬）朝臣などに限定されている事実も無視できない（この事実からも藤原・中臣氏が対馬出身と考えられる）。

『古語拾遺』には冒頭に左の記事が載る。

　蓋《けだ》し聞く。上古の世、未《いま》だ文字有らざるとき、貴賤・老少、口口に相伝へ、前言往行《ぜんげんわうかう》、存《のこ》して忘れず。書契《しよけい》ありてより以来、古《いにしへ》を談ずることを好まず。

「書契」は、漢字で書かれた「書」をいうが、この文章の後に、「国史」は「遺《あや》まてる所有るが如し」と書いている。「国史」は『日本書紀』をいう。この国史の神代紀は、前述した『古事記』の神代記で詳述している「御祖神」と書かれているカミムスビを消している。ところが『古語拾遺』は正史の『日本書紀』が消したカミムスビを、国史（『日本書紀』）には誤りがあると明記して、中臣（藤原）氏の始祖神にしている。

斎部広成が『古語拾遺』を献上した平城天皇は、

天智天皇――施基皇子――光仁天皇――桓武天皇
　　　　　　　　　　　　　　　　　　├――平城天皇
藤原不比等――藤原宇合――藤原良継――乙牟漏

という系譜で、母の乙牟漏《おつむろ》は式家の内大臣良継《よしつぐ》の娘で、母系の祖は藤原不比等である。このような藤原・中臣氏の血脈の天皇に、藤原・中臣氏の始祖神はカミムスビ（カミロミ）だと、正史の『日本書紀』には無い始祖神を明記して献上いる（平城天皇は『古語拾遺』を読む前年に、中臣と斎部の祭祀についての争いを『日本書紀』で査定しているから、『日本書紀』を熟読している）。

問題は『古語拾遺』が世に出た大同二年（八〇七）から七年後の弘仁五年（八一四）に成立した『新撰姓氏録』である。前述したがこの勅撰書には右大臣藤原園人・参議藤原緒嗣らが関与しており、この書では、なぜか藤原・大中臣・津（対）馬朝臣など主要氏族に限定して、祖神をカミムスビではないがツハヤムスビ神にし、アメノコヤネをツハヤムスビの孫にしているが、特に藤原・大中臣氏系氏族の中に対馬朝臣が含まれていることである。辺境の対馬の氏族が「朝臣」の姓で藤原氏と同格なのはなぜか。理由はいままで指摘されていないが、藤原・中臣氏が対馬出身だからと私は推測している。

中臣（藤原）氏の始祖神はカミムスビだと明記し、タカミムスビは大伴・斎（忌）部氏の始祖神と『古語拾遺』は書いており、藤原氏主体の編纂の『新撰姓氏録』もそのように書いている。問題はカミムスビである。カミムスビが『古語拾遺』の書くように中臣氏らの始祖神なら、対馬を中臣氏の原郷とする私見について、なぜ対馬でカミムスビを祭祀していないのか、という批判がでるだろう。私は理由について、藤原不比等らが女神カミムスビ（カミロミ）を日神アマテラスに成り上らせたから、『日本書紀』からカミムスビは消した工作を対馬でもしたと推測する。そのことは『紀』の神代紀上下巻からカミムスビが消えたことと連動している。

タカミムスビを『古事記』は高木神と書くが、『古事記』の降臨司令神は前述したが、

男神（カミロキ）——タカミムスビ——高木神

女神（カミロミ）――カミムスビ――天照大御神

という関係になる。対馬の下県郡には高御魂《たかみむすび》神社と共に、式内社で唯一の「アマテル」のみの神社名の「阿麻氏留神社」という女神を祀る神社が鎮座する。この女神の原像はカミムスビで、タカミムスビがカミロキなのに対し、カミロミである。したがって、前述したが左の関係になる。

カミムスビ――カミロミ――阿麻氏留神

このような結びつきは、次に示す平安時代の宮廷祭祀で、正史の『日本書紀』で消されているカミムスビが、宮廷で祭祀する「八神」のトップとして、祀られていることからもいえる。

六、『紀』の神話を無視している宮廷祭祀の実相

第五章で「『皇祖』を冠した高皇産霊尊の諸問題」と題して論じた。タカミムスビは平安時代初頭の『古語拾遺』も『新撰姓氏録』も、大伴氏・斎（忌）部氏の始祖神と書く。この大伴・斎部氏の始祖神と区別するため、『日本書紀』の本文の天孫降臨の司令神のタカミムスビには、「皇祖」が冠されているのだが、この『紀』の記事は平安時代の宮廷祭祀では無視されている。

宮廷で祭祀するのは一般氏族の神でなく、皇室御用の神である。平安時代中期成立の勅撰書の『延喜式』の「神名帳」によれば、「八神殿」で祭祀される神は、左記の神々である。

神産日《かみむすひ》神　高御《たかみ》産日神　玉積《たまつみ》産日神　生《いく》産日神　足《たる》産日神　大宮売《おほみやめ》神　御食津《みけつ》神　事代主《ことしろぬし》神

また『延喜式』に載る宮廷の鎮魂祭の条にも、

神魂《むすひ》　高御魂　生魂　足魂　玉留《つみ》魂　大宮女　御膳《みけつ》　辞《こと》代主

とあり、八神殿に祀られる神が、表記は違うが祀られている。「ムスビ」は「魂・御魂」の漢字表記で書かれているが、問題なのはトップが女神の「カミムスビ」であることである。前述したがカミムスビは正史の『日本書紀』から消されている。この消されているカミムスビが、なぜ、宮廷祭祀の八神のトップに書かれているのか。理由は藤原・中臣氏の始祖神と見られていたからであろう。でなければそのように書かれている『古語拾遺』が、現在まで残るはずはないし、母系が藤原氏で『日本書紀』を読んでいる平城天皇に、国史に誤りがあると明記して、献上するはずがない。

この『紀』の神代紀では消えているカミムスビが、平安時代中期の宮廷祭祀では、八神殿の神のトップとして祀られている事実に、私は注目している。この事実は『記』『紀』神話でのみ日本神話は語れないことを示している。この事も前述したが、平安時代中期の『延喜式』の祝詞の天孫降臨の司令神は、『記』『紀』の書くアマテラスやタカミムスビでなく、『記』『紀』に載らないカミロキ・カミロミであることが証している（第二章で述べたが聖武・孝謙・淳仁天皇の即位の宣命も天孫降臨の司令神はカミロキ・カミロミである）。

天照神も平安時代の宮廷祭祀には登場するが、左のように日女《ひるめ》の神である。平安時代末期の十一世紀頃から始まった内侍所神楽の「日女歌《ひるめのうた》」に、

如何《いか》ばかり　よきわざしてか　天照るや　ひるめの神を　しばし止めむ　しばし止めむ

とあり、平安末期の宮廷祭祀のアマテル神も天照日女《ひるめ》神で、男神の日神に対する日女であるから、同じ十一世紀成立の『更級日記』の著者は、日神の天照大神が伊勢に祀られていることを知らず、この内侍所の天照日女神がアマテラス神だと教えられている。この宮廷に祀られているアマテラス神は、

日神の妻の日女であって日神ではない。

この日女が日神に成り上ったのが、『記』『紀』神話の女神の天照大神だが、なぜかその天照大神が天孫降臨の司令神から消えているのが、正史の『日本書紀』の神代紀下巻（巻二）のトップに載る本文記事の天孫降臨記事である。この『紀』の本文の降臨の司令神は、「皇祖」を冠した高皇産霊尊のみである。高皇産霊尊に「皇祖」が冠されている理由については第五章で述べたが（二〇六頁〜二三〇頁）、「皇祖」を冠することで『古語拾遺』や『新撰姓氏録』が書く大伴・斎（忌）部氏らの始祖神のタカミムスビと区別したのである。このように正史の『日本書紀』の本文は、皇祖神の天照大神さえ排除して、天孫降臨の司令神を「皇祖高皇産霊尊」のみにしている。しかしこのタカミムスビも平安時代後期の宮廷祭祀においては無視され、『日本書紀』の神話（神代紀）で消しているカミムスビが、宮廷で祭祀するもっとも重要な八神殿のトップとして載る。この事実は見過ごせない。

平安時代の宮廷祭祀は藤原・大中臣氏が実権を握っていた。その宮廷祭祀の代表の八神殿の神の筆頭が、正史の『日本書紀』が無視して載せていない、カミムスビである事実も見過せない。皇室で祀る八神殿のトップの神が、正史の『日本書紀』の降臨神話が「皇祖」を冠して載せるタカミムスビでなく、『日本書紀』が消しているカミムスビであり、平安時代の宮廷祭祀の祝詞の冒頭に載る男女神も、『記』『紀』神話に載らないカムロキ・カムロミである事実は無視できない。

七、仲臣《なかつおみ》の多氏祭祀の鹿島神宮と三輪山祭祀の実相

第四章の「タカミムスビの祭祀と藤原・中臣氏」で、「仲臣《なかつおみ》」と「中臣連《なかとみ》」について述べた（一七

五頁〜一八六頁)。仲臣は多(太)臣と春日臣で、姓《かばね》は「臣」で後に「朝臣」になっている。ところが藤原氏になった中臣氏は「臣」と書いて「トミ」と言い、姓も「連」であり、後代に「中臣」から「藤原」に改姓した氏族と共に、「連」から「朝臣」になったが、これは特例である。更に特例なのは中臣氏には「大」を冠して「大中臣朝臣」と称している事である。この事実からも藤原・大中臣の「朝臣」は成り上りであり、本来の神と人を執り持つ「中《なかつ》(仲)臣《おみ》」はオホ氏・カスガ氏であったことを証している。そのことはオホ氏の始祖伝説は『記』『紀』の神武天皇の記事に、オホ氏の始祖の神八井耳尊は神武天皇の皇子で、弟に皇位を譲って、神事に専念したとあり、神と人との仲を執り持つ「仲臣」にふさわしい皇族出身の始祖伝承をもっている。この伝承に対して中臣連の始祖伝承は亀卜を行なう卜部であり(そのことは横田健一著『日本古代神話と氏族伝承』〈一九八二年・塙書房〉所収の「中臣氏と卜部」に詳論されている)。仲臣の配下の卜部であった。

横田健一は「中臣氏と卜部」で、「中臣氏は常陸の鹿島社を奉斎する卜部から出て、宮廷の雨師的司祭者として立身したのではないか」と結論しているが、鹿島大社は仲臣の多氏系氏族が祭祀していた事実が欠落している(鹿島大社を多氏系の仲〈那珂〉国造が祭祀していたことは第六章で詳述した)。

第七章の「『御諸山』といわれた日神祭祀の三輪山」の冒頭で、「仲臣の春日氏と同じ仲臣の多氏が祀る『春日宮』」という見出しで、大和国の多神社はかつては「春日宮」といわれていた事を述べた。常陸国で仲臣の多氏が祀っていたタケミカヅチを、同じ仲臣の大和国の春日氏の地に移したのは、藤原・中臣氏だが、この事実からも古くは仲臣の多氏らの配下に、卜占を行なっていた中臣連が居たことが証される。

仲臣の多（太）氏の祀る多神社も、かつては春日神社といっていたのは、この神は図16（二六九頁）で明らかのように三輪山山頂から昇る春分・秋分の日の出遥拝地であったからである。現在も春分の日に大祭を行なっているが、三輪山の山頂には『延喜式』「神名帳」に「大社」とある「日向神社」があり、仲臣の多氏が祀っていたのは日神である。そのことは第七章で述べた。この仲臣の配下に韓国の伽耶から渡来し、河内（後に河内国から分離して和泉国になる）の陶邑に居住していた三輪氏が、祭祀用陶器製作工人として多氏の配下に入り、欽明朝頃から多氏に変わって祭祀権を掌握した。そのことは『記』『紀』が「御諸山」と「三輪山」表記を使い分けていることからもいえる。

仲臣の多氏や春日氏の祭祀は日神信仰であったから、崇神天皇紀には御諸山の日神祭祀を行なっていた笠縫邑から、日神を伊勢に移したとあり、王権の日神祭祀も大和から伊勢へ移ったことを示しているが、日神祭祀の笠縫邑は多神社の地であったことは、第七章（二九八頁〜三〇〇頁）で述べた。三輪山と称し、この山の神を国つ神の大物主神にして、雄略天皇紀（七年七月条）によれば雷神になっているが、この三輪山の雷神を捉えたのは多氏と同族の少子部氏であることからも、多氏及び多氏系氏族が御諸山祭祀にかかわったことは確かである。

タケミカヅチの神は、『古事記』では葦原中国平定の武神として活躍する「建御雷神」という雷神以外に、崇神天皇記に載る三輪氏の祖神の「建甕槌神」がおり、タケミカヅチには雷神と甕神の二神が書かれているが、ほとんどの日本神話論は、葦原中国平定の武神＝雷神としてしか論じていない。『記』は葦原中国平定のタケミカヅチの「ミカヅチ」を「御雷」と書くが、『紀』は「武」を冠して「甕槌」と書く（神武天皇紀のみ「武甕雷神」と書く）。本来の表記は「甕槌」と書く甕神であったことは第六章で書いた。この甕神に「武」を冠して『紀』は武神にしたのに対し、『記』は甕神を陶器製作工人の三輪氏の祖神にして、武神としての雷神の「タケミカヅチ」を新しく作ったのである。

いずれも文字表記の「雷」「武」をつけて、王権神話用の葦原中国平定の武神にしているが、本来の神格は「ミカ」の神（漢字表記の「甕」）であった。その甕神に「武」という漢字を冠したり、「雷」と書いて武神・雷神に仕立てたのである（甕神であることは第六章の二三四頁〜二四三頁に書いた）。

八、藤原・中臣氏は対馬の卜部出身と見る私見

タケミカヅチの神名は「甕」が「雷」表記になっているが、第八章の「雷神・丹塗矢神話に秘された実相」で述べたが、三輪山の神の大物主神は丹塗矢に化している。『山城国風土記』によれば、

謂《い》はゆる丹塗矢は、乙訓《おとくに》の郡の社《やしろ》に坐《いま》せる火雷《ほのいかづち》神なり。

とあり、丹塗矢は雷神である。御諸山の日神が雷神になっている話が、雄略天皇紀に載ることは前述したが、大物主神が雷神なのは本来は日神であった事を証しており、日神を祭祀していた多氏から、雷神（大物主神）祭祀の三輪氏に変わって、三輪山の神が雷神に変わったのである（そのことは雷神を捕えたのが多氏系の少子部氏であることが証している）。

雷神については第四章（一八六頁）で「雷大臣命」を祖にする中臣氏系氏族を、『新撰姓氏録』から九氏示した。その中には左の氏族が居る。

津島直　天児屋根命十四世孫雷大臣命之後也。

津島直の津島は対馬だが、『尊卑分脈』の藤原・中臣氏系図の「跨耳命《あとみみ》」の右註に、

雷大臣命　大兆之道達亀卜術　賜姓卜部令供奉其事

とあり、「雷大臣命」つまり雷神が卜占を行なう中臣氏系氏族の祖だが、対馬には『延喜式』「神名帳」に載る「雷命《いかづちみこと》神社」が、厳原町阿連《あれ》と豆酘《つつ》にあり、阿連の雷命神社を祭祀する橘氏は亀卜を行なう神主家である。この事実からも対馬の雷神を祭祀する氏族が、朝廷に出仕して卜部として奉仕した中臣氏の出身地と見られることを、第八章で詳論した。

雷大臣を祖にする中臣氏系氏族を載せる『新撰姓氏録』（未定雑姓・河内国）には、

三間名《みまな》公　仲臣雷大臣命之後也

とある。佐伯有清は『新撰姓氏録の研究・考証篇第六』（一九八三年・吉川弘文館）の、三間名公について、「三間名の氏名は弥麻奈・御間名とも書き、弥麻奈（任那）国の国名にもとづく」と書いている。「ミマナ」は伽耶国をいう。中臣氏が行なう亀卜は伽耶からの渡来で、伽耶国王の始祖の首露王が降臨した山は「亀旨《くじ》」といい、亀卜と伽耶と対馬の関係が密接である。そのことは、第四章の「雷大臣命が祖の中臣氏系氏族と伽耶と亀卜」で詳論した。

また第八章で、「対馬の天童信仰と対馬の雷命神社の検証」「雷神神話と藤原・大中臣氏の秘された出自」という見出しで、藤原・大中臣氏が対馬の卜部出身であることを述べた。藤原氏は元は中臣氏だが、中臣氏は斎（忌）部氏と同じ神祇氏族で亀卜を専業とする氏族で、仲臣《なかつおみ》の多氏・春日氏の配下に居た。この事実についても、いままで日本古代史家も日本神話の研究家も、ほとんど無視してきた。仲臣の代表氏族が多氏であることは、多氏の始祖の神武天皇の皇子神八井耳命についての、『記』『紀』の記事が証している。

第四章で「『新撰姓氏録』の『仲臣《なかつおみ》』と『中臣連《なかとみ》』について」「折口信夫・柳田国男の『仲臣《なかつおみ》』についての見解」「仲臣の多氏と春日氏が関与する春日大社の創祀」などの見出しで、一七五頁から一八三頁にわたって私は「仲臣《なかつおみ》」について論じた。今迄の藤原・中臣氏についての論考は、「仲臣《なかつおみ》」についての視点が欠けていたから、見るべきものが見えてこなかったが、これは日本古代史の視点だけでなく、『記』『紀』神話の問題でもある。『記』『紀』神話は王権御用神話的要素が強いが、王権御用といっても一面的で王権祭祀に浸透していなかったから、『日本書紀』成立直後の聖武・孝謙・淳仁の即位の宣命も、平安時代中期の勅撰書の『延喜式』の祝詞でも、正史の書く天孫降臨の司令神のアマテラスもタカミムスビも無視しており、カミロキ・カミロミという『記』『紀』神話にまったく載らない降臨の司令神が登場している。この事実を日本神話を論じるほとんどの論者が、見過していることが問題である。

特に見過すことのできないのは、カムロキ・カムロミについて、斎部広成は『古語拾遺』で、

上古の世、未《いま》だ文字有らざるとき、貴賤・老少、口口に相伝へ、……

てきた神と書くが、この神は男の神・女の神という、もっとも素朴な神名だが、『記』『紀』神話が作った「高天原」の神を無視して、即位の宣命や宮廷祭祀の祝詞で用いられていることである。特に見過せないのは聖武天皇は養老三年（七一九）六月に初めて皇太子として朝政を聴くが、その年に藤原不比等の長男の武智麻呂は東宮傅になっており、翌年の五月に『日本書紀』は成立している。その『紀』成立の四年後〈神亀元年〈七二四〉〉に即位した聖武天皇が、国史の降臨の司令神を無視しているのは、東宮傅であった藤原武智麻呂も認めていたと推測できることである。

九、死と再生の岩屋隠れ神話とウズメ・サルタ

『記』『紀』の岩屋隠れ神話の主役は女神天照大神だが、本来は男神であった。女神になっているのは日神の妻の日女《ひるめ》、現実では天武天皇（日神）の皇后（日女）で天皇（日神）になった持統である。この持統天皇に天照大神を重ねて、天照大神（持統天皇）の孫の軽皇子を皇位につけるため、本来の天子降臨神話を天孫降臨神話に変えたのである（そのことは第一章の「虚像の皇祖神・日神の『天照大神』」で詳述した）。

『記』『紀』神話は皇室御用神話だから、岩屋隠れ神話は天上の高天原神話になっているが、一般民衆にとっても「岩屋・洞窟」は墓であった。しかし単なる墓でなく母胎・子宮と見なされていた。第一章で書いた「天照大神高座神社」という神社名は、平安時代中期の勅撰書の『延喜式』「神名帳」に載るが、この神社の御神体は「天の岩屋」と呼ばれていた洞窟である。第一章の六〇頁で「天の岩屋神話の岩屋を示す沖縄韓国の墓地」と書いて、**図2**を示した。この造形は女陰・母胎表現である。安寧天皇の陵墓を『記』は「畝火山の美富登《みほと》にあり」と書き、『紀』は「畝傍《うねび》山南御陰《ほと》井上陵」と書く。墓を「ホト」と書いているのは、**図2**の造形と同じ見方・考え方だからである。

『記』『紀』の本文・一書に依れば、天照大神は梭《ひ》で女陰《ほと》を突いて岩屋隠れしているが、梭はその形から見ても男根表象だから、梭で女陰を突くのは性交を意味するが、死も意味している。したがって岩屋隠れの岩屋は墓でもあるが、**図2**で示したが子宮・膣と見なされていた。第九章ではこの死と再生の視点から「天の岩屋神話」を論じたが、第十章では「ウズメ・サルタ神話と伊勢の日神信仰」と

題して論じた。伊勢の人々の文字無き時代の日神信仰は**図39**・**写真36**（四一〇頁）、**図40**（四一一頁）で示したように、海から昇る朝日信仰で、特に夏至の日に二見ヶ浦の雄岩・雌岩の間から昇る夏至の朝日であった。この夏至の朝の太陽は、はるか彼方に見える富士山から昇る。この朝日・日神を伊勢の人々は猿田彦大神と見て、信仰していた。なぜ海人の伊勢の人々が山の猿を日神の形代に見立てたのか。

図38（三九八頁）は「猿田彦の丘」とかつては言われ、今は「興玉の森」と呼ばれている土地の人々の古くからの聖地である。この地は前述（三九七頁～三九九頁）したが、伊勢の海から昇る朝日遥拝地であった。そして夏至の夕日は高倉山、冬至の夕日は鼓ヶ丘に落ちるが、高倉山山頂にはわが国で最大級に近い横穴式石室を持つ高倉山古墳があり、入口は夏至の夕日の日没方位に向いている。また鼓ヶ丘は伊勢神宮内宮の神体山として特別扱いの聖山である。

このように海から昇った太陽（日神）は山に沈む。この山に沈んだ太陽・日神が猿田彦に見立てられ、夏至の朝日は**図40**の「猿田彦大神出現の絵」（四一一頁）が示すように、二見ヶ浦の興玉石の上に出現する。この**図40**は現実に**図39**・**写真36**（四一〇頁）の図像化である。

第九章・第十章で示した図や写真は、第三章の一三七頁から一五一頁に掲載した図・写真が男性なのに、女性である。しかし古代人の意図では同じである。そのような意図は古代の人々だけではないことは、前述した**図2**（六〇頁）の沖縄と韓国の墓の造形からもいえるが、第十章の**図36**、**写真30**～**34**の女陰の渦巻表現や女陰開示の造形は、天岩屋入りの原因が女陰を突くであったり、ウズメが岩屋の前で女陰を出して踊ったり、天照大神が岩屋から出る時に女陰を開示したという神話と重なり、ダブルイメージである。

サルタは日神に見立てられていることは**図40**が証しているが、この発想は民衆の見方・考え方で、このサルタ観は道祖神信仰の表現では男根表象で、サルメであるウズメは女陰開示表現が『記』の神話にあるように女陰表象である。『紀』の一書の第二はサルタの前に立って、ウズメは、

乃《すなは》ち其の胸乳を露《あらは》にし、裳帯《もひも》を臍《ほそ》の下に抑《おした》れて、咲噱《あざわら》ひて向ひ立つ。

と書き女陰開示である。この記事の前にサルタについて、

其の鼻の長さ七咫《ななあた》、背の長さ七尺余《さかあま》り。

とある。第十章でサルタのこの表現の鼻の長さの巨大表現は巨大男根表現であることを書き、中世の神楽面のサルタヒコの面の巨大な鼻造形を示し（**写真39・40**）、この巨大な鼻の造形は男根表象と見立てられていたことを書いた。

岩屋隠れ神話にはサルタは『記』『紀』神話には登場してこない。しかしサルタではないがスサノヲが登場する。『記』は岩屋隠れ神話の前にスサノヲとアマテラスの男女神のウケヒ神話を記して、スサノヲの荒ぶる行為でアマテラスが岩屋隠れしたと書き、岩屋隠れ神話を書く。このような男女神の神話は、

カミロキ――イザナキ――スサノヲ――タカミムスビ――サルタ
カミロミ――イザナミ――アマテラス――カミムスビ――ウズメ

という関係になり、王権神話として『記』『紀』神話に登場する男女神は、文字無き時代から語り伝えられカミロキ・カミロミの男女神に原形がある。この考え方は文字を知らない人々の道祖神の信

仰・造形にもあらわれ、当時の知識人は道祖神の男女を、サルタ・ウズメ、イザナキ・イザナミに比定し、男女二神を造形したのである。

十、文字表現の『記』『紀』神話以前の神語《かみがたり》と造形

文字無き時代から列島の人々の祈っていた神は、唯一神でなく人や動物と同じ男女・雄雌の二神で、この男女に依って新しい生命が生まれると見ており、この自然の摂理を「神わざ」と見ている。唯一神の信仰は文字と共に入ってきた外来の信仰で、この信仰を王権が受け入れて統治の根本にすえ、「天」という観念を作った。この観念では「天皇」は中天（高天原）に輝く日神または「日の御子」であった。

この中華思想を受け入れた王権神話では、「高天原」という神話空間を天上に作った。しかし文字も知らない列島の人々にとって、「天《てん》」という観念はなかった。この「天」という漢字は「アマ」と訓み、「アマ」に「海」表記を用いるが、海にかこまれた列島の人々は、海から昇る朝日、沈む夕日が「日神」だったからであり、山から昇り山に沈むのが「オヒサマ」であった。そのことは序章で書いた。民衆は、

朝日さし　夕日輝やく

といい、また、

朝日の日《ひ》向《むか》う処《ところ》、夕日の日《ひ》影《かげ》る処

という。『古事記』は天孫降臨の地を、

朝日の直刺《たださ》す国、夕日の日照《ひて》る国なり。故、此地《このち》は甚吉《いとよ》き地《ところ》

と書いており、『皇太神宮儀式帳』は伊勢の国を、

朝日の来向ふ国、夕日の来向ふ国

と書き、『日本書紀』の天語《あまかたり》歌(雄略天皇紀)も、「纒向《まきむく》の日代《ひしろ》の宮」を、

朝日の日照る宮、夕日の日影る宮

と詠んでいる。この朝日・夕日観には『記』『紀』の王権神話のタテの日神観ではなく、ヨコ意識である。この日神観が『古事記』や『日本書紀』にも見られるのだから、文字に書かれた王権神話は、「高天原観」で書いているが、「国ほめ」「宮ほめ」では『記』『紀』神話は無視されている。この事実を私たちは日本神話を論じる時に、認識しておく必要がある。

さらに私の「日本神話論」で結びに書いておきたいのは、皇祖神で日神の天照大神の問題である。今では伊勢神宮の祭神は皇祖神で日神の天照大神になっているが、第一章の「虚像の皇祖神・日神の『天照大神』」で述べたように、一般大衆は平安時代末期まで伊勢神宮に天照大神が祀られていることを知らなかった事実である。『記』『紀』神話の天照大神は女帝から孫に皇位継承させるため、

持統天皇——皇孫軽皇子(文武天皇)
‖　　　　‖
天照大神——天孫瓊瓊杵尊

という神話を作る必要があって、日神が異例の女神になったのである。

このような意図で原『古事記』に工作された降臨神話だから、『日本書紀』の降臨神話では降臨の

司令神の天照大神は本文記事からも、一書の第四・第六からも消えており、一書の第一のみが天照大神であり、一書の第二は天子アメのオシホミミを葦原中国へ降臨させたのはタカミムスビ、天孫ニニギを降臨させたのはアマテラスと書いており、降臨の司令神の主役が男神から女神に変っている。このような相違から見えてくるのは、天孫降臨神話もさまざまな語りがあった事実である。

そのことはわが国最初の正史の『日本書紀』が世に出て四年後に即位した聖武天皇の即位の宣命が、正史の『日本書紀』の高天原からの降臨神話の皇祖高皇産霊尊も、天照大神も無視して、降臨を司令する神を『記』『紀』神話にはまったく登場しない。カミロキ・カミロミの男女二神にしていることである。このカミロキ・カミロミが降臨の司令神になっている聖武天皇の即位の宣命は、孝謙天皇・淳仁天皇の即位の宣命にも見られ、『記』『紀』神話の降臨の司令神をまったく無視している。天皇の即位にとってもっとも重要な日本神話を無視し、『記』『紀』神話に載らない男女神を記している事実も、今迄の日本神話論はまったく論じていない。

この男女二神が始原の神として見られていたことは、世界共通であり、原始時代のヨーロッパでも、わが国の縄文・弥生時代でも共通であることは、第三章の**図7・8**、**写真2～18**、第九章の**図24・25**、**写真25・26**、第十章の**図36**、**写真30～34**で示した。

古代の男女性器・男女性器露出像が示す造形の思想が根底にあって、降臨神話の一夜婚・一夜孕の神話が生まれたのであり、この場所は天上の高天原でなく、地上の葦原中国であった。天照大神も高天原でなく葦原中国で、イザナキが左の目を洗って生まれた神と『古事記』は書いており、天照大神もまつろわぬ人々のいる葦原中国で誕生している。このように天照大神の最初の登場も高天原でなく葦原中国である記述も無視できない。『記』『紀』の高天原の皇祖神がわれわれの住む葦原中国を平定したという神話は、王権神話であって、民衆の視点の神話ではない。

あとがき

序章で「『記』『紀』神話の二面性」をまず示した。二面性とは、文字無き時代から語り伝えてきた神語《かみかたり》と、外国《そとつくに》の思想・文化が文字と共に入ってきて書かれた神話《しんわ》の両面が、『記』『紀』神話に見られるからである。しかし津田左右吉は前述（四七頁〜四九頁）したが『記』『紀』神話を、王権御用の書かれた神話と見て、他国の「神語《かみかたり》」の「神話」と同列には論じられないとし、「神代史《じんだいし》」と規定した（そのことは第一章の「『記』『紀』神話を『神代史』と見る津田左右吉見解」で述べた）。「語」でなく「史」と書くのは「語り」でないことを主張したいからである。しかし私は序章で「『記』『紀』神話の二面性が示す問題点」と題したように、『記』『紀』神話には「語《かたり》」と「史《ふみ》」が表裏の形であり、ある所では「語」、別の所では「史」の面があらわれ、混在しているが、『記』に対して『紀』の神話は、神代史的要素が強い。

本書が他の「日本神話論」と決定的に相違するのは、第一章で天照大神を「虚像の皇祖神・日神」として論じていることである。「虚像」と書くのは、本来は男神の日神に対する日女《ひるめ》が、持統天皇に重ねられて日神天照大神に成り上ったからである。

そのことは第二章の「始原の男女神の神話」で、カミロキ・カミロミという『記』『紀』神話が記

さない、始原の男女神を示して論証した。そして第三章で『紀』の神功皇后摂政前紀が、伊勢神宮の祭神を、「天照大神」でなく

撞賢木《つきさかき》厳之《いつの》御魂《みむすび》天疎向津媛《あまさかるむかつひめ》

と明記していることを論じた。

この伊勢神宮の祭神名は、第二章で述べた『記』『紀』が無視する始原の男女神、カミロキ・カミロミを一体化して、女神化した神名である。この神名は「男の神」「女の神」の意で、次のような関係になる。

男神――カミロキ――撞賢木厳之御魂

女神――カミロミ――天疎向津媛

この文字無き時代に語られていた男女神のカミロキ・カミロミは、『記』『紀』にはまったく登場しないが、第二章で詳述したが、聖武・孝謙・淳仁天皇の即位の宣命は、『記』『紀』の書く降臨の司令神（高木神〈高皇産霊尊〉、天照大神）を無視して、カミロキ・カミロミを降臨の司令神と書く。聖武天皇の即位は神亀元年（七二四）二月で、『日本書紀』が成立した養老四年（七二〇）五月から、三年九カ月後であるから、わが国最初の国史をまったく無視している。この事実を日本神話学者も日本古代史学者も取り上げていない。

更に『日本書紀』の成立から二〇〇年後の延長五年（九二七）に成立した、勅撰書の『延喜式』に載る宮廷祭祀の祝詞も、降臨の司令神はカミロキ・カミロミであって、『記』『紀』が書くタカミムスビ（タカキ）でも、アマテラスでもない。正史の『日本書紀』成立直後の天皇の宣命も、二〇〇年後

の宮廷祭祀の祝詞も、天皇の即位の宣命、宮廷祭祀の祝詞では、『紀』『記』神話をまったく無視している事実を、私たちは認識しておく必要がある。

第四・第五章でタカミムスビと藤原・中臣氏について論じた。タカミムスビは本来は、

男神――カミロキ――タカミムスビ

女神――カミロミ――カミムスビ

という関係の男女神であったから、『記』ではカミムスビの活動神話も記すが、『紀』ではこの女神のカミムスビは神話に登場せず、男神のタカミムスビのみが、『紀』の降臨神話では「皇祖」が冠されて特別扱いなのである。理由は女神のムスビ神は「天照大神」という皇祖神に成り上ってしまったからである。

タカミムスビは多くの氏族が『新撰姓氏録』で始祖神にしていることを示しているが、第四章の「タカミムスビの祭祀と藤原・中臣氏」で、私は藤原・中臣氏は亀卜を行なう対馬の卜部出身と論証し、第五章で『紀』の天孫降臨の司令神を、本文で「皇祖」を冠した高皇産霊尊のみにしたのは、藤原不比等と推論し、「皇祖」を冠した理由の一つは、この高皇産霊尊を天智天皇に重ねたと書いた。

この藤原・中臣氏が、なぜ鹿島神宮の祭神武甕槌神を、大和国の春日の地に移して氏神として祀ったのか、理由について私は新知見を、日本神話論の視点から、第六章で「鹿島神宮の祭神武甕槌神の実相」として書いた。この章で私は鹿島神宮の本来の祭祀氏族は多（太）氏であったことを論証し、新知見として神事に奉仕する仲《なかつ》(中)臣《おみ》の多(太)氏・春日氏と、その配下の卜占で奉仕する中臣《なかとみ》氏について論じた。したがって仲臣の多氏が祭祀する常陸国の鹿島神（タケミカヅチ）を、仲臣の春日氏が

祭祀する大和国の春日社に移し、藤原・中臣氏の氏神に変えたと、第六章で述べた。

第七章は「『御諸山』といわれた日神祭祀の三輪山」と題して論じたが、「御諸山」といわれていた山は、弥生時代から多（太）氏が日神祭祀の山として祀っていた。その祭祀に六世紀代に渡来氏族の陶邑出身氏族が、祭器製作で奉仕し、欽明朝頃から多氏に変わって祭祀権を掌握し、三輪（大神）氏として台頭したことを書いた。「三輪山」表記は三輪氏祭祀以降であるが、本来は多氏に依る日神祭祀の山であることを、新知見に立って詳述した。

第八章では第七章の所見に関連し、日神の御諸山の神は、国つ神の大物主神に『記』『紀』神話では変更されたから、雷神になっているが、雄略天皇紀に依れば雷神を捉えてくるのは、多氏系の少子部氏であることも、本来の祭祀氏族が多氏であったことを示している。雷神の大物主神は丹塗矢に化しているが、この雷神・丹塗矢信仰に、秦氏と藤原・中臣氏と対馬氏がかかわることから、藤原・中臣氏の出自が対馬の卜部出身であることを証した。

第九章では天の岩屋神話について論じたが、従来の天の岩屋論と相違して、ヨーロッパや南アフリカのインカの太陽祭祀を示して論じた。この視点は第三章の一三七頁から一五一頁にわたって、縄文時代やヨーロッパの旧石器時代までさかのぼって示した、写真・図と意図は同じである。「神話」は洋の東西を問わず、文字無き時代から語り伝えられてきた「カミカタリ」だから、天の岩屋神話についても、新視点から論じた。

第十章は第九章に関連する問題として、「ウズメ・サルタ神話」を論じたが、ウズメ・サルタの原型はカミロキ・カミロミで、この男女神の神話の根源には、天の岩屋神話にも冒頭に女陰を突く神話が載り、またウズメの女陰開示神話があるように、洋の東西を問わず生命の根源表示として女陰表現があった事例を、第十章で示した。

以上の序章を含めての十章は、従来の日本神話論では論じられていない視点から論じた。特に伊勢神宮の祭神天照大神を、正史の『日本書紀』が無視し「橦賢木厳之御魂天疎向津媛」という祭神名を示し、伊勢神宮の最大行事の遷宮式の祝詞でも、「アマテラス」や「タカミムスビ」は無視され、「カミロキ」「カミロミ」の神が登場すること。更に聖武・孝謙・淳仁の三代の天皇の即位の宣命や、平安時代の勅撰書の『延喜式』の祝詞でも、同じ事実があり、『記』『紀』に載る王権神話を、奈良・平安時代の王権が無視している事実を、私たちは認識して『記』『紀』神話を論じるべきである。しかし私は津田左右吉のように、『記』『紀』神話を王権御用のみの「神代史」とは見ない。『記』『紀』神話の根底には、文字無き時代の人々が語り伝えた「神語《かみかたり》」が秘められていると見ている。そのような要素は世界各地の図・写真を掲示して論じた。

拙著も編集の佐野和恵、校正の杉村静子の両氏にお世話になった。両氏の協力なしには、本書は刊行できなかった。

〔注〕

序章

(1) 原田敏明「開闢神話の構成と神々の追加」『日本古代宗教』所収　一九七〇年　中央公論社
(2) 梅沢伊勢三「記紀始祖神伝説考」「古代文化」二六巻一号
(3) 井上光貞『日本の歴史　3（飛鳥の朝廷）』二五一頁　一九七四年　小学館
(4) 石母田正『日本の古代国家』四〇頁　一九七一年　岩波書店
(5) 守屋美都雄『荊楚歳時記』二二九頁　一九七八年　平凡社
(6) 沢田瑞穂「中国民間信仰の太陽信仰とその経典」「天理大学学報」五九号
(7) 岡田精司「国生み神話について」『古代王権の祭祀と神話』所収　一九七〇年　塙書房
(8) 柳田国男「海神宮考」『定本　柳田国男集　第一巻』所収　一九七〇年　筑摩書房
(9) 栗原朋信「日本から隋へ贈った国書」「日本歴史」一九六五年三月号
(10) 井上光貞　注3前掲書　二四八頁～二四九頁
(11) 上田正昭『聖徳太子』四〇頁　一九七八年　平凡社
(12) 松村武雄『日本神話の研究　第三巻』五二五頁　一九五五年　培風館
(13) 吉井巌「古事記における神話の統合とその理念」『天皇の系譜と神話』所収　一九六五年　塙書房
(14) 柳田国男「妹の力」『定本　柳田国男集　第九巻』所収　一九六九年　筑摩書房
(15) 三品彰英「天ノ岩戸がくれの物語」『三品彰英論文集　第二巻　建国神話の諸問題』所収　一九七一年　平凡社

第一章

(1) 津田左右吉『津田左右吉全集 第一巻』六八四頁〜六八七頁 一九六三年 岩波書店
(2) 宮地直一「大神宮信仰の通俗化」『伊勢信仰 Ⅱ』所収 一九八四年 雄山閣
(3) 岡田精司「伊勢神宮の成立と古代王権」『伊勢信仰 Ⅰ』所収 一九八五年 雄山閣
(4) ミルチャ・エリアーデ「地母神と宇宙的な聖体婚姻」『神話と夢想と秘儀』所収 一九七二年 国文社
(5) 谷川健一『黒潮の民俗学』三〇頁 一九七六年 筑摩書房
(6) 松本清張「風水説と古墳」『遊古疑考』所収 一九七三年 新潮社
(7) 村山智順『朝鮮の風水』二一七頁 一九三一年 朝鮮総督府（復刻版 一九七五年 国書刊行会）
(8) 岸俊男「日本における『戸』の源流」『日本古代籍帳の研究』所収 一九七三年 塙書房
(9) 倉本一宏『持統女帝と皇位継承』一七二頁 二〇〇九年 吉川弘文館
(10) 黛弘道「藤原不比等」『人物日本の歴史 1』所収 一九七四年 小学館
(11) 梅原猛「黄泉の王《おおきみ》」『梅原猛著作集15』所収 二八四頁 一九八二年 集英社
(12) 大浜厳比古『飛鳥高松塚古墳』一四九頁〜一五〇頁 一九七二年 学生社
(13) 直木孝次郎『持統天皇』二五〇頁 一九六〇年 吉川弘文館
(14) 上山春平『埋もれた巨像』二三一頁 一九七一年 岩波書店
(15) 梅原猛 注11前掲書 二七七頁
(16) 松前健「鎮魂祭の原像と形成」『古代伝承と宮廷祭祀』所収 一九七四年 塙書房
(17) 森博達『日本書紀の謎を解く——述作者は誰か——』二一〇頁 一九九九年 中央公論新社
(18) 山本健吉『柿本人麻呂』一六五頁 一九六二年 新潮社
(19) 伊藤博『萬葉集釈注 二』一五一頁〜一五二頁 一九九五年 集英社

(20) 神野志隆光「日雙斯皇子命をめぐって」『論集上代文学 第十一冊』所収 一九八一年
(21) 上野理「安騎野遊猟歌」『古代の文学・2 柿本人麻呂』所収 一九七六年 早稲田大学出版部
(22) 坂下圭八「柿本人麻呂——阿騎野の歌について——」「日本文学」二六巻四号
(23) 桜井満「人麻呂の発想」『万葉集の発想』所収 一九七七年 桜楓社

第二章

(1) 岸俊男『藤原仲麻呂』二九三頁 一九六九年 吉川弘文館
(2) 梅沢伊勢三「平安時代における古事記」『続記紀批判』所収 一九七六年 創文社
(3) 折口信夫「日本文学の発生」『折口信夫全集 第七巻』所収 一九六六年 中央公論社
(4) 折口信夫「呪詞及び祝詞」『折口信夫全集 第三巻』所収 一九六六年 中央公論社
(5) 大林太良「古語拾遺における神話と儀礼」『古語拾遺・高橋氏文』所収 一九七六年 現代思潮社
(6) 松前健「大嘗祭と記・紀神話」『松前健著作集 第六巻』所収 一九九八年 おうふう
(7) 津田左右吉「神代史の性質及び其の精神」『津田左右吉全集 第一巻』所収 一九六三年 岩波書店
(8) 松村武雄『日本神話の研究 第一巻』一七頁〜二五頁 一九五五年 培風館
(9) 三品彰英「日本神話論」『日本歴史 別巻2』所収 一九六八年 岩波書店
(10) 三宅和朗『記紀神話の成立』二〇頁 一九八四年 吉川弘文館
(11) 上田正昭「日本神話の体系と背景」『古代伝承史の研究』所収 四三三頁〜四三四頁 一九九一年 塙書房
(12) 松前健「日本神話論」『松前健著作集 第五巻』所収 一九九八年 おうふう
(13) 大林太良『神話と神話学』所収 一九七五年 大和書房
(14) 吉井巌「古事記における神話の統合とその理念」『天皇の系譜とその神話』所収 一九六七年 塙書房
(15) 原田敏明「開闢神話の構成と神々の追加」「宗教研究」第七巻三号・四号 一九三〇年

(16)西郷信綱　『古事記注釈　第一巻』九〇頁〜九一頁　一九七五年　平凡社
(17)大野晋　『日本書紀　上』五四九頁〜五五〇頁　一九六七年　岩波書店
(18)西郷信綱　注16前掲書所収　九四頁〜九五頁

第三章

(1)上田正昭　「神宮の原像」『伊勢の大神』所収　一七頁　一九八八年　筑摩書房
(2)筑紫申真　『アマテラスの誕生』三七頁　一九七一年　秀英出版
(3)鳥越憲三郎　『伊勢神宮の原像』一五四頁〜一五五頁　一九七七年　講談社
(4)鳥越憲三郎　注3前掲書所収　一五六頁
(5)岡田精司　「古代王権と太陽神」『古代王権の祭祀と神話』所収　三七三頁〜三七四頁　一九七〇年　塙書房
(6)松本信広　「我が国天地開闢神話にたいする一管見」『日本神話の研究』所収　一八三頁　一九七一年　平凡社
(7)西郷信綱　『古事記注釈　第一巻』一二〇頁　一九七五年　平凡社
(8)松村武雄　『日本神話の研究　第二巻』一九五五年　培風館
(9)原田大六　『実在した神話』四五頁　一九六六年　学生社
(10)渡辺正気　「平原弥生古墳出土の玉類について」『平原遺跡』所収　二〇〇〇年　前原市教育委員会
(11)柳田康雄　『伊都国を掘る』一六〇頁〜一六四頁　二〇〇〇年　大和書房
(12)小島俊彰　「加越能飛における縄文中期の石棒」『金沢美術工芸大学学報』二〇号　一九七六年
(13)エーリッヒ・ノイマン　『意識の起源史　上』九二頁〜九三頁　一九八四年　紀伊國屋書店

第四章

(1)三品彰英　『三品彰英論文集　第一巻　日本神話論』一九七〇年　平凡社
(2)上田正昭　『上田正昭著作集　4（日本神話）』一〇二頁〜一〇三頁　一九九九年　角川書店

(3) 堀池春峰「宇奈太理坐高御魂神社」『式内社調査報告　第二巻（京・畿内2）』所収　一九八二年　皇学館大学出版部
(4) 土井実「宇奈太理坐高御魂神社」『日本の神々　4（大和）』所収　一九八五年　白水社
(5) 堀井純二「目原坐高御魂神社」『式内社調査報告　第三巻（京・畿内3）』所収　一九八二年　皇学館大学出版部
(6) 大和岩雄「竹田神社・目原坐高御魂神社」『日本の神々　4（大和）』所収　一九八五年　白水社
(7) 小川光三『増補　大和の原像——知られざる古代太陽の道』二二一頁〜二二六頁　一九八〇年　大和書房
(8) 永留久恵「雷命神社」『日本の神々　1（九州）』所収　一九八四年　白水社
(9) 佐伯有清『新撰姓氏録の研究　考証篇第二』二七七頁〜二七八頁　一九四一年　吉川弘文館
(10) 佐伯有清　注9前掲書所収　五一頁
(11) 佐伯有清『新撰姓氏録の研究　研究篇』四三〇頁〜四三一頁　一九六三年　吉川弘文館
(12) 折口信夫「中臣の語義」『折口信夫全集　ノート編』第二巻　一九七〇年　中央公論社
(13) 折口信夫　注12前掲書所収「中臣の職業と分派」
(14) 折口信夫『折口信夫全集　第七巻』一一頁　一九六六年　中央公論社
(15) 柳田国男「立山中語考」『柳田国男集　第九巻』所収　一九六九年　筑摩書房
(16) 増尾伸一郎「神仙の幽り居る境」『古代東国と常陸国風土記』所収　一九九九年　雄山閣出版
(17) 中村英重「中臣氏の出自と形成」『古代氏族と宗教祭祀』所収　二〇〇四年　吉川弘文館
(18) 三宅和朗「古代春日社の祭りと信仰」『古代王権祭祀と自然』所収　二〇〇八年　吉川弘文館
(19) 志田諄一「『常陸国風土記』と神仙思想」『「常陸国風土記」と説話の研究』所収　一九九八年　雄山閣出版
(20) 横田健一「中臣氏と卜部」『日本古代神話と氏族伝承』所収　一九八二年　塙書房

（21）三品彰英「首露伝説」『日鮮神話伝説の研究』所収　一九七二年　平凡社

第五章

（1）太田善麿「日本書紀神代紀の一考察」『古代日本文学思潮論（Ⅲ）――日本書紀の考察――』所収　一九六二年　桜楓社
（2）太田善麿　注1前掲書所収　一六七頁
（3）森博達『日本書紀の謎を解く――述作者は誰か――』二一六頁～二一八頁　一九九九年　中央公論新社
（4）黛弘道「『日本書紀』と藤原不比等」『律令国家成立史の研究』所収　一九八二年　吉川弘文館
（5）高島正人『奈良時代諸氏族の研究』四五頁～四六頁　一九八三年　吉川弘文館
（6）岸俊男『藤原仲麻呂』四一頁　一九六九年　吉川弘文館
（7）山田英雄「古代天皇の諡について」『日本書紀研究　第七冊』所収　一九七一年　塙書房
（8）関晃「律令国家と天命思想」『神観念の比較文化論研究』所収　一九八一年　講談社
（9）津田左右吉「日本古典の研究　第三篇　神代の物語」『津田左右吉全集　第一巻』所収　一九六三年　岩波書店
（10）太田善麿　注1前掲書所収　一六〇頁～一六一頁
（11）津田左右吉「神代の物語――ホノニニギの命の天くだりの物語　上」『日本古典の研究　上』所収　一九六三年　岩波書店
（12）黛弘道　注4前掲書所収「三種の神器について」
（13）津田左右吉　注11掲載書所収「古語拾遺の研究」

第六章

（1）東実『鹿島神宮』一三三頁～一三四頁　一九六八年　学生社

(2)折口信夫「霊魂の話」『折口信夫全集　第十六巻』所収　一九六七年　中央公論社
(3)三谷栄一「日本文学に於ける戌亥の隅の研究」『日本文学の民俗学的研究』所収　一九三五年　有精堂
(4)松村武雄「地界における宗教文化」『民俗学論考』所収　一九六四年　塙風館
(5)鏡山猛「わが古代社会における甕棺墓」『九州考古学論攷』所収　一九七二年　吉川弘文館
(6)永留久恵「対馬の民俗信仰」『日本の神々――神社と聖地1（九州）』所収　一九八四年　白水社
(7)大場磐雄「大生西第一号墳の年代と諸問題について」『常陸大生古墳群』所収　一九七一年　雄山閣出版
(8)大場磐雄　注7前掲書所収「大生神社の考察」
(9)太田亮「多・物部二氏の奥州経営と鹿島・香取社」『日本古代史新研究』所収　一九二八年　磯部甲陽堂
(10)玉利勲『装飾古墳紀行』二三〇頁～二三一頁　一九八四年　新潮社
(11)玉利勲　注10前掲書　二三七頁
(12)横田健一「中臣氏と卜部」『日本古代神話と氏族伝承』所収　一九八二年　塙書房
(13)太田亮『姓氏家系大辞典　第三巻』六〇七七頁　一九六三年　角川書店

第七章

(1)小川光三『増補　大和の原像――知られざる古代太陽の道――』三二頁　一九八〇年　大和書房
(2)岡田精司「河内大王家の成立」『古代王権の祭祀と神話』所収　一九七〇年　塙書房
(3)和田萃「三輪山祭祀の再検討」『国立歴史民俗博物館研究報告　第七集』所収　一九八五年
(4)前川明久「天皇家の神話伝説」『古代天皇のすべて』所収　一九八八年　吉川弘文館
(5)寺沢薫「三輪山の祭祀遺跡とそのマツリ」『大神と石上――神体山と禁足地――』所収　一九八八年　筑摩書房
(6)益田勝美「モノ神襲来――たたり神信仰とその変遷――」「法政大学文学部紀要」二〇〇号　一九七五年

(7) 松前健「三輪伝承と大神氏」「山辺道」一九号　一九七五年
(8) 松前健「渡来氏族としての大神氏とその伝承」「日本のなかの朝鮮文化」四三号　一九七九年
(9) 吉井巖「崇神王朝の始祖伝承とその変遷」『天皇の系譜と神話　二』所収　一九七六年　塙書房
(10) 山尾幸久『日本古代王権形成史論』八三頁　一九八三年　岩波書店
(11) 松倉文比古「御諸山と三輪山」『日本書紀研究　第十三冊』所収　一九八五年　塙書房

第八章

(1) 加藤謙吉「葛城地方の秦氏と山背移住」『秦氏とその民』所収　一九九八年　白水社
(2) 三品彰英「鬩英考——付考御阿礼考——」『古代祭政と穀霊信仰』所収　一九七三年　平凡社
(3) 日本歴史地名大系27『京都市の地名』一〇四一頁　一九七九年　平凡社
(4) 佐伯有清『新撰姓氏録の研究　考証篇第六』六五頁　一九八三年　吉川弘文館
(5) 岸俊男「日本における『戸』の源流」『日本古代籍帳の研究』所収　一九七三年　塙書房
(6) 三品彰英「対馬の天童伝説」『日鮮神話伝説の研究』所収　一九七二年　平凡社
(7) 永留久恵「対馬の民俗信仰」『日本の神々　1（九州）』所収　一九八四年　白水社
(8) 永留久恵　注7前掲書所収「雷命神社」
(9) 横田健一「中臣氏と卜部」『日本古代神話と氏族伝承』所収　一九八二年　塙書房

第九章

(1) 三品彰英「天ノ岩戸がくれの物語」『三品彰英論文集　第二巻　建国神話の諸問題』所収　一九七〇年　平凡社
(2) 守屋俊彦「天岩屋戸神話とその崩潰」『記紀神話論考』所収　一九七三年　雄山閣出版
(3) 土橋寛『古代歌謡と儀礼の研究』一九五頁〜一九六頁　一九六五年　岩波書店

(4) 上田正昭『日本神話』一一一頁 一九七〇年 岩波書店
(5) 松前健「日本古代の太陽信仰と大和国家」『大和国家と神話伝承』所収 一九八六年 雄山閣出版
(6) 狩野千秋「謎の宮中都市マチュ・ピチュ」「歴史読本」二五巻一六号 一九八〇年
(7) 松前健「古代王権と記紀神話」『松前健著作集 第六巻』所収 一九九八年 おうふう
(8) 松前健「鎮魂祭の原像と形成」『古代伝承と宮廷祭祀』所収 一九七四年 塙書房
(9) 辰巳和宏『高殿の古代学』二三五頁 一九九〇年 白水社
(10) 大場磐雄「性器をあらわした埴輪」『歴史文化論考』所収 一九七七年 雄山閣出版
(11) ハンス・ペーター・デュル『再生の女神セドナ』二三二頁 一九九二年 法政大学出版局
(12) 奥野正男『古代人は太陽に何を祈ったのか』一八〇頁～一八二頁 一九九〇年 大和書房
(13) 尾関章「美濃の前期古墳と二至二分線 下」「東アジアの古代文化」六四号 一九九〇年 大和書房
(14) アンドレ・ポシャン『ピラミッドの謎はとけた』一五九頁 一九八二年 大陸書房
(15) 茂在寅男『古代日本の航海術』七五頁～七六頁 一九七八年 大陸書房
(16) ジェラルド・S・ホーキンズ『巨石文明の謎』二九九頁～三〇〇頁 一九七五年 大陸書房
(17) 井上芳郎『シュメル・バビロン社会史』一九四三年 ダイヤモンド社
(18) ジュニファー・ウエストウッド『ミステリアス 2』一九九一年 大日本絵画
(19) ジェラルド・S・ホーキンズ 注16前掲書 二九四頁
(20) 柳田国男「稲の産屋」『柳田国男集 第一巻』所収 一九七〇年 筑摩書房
(21) 折口信夫「山の霜月舞」『折口信夫全集 第十七巻』所収 一九五六年 中央公論社
(22) 宮田登「シラと稲魂」『原初的思考』所収 一九七四年 大和書房
(23) 谷川健一「産屋の砂」『古代史ノオト』所収 一九七五年 大和書房

（24）五来重「布橋大灌頂と白山行事」『白山・立山と北陸修験道』所収　一九七七年　名著出版
（25）加藤義成『出雲国風土記参究』二四二頁〜二四五頁　一九五七年　原書房
（26）水野祐『出雲国風土記論攷』三四五頁　一九八三年　東京白川書院
（27）松本清張『私説古風土記』一九頁　一九七七年　平凡社
（28）谷川健一「出雲びとの風土感覚」「えとのす」一七号　一九八二年
（29）ミルチャ・エリアーデ「地母神と宇宙的な聖体婚姻」『神話と夢想と秘儀』所収　一九七二年　国文社
（30）ハンス・ペーター・デュル　注11前掲書　一二三頁〜一二六頁

第十章

（1）西郷信綱『古事記注釈　第一巻』三三五頁　一九七六年　平凡社
（2）鎌田東二『ウズメとサルタヒコの神話学』二一一頁〜二一二頁　二〇〇〇年　大和書房
（3）藤森栄一「縄文の蛇」『縄文の八ヶ岳』所収　一九七三年　学生社
（4）梅原猛「遥かなる山と森の文化」「東アジアの古代文化」七五号　一九九三年　大和書房
（5）ジル・パース『螺旋の神秘』五頁　一九七八年　平凡社
（6）J・C・クーパー『世界シンボル辞典』三〇九頁〜三一〇頁　一九九二年　三省堂
（7）谷川健一『谷川健一著作集　7』二一七頁　一九八二年　三一書房
（8）ハンス・ペーター・デュル『再生の女神セドナ』一六六頁　一九九二年　法政大学出版局
（9）エリッヒ・ノイマン『グレート・マザー』二八四頁　一九八二年　ナツメ社
（10）吉野裕子「女陰考――呪術における女陰――」『日本古代呪術――陰陽五行と日本原始信仰――』所収　一九七四年　大和書房
（11）嘉味田宗栄『琉球文学発想論』三五四頁　一九六八年（自費出版）

(12) ハンス・ペーター・デュル　注8前掲書　四五七頁
(13) 松前健「日本古代の太陽信仰と大和国家」『松前健著作集　第五巻』所収　二二〇頁　一九九八年　おうふう
(14) 伊藤久嗣『日本の古代遺跡　三重』一九五頁～一九六頁　一九九六年　保育社
(15) 白石太一郎「日本神話と古墳文化」『日本神話と考古学』所収　一九七八年　有精堂出版
(16) 岡田精司「伊勢神宮の起源」『古代王権の祭祀と神話』所収　一九七〇年　塙書房
(17) 桜井勝之進『伊勢神宮』七八頁～七九頁　一九六五年　学生社
(18) 松前健『日本神話の新研究』四四頁～四五頁　一九六九年　桜楓社
(19) ジェラルド・S・ホーキンズ『巨石文明の謎』二九三頁　一九七五年
(20) カール・ケレーニイ『迷宮と神話』八五頁　一九七三年　弘文堂
(21) 目崎茂和『謎のサルタヒコ』六八頁～六九頁　一九九七年　創文社
(22) 伊藤堅吉　遠藤秀男『道祖神のふるさと――性の石神と民間習俗――』一九八頁～一九九頁　一九七二年　大和書房
(23) 後藤淑「猿田彦面の系譜」『謎のサルタヒコ』所収　一九九七年　創元社
(24) 梅原猛　注23前掲書所収「猿田彦とは誰か」
(25) 吉田敦彦　注24前掲書所収　七四頁～七五頁

日本神話論《にほんしんわろん》

二〇一五年六月二〇日　第一刷発行

著　者　大和岩雄《おおわいわお》
発行者　佐藤　靖
発行所　大和書房《だいわしょぼう》
東京都文京区関口一-三三-四　〒一一二-〇〇一四
電話番号　〇三-三二〇三-四五一一

装　丁　代田　奨
本文印刷　信毎書籍印刷
カバー印刷　歩プロセス
製　本　小泉製本

ISBN978-4-479-84080-0

http://www.daiwashobo.co.jp